# 日米交換船

鶴見俊輔
加藤典洋
黒川創

新潮社

# 日米交換船　目次

## 交換船の記録——五つの大陸をわたって　黒川創　249

# 日米交換船

装幀　平野甲賀

# 国と国のあいだで——まえがきにかえて

加藤典洋

数年前に知った六〇年代のイギリスの歌にこういうものがあった。

Said the straight man to the late man,
Where have you been
I've been here and
I've been there and
I've been in between.

タイトルはI Talk to the Wind（風に話す）。時間通りにきた男が、遅れてきた男にいう。アンタどこにいってたの？（その答えが続く）ここにいってたし、あそこにいってたし、それに、ここととあそこのあいだにいってた。

こことあそこのあいだには、「あいだ」がある。

この歌はベトナム戦争を背景にしているが、こことあそこの「あいだ」が浮かびあがるのは、やはり戦争のときである。

砂場に磁石が投げ込まれる。すると、砂場の中の砂鉄だけ、ひゅっと直立してこれにひきつけられる。他の砂は、何の反応も見せない。

一九四一年一二月七日、真珠湾攻撃によって日米が戦争状態に入ったときにも、この砂場の磁場化のようなことが起こった。むろん戦争だけとは限らない。アメリカでいうなら、二〇〇一年九月一一日直後。日本でいうなら、一九二三年九月一日、関東大震災の直後に起こったことが、やはりこれに少しだけ似ている。

一九四一年にはじまった「世界戦争」の磁場は、とても広い範囲に及ぶものだったが、とにかく誰にでも、というのではなく、特定の国々の人々のあいだにだけ、この種の磁場化、相手がもうこれまでとは同じ個人と見えなくなる、という変化が、生じている。

この本は、こうした磁石の投下によって、急に、ある一点に寄せ集められ、(さらにそのうちの多くは収容をへて)、もとの国に「交換」の形で送り返されることになった人々のことを、語り、調べ、書いたものである。

一九三九年以降、第二次世界大戦の交戦国間で、相手国に居住する自国民を互いに「交換」しようという外交レベルでの模索がはじまっている。その結果、一九四一年、太平洋でも戦端がひらかれると、日米間では四二年と四三年の二度、日英間では四二年に一度、交換船による互いの居留民らのやりとりが実行された。大きな船が双方からほぼ同時に出航し、途中で乗船者を交換し、そこから再びとって返す。

そのうちの一つ、一九四二年の六月から八月にかけ、ニューヨークからアフリカ喜望峰回りで横浜にたどりつくまでの日米間のやりとりにおける、日本人乗船者の航海の経験が、この本の主題である。

本書の中心をなす座談は、「第一次日米交換船」と呼ばれたこの船による帰還者の一人、鶴見俊輔を、黒川創と加藤が囲む形で都合四度、行なわれた。

これに、外務省外交史料館所蔵の日米交換船・日英交換船関連外交史料のおよそ一万ページにおよぶ文書、および関係資料の閲読をもとに、黒川創が、航海それ自体を復元し、浮かびあがらせた、背景構成の文「交換船の記録」がつきそっている。

それらと平行して、この交換船の乗船者の中から、四人を選び、それぞれのポルトレを短い文章にまとめている。四人とは、帰国後、横浜事件にまきこまれる元サーカス団員・大河内光孝、やはりのちに米国のマッカーシズムの嵐にまきこまれるカナダの外交官・歴史学者ハーバート・ノーマン（以上は鶴見が担当）、中米パナマで抑留されたときの囚人服のまま乗船した元雑貨商・天野商会の天野芳太郎（黒川が担当）、日系米人ジャーナリストとの結婚生活をやめて帰国し、敗戦後、再び米国にむかう映画女優・竹久千恵子（加藤が担当）の四人である。

さらに、鶴見が後に思い立ち、いまも健在の三人の交換船帰還者（ヴァイニング夫人通訳の松村たね氏、武田清子氏、鶴見和子氏）を訪れている。鶴見によるその三人からの短い聞き書きが、別のカメラ・アイとして付属している。

共同の著者の一人として、現在の率直な感想をいってみる。正直なところ、この企てが、こんなに深いひろがりをもつものに仕上がるとは、最初のころは、考えていなかった。

私自身がはじめにこの日米交換船に注目するようになったきっかけは、都留重人、鶴見和子、武田清子、鶴見俊輔といったこれまで長く関心をもってきた知識人の一群が、ともにこの船でアメリカから日本に帰国していることを知ったからである。彼らのうち、鶴見和子、俊輔姉弟が中心となり、さらに丸山真男、武谷三男、渡辺慧を加えた七人を創立同人に、一九四六年、雑誌『思想の科学』が発行されている。この雑誌は、創刊後、在野型の学問に一つの先例を開き、天皇制の是非の検討にも新しい姿勢を示した。一九六〇年代になるとベ平連という新しいタイプの大規模な市民運動の母体の一つとなり、そこから、米軍脱走兵支援運動なども生まれてきた。

日本の戦後は、一つに、戦前型のヨーロッパ系の学問思想とは別個の、こうした米国流の明るく間口の広い学問の系譜と、肩のこらない活動の流儀を、新しくもたらした。

もし、この船が途中で沈んで、この人たちが帰国することがなかったら、日本の戦後はどうなっていただろう。

最初は、こんなに単純でもあれば軽薄でもある疑問だったものが、この航海と背景を知るにつけ、その意味を、少しずつ深め、広め、変えていった。

船には一五〇〇名近くが乗っている。中心は政府の官吏だが、数からいえば、より多数は長年、日本を離れ、米国流の考え方を身につけた普通の人々で、そのうちかなりの部分は、帰国に先立ち数ヶ月間、米国の収容所等に抑留される経験をへている。銀行員、会社員、学者、音楽家、映画女優、そしてその家族たち。ほかに、これとほぼ同数の中南米からの帰還者がいる。

しかし、大切なことは、彼らが、真珠湾攻撃と日米開戦という米国を震撼させたできごとの起こった当時、たまたま米大陸諸国に滞在していたという偶然を奇貨として「無作為抽出」的に寄せ集められた、「烏合の衆」であった、ということだろう。「烏合の衆」には、寄せ集めた側の意図を越え、さらに寄せ集められた人々の意識の総和をも超えた、とらえがたいひろがりがある。

一五〇〇名といえば、これだけでも、そうとうな数なのだが、さらに、二度にわたる日米間の交換の、双方の乗船者数を合計すれば、およそ六〇〇〇余名、これに、日英間の交換の数を加えるなら、合計で一万名近い。乗船者となった人々の出生地も、日本、米大陸諸国、イギリス以外に、ヨーロッパの連合国側諸国、インド、タイ、オーストラリアなど、かなりの数にのぼる。この数字を眺め、外交史料館所蔵になる数百人におよぶ民間人対象の乗船者「調査票」を通覧しているうち、これは、総勢二〇〇名から五〇〇名の規模で行われた二百年にわたる遣唐使船航海の経験にも、また明治初期の百七人の使節一行による岩倉使節団の二年に近い航海にもひけをとらない、スケールの大きな航海なのではないかという気がしてきた。薄い紙片で、幾度も頬を叩かれるように、少しずつ、いったいこれは、何なのだろう、という驚きが頭をもたげてきたのである。

そもそも、第二次世界大戦でのこうした「交換」以前に、この種の交戦国間の人員の「交換」があったのだろうか。そういうことも、気になってきた。そうすると、この最初の啓示のむこうに、もう一つの問い、当時の敵国（米国など）から日本に帰ってきた人々ばかりでなく、日本で敵性外国人としての抑留等をへて、米国をはじめとするそれぞれの母国に帰っていった人々は、どうだったのだろう、という問いが生まれてくる。彼らも、「国と国のあいだ」のすきまに落ちた人間として、この日米交換船の乗船者たちと同じカテゴリーに入る人々なのである。

こうして、日米交換船の航海の背景を調べていくにつれ、この交換船で帰還した人々、あるいはこのとき帰還を拒否した人々、また、「帰還」とは無縁の場所に身をおいた、もとは日本人だった人々の経験と思考のうちに、先に見た、新しい戦後の源流はあったのでは、という思いが強くなった。

一九四二年前半、まだ戦争がはじまって、その中間点（midway point）を通過する以前、いちはやく、日本の戦後は「国と国のあいだ」で、はじまろうとしていた。

「国と国のあいだ」の経験は、言葉で帰ってくるところはほんの一部分で、大半は、人間のかたちで戻ってくる。岩倉使節団の航海も久米邦武の記録により、広く私たちの知るところとなっているが、人間の経験ということでいえば、むしろこの『特命全権大使　米欧回覧実記』のほうが例外なのだ。記録がないということのうちに、航海の経験の深さが透かしになって入っている。ジョン万次郎の漂流、勝海舟・福沢諭吉らの咸臨丸の航海では、言葉の代わりに、人間が帰ってきた。日米交換船の航海から見えてくるのも、このことである。

この船の航海は、氷山の一角で、その背後に、「国と国のあいだ」にひろがる一人一人の個人の物語がある。その物語にふれてみるなら、その内側にあるものの重みは、「国のただなか」に生きる一人一人の個人のそれに等しい。そこにあるのは、国の中に生きる人々と同じ幅をもつ、しかし異なる「国との関係」の中に生きられた、やはり、国よりも広く、深い、世界である。

一人の人間が生きることは、一つの国の運命として語られることよりも、広くて深い。そんなことはわかっているといわれるかもしれないが、しかし、こういうことは、何度も、薄い紙に叩かれるように、忘れては思いだし、忘れてはまた紙片に叱られるほか、自分の中に、維持できない。

自分の生まれた土地の中に生き死にする人——柳田国男が常民と呼んだ人々——の経験と同様に、「国と国のあいだ」に生きた人々の経験もまた、そのように、人に知られないまま消えるものとして、私たちをとらえ、私たちを、深く動かすのではないか。

もしこの船が途中で沈んで、一群の知識人が帰国することがなかったら、日本の戦後はどうなっていただろうか、という問いは後景に退いていった。この問いも大切だが、それより、これら数千人の人々が、それぞれの家族と友人のもとに帰ってきて、あるいは帰ることを果たせないまま、死んでいくということ、死んでいったということ。その意味が、人に知られることなく、消えていくこと、消えていったということのほうが、私たちにとっては、大切である。

この経験の背後に、帰国を拒否した人々の経験があり、さらにその背景をなす広大な平野に、移民として相手の国の市民になったのにもかかわらず、その新しい祖国に裏切られ、収容所に入れられた人々、日系アメリカ人、日系カナダ人、日系中南米諸国人の、言葉にならない、経験があった。

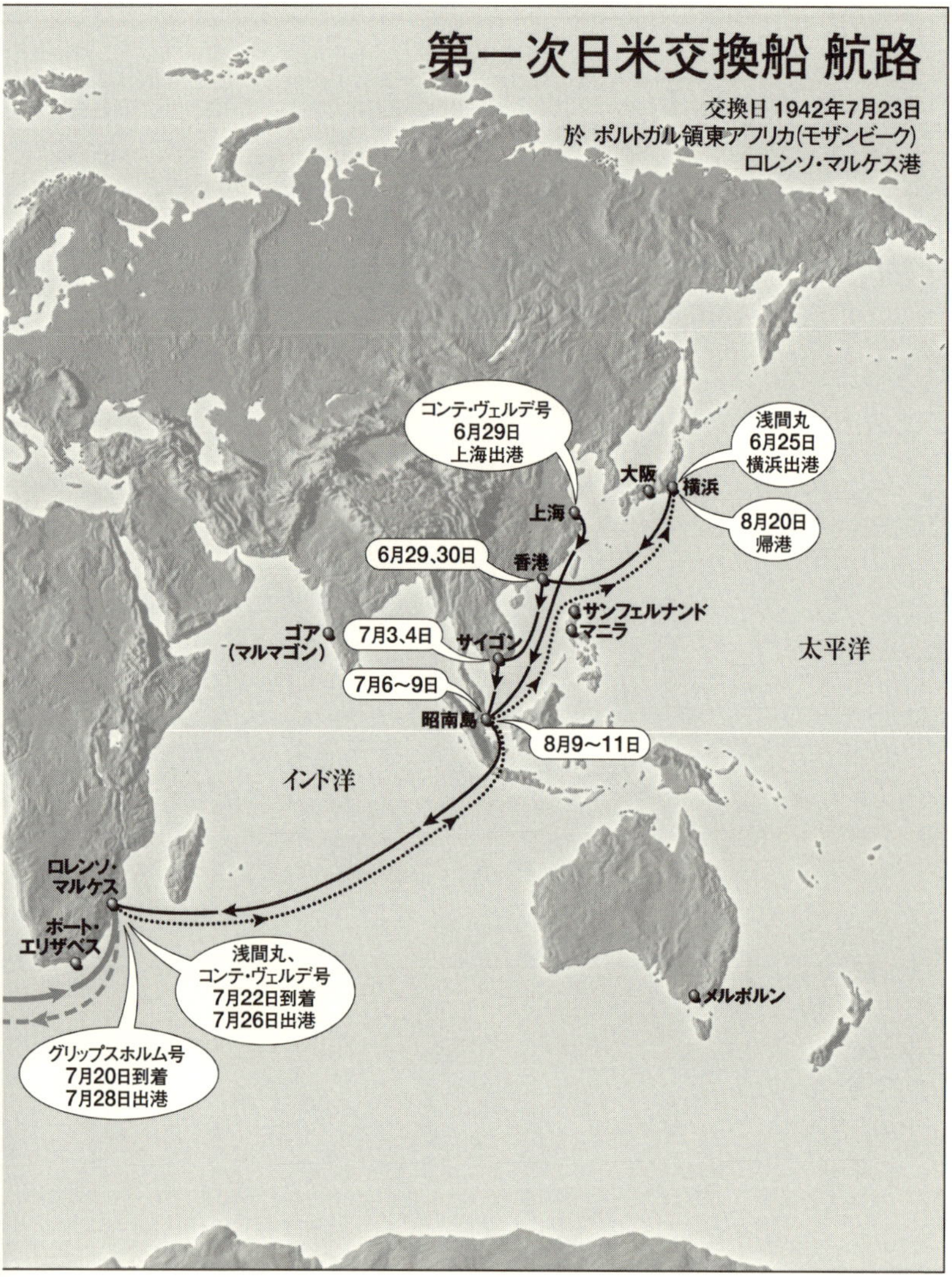
第一次日米交換船 航路
交換日 1942年7月23日
於 ポルトガル領東アフリカ(モザンビーク)
ロレンソ・マルケス港
コンテ・ヴェルデ号
6月29日
上海出港
浅間丸
6月25日
横浜出港
大阪
横浜
上海
8月20日
帰港
6月29、30日
香港
サンフェルナンド
マニラ
ゴア
(マルマゴン)
7月3、4日
サイゴン
太平洋
7月6〜9日
昭南島
8月9〜11日
インド洋
ロレンソ・
マルケス
ポート・
エリザベス
浅間丸、
コンテ・ヴェルデ号
7月22日到着
7月26日出港
メルボルン
グリップスホルム号
7月20日到着
7月28日出港

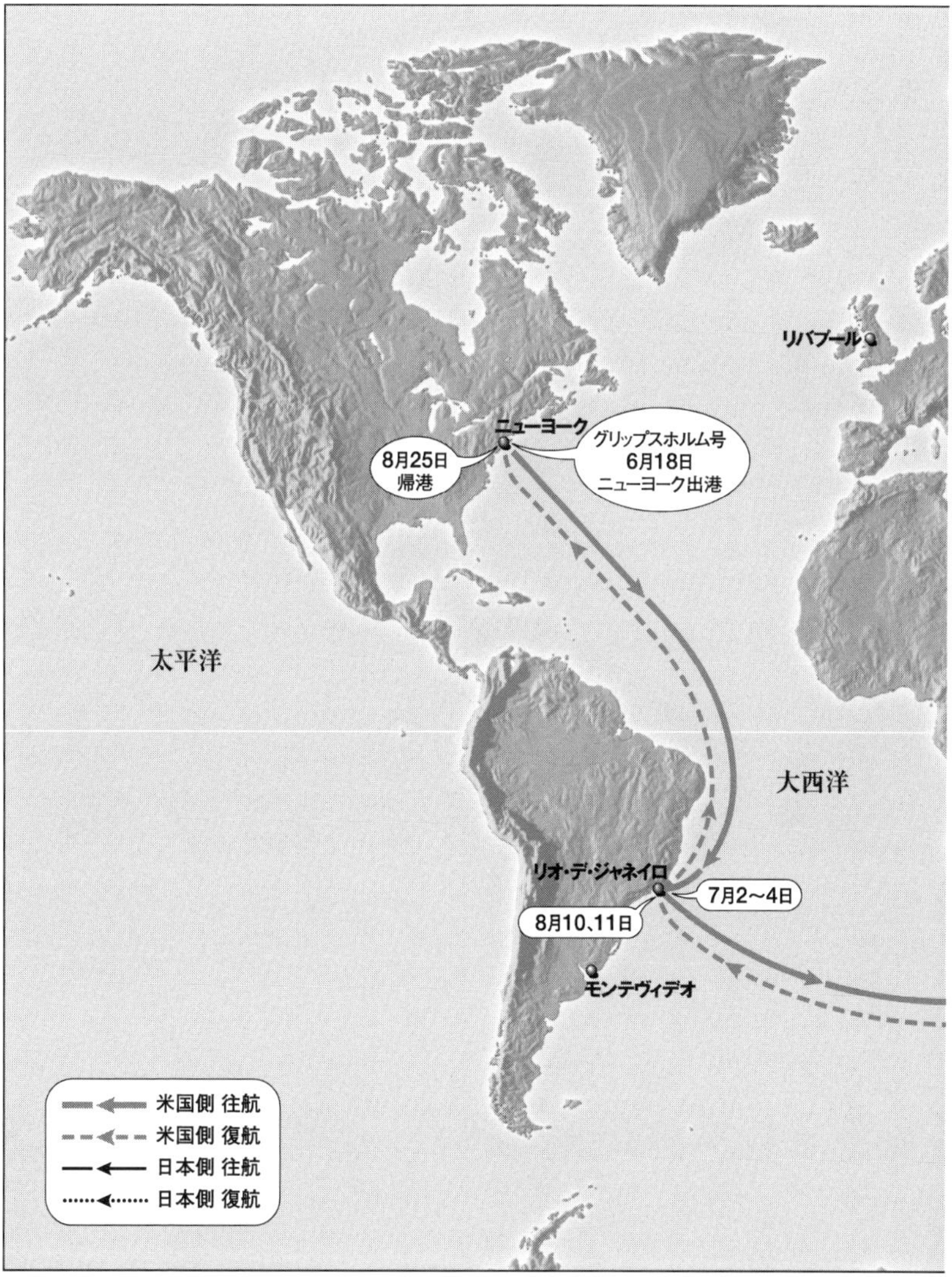
リバプール
ニューヨーク
8月25日
帰港
グリップスホルム号
6月18日
ニューヨーク出港
太平洋
大西洋
リオ・デ・ジャネイロ
7月2〜4日
8月10、11日
モンテヴィデオ
米国側 往航
米国側 復航
日本側 往航
日本側 復航

鼎談

# 日米交換船の人びと

鶴見俊輔・加藤典洋・黒川創

# 1　私の一番病時代

## 交換船というできごと

**鶴見**　いま八二歳の私は、もういつ死ぬかわからない。だから、この本は、自分の話そうとすることのあらすじを全部話してしまって、もし時間があれば、ほかの資料とすりあわせて修正していく、最初の試みなんです。

私はいままで、交換船についてまとまったものを書いたことがない。無意識のブレーキがかかっていた。

それはなにかというと、私は、かなり長い間、「一番病」を攻撃するのを一種の戦略としていて、同時にそれは自分がものを書いていく源泉でもあった。その点で、私はおやじ（鶴見祐輔、官僚・政治家・著述家）と対立することになる。

私の仕事のもとというのは、こんなに成績のいい人がどうして戦争の旗をふるんだろう、ということです。中日戦争の場合は、倫理的によくない。太平洋戦争に向かう時代になると、負けるとわかっていたはずだ。そういうふうに、状況によってちょっと批判の基準はちがいますけれど。いずれにしても、一高英法科首席クラスである人物が、どうして戦争の旗をふるのか。それが私の仕事ほとんどすべての動機なんです。その動機から言うと、交換船までを書くことは、自分を追いつめることになる。

つまり、アメリカにいたとき、予備校にいた一年と、捕まる前までのハーヴァードに行っていた二年半は、私自身が一番病の時代なんです。これがなんとなく、一番病は嫌だという自分の首を絞めていることになるので、書きたくないなと抑えている。

**加藤** いい話ですね(笑)。

**鶴見** 一番病の時代の終わりが、交換船なんです。もし、一九四二年の六月に、リアルタイムで交換船のことを書いたとすれば、一番病の精神で書いたと思う。でもそれは自分の記憶のなかで湮滅というか、おさえ込まれて、出てくることはなかった。いま八二歳、つまりそのときから六二年経ってくると、それが自分の歴史のなかでどうなっているか、わかってきたんですよ。明らかにそれは一つの区分線だった。交換船というのは一つの隠喩、メタファーとして、自分のなかにあります。何年何月とか、誰とかいう、細かいところは復原しにくいけれども、全体がメタファーとして浮き上がってきて、自分史の区分線になっている。

**黒川** そもそも「交換船」とは何かということなのですが、戦争が始まると、交戦国同士は断交状態になります。そこで、第三国をとおして、相手国に駐在している大使以下の外交官、国際商人(大手商社・銀行員など)およびその家族らを互いに交換する。それが戦時法規上の先決事項になるわけですが、鶴見さんが帰国した「第一次日米交換船」は、そのほかに、一般会社員、官庁関係の下級職員、大学研究者・留学生といった民間人、また、中南米からの移民の引き揚げまで含んだ、非常に大規模なものになりました。

ニューヨークから一行が出航したのは、一九四二年六月一八日。船は、アメリカが用意したスウェーデン船籍の「グリップスホルム号」という大型客船です。在米・在カナダの日本人と、中南米の国ぐにから北米に追放されるなどした日本人・日系移民が、合わせて一〇〇〇人あまり、ニューヨークから乗船した。途中でブラジルのリオ・デ・ジャネイロに寄港して、そこでも約四〇〇人を乗せています。

船内の部屋割りは、現地での社会階層別に、野村・来栖両駐米大使らが入った上層階の高級船室から、窓もない、ほとんど船底の蚕棚式の四人部屋まで、六つの階級に分けられていました。鶴見さんたち留学生は、最下層の部屋で帰ってこられた。

**加藤**　大きい船ですね。

**鶴見**　そうです。船は六階建で、船底にいたから、第六階級（笑）。導管がついていて、空気が船底までいくようになっていた。部屋はすごく暑かったね。だから普段はほとんど甲板へ出ていた。

**黒川**　第六階級は換気が悪いのがつらいと、都留重人（経済学者）さんも船中での日記に書いていらした。

**鶴見**　壁にこう、穴があるんだよ。そこからなんとなく、空気が入ってきているようでもある（笑）。非常に不気味な感じがしたね。もし潜水艦に魚雷で攻撃されたら、完全にアウトだ。しかし、第六階級でも飯はよかった。どの階級にいても、飯には差別がないんだよ。

**黒川**　その船底の集団に、鶴見さんをはじめ、神谷宣郎（細胞生理学者）、角谷静夫（数学者）、都留重人、武田清子（近代思想史家）、鶴見和子（社会学者）などの若手研究者や留学生がいました。

大西洋を横切って喜望峰をまわり、約ひと月かけて、アフリカ大陸の東海岸、当時ポルトガル領だったモザンビークのロレンソ・マルケス（現在のモザンビーク共和国の首都マプト）港に入港。交換の場所としてそこが選ばれたわけです。ポルトガルは当時、中立国でしたから。

かたや、日本のほうからは、「浅間丸」（日本郵船）と「コンテ・ヴェルデ号」（イタリア船籍）という二隻の船が、交換される米国人らを乗せ、ロレンソ・マルケスに到着する。これが四二年七月下旬です。米国からと、日本からと、双方およそ一五〇〇人ずつの二つのグループは、たがいの船に乗りうつるかたちで「交換」され、船は乗客をとりかえて、それぞれの出港地へ戻った。

ロレンソ・マルケスから日本の横浜への復路では、浅間丸には北米からの日本人帰還者、コンテ・ヴェルデ号には中南米からの日本人帰還者というふうに、分乗しています。

鶴見さんは、ニューヨークからの乗船当時、一九歳。ハーヴァード大学の学生で、この年の三月に連邦捜査局（FBI）の捜査官に逮捕されて、東ボストン移民局の留置場に入っていた。その後、ニューヨークのエリス島連邦移民収容所、メリーランド州フォート・ミードの収容所と移され、そこで日本に帰ることを選んで、収容所から直接、交換船に乗られた。逮捕の原因は、開戦前後に移民局で調べを受けたときに、「自分は無政府主義者だからどちらの国家も支持しない」と答えていたことだったようです。

米国東部の学生や研究者の場合、ほかの人は、日米開戦後もほとんど逮捕されていない。たとえば鶴見さんの姉の和子さんは、コロンビア大学の哲学博士資格試験に合格したばかりで、ニュ

終戦から数年後、大西洋横断の定期航路にもどって、ニューヨークの摩天楼を背景に出港するグリップスホルム号。

白十字を大きく施して、交換船の装いで海をゆく浅間丸。

ーヨークの下宿にいらした。それで、六月一日にアメリカ国務省から、交換船で帰国するか否かを二四時間以内に返電せよという電報を受けとって、乗ることに決めています。

**鶴見**　交換船に乗る前、フォート・ミードという軍の要塞の収容所に入れられていたとき、ある日、アメリカの中央政府から役人が来て、呼び出された。「交換船が出ることになった。乗るか、乗らないか」。これはとても民主的だと思うんです。最後まで選択ができたんですよ。私はそのときにね、乗るって答えたんです。

**黒川**　即答したんですか。

**鶴見**　そうです。その根拠は、いくら考えてもよくわからない。私自身の決断なんだけどね。

決断の根拠はとってもぼんやりしているんです。私は、予測として、日本は必ず負けるという、必敗の確信をもっていた。アメリカからくず鉄買って軍艦つくったって、勝てるわけないでしょう。いつとはわからないけど、必ず負ける。しかし、いまになってよくよく考えたら、負けるとき、負ける側にいたいという、ぼんやりした考えなんです。

愛国心では絶対ない。というのは、私は日本にいたときからクロポトキンを一生懸命読んでいた。クロポトキンにはマルクスに対する偏見がありますから、それが、私がマルクス主義者にならない、一種の予防注射になったんです。アメリカに行く前から、無政府主義者だった。日本とアメリカを並べてみると、これは互いの帝国主義戦争だけれども、日本はナチスと結びついているわけですから、悪い。そして必ず負ける。日本の国家を愛するから帰ってくるわけじゃないんですね。

私の姉は大変に揺れたんですけれども、おやじがかわいそうだというのがずっとあった。おやじは国会議員だったし、彼女はおやじを非常に愛している。子どもがアメリカ側について帰らないってことになったら、おやじがひどい目にあうだろうという動機で、帰る決心をした。
　私は違います。早くから、おやじがまずい立場にあるという考えはあった。だけど、おやじに対しては、一人前の大人なんだから自分で自分の始末をつけろ、そのぐらいの考えですよ。おやじとはっきり対立するようになるのは、行動としてはもう少し先です。
　しかし、日本に帰ろうという決断をした。そのとき私にあったのは、ぼんやりした思想と見通しなんです。しかし、生きているとき、自分を支え、それによって決断することというのは、意外に、ぼんやりした考えのかたまりなんですね。八二年生きてくると、その感じはさらに強いです。そこから見るほかない。

**加藤**　負けるときに負ける側についていたいという気持ちと、一番病は、どういうふうにつながるんですか。

**鶴見**　私は、ものごころつく前からおふくろに殴られていて、マゾヒストになっているから、負ける側に帰るという非常に深いところの精神分析的な動機じゃないかと思うんですけどね。負ける側に行って自分も死ぬ、と。
　自分に一番病の時代があったことは、言いたくもないし、自覚したこともなかったけれど、隠していたっていうのは、ほぼ確かなんだ（笑）。

ハーヴァードでの二年半

**鶴見**　私は小学校のときから成績が悪いんです。小学校六年のときに、受け持ちの先生が総合試験をやったら、クラスに四二人いて、男二一人のなかで、ビリから六番だった。それで先生がびっくりして、おふくろを呼びつけた。おふくろは成績本位の教育をしていないけど、そのときは怒った。それを恥と思うような私じゃないけど、ビリから六番には自分でもびっくりしたねえ。ちなみに、同級生の永井道雄（元文部大臣）は二番。嶋中鵬二（元中央公論社社長）は一〇番ぐらいだった。

**加藤**　お母さんはそのとき、ビリから六番だっていうことを怒った。

**鶴見**　めずらしくね。もっと成績をよくしろなんてことは、ふだんは言わないんだけど。

**黒川**　じゃ、それまでは成績がよかったってことですよね。

**加藤**　当然いいと思われていた。

**鶴見**　そうそう。いいと思われていた。で、それまでは映画館にいくために学校を休んだりしていたけれど、それからは学校を休んで受験本位の参考書に熱中したんですよ。これがいい参考書で、半年後の試験で七年制の学校に入ったんです。

一二歳で七年制の、府立高等学校尋常科一年に入った。七年制に入れば、卒業のときには、自分の小学校のときの同級生より一年上の上級生としていばれると思ったから、一生懸命やったたんだ。だから動機もきわめて俗物的なんだけど。

**黒川**　七年制というのは、旧制中学と旧制高校を合わせたようなものですか？

**鶴見**　一貫教育で、定員割れの文科なら無試験で東大に行けるんですよ。しかし、問題児なので、二年の夏に放校されるんです。それで五中（現・小石川高校）の編入試験を受けて入るんだけど、そこでも二学期しかもたなかった。

私は、日本では小学校卒業だけですけど、その後、入学試験を受けてハーヴァード大学の一年生になった。そこで取った科目は、カルナップの「分析哲学入門」と「経験主義の原理」という授業だった。これは記号論理学なんですよ。そして、私についたテューター（個人教師）は、クワインだった。テューターとは毎週会うんです。彼はそのときの世界のトップの記号論理学者だったんですね。

ハーヴァードでは、在学中、ホワイトヘッドやバートランド・ラッセルの講演も聴きました。この二人の共著 *Principia Mathematica* が記号論理学をつくり、そこからでてきたのが二代目であるカルナップ。それをさらに学習して、当時、三代目としてトップに立っていたのがクワインだった。私がハーヴァードに入ったのは、三九年で、一六歳でした。最初に夏期学校の授業を受け、一七歳になり、これが終わると一年生の学期の授業が始まった。ラッセルの講演を聴いたのは一八歳、これは一二回にわたるものだった。ホワイトヘッドの講演は一九歳、こちらは一度きりだった。ほかに日本人はぜんぜんいない。ものすごい幸運に恵まれたわけです。

そのころは、一番病にとらえられているから、優等は取れる。学部学生の場合、AとBが優等なんです。私がとっていた二つのカルナップの授業はBだった。Bは優等なんですよ。一年目が終わったら、千人いる同級生のなかの上位一〇%、これは「φβκ（ファイ・ベータ・カッパ）」候補といってね、できるということになっているんですよ。一年の終わりに「φβκ候補」という免状をもらって、びっくりしたね。生まれてから優等賞をもらったことがないんだから。

それから飛び級コースに決めたんです。四年間を三年にするわけですね。飛び級コースでは授業をたくさん取るから、二年のときは優等でもランクは低いです。二〇%くらいかな。三年になると「A」の数で五%に入ったんです。前学期が終わったところでFBIに捕まった。第三学年後期の試験は、留置場まで大学が試験官を差しむけてくれたけど、それでは点が足りなかった。だけど、そこまでずっと優等できてるから、ブタ箱のなかで仕上げた論文を参考資料ということにして、教授会の投票で卒業させてくれたんですよ。

二年半の一番病の時代には、学習のしかたは小学校にいたころと違っていた。一番病にとりつかれると、一番病の学習のかたちになる。一七、八歳で、いまの記号論理学をつくった人の、一代目、二代目、三代目に習っているわけでしょう。たとえば教室に出て、カルナップのドイツ訛りの話を聞き取って、ノートして、その日のうちに清書した。それがどういう風に頭に入るかというとね、垂直なんだ。横から揺さぶりをかけて別の意味を取りだすことをしない。これが正解であると教師がいうことを、垂直に理解する。そういうことを二年半やったんです。

小学生のときは、授業中も上の空で外を見てたり、別のことを考えてた。先生がなにか言っているとき、「あの先生は、おれがいま気になっているのは、パンツの中でペニスが右側に入っているか左側に入っているか、そのことだっていうのをわかっているかな」とか、ぜんぜん別のことを考えているわけ。そういう風に小学校六年間は、暮らした。

ハーヴァードにいたときは、「否定の否定は肯定に還る」とかね、記号論理学で熱中して演算をやる。先生の話とはぜんぜん別のことを考えるなんて、二年半のうちはなかった。それが一番になる方法なんだ。交換船は、それにピリオドを打った。一番病の終わり。そのことの働きが、自分でもリアルタイムではわからなかったんだ。その後は軍隊にはいって、別のことをやるようになった。軍隊で考えることは違います。で、一番病を非常に恥じるようになった。

**加藤**　恥じるようになったのはいつからですか。

**鶴見**　一九歳でハーヴァードを出たんだから、アメリカで大学に戻って先のコースに進めば、だいたい二二で博士になれる皮算用だったんだ。

**加藤・鶴見**　ふははははは。

**鶴見**　戦争が終わったらそういう暮らしに戻ろうと思って、軍隊にいる間も勉強はしていたんです。でも、だんだん何人も死んでいくでしょう。もういやになっちゃって。一番病離脱は、戦争が自分にもたらしたものですね。

戦後すぐ、私は京大に行った。最初のアメリカ教育使節団との会合で通訳できるのは私だけだった。文部省から来た通訳は、ブレイクダウンを起こしましたからね。このころ私は、英語をしゃべるほんとにわずかな日本人だったんです。しかし、そのときには私の気分は不良少年時代に戻っていたんだね。英語ができるっていうことが今の日本で恥ずかしいことのように思えて。そのときから日本社会を戦後の序列にしたがって上がっていくことが嫌になった。

**加藤**　いま、恥じるようになったのはいつですかとうかがったら、二二くらいで博士になるつもりだったけど、まわりの人が死んでいくのを見てそれがだんだん嫌になってきた、とおっしゃった。それは戦争中のことですね。戦争が終わって、占領下で英語が力をもった、そのことが居心地が悪かったという話は何度もうかがったけど、この話ははじめてだ。

**鶴見**　一番病の時代に、おもしろいことを言った先生がいるんですよ。

私は偶然、ホワイトヘッドの最終講演を聴いていた。これはハーヴァード大学付属教会で催されたんですけどね、「不滅について」という題だった。ホワイトヘッドは、ずっと話をしていて、終わりになにか一言ぱっと言って、壇を下りちゃったんですよ。もうよたよただった。

いったい最後になにを言ったんだろうと、ずっと気になっていて、戦後三〇年以上経ってからホワイトヘッドの講演記録を取り寄せたんだ。

最後の一言は、"Exactness is a fake."「精密さなんてものはつくりものだ」だった。当時、彼の弟子やそのまた弟子、カルナップやクワインが、ハーヴァード哲学の中心にいて、「精密さの哲学」というのをやっているでしょう。ホワイトヘッドは、それに対してはっきり違う立場をとっている。それは、ぼんやりしているものが自分の人生を支えるという今の私の考え方と、ぴったり合う。そのことに気づくのは何十年も後ですけどね。

バートランド・ラッセルも、おもしろいことを言った。ハーヴァード大学の公開講座で一二回講演したもので、それは *An Inquiry into Meaning and Truth*（『意味と真偽性』）という一冊の本になっている。

そのなかで、「ああ、自分のしゃべっていることは全部間違っているんだ」と思うことがあると言ったんです。本になったときは入れていませんけどね。しかし、それは矛盾を含んでいるから、論理的には成り立たないんです。矛盾を含んでいるものが正しいとすると、世界で成立するあらゆる矛盾を含む命題が、全部正しくなってしまう。だが、自分が疲れて家に帰ってきたとき、感情の形で、自分のなかを一瞬そういう判断が横切ることはさけられない。こういうとき、ラッセルは矛盾を含んだ人間として、人間の哲学を説いている。

ホワイトヘッドとラッセルは、当時その学問のトップであったカルナップやクワインとは、違うことを言っている。この違いが同じ大学のなかにあるということが、あとになってわかったんです。クワインは、九〇歳近くなってわりあいに近いところへ帰ってくる。しかし、私と毎週会っていたころは、彼は精密さを疑わない立場でしたね。

**加藤**　クワインもそのときは一番病だったんじゃないですか。

**鶴見**　ははははは。クワインはこう言うんですよ。ものと言葉を区別できている論理学者は、いま世界に三人しかいない。ポーランドのタルスキーと、ドイツのカルナップと、アメリカの自分だ。そのときクワインは三〇歳ぐらいなんだよ。そんなえらいやつに習ってるのかと、極めて疑わしく思ったんだよ（笑）。

いまお話ししているのは、私の個人史からみた交換船です。そのときはまったく気がつかなかったんだけど、交換船は、二つの論理的な「系（コロラリー）」を残しているんです。その系は、個人史だけでなく、社会史にも関係がある。私の個人史と社会史が交差する地点が、交換船にあったんですね。

コロンバス・サークルのこぼれ話

**鶴見**　そのプレリュードはね、一九四一年の夏のことです。その年の七月に在米日本資産が凍結されて、もう日本から金がこなくなっていた。それで、自分で稼ごうと思って、前田多門が館長をやっているニューヨーク日本文化会館の日本図書館に頼んで、夏休みのあいだだけ本の運搬をやっていたんだ。

週に一六ドル。ものすごく倹約して暮らしていたから、私にとっては大金だよ。それまではニューヨークに出ると、いつもYMCAに泊まっていたけど、そのときはさらに倹約しようと思って、コロンバス・サークルという貧しい区画にすごく安い部屋があって、そこを借りることにした。エレベーターがない、てっぺんの部屋、四階くらいかな、もっと上かな。それから、バス(浴槽)がない。バスは下の部屋にあって、共同なんだ。アメリカ人はそんなにバスを使わないから平気なんだ。そこで暮らしていたんだね。

**黒川**　それは夏休みか何かで？

**鶴見**　夏休み。長いんだよ、三カ月以上ある。私の姉が、インターナショナル・ハウスというところにいた。ここも安くて、ニューヨークの留学生たちのたまりだった。そこに、京都大学を出て、日本からついたばかりの南博がきた。

南博にとっては、私がほとんど初めて会った日本人のアメリカ留学生だった。彼が心を許して、私に「せっかくアメリカへ来たんだから、一緒に翻訳しようじゃないか。なにかおもしろい本があるか」と聞いたんだ。彼はまだ二六ぐらいかな。エネルギーがあるんだ。私は「マシースンの『アメリカン・ルネッサンス』なんておもしろいよ」と言った。そのころ出たばかりだった。それから、G・H・ミードの話をしたら、南は大変にびっくりした。日本で読んでいる人はいなかったけど、読んでいる人は読んでるんだなあと、えらく感激して、私の株が上がったんだ（笑）。それでマシースンを翻訳しようということになったんだね。

**黒川**　南さんはどこに留学していたんですか。

**鶴見**　コーネル大学。コーネル大学はニューヨーク州のイサカというところにある。

会った日に、ぶっ続けに七、八時間話した。とても親しくなって、どこに住んでいるんだと聞かれてね。コロンバス・サークルっていう貧しい区画だといったら、えらく興味をもった。当時日本図書館には、嘉治真三という、あとで東大教授になる人がいたんだけど、南博は彼と一緒に、その部屋までやってきた。それで、感激して、「ロマンティックなところだなあ。ファンタスティックだなあ。『第七天国』みたいだ」と言うんだよ（笑）。『第七天国』というのはシモーヌ・シモンが出ていた映画で、そのころ日本に来ていた。てっぺんまでコツコツのぼってくると、景色が開けるでしょ。

そこで三人で話をしていたらね、嘉治真三が、ぼこっと、こういうこと言う。「この前、大使が代わって、野村吉三郎大使がこっち（米国）へ来たときのことだ」。野村吉三郎って、海軍大将なんだね。海軍だから、英語をしゃべるんだ。

野村は、大使になる前、アメリカについて知りたいと先輩格の外交官のところにいって、「アメリカでは、どういうことを心がけたらいいでしょう」と聞いた。そしたら先輩は「アメリカにいったら、嘘をついてはいけない。まっすぐ、正直にものをいわなければならない。これが重んじられるんだ」と答えた。そういうことは、野村は軍人だからしっかり心にもっていた。

彼はアメリカにやってきて、西海岸からワシントンまで大陸横断鉄道に乗る。来たばっかりで、よく注意しないと英語を読めない。だから、うっかり、女性用の喫煙室でタバコをのんでいたんだ。しかもパジャマなんだよ（笑）。容貌魁偉だろ。"Women"って書いてあるところで、野村大使が、パジャマでタバコをのんでいる。

そこへ、黒人の車掌が来るんだよ。車掌は、変だと思って"Are you a woman?"って聞いた。野村は、とっさに聴き取れなくて、「イエス」って言ったんだ（笑）。車掌は変だと思ったけど、すぐその場を離れた。

遅れて、野村吉三郎はわかったんだ、なにを言われたか。正直にしなきゃいけない。だから、パジャマのままで、次の次の車両まで追いかけていって、呼びとめて、びっくりしている車掌に、"No, I am a man."って言ったんだ（笑）。どこからかこんな話が、嘘かもしれないがともかく伝わってきた。

嘉治真三がその話をして、三人で、涙をこぼして笑ったのを覚えている。それはもう戦争前夜だよ。だけど、「正直に」というのは、そのあとの開戦の最後通牒の裏切り問題とかぶるんだ。ハル・ノート（ハル米国務長官から野村・来栖米大使に手渡された日米交渉最終段階における米国側の提案書）はその年一一月二六日、そして、真珠湾はその年の一二月のことだから。

**黒川**　嘉治真三のニュースソースはどこだったんでしょう。

**鶴見**　嘉治はかなりの高官だから、外務省の役人から聞いたんじゃないか。

それで、アメリカでは一二月七日、日米開戦となって、事前にそれを通告しなかった来栖と野村は裏切り者ということになる。ところがいまでは、暗号はアメリカ側に解読されていたというのが定説になっているね。そうだとすれば、ハルとルーズヴェルト大統領は芝居を打ったんだ。

**加藤**　以前『アメリカの影』というのを書いたとき、国会図書館に勤めていたので、陸軍長官になるスティムソンとか、国務長官のコーデル・ハルの回想録を原文でも読んだんです。あのころの登場人物はほとんど回想録を書いていますけど、日本の政治家によるものはあまりないですよね。

ハルというのはおもしろい人で、彼の回想録には、ルーズヴェルトの態度が理解できなかったと書いてある。日本ではハル・ノートのことがあるから強硬な人間と見られているけれど、あれを読むと人柄としてはそんなに強硬じゃない。

真珠湾の暗号解読のことなどがわかってくるとはっきりするけれど、当時、アメリカの政治家や軍人がどうしてあんなに回顧録を書いたかというと、あることを隠すために書いたというところがある。嘘は書かないけれども、あることを書かないために書く。本当は、回想録なんてものは、書かれるまでにけっこう時間がかかるものなんです。ことが終わってすぐ書かれる回想録は、政治的なもくろみがあるからすぐ書けるんであって。

野村吉三郎は、アメリカに友人もいて、信が篤かったみたいですね。だけど、外務省にいたときには、それまでとは違うやり方をして、けっこうサボタージュみたいなものもあったらしい。

**鶴見**　野村って素直な人なんだよ。交換船のなかで、都留さんは第六階級から引き上げられて、野村、来栖と話し合う時間を持てたんだ。

そのとき、野村が都留さんに「ハル・ノートを渡す前に、ハルが"peremptory"って言った、あれはどういう意味かね」と尋ねたんだ。野村は海軍士官だから英語はわかるけど、"peremptory"っていう言葉を知らなかったんだよ。それは「緊急を要する」という意味だ。「絶対的」ということだよね。

**黒川**　その単語の意味するところが、野村は決定的なときにわからなかったということですね。

**鶴見**　そう。野村は、つまり通訳を介さず、直接に話したということだ。

都留さんの話を私が採った『語りつぐ戦後史』に出てくるけど、ハル・ノートへの回答を求めて、ルーズヴェルトが最後に野村に会ったとき、「第一次世界大戦では私たちは肩をならべてたたかった。今度の戦争では私たちはおたがいに対してたたかっている。しかし、私たちが肩をならべてたたかう時が十年もたてばまた来そうだ」と言ったんだ。ルーズヴェルトは策略を持っているから、ゆとりがあったんだね。

## 「おとり船」にされた引揚船

**鶴見**　日本の政府はわれわれをも裏切ったんですよ。

そのあと、秋もだいぶ深まってから、最後の引揚船が出るという話があった。しかし私はその引揚船に乗ることを断った。私の姉も、南博も、断った。武田清子も断っているんじゃないか。

若杉要公使が、留学生一人一人に手書きの手紙を送ってきたんです。学籍を抜いて、つぎに出る最後の引揚船で日本へ帰れと書いてきた。それで私は、保護者のアーサー・シュレジンガー（シニア）に相談に行ったんだ。都留さんもそこに来て、三者で話し合った。元留学生の都留さんのところにも、その手紙が来ていた。

**黒川**　都留さんはそのときどういう立場だったんですか。

**鶴見**　ハーヴァード大学の講師です。

シュレジンガーはこういった。自分は日本史の研究者ではない、アメリカ史の教授だ。だが、一八五三年（ペリー来航）、非常に貧乏だった日本が、あれだけ賢い指導者に導かれて今日まできたことを考えると、日本の指導者が、負けると決まっている戦争をやるとは思えないと。都留さんも同じだった。アメリカの資本家の代表と、日本の資本家の代表が、上海あたりでいま、落としどころを探しているだろうって。私一人が、いや、戦争は起こると言った。私の予言のほうが当たったんだ。

**加藤**　いつごろですか、それは。

**黒川**　都留さんの手記に、一一月二五日に若杉公使から引揚船の龍田丸に乗るようにと連絡をもらう、と書いてありますね。

**加藤**　もう真珠湾攻撃に近いですね。そのとき帰った人もいるんですか。

**鶴見**　帰った人はゼロ。結局、船が来なかったんだから。

**加藤**　真珠湾攻撃の前の段階で、このあと戦争になるということは黙っていて、カムフラージュに使うべく引き揚げろと言ってきた、と。

**鶴見**　天皇陛下直属の了解事項というのがあったんです。日本がアメリカと戦争を始めるという決断は、海軍陸軍のトップの人しか握っていなかった。しかも決定したあと、それを下僚に知らせることはなかった。もちろん外務省なんか知らされるわけがない。軍のトップの人間が船長に封書を渡して、何月何日に袋をやぶって開けろと言った。その日になって船長は開けた。そしたら、「すぐ日本に引き返せ」と、そこに書いてある。〔後記。事実は『日本郵船戦時船史』上巻に詳しい。本書二七八頁参照〕

**加藤**　なるほど、出発したあとで。

**黒川**　公海上に出て戻ってくる。一二月二日に横浜を出航し、一二月一四日ロサンゼルス着予定だった、龍田丸ですね。

**鶴見**　「おとり船」にされていたんだ。この計画が立てられたときは、外務省の高官といえども、最高軍機にふれていない。まさか開戦とは思わず、まだはったりだと思っていたんだよ。

**黒川**　軍としては、すでにプログラムに入れていた。

**鶴見**　もうプログラムをたてて演習していますし、単冠湾《ひとかっぷ》（択捉島《えとろふ》）に海軍の機動部隊を集結させたりしていた。だけど何月何日から戦争するぞとは言っていないんだ。

御前会議の最後の決定（一二月一日）なんかとすりあわせてみても、その引揚船が来ないことは決まっているわけ。しかし、出発のときには、船長も、外務省の高官も、そのことを知らない。

だから、米国東部にいた学生は、ことに裏切られたんだ。出ない船のために、学校から籍を抜いて、西海岸まで自分の費用で行って、ホテルをとって待っていたんだから。

**加藤**　どうしてその封書の件を知っているんですか。

**鶴見**　あとから聞いたから（笑）。

山本素明というのが、東部のアマースト大学にいた。一橋（東京商科大学）かどこかを出てから留学していたんだ。彼は、若杉公使の手紙を受けとって、大学の籍を抜いて西海岸まで行った。船が出ないとわかって、汽車にのって東部まで帰ってきたけど、アマーストから籍を抜いているから、大学に戻るわけにいかない。それで私のところへ来て、私の屋根裏の下宿にコットを入れて、そこに寝泊まりしていたんだ。

**加藤**　何を入れて？

**鶴見**　コットっていうのは、持ち運びできるような小さなベッド。それはあんまりだというので、藤代真次博士という歯科矯正医が彼を引き取ってくれた。

私が捕まったあと、一カ月ほどして山本素明も東ボストン移民局の留置場に入ってきた。それまで日本人は私一人だった。素明も私たちと同じ交換船で帰ってきた。帰国してからは海軍士官になった。

**黒川**　鶴見さんやまわりの人たちが引揚船に乗るのを断るころは、まだ戦争まで至らないだろうという、楽観的な見通しの人のほうが多かったんですか。

**鶴見**　戦争にならないと思った人間はどのくらいいたか。開戦後は、もう交通が自由じゃないから、ほかの人間の様子はよくわからない。敵性国人は長い旅行をするのにいちいち許可が必要で、私は、捕まるまでまったくケンブリッジから動いていない。

**黒川**　若杉公使からの手紙は、かなり逼迫した文面だったんですか。

**鶴見**　官僚だから、文体は自分の感情を表すようなものではないね。だけど一人一人にきちんとしたものを、万年筆で書いている。

**黒川** 理由は書いてありましたか、日米関係の悪化につき、とか。

**鶴見** 書いていない。しかし、公使が留学生一人一人に書くというのは、大変な努力だよね。

都留さんたちと会合をもったとき、都留さんは、返事は相談しないで別々に書こうねと言ったんだよ（笑）。文体がいっしょになって、合議したと思われたら困るって。都留さんは日本で捕まったことがあるから、非常に神経質なんだ。捕まったとき、都留が鶴見を使嗾《しそう》したとか勘ぐられる、そういう関係が生じるのがいやなんだ。私は自分で書いた。都留さんも別の理由をつけた。

**黒川** 理由づけがいるんですか。

**鶴見** 政府の指示だからねえ。私は都留さんがどういう理由をつけたか知らない。

**黒川** 鶴見さんはどういう理由だったんですか。

**鶴見** 私は結核で、何日かおきに喀血している。ここにいる時間をちゃんとつかって大学を出ないと、一生学問をする時間がなくなってしまうと、はっきり、本当の理由を書いた。

**加藤** そういう手紙は外交史料館には残っていないですね。

**鶴見** そのころ、南博から絵葉書をもらったんだよ。「君はどうしますか、僕は考えるところがあって、日本に戻りません」と書いてあった。含みがあるだろ？　考えるところって、なんのことかわからないじゃないか。おもしろいね。南博は特高監視下の日本で育ったからだね。彼は東京高校。日高六郎と同じくらいの齢だから、あのくらいまではマルクス主義が入っているんだよ。彼はマルキシストで、意識分子なんだ。

**加藤** 南博さんがマルキシスト的な心情をもっていて、戦争のまっただなかにアメリカに留学しているというのは、相手の懐に入っていくみたいな、おもしろい身の動きですね。ゾルゲ事件の尾崎も、共産党が一網打尽になって完全に組織がつぶれたあと、一匹狼みたいにしている。マルクス主義的な心情はもっていても、日本共産党とは違う流儀ですよね。その後のマルクス主義を信奉した人たちは、それまでの日本のマルキシストとは違いますね。

**黒川**　当時、南さんは何をなさっていたんですか。

**鶴見**　東京高校理科のあと、京都大学の文学部哲学科を心理学専攻で卒業した。それで、動物実験をしたかったから、わざわざコーネル大学の行動研究所に申し込んだんだ。京大でも条件反射の研究をしていたと思う。

**黒川**　鶴見さんはシュレジンガーの授業を受けられましたか。

**鶴見**　いや、シュレジンガーはアメリカ史だから。私は哲学科の学生です。

しかし、シュレジンガーが、日本の指導者が負けると決まった戦争をやるとは思えないと考えたように、一世紀遅れてニュースが届くというのが、おもしろいと思う。つまり、日本というのは非常に賢い指導者をもった国だという思い込みがある。たしかに明治を考えると、いや、幕末がすごいんだよね。

日本は一九〇五年（日露戦争終結）で変わったんだ。おやじと私のじいさん（後藤新平）を比較してみると、どう考えてもここで人間は変わったと思うね。学校の成績からいえば、おやじのほうがいいかもしれないけど、人間の見識はそういうところにない。その社会的性格がちがう。

黒川　交換船で帰国しようと決めたのは、最終的にはどの段階だったんですか。
鶴見　一瞬だったね。つまり、アメリカ政府の役人がフォート・ミードの収容所まで来て、リストに載っている人間を一人一人呼びだして意志を問うたんだ。そのとき。
黒川　それは四二年の何月ですか。
鶴見　最初に捕まったのが、三月二四日だということははっきりしているんだけど。
加藤　今回調査したものでみると、ご本人の一九歳一一カ月現在の自筆の記録がある。
　それによると、East Boston Immigration Station（東ボストン移民局）に入所されたのは、四二年三月二四日。そこからエリス島に移ったのは、同年の五月一三日。エリス島には二日間しかいません。
鶴見　二日間！　ああびっくりした。もう少し長いような気がしていた。
加藤　その後、Fort George Meade、ミード要塞ですね。
鶴見　“Meade”の最後に“e”があることを、いま、これを見て発見した。
加藤　ここに、五月一五日に入所。だからそれから六月一一日の乗船までの間に、アメリカ政府からの問い合わせがきたんでしょう。
鶴見　その前日くらいまで、ミード要塞にいたんじゃないかと思う。ボルティモアにあるんだ。

そこから、船が出るニューヨークまではそんなに時間がかからない。
　尋問があったのは、六月はじめじゃないかな。すぐに、乗ると答えた。乗らないと答えることも可能だった。ミード要塞に残った人間はずいぶんいたわけだし。残ることは選ばなかったけれども、躊躇はなかった。
**加藤**　残ることを選んだ人は、どんな考えだったんでしょう？
**鶴見**　日本に帰っても、暮らしがたたないと考えたんじゃないか。斎藤久三郎なんて、すごく頭のいい人だから。
**加藤**　アラスカ久三郎ですね。
**鶴見**　そう。日本が戦争に負ければ、アメリカの収容所からは解放される。そしたら、自分の才覚と体力があればアメリカでやっていけるという自信があった。東北の人だね。
**加藤**　この人は帰らなかった？
**鶴見**　自分の意志で帰らなかった。排日移民法ができる前にアメリカに来ていた人。帰っても親族のやっかいになるばかりだっただろう。
**加藤**　交換船の乗客調査票をみると、収容所に入っている人と、入っていない人がいる。どういう人が入って、どういう人が入らなかったんですか。
**鶴見**　収容所での、私の国際法上の身分は“Prisoner of War”（戦争の捕虜）です。戦争の捕虜はかならず収容所に入れられます。
**加藤**　普通の人は“Prisoner of War”にならないですね。たとえば鶴見和子さんはそうではない。
**鶴見**　学生とか、普通の日本人は捕まえないと、検事総長がラジオでちゃんと言ったんですよ。

だから私はもう捕まらないと思って、同じ下宿の一階に住んでいるアメリカ人の学生にあずけておいたものを取り返して、また自分の屋根裏部屋に持ってきておいたんだ。そしたら、しばらくして捕まえにきた。

**加藤** 普通の学生じゃなかったから（笑）。

**鶴見** 南博も、鶴見和子も、都留重人も捕まっていない。それが普通なんだ。私は自分の舌禍でつかまった。調査があったときに、自分は無政府主義者だから、米国も日本も支持しない。日本国のためにスパイ行為などをするのはもってのほかだ、と答えたんだ。

**黒川** それはいつですか。

**鶴見** 日本が敵性国家に指定されて、調査があった。法律でそういうことになったんだね。四一年の夏、日本資産が凍結されて本国と金のやりとりができなくなった、その後だ。調査はみんな受けているけど、都留、南、鶴見和子なんかは、私みたいに軽率なことを言わない。

**黒川** それはどこで？

**鶴見** ハーヴァードがあるケンブリッジ市内の市役所みたいなところで話した。捕まるなんてことは、まったく前提にしていなかったね。

**黒川** ただ、同じ東部でも、ニューヨークやワシントンのビジネスマンなどには、日米開戦でただちに検挙、抑留となった人が多いですね。あと、西海岸の普通の移民の人たちも、開戦から少し遅れて、強制収容されている。

**鶴見** それは地域的な問題なんだ。密入国して暮らしている人の大部分は西海岸にいた。

**加藤** それは密入国なんですか。

**鶴見**　排日移民法は一九二四年だったと思うけど、そのころでも船から海に飛びこんで、アメリカの陸地に泳ぎ着いたっていうような人がいたんだよ。二四年から四一年だから、そんなに遠い昔なわけじゃない。それから、正規の手続きで来た人には医者がかなりいた。

**黒川**　そうやって入国した人たちも、米国に住んでいること自体は合法でしょう？

**鶴見**　アメリカではdomicile（戸籍）というのがはっきりしないからね。

**黒川**　いわゆる「ノーノーボーイ」（日系二世の米国市民でありながら、日本との戦争への兵役を拒んだ青年たち）の親の世代は、それよりもう少し早く米国に入った人たちですね。

**加藤**　日系アメリカ人もあとから戦後補償を要求するでしょ。アメリカ市民である日系人を強制収容した、それは人種差別だったので補償しろという主張だった。ただ、当時のかなり姑息な法の運用によると、日系の収容の対象になった人たちは、脱法（密入国）とも見なし得たということなんでしょうか。

**黒川**　大統領令で、そういう収容を可能にする（大統領令第九〇六六号、四二年二月一九日署名）。だから、既存の法の適用ではなくて、一種の「非常大権」による市民権の剝奪ですね。

**加藤**　第二次交換船の詳しい書類を見ると、西海岸の収容所を転々としている人が非常に多い。

**黒川**　西海岸の日系移民を強制収容するための「戦時転住局」という特別部局を新しく設けて、その管轄で「転住所」（relocation center）という強制移住キャンプをあちこちに一〇カ所つくった。まず仮収容所（assembly center）に集められ、そこから「転住所」に送られて、さらにそれを何カ所か移らされているケースがたくさんある。およそ一二万人の日系移民がこうしたキャンプに入れられて、そのうちの三分の二ほどが法律上は「アメリカ市民」だったそうです。

ですから、これは、東海岸などの日本人を収容した司法省移民局や陸軍省が管轄する収容所とは、法的にも組織上も別立てのものなんです。東海岸などでは、戦時下、あくまでもドイツ人、イタリア人、日本人という「敵性国民」だけを抑留したわけですから。

鶴見さんたちが乗る第一次日米交換船では、こうした米国西海岸の日系移民の乗船者は少ない。翌年（四三年）に出る第二次日米交換船で、ずっと多くなります。

それと、第二次交換船での帰還者には、開戦後に中南米から米国へ送られて、そのまま収容所で抑留されていた移民も多い。第一次交換船にも、そういう人たちは乗っていますが。

**鶴見** 東海岸の場合だと、収容所は、地方によって、"jail" と書いてあったり、"detention camp" と書いてあったりするんです。大都会だと、"immigration station" と書いてある。

**加藤** そうやって施設の名前が違うと、法律上のステイタスも違うんですか。

**鶴見** 違うでしょうね。私の場合だと、裁判を受けてからフォート・ミードの収容所に送られています。法律上は hearing（審問）といって、弁護人がつくんです。それによって正式に intern（抑留）すべきかどうかを決める。私の弁護人はシュレジンガー・シニアでした。陪審は、二対一で抑留相当ということになった。シュレジンガーが教えてくれたところでは、ハーヴァード・ビジネススクールの教授が、抑留に値せずという票を入れたんだ。しかし、ボストン市民の代表と、カトリックの坊さんとが、抑留相当に入れた。

シュレジンガーの弁護の主旨も、鶴見は日本とアメリカの戦争目的に差があることを、きちんと認めている。日本の戦争目的は不当であるから、日本の側には立たないと言明しているじゃないかと、ちゃんとそこを言ったんですよ。でも通らなかった。

便器とプラグマティズム

**黒川**　逮捕されてから、姉の和子さんと会う機会はなかったんですか。

**鶴見**　和子は東ボストン移民局までは来た。そのころ、敵性外人は、移動するとき市の許可がいるんだよ。和子はニューヨークにいるでしょ、そうやってケンブリッジまで来るのは大変なことだったんだ。許可証をもってしか動けない。

**黒川**　それは開戦以後の状態ですか。

**鶴見**　一二月七日以後。私は捕まっちゃったわけだから、荷物は下宿にそのままでしょ。和子と都留夫妻と、山本素明が私の荷物をまとめてくれたんだよ。

**黒川**　開戦から捕まるまでは、三カ月半ほどあったんですね。

**鶴見**　四二年の三月に捕まったから、大学の後期がはじまったところだった。最初にFBIが来たとき、書いている論文が押収されたんだ。それで私は、ラルフ・バートン・ペリーという教授に、論文が押収されたので続きを書けない、とても困っていると手紙を書いたら、ペリーがFBIに交渉して、取り返して東ボストン移民局に送ってきてくれた。彼は、ナチスと戦えという立場をとっていたから、警察に顔がきいた。

論文から解放されたと思ってなまけていたら、それが戻ってきたものだから、続きを書かなきゃいけなくなった。移民局の監獄のなかで、夜、電気がついているところが一カ所ある。便所なんだ。便所には便器というものがある（笑）。便器は、蓋をばたっと閉じると机になるんだよ。だから、タイルの上に座って、その上で続きを書いていった。

論文には形式があるから、その形式にするために、書き上がるごとにニューヨークの姉に送った。すると、姉がタイピストのところに持っていって、それをタイプしてくれた。タイピストが疲れて肩が凝ったっていうと、彼女がこうやって揉んでね（笑）。

タイプされたものが私のところに届くと、校正してまた送り返す。できあがったとき、彼女が直接ハーヴァードに送ってくれたんだ。だからすごく世話になっているんだよ。

私は、三年目の後期は大学に行っていないから、普通なら落第だ。しかし、政府の判断とハーヴァード大学の判断とは違う。教授会で、これは卒業の優等論文としてでなく、大学に出なかった後期分を補う論文として認めて卒業証書を出そうと、誰かが発言してくれたんだ。だから、卒業の成績は優等賞をとっていない。でもその前期には千人中トップに立っていたから、卒業を認めてくれた。トップというのは、むこうでは、学年全体で千人のうち、最上位の五パーセントに入ることを言う。その成績で卒業すると「スマ・クム・ラウディ」と呼ぶんだけどね。

**加藤** 監獄で書いた論文はどうなったんですか。

**鶴見** そのコピーは、グリップスホルム号に乗るときまで持っていたけれども、わずかの本と一緒に、全部取りあげられた。ところが敗戦後にアメリカから通報がきて、そのとき取りあげたものを、全部横浜まで送り返してきたんだ。

**加藤** それは読みたいですね。

**鶴見** その骨子が、『アメリカ哲学』（五〇年）なんだ。ただし、そこに足したことがある。私はアメリカに行ってから、突如として一番病にかかった。そこに戦争体験が入って、英語の論文をもう一ぺん日本語で『アメリカ哲学』として書きなおすときには、別の考えが入ってくるわけ。デューイというのは、どうも佐々木邦のユーモア小説に似ているんだよ。アメリカにいるあいだは、そんなこと書くわけないでしょ。あとで足したんだ（初出は「佐々木邦の小説にあらわれた哲学思想」、四八年）。それが丸山真男との共感の交流を生んだ。丸山真男は状況論を通して「福沢諭吉の哲学――とくにその時事批判との関連」（四七年）を書いた。あれとクロスするんだ。

丸山さんは、政治思想の領域では、と限定をつけて、みずからプラグマティズムと名乗る。プラグマティズムというのは、土着の人間が自分で生きていくための知恵なんだ。場所なんかどこだっていい、そんなもの。丸山さんには福沢論があるでしょ。私には佐々木邦論がある。あのころ非常によくつきあっていた。丸山、宮城音弥、武谷三男、渡辺慧、みんな、あの本での「佐々木邦」についてては支持してくれたね。

**黒川**　一九四二年六月に入って、日本に帰るか否かと問い合わせる国務省からの電報が、和子さんにも来ますね。

**鶴見**　そのときには、私とは相談できない。東ボストンの移民局に会いに来たとき、彼女は、帰らないと言っていた。

**黒川**　それはフォート・ミードより前、三月末から五月半ばにかけてのことですね。

**鶴見**　交換船が出るという噂が、そのころからあったんだ。だから、「今度帰らないと永遠に帰れないことになるよ」と、私は言ったんだ。和子は、「え、どうして」と言うんだ。まったく能天気なんだよ。

**黒川**　和子さんは、弟がどうするか斟酌して、帰国を決めたんでしょうか。

**鶴見**　和子はおやじを非常に愛していた。率直に言って、生涯で一番愛した男なんだ。「父の娘」というのがいるでしょ。アナイス・ニンとか森茉莉とか、その型なんだよ。

彼女にとって第一の忠誠はおやじに対して、第二は私に対してなんだ。彼女と私は子どものときから読む本も違うし、考え方も違う。しかも私は彼女にいつもかわらず世話になってきた。ほんとは私が彼女にもっとおかえしをしなくてはいけないのだけれど。成績からいうと彼女は私と常に離れているんだ。向こうはずっと一番できているし……。

**黒川**　まあ、鶴見さんも交換船のおかげで一番病を終えられたけれども（笑）。一番ですよね、その前。

**鶴見**　一番病は、人生で二年半だけなんだよ。

そうそう、こういうことだ。一番病のときは、小学校しか出ていないから、中学校、高等学校の数学が自分のなかにないでしょ、だから記号論理学についていくのが難しいんだなと思っていた。いま考えたらぜんぜん違う。もし私に数学の才能があったら、日本で小学校しか出ていないことがプラスに働いたはずだと思う。

日本の中学、高校とはつながりがないまま、まっすぐ、世界のトップの人と向き合っているわけでしょ。どんどん自分の想像をのばしていける機会なんだ。才能のある人間は、相手の講義をまっすぐ受け取るような学習のしかたはしない。ちょうど外の景色をみているように、吸収するものが刺激になって、別のことを考える。心に遊びがなきゃ。それが才能だ。

その二年半、私は一生懸命勉強した。遊びなんかないんだよ。下宿に帰ってすぐにノートを清書しているんだから。それは、私に数学的才能がなかったからだ。数学的才能のある人間は、小学校しか出ていないことで、突拍子もない自分の数学世界をつくるはずでしょ。

**加藤**　一番病ということでいうと、ぼくはずうっと、ついこの前まで鶴見さんのお母さんは鶴見さんに「一番になれ」といっていて鶴見さんがそれに反発したんだとばかり思っていた。それが実は逆で、鶴見さんのお母さんの愛子さんが人の下積みになれ、みたいなことをいう人だったからこれに反発しようにもかえって鶴見さんがダブルバインドにかからざるをえなかったんだとは思ってもみなかった。

**鶴見**　総理大臣になりたいなんていうと、すごく怒ったんだ（笑）。

**加藤**　だけど、きっと、こういうことに関心をもっている人の九五パーセントは僕と同じ誤解を持っているだろうと思う（笑）。

**黒川**　たしかに鶴見さんは、家のこと全体はあまり書いていらっしゃらないけど、お母さんのことだけはかなり強く、逆噴射みたいな言い方で書いているから。

**加藤**　誤解しているぼくと、ぜんぜん誤解していない黒川さんが二〇年くらい付き合っていて、その誤解がとけないままだった。

　鶴見さんと知り合ったころ、よく読んでいたのは『北米体験再考』ですが、今考えると、あれは一番病のときのことだ。机のなかにチーズかなんか置いて、机の上にでかい牛乳ビンを置いて、病的なくらい一生懸命勉強してるなと思ったんだけど。

**黒川**　一番病時代の回想がきれいにでているのは、ローレンス・オルソンによる鶴見さんの小伝だと思う（『アンビヴァレント・モダーンズ』新宿書房）。オルソンのあそこでの素材は鶴見さんとの文通で得たものが多いわけだから、鶴見さんも老年にさしかかって、率直にオルソンに答えたということなんじゃないのかな。

『北米体験再考』は、自分の一番病時代へのカウンターパートとして書いているから、留学生時代の鶴見さんがまだ知らなかった米国、黒人への差別とその解放運動とか、そういうところが入口になる。つまり、北米でのかつての体験を、そのときとは反対側からとらえ直そうとする試みですね。だけど、そういうやりかただけでは届かない鶴見さんの一次体験の場所というのが、やっぱりそこにはあるだろうと、それが今回のここでの作業にかかわってくる。

**鶴見**　いま八二になって、もうすぐ死ぬんだから、交換船のことを一つのメタファーとして出せるなという感じがする。だったら、交換船という一つのストーリーを書いてしまってもかまわないんだなと思った。

どうしたら書けるのかという視点をね、偶然こういう機会で、私は見つけたと思うんだ。それは、自分の生涯の区分としての交換船。その直前は……。

**鶴見・加藤**　「私にも一番病の時代があった」。

**鶴見**　これは……認めたくなかった。おやじに対する私の攻撃は、その抑圧移譲でもある（笑）。

## サーカスの男

**鶴見**　私の個人史が、ある事件を通して社会史と関わる。交換船が私に残した、その論理的な系は二つあります。そのひとつのケースは、大河内光孝との出会いです。大河内も、私と同じ交換船で帰国した。

四二年の春、東ボストン移民局の留置場にいたとき、あとになって入ってきた日本人がいた。留置場では、昼飯のあと、散歩の時間がある。網に囲まれた屋上で散歩するんだね。その人と雑談をしてたとき、「ほんとうに素晴らしい人間というのがいるんですよ」といって、彼はある人物の話をした。それが大河内光孝のことだった。

大河内は子爵の妾腹の息子なんです。学習院の小学校にいて、自分より二、三年下にかわいい子がいた。大河内は買い食いしたりしていたからあめ玉なんかもっていて、その子にやったんだね。その子が、のちの昭和天皇だった。天皇は買い食いなんかできないから、よろこんで食べた。そのことがばれて、どうしてあめ玉なんかもっているんだって、しかられた。院長は乃木大将だった。

そういうことが起こったので、彼の両親は、恐懼措く能わず、彼を学習院から下げて、町の学校へやったんだ。それでさらにぐれて、その後、正系の息子と跡目を争うのがいやで、アメリカに渡った。彼はアメリカで、「リングリング・ブラザーズ・アンド・バーナム・アンド・ベイリー」という、世界最大のサーカスに入るんだよ。アメリカのヤクザ仲間のあいだで、気っ風のいい男と言われた、噂の人物だね。

私は捕まってひと月後ぐらいに、審問会で抑留されることが確定して、ニューヨークのエリス島経由でメリーランド州フォート・ミードの収容所に移された。そこで噂の大河内光孝に会うんだよ。もとより話を聞いているからつきあいが生じてね。

彼はこう言うんだ。山のなかで、自分と若い人が二人で迷ってしまって、食べるものはパン一つしかないとする。そういうとき、自分はすでに年をとっていて長生きできない、若いおまえに全部くれてやろう、パンを食って生き延びてくれ、そう言うことができるのが、人間の倫理の根本だと。お話の形で、自分のなかに入っているんだ。

**黒川**　夫人もそのとき一緒ですか。

**鶴見**　夫人には交換船に乗ったときに、はじめて出会った。収容所には男しかいなかった。

とにかくおもしろい人でね、手品なんかも正真正銘の手品をやる。ざらつく床で指の腹をみがいて、指の皮を薄くしているんだ。で、トランプを出して、ぱらぱらぱらっとやって「一枚取ってください、では戻してください。これがなんだったか当ててみましょう」と言って、印刷した文字を見ないで当ててみせる。敏感になった指先の感覚で、インクの厚みの違いがわかるんだな。これはスペードのジャックとか、当てていたね。

彼はいろんな話をしてくれた。サーカスでどんなことをしていたかというと、日露戦争の影響がアメリカには遅れて入ってきたので、ある時期、日本が非常に人気があった。そのころ相撲の常陸山一門がアメリカを巡業して、そこからドロップアウトしたオオタガワという元力士がアメリカに残って、「柔道芝居」というのを考案したんだ。恰幅のいいオオタガワが悪役になって、女を——実はオオタガワの妻なんだけど——手籠めにしようとしている。そこへ大河内光孝がでてきて、力士にくらべると体が小さいのに、柔道の手でぱーんと投げるわけだ。それがサーカスの幕間狂言で受けたんだよね。それをアメリカ各地でやって、食えるようになった。

彼はインチキもできるんだ。あるとき、ニューヨークから田舎のほうに出て、河原に行ったら軽石があった。軽石は、水の中に入れるとぷくぷく空気を出すでしょ。それを見て、いいものを見つけたと思ってね、たくさんもって帰って、熱帯魚を売っている店に行くんだ。自分は非常に不思議なものをもっている。水槽にこれを入れると熱帯魚が元気になる、入れてみようって、入れてみた。彼は東洋人だからね、店主がそう思ってみると、なんとなく熱帯魚が元気になる感じがするんだよ（笑）。ぜひ欲しいと、店主のほうが言い出すのを待って、軽石を売りつける。そういうインチキをして金をかせぐ。アメリカ人ってお人好しだしね。地べたを渡り歩いて、食える人間なんだ。

**加藤**　昭和天皇は一九〇一年生まれなので、大河内さんがその二、三年上だとすると、鶴見さんより二〇歳ほど年長ですね。初めて会ったときは四〇代。

**鶴見**　話はうまいし、心の底に一つの倫理をもっている。

**黒川**　東ボストン移民局で大河内光孝の噂をするのは、どういう人なんですか。

**鶴見**　大河内は日本人のあいだでヤクザとして有名だったんじゃないかな。

**加藤**　その人も日本人？

**鶴見**　そう。そういう日本人の社会があるんだよ。とにかく身分の高いところから身を落としているっていう、それだけで人気がある。

大河内は、教養なんか全然ないんだ。英語もそんなにできなかった。でも教育というものをものすごく尊敬している。彼と私は仲がよかった。非常にいい関係で日本に帰ってきて、交換船が日本に着いてから別れた。それから会っていなかったんだ。

戦争が終わる直前、私は結核の症状がでてるから、軽井沢の離山の下にあったおやじの別荘で、一人で暮らしていた。配給と、川でセリを採ったりして自炊してね。駅と私のうちのあいだに雲《くも》場池《ばのいけ》というのがあって、あるときその辺りをあるいていたら、「鶴見さーん」と呼ぶ人がいるんだよ。それが光孝の細君だった。

**加藤** 何月くらいのことですか？

**鶴見** もう寒くなかったたな。四五年の早春、三月ごろ。雲場池のまわりに、ホテルが貸しているバンガローがいっぱいあった。いまから考えてみると、そのなかの極めてまずしいところで、冬を越していたんだね。

大河内光孝が、そこにいた。牢屋から出たばかりだと言っていた。牢屋に入れられて、ぶったたかれたり、まったくひどい目にあったよというんだ。けれども、なぜ入れられたか、彼は全然わかってないんだよ！　私ももちろん知らない。とにかく日本はひどいところだと言うわけだ。息子もここの小学校に通っているけど、ひどくいじめられているって。日本語が変だからね。

**黒川** 大河内夫妻も、アメリカから戻られて、軽井沢で暮らしていらしたんですか。

**鶴見** 日本に戻ってすぐのころは、品川に住んでいた。

戦後もかなり経って、中村智子の『横浜事件の人びと』（田畑書店）という本を読んだら、巻末の、検挙された人の一覧表に「大河内光孝」と書いてあって、ほんとにびっくりした。

最初に捕まったのは、川田寿《ひさし》とその細君で、川田はあとで慶応の経済学部の教授になる。交換船よりちょっと前にアメリカから帰国しているんだけれども、その川田夫妻の証言もでていた。大河内夫妻への拷問は大変にひどいものだったらしい。

**黒川** 大河内さんの奥さんも捕まったんですか。

**鶴見**　そうなんだ。横浜事件は、富山県泊町（現在の朝日町）での、一枚の写真から始まったわけでしょう。雑誌「中央公論」や「改造」を足がかりに共産党再建を計画していたという、でっち上げの事件。大河内なんて、「中央公論」や「改造」を読める人じゃないんだよ。英語だってよく読めないいんだから。大河内夫人だって、日系二世なんだから「改造」なんて読まないよ。

彼ははっきりものを言うたちだから、「この戦争には勝ち目がない、負けるよ」と言ったのが、捕まる原因だったと思う。まともな人間がまともな発言をすると警察に捕まるんだ。

そういうのが横浜事件のおもだった囚人で、戦後もその像でずっと来てる。処置をまちがったと認めなかった。国会議員ですら、戦争中の裁判事件が無実のでっち上げだということを知らないんだ。それが日本国民の歴史なんです。

大河内夫妻の人柄から言って、あの事件は確実に、まったくのでっち上げだということが私にはわかる。証明することは不可能だけれども、何度も訴訟をおこしているのに、結局うやむやでしょ。この嘘を日本は、ひきずって歩くと思う。

## E・H・ノーマンと都留重人

**鶴見**　もう一つの系は、ロレンソ・マルケスで、日米の帰還者同士の交換があったときのこと。ニューヨークを出たわれわれのグリップスホルム号が先に着いて、日本からの船、コンテ・ヴェルデ号と浅間丸は二日遅れて着いた。それで時間があまってしまった。第三国だからそのあいだ自由に出歩いていい。私は、そのとき、アフリカ大陸というものの上をしばらく歩いたわけだ。

そのうちに浅間丸とコンテ・ヴェルデ号が着いた。これが七月二二日朝のことだね。「交換」があったのは、その翌日、二三日のことです。まず向こうの二隻の船から、乗客たちが降りてきた。薄暗くて、雨が降り出した。ロープがはられていて、その向こう側に、日本から来たアメリカ人たちが立っていた。アメリカから来たわれわれ日本人が、彼らの前を通っていく。そうすると、知り合いから声をかけられるんだ。私もかけられた。

**加藤**　誰からですか。

**鶴見**　ギャロットという宣教師。子どものとき知っていた。

都留さんの場合は、浅間丸とコンテ・ヴェルデ号が着いた二二日の夕方のことらしいんだけれども、ハーバート・ノーマン（外交官・歴史学者）と言葉を交わした。ノーマンはそのときカナダの駐日外交官で、アメリカ人たちといっしょにニューヨークまで帰されるところだった。彼らも町を散歩しようと、船から出てくる。カナダの外交官一行がそうやってぞろぞろ歩いてきて、都留さんとばったり出会うわけ。

ロレンソ・マルケスは、ポルトガル領で第三国だから、互いにわりあい気楽なんだ。それで、都留さんはノーマンに、「君が欲しがっていた本は、出発までにあんまり時間がなかったので、まとめてケンブリッジに預けてきた。それを君にあげるよ」と言った。ノーマンはそれを承知した。これが、あとで、それぞれにとって命取りになった。

**黒川**　二人が話しているのは見たんですか。

**鶴見**　いや、都留さんからの伝聞なんだ。そのとき私はノーマン個人を知らない。だけど、都留さんとノーマンが非常に親しいことは知っていた。ノーマンは、私の先生であるエリセーエフとライシャワーの審査によってハーヴァードで博士号をもらったけれども、審査内容にすごく怒って、都留さんのところへ行って不満をぶちまけたんだ。

**加藤**　どういう不満ですか。

**鶴見**　彼が書いたものはあとで『日本における近代国家の成立』（日本語版は一九四七年、大窪愿二訳、時事通信社）という本になるんだけど、エリセーエフとライシャワーはわかっちゃいないというんだよね。エリセーエフは竹越與三郎の英語の本しか読まないで審査したって。

**黒川**　原著は一九四〇年、ニューヨークの太平洋問題調査会から出てますね。

**鶴見**　そう。もとは学位論文として書かれたもので、そのときの主査が教授のエリセーエフです。副査にライシャワーがいて、二人が審査した。ノーマンは、学位はくれたにしても、全然審査になっていなかったと、都留さんに憤懣をぶつけたそうだ。ノーマンのほうが、学力がずっと上なんだよ。私は、よく都留さんの家に行って飯を食わせてもらっていたから、その話を聞いていたわけだ。

実際に私がノーマンと会って話したのは、戦後、彼が駐日カナダ代表部の首席になってからです。大使みたいなポストだった。

ともあれ、ノーマンは、交換船での帰国後、ケンブリッジにある都留さんの旧居のアパートに行った。だけどＦＢＩは、都留さんがそこに残していたものを差し押さえていたんだ。これをノーマンは知らなかった。

戦後、一九五七年に、都留さんがハーヴァード大学の客員教授をつとめていたとき、アメリカ上院の治安小委員会から喚問された。マッカーシー時代の最後のころで、都留さんは隠れ共産党員だ、ソ連のスパイだという噂があった。もし喚問を断れば、スキャンダル・ジャーナリズムでやられる。そう思って、都留さんは治安小委員会に行った。

治安小委員会が公開聴聞会に出したのは、都留さんが二〇年以上前に友人に出した手紙だった。それを読み上げて、これはあなたの書いた手紙か、と尋ねた。ちがうといえば偽証罪。だから「イエス」と言った。その手紙を読み上げると、元共産党員、いまも共産党員、そういう名前がつぎつぎに出てくる。それが誤解され、「都留証言」と呼ばれて、朝日、毎日、読売、日本のすべての新聞に、都留さんがもとの同志を裏切ったという誤った解釈で報道される。それから都留さんが使った「若気の誤り」という言葉が逆手にとられ、責任逃れだとして報道されるんだ。

そのあとノーマンは自殺する。しかし、都留さんの証言が、ノーマンの自殺の引き金になったかというと、疑わしい。ジョン・エマソンとノーマンが、ベイルートで会っている。エマソンはいくらか疑われる余地があったから、これがいろんなしかたでスキャンダルにされた。

あのときは、エジプトのナセルが、中東のスエズ危機を、かなりいい線でまとめたんだよ。カナダの駐エジプト大使としてそれを助けたノーマンの見識が、アメリカのポリシーと違うから、ノーマンは隠れ共産党員だという追及をした。

**加藤** そういうことがあって、都留さんが上院に召喚されるんですか。

**鶴見** それも一つの原因でしょう。それでノーマンは逃れられないと考えて、妻と、関西学院の神学部教授をしていた兄のハワードに遺書を書く。そしてカイロのビルの屋上から飛び降りて死んだんだ。カナダ外務大臣のピアソンは、一貫してノーマンをかばった。外務大臣としての方針を一切変えなかった。そしてアメリカを非難した。

日本の新聞は、ここでも、都留証言が原因でノーマンが自殺した、友人を裏切ったという話にした。真相はその後いくらか究明されるけれども、新聞をみて、私は、これで都留さんは失脚すると思ったね。

ある日、鏡をみたら、私の髪が白くなっていたんだよ。ほんとに驚いた。都留さんが自分のなかに非常に深く入っていたんだ。そのとき偶然、「中央公論」から頼まれて、私は「自由主義者の試金石」という文章を書いた。

**黒川**　それが一九五七年ですね。

### まだ書かれていない日本史の萌芽

**鶴見**　ノーマンには『忘れられた思想家――安藤昌益のこと』（一九五〇年、大窪愿二訳、岩波新書、上・下）という著書がある。ノーマンがいなければ、安藤昌益は日本の読書人がふつうに知っている名前にはならなかった。ノーマンは、もちろん、狩野亨吉による安藤昌益論を読んでいる。狩野亨吉は、漢文の読みは非常にしっかりしているだろうけれど、ノーマンの場合、昌益の置き方が違うんだ。日本史のなかだけじゃなくて、少なくともヨーロッパの同時代史と比較している。ルソーやディドロとの比較ができている。そこから考えると、昌益のほうが早い、昌益のほうが農民のなかに根ざしている。ノーマンによると、世界史のなかでの昌益の位置は非常に高いんだ。

ヴォルテールみたいな、おもに寓話で語った人を考えれば、昌益が寓話ばかりつかっていることなど恐れるに足りない。明治末期とか大正の学者に言わせれば、寓話をつかうとか、童話的に書くなんて、科学じゃないということになるけれど、中世史、ギリシア史が視野に入っているノーマンにとって、そんなこと全然驚くべきことではないんだ。プラトンだって寓話を使っている。大正以来の日本の進歩的な教授たちとノーマンとの間には、そういうずれがあるね。

ノーマンの最初の本、『日本における近代国家の成立』は、平野義太郎の影響を受けすぎているんじゃないかな。ある程度学習的な本だと思う。それよりも『日本における兵士と農民』(日本語版は一九四七年、陸井三郎訳、白日書院)のほうが、史学としてぐっとよくなっている。

私は日本人による明治維新は書かれていないという、漠然とした感じをもっている。つまり日本人はヨーロッパ人の学習をしすぎたんです。どうしてもフランス大革命をモデルにして明治維新をみるから、及ばず、不徹底と見る。イギリス史をみるときも、クロムウェルの革命をモデルにする。しかし、イギリス人は名誉革命を考えているから、それとは革命の理想が違う。

むしろ明治維新をメキシコ革命と比較してみたらどうですかと言いたいんだ。ジョン・リードの『世界を震撼させた十日間』よりも、『反乱するメキシコ』の方がおもしろい。そういう考え方を出すと明治維新のとらえ方も変わってくると思う。これから書かれるべき明治維新ということを考えるとき、ノーマンは新しい出発点だ。

**黒川**　丸山真男さんの叙述のありかたは、ノーマンからの影響を受けているように思えます。

**鶴見**　ノーマン、渡辺一夫、丸山真男、中野好夫。これは、戦後日本の初期のサークルだった。いろいろな交歓があって、この三人はノーマンの方法の影響を受けた。ノーマンが中世についてよく知っているということは、渡辺一夫の裏付けがあってみんなに浸透していくでしょ。丸山さんは自分自身の明治維新を書いていない。丸山真男の書きうる明治維新というものを構想したら、おもしろいね。それは未来なんだ。

**黒川**　『日本における兵士と農民』は、徳川体制が支配下の農民を武装解除して治める政治だったことに照らすと、明治初めの徴兵制は「革命的」変化だ、と指摘することから始まりますね。問いの立て方に、独創性、着眼力があって、すごく勘がいい。

**加藤**　丸山さんの言っている明治の思想の垂直軸と水平軸の対立というのは、明治維新の、「尊皇開国」と「尊皇攘夷」という最初の対立から、攘夷がくずれて、さらに開国が二つに分かれたということですが、その手前にもう一つあるんじゃないかと思うんです。近世が近世でなくなるのには、近代の原理が入ってきたからだけではなくて、近世が近世の持ち札だけで近世を壊して、別のところへ行った可能性がある。それをみないと、日本の近代をとらえられないんじゃないか。そこまで含めて再構成しないと、明治維新論はつくれないんじゃないか。

その場合、福沢の「瘠せ我慢の説」なんていうのは非常にいい。西郷隆盛を擁護したこと（「丁丑公論」）と「瘠せ我慢の説」とは、時代を隔てているけど、そこからみると同じことを言っているように見えるんですよ。

丸山さんは福沢を高く買っていて、ぼくは、福沢論は丸山さんのが一番好きです。いま言ったような点ではちょっと食い足りないけど、丸山さんなら話がわかると。明治維新がまだ書かれていないというのは、その通りだと思います。こんな昔に近代をわかっている人がいたという見方ではなく、逆の視点がないとだめなんじゃないでしょうか。

**鶴見**　学生がはじめて外国語で、あるいは翻訳書でマルクスを読むというとき、自分をぽかっと一体化しちゃうんだよね。自分がマルクスになり、レーニンになって、語るんだよ。これは基本的に具合が悪い。学芸会みたいなもんで、なりきっちゃうの。で、いまの闘争と結びつけるんだ。たとえば、下宿で徂徠について三、四時間論じるとき、徂徠の定義はこれっとなると、その竹刀をぎゅーっと握ってそれでぶんなぐって、徂徠がまだわからんか、と徂徠になっちゃうんだね。

小沢信男が言いたいのはそれなんだよ。論争に負けて、竹刀をたたき落とされたら、そこに転がっているんだから、もういっぺんひろってやる。まだ勝負はついていない。それが小沢信男の考え方で、おもしろい見方なんだよ。これは学生運動の考え方とは違う。その意味で私は小沢信男参加以後の「新日本文学」の進歩を感じるんだ。

イデオロギーにぴたっと貼りついて闘う。日本の学生運動は、だいたいそれでずっと来ている。ことに大正以後はまずいと思うね。こんなことですぐれた明治維新なんて書けるわけないよ。

**黒川**　ノーマンは、日本語を話すことはできたけど、漢字に自信がないといって、一九四〇年代には、羽仁五郎の『明治維新』を、毎日午前中、羽仁五郎自身に読んでもらいながら講義を受けたらしいですね。安藤昌益にしても、誰かに読んでもらったり、大窪（愿二）に訳してもらいながら読む。そうやって漢字を勉強していったようですが、それよりも先に、これが読みたいとか、これがおもしろそうだから訳してくれと言えたのはどうしてなんでしょう。言語の問題として、ノーマンは自分の勘と言葉のギャップとをどういうふうに生きたんでしょう。

**鶴見**　いま私はそれに答えられるところまでは行けないと思うけれども、日本人の学者が書いたことのない明治維新史の萌芽が、ノーマンにはある。それは丸山真男が書きうる明治維新史とだぶっていたかもしれない。そういう考えをもってノーマン全集を読み直してみたい。

ノーマンは、没落を見すえて書く歴史家だった。ギリシア史に通じ、ローマ史にも通じ、ヨーロッパ中世の終わりを見ていた。そこには没落がずっとあった。日本史においても、江戸時代の没落をみることができた。それがノーマンの力だった。

ノーマンの名作は、『安藤昌益』であり、『日本における兵士と農民』という、没落のなかでもう一度興ってくる人たちの動きを書いたものです。アウグスティヌスの『神の国』、これはキリスト教徒として没落の向こう側をみる目をもっていた歴史の本だけれど、これとくらべられるような本は、日本ではほとんどない。強いてあげるなら、丸山真男の見方だと、北畠親房の『神皇正統記』。

現在のアメリカのファシズムをアメリカの没落と考えると、これへの反応として起こったのが、ノーマンの自殺だ。ノーマンは、アメリカの没落を歴史家として書くところまではいかなかったけれども。

これから書かれるべき日本史がある。そして日本人以外の人間の力添えがなければ、あるべき日本史は書かれない。ドナルド・キーンは文学史についてそれをやった。ノーマンもまた傑出した歴史家であって、日本人のやった仕事を受けつぐというようなものではない。書かれるべき日本史の萌芽がそこにある。

戦後の起点としての「戦時帰国」

**加藤**　鶴見さんからお話を聞くようになって、初めて会ったのが八三年だとすると二〇年以上たちますが、かなり早い時期から、交換船のことを聞いていたような気がするんです。おもしろいトピックだとすぐ飛びつきたくなるような話もあると思うんですが、交換船はそうではなくて、ぼくのなかにじわじわと入ってきた。

ちょうど「思想の科学」の前史を調べていたら、七人の創刊同人が偶然出会ったと『思想の科学　総索引』の最後に出てくる。まったくの偶然というわけでもなくて、和子さんがいろんな人に会って話を聞いたり、丸山さんの研究室に行ったりということがあっただろう。けれども、そのもとになっている偶然として、この日米交換船がある。歴史がつくったある偶然の場所というか。

日米交換船というのは、これを主題にしたものがまだ日本でほとんど出ていないことが不思議だという気がするくらい、非常に興味深い精神史的なできごとだと思います。

大きく言うと、明治以降には岩倉遣外使節団があった。そして船で人が海を渡るということでいえば、それに先立って咸臨丸がある。その前には、ジョン万次郎などの漂流民の経験がある。船による外国との接触の交流史という観点からいうと、この日米交換船の航海も、それにつらなる経験だろうと思います。

咸臨丸というちいさな船に乗っていたのは、勝海舟と、通訳として乗り合わせた福沢諭吉。福沢諭吉にとっても勝海舟にとっても、太平洋を渡っていって、少しだけ滞在して、また戻って来る経験は、すごく大きかったわけですよね。どれだけの本を買ってきたかということで見れば、たいしたことはないでしょう。だけど、咸臨丸はなにか幅広いものをぎゅっと束ねているような場所で、もっと大事な、ものさしみたいなものを手に入れて戻ってきた。

岩倉使節団には、久米邦武という人物がたまたまいあわせて、『特命全権大使　米欧回覧実記』という記録を書いている。もし久米邦武がいなくて、記録がなかったら、わけのわからない連中が外国に行って、日本では征韓論をやっているところに戻ってきて対立になるわけだけど、彼らが日本を留守にしているあいだに何をしていたのか、その一年半くらいの経験がどういうものだったのかが、ほとんど残らなかった。

だけど、ほんとうは久米邦武のほうが特異なんですよね。人がどこかに行った経験というのは、人間のかたちで帰ってくるだけで、ちいさな手帳にちょっと書きこむ程度はあるかもしれないけど、ふつう、記録のかたちではほとんど残らない。

岩倉使節団が五〇人だとして、同行している留学生が六〇人、それから船の乗組員らがほかに五〇人くらいいるとしても、一六〇人でしょう？　でも日米交換船は、第一次、第二次を合わせれば三〇〇〇人近い人間が戻ってきている。咸臨丸は太平洋を行ったけれども、それとちょうど逆の、大西洋から喜望峰をまわって、シンガポールを通るという航路をとっているのもおもしろいし。

ぼくはカナダのケベック州に三年半くらいいて、フランス系カナダ人の、フランス語を話す大学の研究所の図書館の仕事をしていたことがあるんです。ケベックにいるフランス系カナダ人は、かつてフランスから植民にきて、イギリスとの戦争に負けたとき、外交官とかエリートとか政治家たちは引き揚げた。でも全員は引き揚げられなくて、ここにいるのはそのとき残った人の子孫なんです。それとくらべると、日本は、植民してもほとんど全員が引き揚げる国だなと思ったんです。

「引き揚げ」という言葉があるでしょ。ぼくたちはこの言葉をふつうにつかっていて、「引き揚げの悲劇」などと言っている。日本が大東亜共栄圏でわあっと拡大していって、戦争が終わって引揚者が帰ってくると、本土の人口が六百数十万人も増えるとか。その規模の大きさ。日本人はほとんどこのことに無自覚みたいだけれど、でも、こんなに全員が「引き揚げ」てしまう国なんて珍しいんじゃないだろうか。

それから、たとえばドイツにナチスが勃興してきたとき、いろいろな人間がそこから亡命する。ユダヤ人の場合はもちろんだし、トーマス・マンみたいに反ナチスの知識人の場合もあるけれども、そのとき、亡命するか、そこにとどまるかという問題。

そんなことを考えあわせると、戦時に出国するのは亡命者だけれど、「戦時帰国者」という概念がここから出てくるという気がする。日本には亡命がないと言われてきたけれども、外国体験をして、戻るとか戻らないとか、そういう出来事のなかのドラマが、実は日本の場合、亡命の問題と同質のものを持っているんじゃないか。

鶴見さんの話をうかがってから、都留さんにも、おたずねする機会があったとき、どうして日本に戻ろうと思われたんですかと聞いたことがある。そのときの都留さんの答えは、鶴見さんの答えと同形のような感じがしました。当時は、帰る理由なんてはっきりしなかったんだと思う。それで何となく帰ってきて、戦争があって、戦争に負けて。

戦争に負けるときは、そこにいたほうがいいようだという、ぼんやりした最初の意志。でもそれが、六〇年の時間がたつにしたがって、はっきり一つの太いラインになって見えてくる。戦後のある精神史的な原点みたいなものが、この交換船による帰還にあったといってもいいんじゃないか。

なにか起こったことに対する、人の反応はさまざまですよね。迎合する人とか。あるいは、交換船で言うなら、戦争が終わったあとから戻ってくる人もいるし。でも、ほかの対照項との選択のなかで、おのずとある理由がつくられていった感じがする。それで、一〇年、一五年くらいたってつかまえた言葉が、「負けるときはここにいないとだめだ」——それが戦後の一つの思想の流れになっているような気がする。逆に言うとわれわれは「転向」などと言って、日本の、あるいは二〇世紀の思想のなかですごくおおきな出来事だと思っているけど、それは鶴見さんがそういう仕事をしたからそう思っているんでね。その仕事がなかったら、いくつか断片があって、こういうこともあるよねということで終わっていた可能性がある。

鶴見さんからうかがったいろいろなエピソードのうち、印象に残っているのは、アラスカ久三郎の話なんです。

収容所のなかで、アラスカ久三郎がある人物をさして「あの人はインターナショナルな人だ」と言ったら、それを聞いていた大学出の会社員が、馬鹿にした感じで「インターナショナルってどういうことだ」と聞く。それに対して「それは胸はばが広いってことだね」と答えたという話。

**鶴見**　フォート・ミードで会った、斎藤久三郎だね。東北出身で、大変にするどい男だった。
**黒川**　アラスカ久三郎は、当時何歳くらいだったんですか。
**鶴見**　排日移民法より前にアメリカに行った世代だ。アメリカで兵役も務めている。第一次世界大戦のとき、アラスカ防衛に行ったんだ。日米開戦のあと捕まったときも、これは不当逮捕だ、自分はアメリカのためにこれだけ尽くしている、アメリカのデモクラシーを信じていると、ちゃんと弁論をはってアメリカ政府を批判した。はっきりした自分の政治思想を持っていた。
**黒川**　彼は交換船に乗らなかったんですよね。
**鶴見**　乗らなかった。日本が間違っていると思っているからだよ。世界の政治のなかで。
**黒川**　戦争が終わるまで抑留所にいたんですか。
**鶴見**　そう。そのあとどうなったかは知らない。彼は好色な男でもあったね。そういう話を実によくしてくれたから。黒人に対しても民族差別の感情はなかったね。
**加藤**　やっぱり鶴見さんにとって、収容所に入れられた経験と、それに続く日米交換船の第六階級の話は、ドストエフスキーの『死の家の記録』、つまり民衆との接触だったんですよね。
　なぜ日本の戦後の思想がけっこう豊かだったかというと、丸山真男みたいな、だまっていたら東大の研究室から出ないで、そのまま法学部の教授になるような人間が、戦争でひょいとつままれて、二等兵として変なところに放り込まれ、広島で被爆する。そういう経験がなかったら、日本の戦後は全然違っていたと思う。
　帰国後、軍隊に投げ込まれたのは、交換船よりさらに大きなことかもしれないけれども、鶴見さんや都留さんにとって、交換船に象徴される外国での交流は、さまざまな人との出会いの場だったと思う。都留さんは、高校生のころにも捕まっているけど、もともとすごく頭のいい人だし、だまっていたらエリートになっちゃうような人だから。

**鶴見**　都留さんは、望めば地位上のエリートになったんだ。夫人は、木戸幸一の弟・和田小六の娘なんだけど、都留さんが大臣などのポストにつくことを断じて望まなかった。交換船で会った色部一遊っていう遊び人の男は、「都留さんは日本のレーニンになる人ですね」と言っていた。レーニンはともかく、都留さんは日本の戦後のプログラムを書けた人ですよ。

**加藤**　ぼくも都留さんとちょっとだけ同僚で、ご一緒する機会がありました。この人が首相や外務大臣になったら、日本の平和主義なんか国連でいくらでも主張できたな、そういう人材がいなかったわけじゃないんだなと思った。

**鶴見**　もし吉田茂が都留さんを安本（経済安定本部）長官にして、都留さんの設計図一つで全部決めていったら、まだアメリカの占領中だったし、違う日本の可能性があった。安本長官のあと、横滑りして経済閣僚で吉田内閣に入ることもできたでしょう。東京都知事なんて、美濃部亮吉のあと、楽になれたと思う。三木内閣で文部大臣になる可能性もあった。海部俊樹がさそいにいったんだから。

　三度そのチャンスがあったけれども、ぜんぶ都留夫人がつぶしたんだ（笑）。それは都留さんにとってよかったんだよ。逆に、都留さんがもしアメリカにとどまっていたら、ノーベル賞をとったと思う。結果から言えば、都留さん自身が、その両方をつぶした（笑）。

**加藤**　都留さんの場合は、ロレンソ・マルケスでノーマンとすれ違ったことで、五〇年代になってから、アメリカ上院で喚問される。そういうふうにして、日米交換船が都留さんの人生に劇的なかたちでクロスしている。

**鶴見**　「歴史がつくった偶然の場所」という観念はおもしろいね。

岩倉使節団に久米邦武が乗っていたのは、珍しい偶然で、ちょうどプチャーチンのロシアのフリゲート艦パルラダ号にゴンチャロフが乗っていたのと同じようなことなんだよね。ゴンチャロフがいたから記録が残っている。そしてゴンチャロフが見ている江戸幕府方の川路聖謨《としあきら》の像。互いに目の動きで、この人物がキーパースンだと感じるんだ。

フリゲート・パルラダ号のあと、日本に来たディアナ号（一八五四年）は、外交的にはたいした仕事をしていないけれど、西春彦（元外務次官）は意味があると考えた。地震のあとに起こった大津波で船が壊れて、下田に上陸するんだ。それで、ヘダ号という新しい船を戸田《へだ》港で造り、それに乗ってロシア人は帰っていった。そのとき、ロシアの水夫と戸田の住民との交流があった。西はそれを重大視して、「思想の科学」の明治維新研究会で発表して、彼の最後の史学的論文にしたんだ。

古代史の方法なんて全部、それだ。スポットしかないんだよね。化石だって、偶然の、小さなかけらしかない。その考え方は、コリングウッドの歴史学という独特の歴史哲学を含んでいる。

**黒川**　第二次日米交換船などでは、日本への帰りの途中で船を降りた人たちもいる。そういう人たちの存在も、おもしろい。

**鶴見**　どこで？

**黒川**　昭南（シンガポール）とかですね。第二次日米交換船はフィリピンにも寄っていますから、そこでも降りる人がいる。

**鶴見**　日本に帰ったら生きられないということが漠然と感じられたんだね。

**黒川**　教員をするとか通訳をするとか、軍関係の仕事で降りた人もいたらしい。つまり、社会的にはそれほど上層じゃなくて、小中学校の教師、あるいはもうちょっと低いくらいの階層が、途中下船者の中心のようです。

**加藤**　二回目の交換船にはどんな人たちが乗っていたんだっけ。

**黒川**　西海岸の移民の強制移住キャンプからもけっこうおおぜい乗っています。農民、庭師、料理人といった労働者たちも。さらに多いのが中南米から米国に強制的に送りだされた人たちですね。外交官や商社・銀行員、学生なんかは、あらかた第一次交換船の方に乗っているから。

引き揚げについては、たとえば蘭印（現在のインドネシア）などでも、日本軍の侵攻前に、オランダ人が引き揚げている。混血の人以外はほとんど現地に残らなかったと思う。すぐに日本軍が入ってくるということが大きかったでしょうけど。残っていた人はみんな捕虜になった。戦後、インドがイギリスから独立するときなんか、どうだったんだろう。

あと、引き揚げに関していうと、日本から見るとどうしても日本人の引き揚げばかりが意識されるけれども、太平洋戦争下の米国ではドイツやイタリアの外交団・民間人もやはり抑留されているわけです。彼らの交換船も実施されている。

移民だって、そうですね。南北アメリカ大陸へのイタリア移民なんて、いまにいたるまでイタリア映画が繰り返し題材に取りあげてきた。戦前・戦中、ブラジルへの日本からの移民がものすごく苦労しているとき、そのかたわらでは、イタリアからの移民たちのコミュニティも苦労していた。日本人移民が飢えに苦しんでいるとき、南イタリアからの移民はカボチャの蔓なんかを調理して、どうにかやっていたという話もある。そういうイタリアの料理があるそうなんですが、日本人はカボチャの蔓が料理に使えるとは知らなかった（笑）。

**加藤**　「これは絶対愛国心ではない」と、鶴見さんはおっしゃったでしょ、ではなんなのか。負けるときはそこにいる。その次の言い方では、お母さんに殴られて……。

**鶴見**　マゾヒストだから（笑）。

**黒川**　個別に、どうして帰ってこられましたかと、武田清子さんら一人ひとりに聞いてみたいですね。一方、南博さんたちは当たり前のように米国に残った。ただ、ひょっとしたら、それぞれの決断の理由だけ聞いたら、マルクス主義を抱く南博さんが米国に残った理由と、鶴見さんが日本に帰った理由は、そんなに違わない部分があるんじゃないか。

**鶴見**　南博は革命を考えていたからね。共産主義者だったから。そのように世界が動いていくと考えて、それをアメリカで待っているということだよね。

**黒川**　その後、武田清子さんたちと交換船の話をなさったことはありますか。

**鶴見**　あんまりしないもんだねえ。都留さんとも、交換船の話はしないよ。和子とだって。

## 古川ロッパの「交換船」

**黒川**　都留さんは、奥さんと一緒にアメリカに行かれたんですか。

**加藤**　最初はハーヴァードじゃなくて、ウィスコンシン州アプルトンというところの、ローレンス・カレッジにいらした。

**鶴見**　一度日本に帰ってきたときに、都留さんのお父さんがわんわん言って、見合いしたんだね。ところが相手の人の親戚が、都留さんは若いとき牢屋に入っていたんじゃないかと騒ぎ出して、終わりになったんだ。それはそうとう都留さんに屈辱感を与えたらしいんだよ（笑）。

そして今度は和田小六の娘、木戸幸一の姪とのはなしがすすんだ。昭和一三年かな、夏休みに日本で見合いをして、それでアメリカへ帰っていくんだ。

**加藤**　夏休みで戻って、見合い。

**鶴見**　一人でいたのが、その翌年、今度は二人になって。

**黒川**　都留さんの交換船での日記（「引揚日記」、『都留重人著作集』第一二巻）を読むと、やっぱり、リアルタイムで書いているから具体的なんですよ。

部屋を何人かでシェアしているんですが、都留さんが、夫婦同士で四組同室とかならいいけれど、若夫婦と独身者たちをごっちゃにするような部屋割りにはしないでほしい、というような交渉を、これはロレンソ・マルケスで浅間丸に乗り換えてからですけど、けっこうちゃんとやっているんです。船のなかという場所での生活記録としてもおもしろいと思う。

中山容さん（詩人・日系アメリカ人文学研究者）は、北米の日系人文学を調べていくうちに、戦時下の日本人収容所で、性生活のフラストレーションとか、あとは排泄のこととか、そういうのが表に出ている表現の下に隠されている、そこが大事だと、亡くなる前にしきりにおっしゃっていた。大震災のときの避難生活などでもそうでしょうけど。

**鶴見**　思いだした。ある中年の男が、グリップスホルムの女の船員と性行為をしてしまって、とくとくとしゃべっていた。浅間丸に乗ったら、今度はわりあい愉快にやっている中年夫婦のあいだに割って入って、その細君と関係をもっちゃうんだ。それからは、同じ狭い船だから、会うとぎこちない関係になる。名字を覚えているよ、Uっていうんだ（笑）。

**黒川**　その人は何者なんですか（笑）。

**鶴見**　商人だった。大河内光孝に言わせると、そういうことはサーカス団の仲間のなかでは厳禁だそうだ。

**黒川**　映画の『タイタニック』じゃないけれど、交換船でも、海を渡りきるあいだの時間はひまだし、色事とか、ケンカとかも、いろいろ起こるでしょうね。ふだんの定員よりはるかに多い一五〇〇人の乗船者、それに船員たちもひしめいて、船のなかの独特の時空間があるわけだから。

**鶴見**　大河内によると、サーカス団ではそういうことが起こった場合、仲間全員でリンチする。

**黒川**　ヤクザが刑務所に入っているあいだ、仲間同士でその女房を守るとか、そういうのに似ていますね。

**鶴見**　大河内光孝は、まっとうなヤクザだね。だから尊敬されていたんだ。それを日本国が不当に横浜事件ででっち上げて、ぼこぼこにした。かつてあめ玉をやった天皇の名においてやられるわけだから。これはアイロニーですよ。

いままで、Uのことは長い間思い出さなかった。名字まで覚えているんだから、衝撃的だったんだ（笑）。

もう一つは、日本に帰ってきたけど適応できなくて、戦後またむこうに戻った人がいる。たとえば大物は、天野芳太郎です。中南米ではものすごく尊敬されている。財産を没収されたんだけど、戦後、帰ってからもう一度財産をつくる。それでペルーの、インカに対する尊敬から、天野博物館をつくるんだね。

**黒川**　鶴見さんは天野芳太郎に会ったことがあるんですね。

**鶴見**　ロレンソ・マルケスまでのひと月、船で一緒にいたわけだから。

**黒川**　天野はパナマから追放され、アメリカの収容所に一度入れられて、ニューヨークから鶴見さんと同じグリップスホルム号に乗っている。一緒にいたということは天野芳太郎も船底にいたんですか。

**鶴見**　あまり優遇されていなかったんじゃないかな。戦後は日本に住むのがいやになって、ペルーに帰っていった。ペルーでは商売をしながら人によくしてやったらしくてね、盛り返したんだ。あっという間に財産をつくって、またペルーに財産を還元しようとした。天野芳太郎は、例外的に偉い人なんだよ。

**黒川**　「パナマ追放者」名簿（一九四二年四月）では、天野さんが筆頭に出ていますけど、縁者は出ていませんね。

**加藤**　坂西志保も交換船で帰ってきたんですか。

**鶴見**　交換船で帰ってきた。

**黒川**　船底ですか。

**鶴見**　船底ではないでしょう。外務省の高官と常に交流があったし、アメリカの議会図書館の東洋部主任だからね。

角谷静夫、これもお母さんが生きているという理由で帰ってきた。だけど日本に定着できなかった。アメリカに帰って、イエール大学の数学の教授を定年までつとめた。娘はミチコ・カクタニといって、長年、「ニューヨーク・タイムズ」に文芸欄の書評を書いている。その著書の日本語訳もある。角谷静夫は日本人の二世と結婚したんだ。……まだ生きている。九〇越えているよ。
〔二〇〇四年八月一七日、九二歳で逝去〕
森毅によると、角谷の位相幾何学というのは、不思議に、いまでは軍事に非常に役立つものになったんだって。交換船のころは、ぜんぜんそうじゃなかった。
もう一人は神谷宣郎だね。彼は日本に定着した。交換船に乗ったとき、すでにドイツとアメリカで名前のある学者だった。あのなかで当時からインターナショナルに知られていたのは、角谷、神谷、都留、この三人だね。

**黒川**　神谷宣郎と結婚する神谷美恵子は、前田多門の娘という縁で、鶴見さんは子どものころから知っていた。それとはまったく別に、神谷宣郎のほうも、交換船で知りあったわけですね。

**鶴見**　まったくね。前田多門と神谷宣郎は、お互い、将来縁戚関係になることを知らないで、同じ船に乗っていたんだ。神谷宣郎は、阪大の教授として研究をつづけた。南方熊楠とクロスする、粘菌の研究なんだ。南方熊楠賞をもらっていますよ。
もう一人、女優の竹久千恵子です。彼女は交換船で三カ月一緒に暮らしたよしみで、戦後、「思想の科学」の座談に来てくれた。才気煥発だ。

**黒川**　『私の哲学（続）』（思想の科学研究会編）に、座談の記録が入っていますね。

**加藤**　おいくつくらいなんですか。

**鶴見**　生きてるとしたら、もう九〇歳を過ぎている。戦後しばらく日本にいたけれども、定着しなかった。交換船で日本に戻って、古川ロッパの芝居に出ていたよ。ロッパが「交換船」っていう芝居をやるんだ。戦争中、私もそれを見に行った。竹久千恵子が出ていた（笑）。

**加藤**　この交換船と関係があるんですか。

**鶴見**　交換船が芝居になったんだよ。昭和一七年八月に日本に戻って、一八年二月には私はジャカルタへ出て行くんだから、その少し前だね。

**黒川**　実際の交換船のあと、すぐ芝居のタネになる。昔の歌舞伎や人形浄瑠璃みたいですね。

**加藤**　どんな劇だったんですか。

**鶴見**　日本に帰ってきてよかったっていう愛国的なものだ。竹久千恵子も、芝居では、帰ってきてよかったって、感激しているけれど、実像は落胆していたんだよ（笑）。

**加藤**　客は入っていましたか。

**鶴見**　いっぱい入っていた。当時の新聞に、広告と劇評が出ていた。時の話題だったんだよ。きわものの収容所物語も、いくつか出版されている。読んだ感じでは、だいたいきわめて愛国的で、アメリカではひどい目にあったとかいう嘘がいっぱい書かれていた。私は非常にいやな感じをもったね。

竹久千恵子は質問にぱっぱっと答えるんだ。K・K・カワカミの息子と婚約して、それでアメリカに渡っていた。

**加藤**　誰ですか、それは。

**鶴見**　「K・K」っていうのは、カール・マルクスのKと、自分の名前の清で、合わせてK・K・カワカミと称した。本名は河上清っていうんだよ。堺利彦たちの仲間で、日本で社会主義者として活動した。その後アメリカにわたった。英語の著書もある。
その息子は二世で、美男だったね。私は会ったことはない。写真で見たんだけど、美丈夫だった。大使館にも出入りして、ワシントンの上流の交際圏にいた人だ。
竹久千恵子は、交換船では、有名な人だから船の中の余興のために演劇などに引っぱり出されていた。朝、体操なんかもあったんだけど、私は竹久千恵子の後ろで体操するのが楽しみだった。私は、小学生のときから映画で竹久千恵子を見ていたんだから。PCLの女優だったんだ。

**加藤** PCL?

**鶴見** 東宝。高峰秀子が出てきたのと同じ。もともとムーラン・ルージュにいたんじゃないか。
彼女は下積み時代からずっと上がっていった人でね、林芙美子が竹久千恵子の聞き書きをとって、『女優記』という小説に書いたんだ。竹久千恵子は、話したこと全部小説に書いちゃうんだからって、いささか憤懣的だった。大変おもしろい座談会だった。
やがて、戦後はアメリカへ帰っていって、K・K・カワカミの息子とも復縁したと思う。東郷文彦がね、「あの男は立派な男だから、竹久千恵子にはもったいない。あの女と結婚するのはあの男にとって残念だ」と言っていたね。東郷は在外研究員としてケンブリッジで大学に通っていたけど、ときどきワシントンの大使館に帰るから両者に会っているんだよ。

**加藤** どうしてそのK・K・カワカミの息子は、ワシントン周辺にいたんですか。

**鶴見** ジャーナリストだったんだ。

## 年長の友人・東郷文彦

**黒川**　いまお名前が出た、鶴見さんの年長の友人で、同じ下宿で暮らしたこともある本城（東郷）文彦も、第一次交換船のグリップスホルム号でいっしょに帰ってくる。当時は外務省在外研究員で、ハーヴァードのオーヴァー・グラデュエート（学部修了）の学生ですね。

**鶴見**　そう。東郷文彦は、そのころの姓は本城といって、日本に帰ってから外務大臣の東郷茂徳の女婿になる。しかしそんなことになるなんて、アメリカにいるあいだ、あるいは交換船に乗っているあいだ、夢にも思っていないんだよ。

アメリカではハンガリー人の女性と非常に親しくなった。写真は私が持っている。息子がおやじの伝記を書きたいと言っていたときも、それは言わなかった（笑）。スザンナ・エセンニという名のハンガリー人だ。

**加藤**　（笑）

**鶴見**　東郷は外務省の官補だから、開戦後は、ホット・スプリングスというところのホテルに送られて軟禁された。ケンブリッジを離れていく前に、私の下宿に二度来た。

歯科矯正医の藤代博士の家でお別れパーティをやったんだ。藤代博士自身は第二次交換船で帰ってくる。東郷というのはすごく好き嫌いのあるやつなんだよ。だから、パーティで一度別れて、べつのところをトコトコ歩いて、夜、私の下宿まで一人でやってきて、二人でお別れをしたんだ。

それがお互いに心をわって話した最後だな。

**加藤** 東郷にとっては、鶴見さんが大事な存在だったんですね。都留さんは先生だからね。

**鶴見** アメリカにいたとき、友だちは東郷くらいだった。都留さんのところに内弟子として行こうと言ったのは、東郷なんだ。「都留さんの話は、雑談でもいい、参考になる」って。東郷は、都留さんに提案した。「一週間に二度、飯を食わせてくれ」（笑）。「自分はお金を払う。鶴見はもう日本から金がこなくなっているから、ただで飯を食わせてやってくれ」、そういう契約をしてきたんだ（笑）。それで、東郷と私とで、一週間に二度、都留さんの家に行って、都留夫人が飯をつくってくれた。

飯のあとは、しばらく雑談をした。だから、都留さんにとっては、東郷と私が最初の内弟子なんだ。戦後、東郷は右派にまわった。

**黒川** 都留さんは、当時、内弟子として東郷文彦は見こみがあるとみたんでしょうか。

**鶴見** 東郷は勉強家だったんだよ。もともと一番病だったから。

**黒川** 同じ下宿のときは、ちょっと鶴見さんの勉強のじゃまにもなったとおっしゃってませんでしたか。東郷は酒を飲むからと。

**鶴見** 東郷が酒瓶をもって、夜、部屋にやってくるんだ。私には、強《し》いないんだ。一人で飲んで、それが雑談の時間で。眠くなってくると、明日七時に起こしてくれと言って、隣の部屋で寝る。私にとってはいい思い出ばかりだ。

当時私は一七、八歳だから、長い時間、勉強ができたわけだよ。無我夢中なんだ。東郷にとっての酒みたいな、気晴らしをする余裕もない。それに、一四、五のときから放蕩者で、それまでは男女のことにものすごく時間をつかっていた。ところが、アメリカに行ってから男女のことをぱっと切っちゃった。男女のことってものすごく時間がいるんだよ、手続きが――。

**黒川**　……そうでしょうね（笑）。

**鶴見**　それを切っちゃったから、全部それが勉強の時間になった。

**加藤**　はっはっはっ！

**鶴見**　東郷は二五、六で、この人も一生懸命勉強してた。

**黒川**　そのとき、東郷さんはハーヴァードの大学院にいたわけですね。

**鶴見**　そう。東大を出て、外務省の在外研究員として来た。一高首席なんだよ。銀時計はもうそのころないけど、東大でも、「優」の数からいって首席クラスなんだ。アメリカでは、シュンペーターとかハーバラーの講義を受けて、その講義のメモをとって整理するわけですからね、大変だったと思うよ。

東郷は私の記憶する限り、信義のある人です。私が金大中とか金芝河のことで座り込みをやったとき、座り込みの仲間が一緒に外務省まで行こうと言っても、私は拒絶した。向こうから出てくるのは、審議官としての東郷なんだから。顔を合わせるのはばつが悪いんだよ。向こうもばつが悪い。そういうことで話をするのは、いやなんだ。むかしの感情をお互いに守りたかった。

日本の国にいて階級が違うと、なかなかうるさいよ。彼は外務審議官になって、次官になった。日本に帰ってきてからわずかしか会ったことがない。だけど、四三年に私が海軍軍属でジャワに出ていくときの送別会などに、東郷は来た。

**加藤**　その送別会はどういう風にして開かれたんですか。

鶴見　外務省の在外研究員だった人たちが、前にアメリカの留学生仲間だったというだけで集まって、料亭で送別会を開いてくれたんだ。そのとき東郷が来てくれた。都留さんも。あのころ食べ物を確保するのは、大変だった。

加藤　いつごろですか。

鶴見　私が出ていったのは四三年の二月ですから、そのまえ、四三年の一月ごろだったと思う。

　東郷とは、最後、彼の息子が、おやじが会いたいと言っていると電話してきたんだ。私は自分で電話をとったんじゃなかったこともあって、たいした用事じゃないと思っていたら、しばらくして死んでしまった。つまり、死に際のときに会いたいと言って、病院からかけさせたんだね。そうと知っていれば行ったんだけど。死んでずいぶんたってから墓に行って、花を置いてきた。

## 留学生の援助者・藤代真次博士、シロフォン奏者・平岡養一

黒川　さきほど話に出た藤代真次博士というのは、どういう人だったんですか。

鶴見　アメリカへの移民がまだ自由にできた時代に、千葉県から、スクールボーイ（書生）みたいなしかたで渡航した。労働しながら勉強するんだ。

　苦学生出身なんだけれども、ハーヴァード医学校附属歯科医学校に入って、そこの講師になった。やがてボストンで開業して、近辺で有数の矯正医になった。

黒川　矯正医の資格もアメリカで取るんですか。

**鶴見**　そう。アメリカのフェアなところでね、一生懸命やって技術が高くなると、相当な高収入を得る。歯の矯正は特別な部門なんだ。矯正医の報酬はとても高いんだよ。金持ちだけが行くところでしょ。

自身が苦学生だったから、留学生たちにとてもよくしてくれた。その辺にいる留学生がいつ来ても飯が食えるようにしていたんだ。それから、たとえば日本から山本実彦（ジャーナリスト、改造社創立者）が来たとか、エリセーエフを呼んだとか、ライシャワーがそばに住んでるから呼んだとかいうことで、パーティを開く。

写真結婚で、松平家から嫁さんをもらったんだ。二人子どもがいる。一人は藤代素子といって、戦後は国際文化会館で松本重治の秘書になる。

第一次交換船で、藤代綏子《やすこ》夫人、長男の賢一《かたかず》、長女の素子の三人で帰ってくる。博士だけは第二次交換船で帰ってくる。

**加藤**　鶴見さんの本で見たのか、都留さんに話を聞いたときに写真を見せてもらったのか忘れたけれど、藤代素子ってきれいな娘ですよね。

**鶴見**　博士夫人もすごい美人だ。娘の素子は、アメリカへ戻って、ハーヴァードをクム・ラウディ（優等賞）で出ているよ。その後、ジャーナリズムに職を得て、だんなはアメリカ人だ。素子は英語が主だから、日本に適応できなかった。

それから、これも交換船で帰ってきたけど、戦後ふたたびアメリカに戻ったケース。平岡養一は、当時、シロフォン（木琴）の奏者としてアメリカで名高かった。日本にいたときにもラジオでよく流れていた。細君は日系人です。最後はアメリカに戻った。交換船のなかでも余興で演奏会をやっていたよ。

船のなかで、平岡の木琴演奏にピアノで伴奏をつけていたのが、雨宮弘子といって、私の同級生の姉なんだ。長男の雨宮一郎は、府立高等学校一年生のとき、私と同じクラスだった。一番下の雨宮健《たけし》という弟は、現在はスタンフォードで、もう名誉教授に近い。兄貴が数学者で、弟は数理経済学。

**加藤** 家族一緒にアメリカに行っていたんですか。

**鶴見** おやじは日本郵船で、ペルーにいたんだ。東大に行っていた一郎だけ、東京に残った。

雨宮一郎は中学生としてはべつに成績はよくなかった気がするけど、森毅の自伝には「自分の生涯で会ったただ一人の天才」と書いてある。

彼には、死ぬ前に二度会っているんだけど、「君がいなくなってから、僕は神経衰弱になって何べんも落第してねえ」と言っていた。だから、森毅より年はちょっと上だけど、東大の数学科で一緒のクラスになったんだね。数学なんかでは、落第生だからって決して軽んじられないんだ。

東大数学科教授の弥永《いやなが》昌吉が雨宮一郎に、「君が言うことはどうもおもしろいみたいなんだけど、よくわからないから、今度の日曜日、うちにきてゆっくり説明してくれないか」と言ったんだって。そのとき雨宮一郎は、まったくあたらしい、独自のシステムの萌芽をつかんでいたんだね。あたらしいシステムだから、先生はわからなかったんだ。しかし、弥永みたいなすぐれた教授だと、わからないってことがわかる。それは教師としてすごいんだよ。

カルナップの講義を聴いていたって、片手でそれを受け止めて、別の手が遊んでいないといけない。才能ってそういうものなんだよ。それは私になかった。優等までは偶然とれるけど、それは創造というものじゃない。

一郎が私に会ったことを弟の健に話したものだから、弟がわざわざ手紙をよこして、二度、京都まで会いに来た。健は数理経済学の教授で、兄貴を尊敬している。

健によると、姉さんが交換船のなかで日記をつけていたそうだ。

**加藤**　お姉さんはもう亡くなったんですか。

**鶴見**　亡くなった。日記の、交換船に関する部分をコピーしてもらえないかと訊ねることはできるよ。

雨宮健自身が学者で、兄貴とおなじように宗教的な神秘主義に興味を持っていた。これは神秘主義とは違うが『アリストテレス倫理学入門』という本を訳している。岩波の同時代ライブラリーに入っています（J・O・アームソン著、雨宮健訳）。

## 交換船に乗らなかった人

**鶴見**　それから、交換船に乗らなかった人がいる。いろんな人がいたと思う。収容所にも入らず、交換船にも乗らなかった人。収容所に入ったけど、交換船に乗らなかった人。

捕まりもしないし、帰りもしなかった人の一人は、大山郁夫です。ノースウェスタン大学の嘱託研究員。細君の柳子《りゅうこ》が、油絵を描いて売って生活を助けた。

それから湯浅八郎は、戦中、アメリカにいたんだ。戦前、同志社総長になるけれど、やめて、アメリカに行く。戦争中は帰ってこない。これは自発的な亡命だね。それで、戦後帰ってきてふたたび同志社総長になったでしょ。

戦前はなぜやめたかというと、同志社大学予科教授の真下信一や新村猛が捕まって、官憲に共産党のシンパだという噂を立てられた。それでもう嫌になっちゃったんだよ。湯浅八郎は共産党が嫌いなんだ。それで戦う意欲を失って、結局アメリカに行った。

学生運動には理念として反対なんだ。だけど、学生のことを嫌いでもないし、恐れるところがない。敵対心がないんだ。おもしろい人だよ。

亡命ということではね、亡命をまっとうしたのは、佐野碩《せき》なんだ。大山郁夫にしても湯浅八郎にしても、戦後には帰ってきた。朝日の笠信太郎も亡命に近い。だけど、断じて帰ってこなかったのは佐野碩なんだ。戦争に負けたあとでも、日本を信じていないから。これ、的確だと思うよ。私もぜんぜん信じていないから、佐野碩の気持ちがわかる。

それから、フォート・ミード収容所にいた日本人で、サーカスから来ていた人がいた。大河内とは別の人です。私は人から離れて本を読みたいんで、収容所の敷地にあった、丘の上の物置に行ったんだよ。そしたら、ゴトゴト音がする。なんだろうと思ってみたら、私からみれば老齢の人が、逆立ちをして、隅から隅まで歩いている。部屋の隅へくると、方向転換して、また逆立ちで。釈放されたあと、サーカスに戻れないと困るでしょ。だから毎日そうやっているんだ。これには感動した。そんなに老齢じゃなかったのかもしれないけど、私には年寄りに見えた。彼は交換船に乗らなかった。

## 2　ニューヨークを離れる

### 岩倉ミッションと安場保和

**鶴見**　私のひいじいさんにあたる安場保和は、岩倉ミッション（使節団）でアメリカに行ったんです。

**加藤**　えっ、そうなんですか？

**鶴見**　細川藩で、江戸城明け渡しのとき、官軍で西郷隆盛と一緒に入っていく。そのあと、胆沢県（現・岩手県）の大参事になる。

もともと、私の母方の後藤の家は十石取りなんです。その十石も明治維新で失って、後藤は乞食同様だった。安場は、その後藤新平を給仕にして、東京の官吏の書生に世話してやるんだが、後藤新平はそこも嫌になって飛び出して、さらに金を出してもらって、須賀川医学校に入って、なりたくもない医者になるわけだ。

後藤新平は、どう考えても、美男なんだよ。そして彼は、愛知病院長になる。

**加藤**　美男と関係ないじゃないですか（笑）。
**鶴見**　さっきの佐野碩の話にもどるんだけど、愛知病院長のとき、新平はある女性に子どもを産ませた。それが、碩の母のおシズさんなんだ。
その後、後藤新平は安場保和の娘と結婚した。しばらく子どもができなかったから、愛知病院長のときにできた子どもを引き取ったらどうかという話が出た。後藤新平の細君はそれをしっかり受けとめて、当時七歳のおシズさんをひきとった。そして、おシズさんを最初の子どもとして育てるんだよ。私が知っている新平の三人の子どものなかで、おシズさんが一番才があった。仕方話のうまいひとだった。後藤新平がシズを嫁がせたのが、精神病の医者だった佐野彪太だ。
**黒川**　後藤新平の妻は和子という名前でしたね。鶴見和子さんは、自分のおばあさんの名前をもらったんですね。
**鶴見**　それが安場保和の娘なんだ。自分をひきたててくれた人の娘をもらって、そこにべつの女性の子どもが届けられて、育てるんだから、おもしろいね、明治って。
日本史家のマリウス・B・ジャンセンが英語で本を書いている。そのなかに、安場保和は、岩倉ミッションのなかでただ一人の落第生だ、“the only failure” と出てくるよ。
安場は横井小楠の弟子なんだ。横井小楠はのちに息子をアメリカにやったりしているから、安場もなんとなく英語ができると思われていたんだね。けれど、サンフランシスコからワシントンに行ったときに、メイドさんに砂糖と水をもってきてくれと言ったら、葉巻とバターを持ってきた。「シュガー」が「シガー」と聞こえたんだ。
**加藤**　それはありうるなあ（笑）。「ウォター」が「バター」か。

**鶴見**　それで満座のなかで英語ができないとわかって、彼は自分が同行するのは税金の無駄遣いだと、席を立って日本に帰っちゃうんだよ（笑）。みんな止めるんだけど。彼は税金を集める租税権頭、税務局長なんです。そこで彼が、自分が同行するのは税金の無駄遣いだと言ったことは、明治の官僚の廉潔さを証明していると思う。のこのこ歩いてホテルで飯食って、酒を飲んで、なんとなく帰ってくればいいっていうんじゃないんだ。

岩倉使節団の記録にはでてこないけど、久米邦武が晩年になって、その証言を残した（『久米博士九十年回顧録』下巻）。安場保和は、そうやって席をけって日本に帰ってきた。ジャンセンは "the only failure" だと言うけれど、私はそこが見どころだと思う。

## 後藤新平の記憶から

**鶴見**　前にも言ったように、シュレジンガーは日本現代にくわしくないので、一九四一年に日本の直面する話題を飛び越して、大づかみにした日本史をとりあげたんだ。そのことを私はくりかえし考えることになった。

日米開戦、監獄への収容、そして交換船に乗ってから、ひさしぶりに現代日本人のあいだで暮らしながら、現在を飛び越して、黒船到来直後の日本に返って考えた。そうすることで、現代日本の政治家としての父と、黒船のころに育った祖父とでは、違った社会的性格に属することに気がついた。

船中の二カ月半は、学校に行かなくてもいい。そのことは、何を自分に教えたか。いま考えてみると、それは、アメリカと日本国との違いということでなく、日本現代史を大づかみにすることだった。

**加藤** 鶴見さんのなかで、母方のおじいさんの後藤新平はどういうイメージで残っていますか。

**鶴見** 後藤新平は無原則なんだ。沿海州を取ったら日本の国益になると思ってシベリア出兵をやってみるけれど、大失敗する。あれは、彼個人の決断にもとづく。外務大臣として、駐ロシア大使の現地所見を押しきってしまうんだから。

それで、失敗したと思うと、外務大臣じゃないときに、いろいろなつてをたどって、自分の責任で赤色ロシアのヨッフェを呼ぶ。そのために自宅に右翼が押し入ったりするんだけど。彼はそうして日ソ国交の回復の準備をする。その後も二度の脳溢血を押し越えて、自分でロシアへ行って、スターリンと会い、提携を申し出たりする。イデオロギーがないんだ。

**黒川** その人物の大部の伝記『後藤新平伝』を書いているのは、鶴見さんのお父さん、鶴見祐輔さんです。祐輔さんにとっては、義理の父親の伝記を書いたわけで、そこのところの心情はもちろん尊敬というのが第一なんでしょうが、どういうものなんでしょう。

**鶴見** おやじは結局じいさんあってのおやじなんだよ。

**加藤** 鶴見さんが後藤新平にだっこされている写真があるでしょう。

**鶴見** 大変に子どもが好きな人だった。子どもを叱ったりしたことはなかった。

**黒川** でも、特別にかわいがる孫というと、長女（愛子）のところの上の二人、和子と俊輔ということになるわけでしょう。

**鶴見**　（佐野）碩だっている。碩に対しても非常に愛情をもっていた。

中條（宮本）百合子がロシアに行こうとしているとき、おやじの中條精一郎が後押しして、百合子と一緒に後藤新平の家に行ったんだ。百合子のおやじは、そのころの日本の代表的な建築家だから、金をもらいに行ったのではない。百合子のための紹介状がほしいわけ。中條と後藤新平は非常に愉快そうに話をして、二人とも、テクノクラートとして日本を大きくしてきたという気分がその部屋にみなぎっていたというふうに、百合子は書いている。そのとき後藤新平は、自分の孫もロシアの関係に尽くしていると言ったんだ。あなたも行ってきなさいと、百合子に勧めた。その孫というのは佐野碩のことだね。

中條百合子の「二つの庭」に、そういうところが出てくる。後藤新平にあたる人物が「あなたも広いところをみて、しっかり面白い小説をかいて下さい」というんだ。

**黒川**　鶴見さんが子どものころ、満鉄総裁をつとめた後藤新平の銅像の除幕式があって、家族とともに大連へ行く。その途中で、朝鮮総督府に寄りますね。後藤新平の同郷で親しかった斎藤実《まこと》が朝鮮総督で。すでに後藤新平の没後のことだと思いますが、鶴見さんがいくつのときですか。

**鶴見**　八つかな。七二年になって、金芝河のことで、小田実の命令で助命の嘆願書をもって韓国の同じ建物へ行ったんだ。だけど、私は戦前、総督府だったときに来たことがあるから、後ろめたさがあるんだよね。でもそのときには、言わなかった。金芝河にも言わないし、日本に帰ってきてからも言わない。それもやっぱり交換船と似ている。抑圧しているんだ。

そのとき、韓国の外務大臣に会った。金大中のことを、口をきわめてののしるんだ。「金大中はハーヴァードに招聘されてるそうですが、あんなひと、英語できるんですかね」って。このやろう！　と思うけど、我慢するね。英語ができて何だって。その外務大臣がハーヴァードで博士号をとっているやつなんだ。そういうときだけ、むちゃくちゃに腹が立つんだよ。でも、とにかくそこでケンカしてもしょうがない。

**黒川**　子どものころに、除幕式で大連に行ったときは、祐輔さんも、お母さんの愛子さんも行ったんですか。

**鶴見**　後藤の跡取り息子は一蔵というんだけど、不思議な組み合わせなんだよ。銅像の除幕式のために、一蔵は自分の長女を連れて行く。しかし細君は連れて行かない。自分の妹（愛子）と、妹の子ども、つまり和子と私を連れて行く。一蔵のなかにそういう序列があるんだよ。だからわれわれが後藤のうちへいくといばっている、そういうスタイルができちゃったんだよ。

**加藤**　前にちょっとうかがいましたね。その一蔵という人のこと。

**鶴見**　廃嫡されかかったんだ。後藤新平は屋敷のなかに自分のお妾さんを住まわせていた。それが異常だと、一蔵が後藤新平をはりたおしちゃったんだ。それで一蔵は追放されたんだけど、私のおふくろが、私に対して怒るように、父親の新平にめちゃくちゃに反対したから、これに後藤新平は負けたんだ。息子を追放したものの、あとになって呼び戻す。

**黒川**　鶴見さんたちも住んでいらした後藤の家の敷地は、いまの中国大使館とそのまわりですね。そこから見ると、一蔵さんが追放されたのは、高樹町のほうですか。

**鶴見**　そうじゃない。逆。暗闇坂のほうだ。

家の敷地からいうと、（ペンで図示して）このあたりが「南荘」で、私の生まれた家だ。ここに築山があって、車回しがある。こっちが「洋館」。レイモンドがつくった。

**黒川**　誰ですか。

**鶴見**　アントニン・レイモンド。フランク・ロイド・ライトが連れてきた、チェコ人の建築家だ。ここに道がありますね。この道をずっと行って坂をくだる、もう一ぺん上がる。するとこの左が更級そば屋で、その手前の家が、後藤一蔵が追放された家だ。

**黒川**　後藤家の持ち家だったんですか。

**鶴見**　手配したんだ。うちの家作ではない。そのあと許されて帰ってくると、われわれが住んでいた南荘を一蔵に渡して、われわれが、今度はそこに住んだんだよ。私が三つくらいのとき、おふくろが自発的にやったことなんだ。

**黒川**　そこに祐輔さんも寝泊まりしていたんですか。

**鶴見**　彼はアメリカに行っていた。おふくろはそういう、めちゃくちゃなことをする人なんだ。

**黒川**　和子さんもそこに寝泊まりしていたんですか。

**鶴見**　そう。和子はもう少しいろんなことを考えただろう。とにかく、私が門番の子と間違えられたとか何とか言って、ものすごく泣いていたから。私とは全然階級意識が違うんだよ。

　ここに「北荘」があって、ここに後藤彦七の一家が住んでいた。

**黒川**　彦七というのは？

**鶴見**　後藤新平の弟だ。官吏をしていたのに、新平が無理矢理やめさせて、ここに住まわせて、生活を保障したんだ。

**黒川**　「南荘」、「北荘」というのも、一家内の言葉なんですか。

**鶴見**　つまりね、一族郎党、平城《ひらじろ》なんだ。水沢のもともとの君主の留守《るす》氏は一万石だから、こんな程度なんだよね。

**黒川**　車回しに築山があるんですね。

**鶴見**　そうそう。築山は壊しちゃったね。北荘があって、これがガレージ（車庫）だった。

**黒川**　運転手が上に住んでいるんですか？

**鶴見**　そう。この辺に家の取締りをする、執事が二人いた。ここに柳田門番っていう人がいた。あと、事務の人がいた。この辺に「お花畑」があって、新平が生きてたころは花づくりのおじいさんがいた。それが、おふくろが新平の死後もらった土地なんだよ。

**黒川**　そこに祐輔さんとの家を建てるんですか。

**鶴見**　そうそう。私が小学校五年くらいのとき。生まれて育ったのは「南荘」だけどね。

**黒川**　新平さんはどこにいらしたんですか。

**鶴見**　「和館」のほうの二階。新平は洋館の二階に自分の母親を置こうと思って、エレベーターをつけたんだよ。しかし新平のお母さんはこの家ができるときには死んでいた。それで、この家の中二階に、後家さんになった新平の姉さんがもどってきた。

来客との面会には、この「洋館」を使ったんだ。

ここに洋館の庭があったね。わりあい大きな庭だった。後藤新平が初代団長をつとめた少年団（ボーイスカウト）が、この庭を使っていたんだよ。

**黒川**　女中さんは？

**鶴見**　女中さんは和館のほうのこの辺に住んでいた。このなかにお妾さんを住まわせていたんだ。もともと、この辺は地代が非常に安かったんだ。江戸だとみなされていなかったから。そこを成り上がりの人たちが押さえて、どんどん値上がりしていった。

それが議会で問題にされたことがある。後藤新平が答弁にたって、「私は財をもっていません。この桜田町三八番地に土地を持っていますが、これは大変に安く手に入れたもので、それが天の恵むところであって、どんどん値上がりしましていまは非常に高価になっておりますが」って。当時千坪ほどあった。そういう答弁をしているよ。

**黒川**　北荘のあたりが、今の中国大使館になる前には、一度、人手を介しているんでしょうか。

**鶴見**　売れなくて大変に困ったんだ。新平が死んだとき、現金が全然なかったんだよ。一蔵が、こんなに金がないとは知らなかったとびっくりしていた。家と土地は手つかずだったから、これを売るほかない。だから、あるとき徳川義親侯に借りてもらった。しばらくそれでしのいだんだけど、しまいに満洲国とのつながりができて、満洲国へ売ったんだ。そして満洲国大使館になった。満洲国がつぶれて、自動的に中国大使館になって、いまも中国大使館。

この裏の、私のおふくろがもらったところは、戦争の末期には満洲国大使館に管理を任せていて、戦後はおやじがレバノン大使館に売り渡した。で、レバノン大使館、サウジアラビア大使館、そして現在はイスラム教会。手放してからは、このあたりには一度も行ったことがない。いっぺん行ってみたいんだけど。イスラム教徒がこの辺にいっぱいいるそうだ。

新平は金がなかったんだ。それははっきりしている。日清戦争の終わりから金がないように努めたんだ。愛知の病院長になってからは、いつでも金が入るところにいた。そのあと衛生局長だからね、金が流れてくる。いまだって、薬事局なんか金が入るでしょ？　はじめは注意している程度だったのが、やがて金についてはものすごく潔癖になった。どういうふうにスキャンダルでやられるかわからないから。しかし男女関係がどうにもならないんで、この点では伊藤博文を越えるね。
**加藤**　かなり、めちゃくちゃなんですか。
**鶴見**　鉄道大臣って、有利でしょ、男女関係をつくるには。
**加藤**　移動が多いから？
**鶴見**　うーん、やっぱりそれがいいんだよ。このあいだ東大の安田講堂でやった後藤新平のシンポジウムには、最後うちに置いた女性の子どもがみんな来ていた。会の最後に、立って挨拶してくださいと言われて、ぱっと何人か立ちあがったから、あ、いい会だなと思った（笑）。
**加藤**　最後ってことはもっといるわけですか。
**鶴見**　つぎつぎと。私が知っている妾腹の子どもは、築地の魚河岸の管理かなにかやっていた。彼は認知されたんだ。敗戦後、私は呼ばれて、ものすごくうまい寿司を食ったことがあるよ。
**加藤**　いいですねえ。
**黒川**　屋敷内に女性を置くのは、奥さんが亡くなってからでしょうから、そう何人もというわけではないでしょう。
**鶴見**　屋敷内にいたのは一人だけ。
　私がひどい不良だったことについて、おやじが心配したのも無理はないんだ。祐輔自身の父と、妻のほうの父と、二つの遺伝が私に合流しているんだから。
**黒川**　以前、横浜のホテル・ニューグランドのラウンジにいたとき、鶴見さんは「ここの前からアメリカ行きの船に乗ったな」とおっしゃってましたね。昔の洋風ホテルだから、ファサードが海を向いている。当時は、そのホテルの正面近くに船がつく。そして出発するときは、ホテルの二階で、後藤、鶴見の一家でお茶を飲んで、そのあと見送りにきた人もみんないっしょに、いったん船に乗ったと。

**鶴見**　昭和のはじめくらいまで、誰かが海外に出て行くときには、クランが全部集まるんだよ。クランというものは、戦中に維持できなくなった。戦後、経済状態がよくなっても、クランは復活しなかったね。

**加藤**　……家族のことですか。

**鶴見**　三つ四つの家族の連合みたいなものだね。

**加藤**　あ、クラン（一族）ね。

**黒川**　鶴見さんが留学するとき、後藤家の人は見送りに来たんですか。

**鶴見**　おやじが行くときはクランが出る。ホテル・ニューグランドに陣取ってクランが見送りするわけだ。私個人がアメリカに出て行くときは、永井道雄と嶋中鵬二、それから一宮三郎が来た。みんな小学校の同級生だ。なんだか、誠意があるよね。

## 一九歳一一カ月の調査票

**加藤**　外交史料館にある交換船に関する資料のなかで、ニューヨーク出航時のものでおもしろいのは調査票ですね。調査票は、乗船した時点で五六九人が提出したもので、これを書かされているのは民間人だけだから、第五、第六階級くらいの人が多い。アメリカ、あるいは中南米での住所とか職業、収容所に入っていたかどうかとか、その人の経歴を記入させられています。一人一人が自筆で書いているので、それを読むといろんな刺激をうける。

大河内光孝さんは、「収容所名（英文）」と書いてあるのに、そんなこと全然無視しちゃって、「エリス・アイランド」とか、日本語で書いている。「被収容年月日」なんて何も書いていないし、職業も「なるべく詳しく」と書いてあるのに、「運転手」としか書いていない。

**鶴見**　不思議だね。運転手もやっていたんでしょう。彼は米国の勤務先を書いていないね。日本にいる父の名前は記さず、留守宅に「東京市品川区大井出石町、大河内照子、母」と書いてある。

細君の調査票もあった。大河内玉代。当時三二歳ですね。この人はアメリカ生まれだったと思います。日本語はそんなにできなかった。彼女は収容所入りをしていない。だんなは入っている。ニューヨークにずっと居住していたみたいです。

**加藤**　都留さんの調査票を見ると、職業のところに「無職」と書いてあるんですよね。カッコして、「去る〔一九四二年〕六月迄は Harvard 大学経済学部勤務」と書いてある。教授とか講師とかそういう書き方じゃなくて、「勤務」。

一方に、三井の支店長みたいのがいっぱいいます。角谷静夫はプリンストン大学にいたとか、外務省は、ここにくるまでにたくさんスクリーニングをやっているみたいですね。書面がたくさんある。そういうなかで都留さんが「勤務」と書いているのを読むと、八高で、治安維持法違反容疑で検挙されて、学校も退学させられて、一人でアメリカに来た人の意地というか、勇気が調査票に現れている気がする。そういう人間が、戦後、政府の安本次官になるわけですね。

鶴見さんの「学生」という字は旧字で、鶴見和子さんの「学生」は旧字じゃない。それもおもしろい。

**黒川**　「年齢」の欄も、満年齢で書いている人と、数え年で記入している人がいる。調査票を書かされた経緯をうかがいたいんですが。

**鶴見**　館山沖でのことじゃなかったかな？　まだ船を降りていなかったと思う。

**加藤**　いや、乗る前、アメリカで書いていると思いますが。

**鶴見**　でもこれは日本語で書いている。

**加藤**　館山沖って、よく話に出てきますが、なにがあったんですか。

**鶴見**　日本に帰ってきたとき、横浜への入港前に、館山沖で船をいったん止めたんだ。日本人の警察と憲兵隊が、船に乗り込んできて取り調べをした。

**黒川**　館山には、海軍の砲術学校や航空隊もある。東京湾への入り口にあたる館山沖は、海軍の要衝として、海の関所みたいな役割も担ったんでしょうね。

**加藤**　鶴見さんは調査票に、ていねいに「一九歳一一カ月」と書いている。逆算するといつになりますか。満二〇歳の誕生日になる六月二五日より前ですね。

**鶴見**　六月一一日にグリップスホルムに乗っているんだから、二五日まであと二週間、一九歳の期間があった。だとすると、グリップスホルムのなかで、日本人に書かされたんだ。

**加藤**　乗ったあとですか。

**黒川**　船室番号を書かされているから、乗ったあとじゃないかな。覚えていらっしゃらないですか。

**鶴見** 覚えていないね。館山でもういっぺん経歴を洗われたのは、緊張していたからよく覚えているんだけど。船室の部屋割りは早くからできていた。ニューヨークで乗る前に、ホテルのなかでしばらく待ち時間があった。

**黒川** リオ・デ・ジャネイロから乗船した人の分はないですから、それ以前に書かれているのは確かですね。

**加藤** 鶴見和子さんは六月一〇日の生まれですね。六月一〇日を過ぎて、年齢が一つあがったせいか、「年齢」の欄には何も書かずに、生年だけ書いている（笑）。

**鶴見** グリップスホルムに乗った六月一一日はね、ハーヴァードの卒業式だったんだ。都留さんはシャバで新聞を見ていて、「大丈夫だ、君は卒業しているよ、新聞に出てたよ」と、船で会ったときに言った。だからよく覚えている。卒業生の名前が新聞に全部出るんだよ。

うれしかったのは、牧師の阿部行蔵が殴った相手が、調査票のなかにでてきたことなんだ。調査票によれば、阿部行蔵はそのとき三五歳。本籍は岩手県で、船に乗る前はカリフォルニアのバークレーにいた。殴った相手はKといって、士官学校をでて、四〇歳。東京市の嘱託で、教育視察でお金をもらって留学していたようだ。私はそのとき一九歳だから、もう少し年上に見えたんだけども。……とにかく今回、調査票は、ぜんぶ読んだ。阿部行蔵は、日本に帰ってから、戦後、「思想の科学」にも加わるんだけど、牧師ながら野性がある。都立大教授として社会思想史を教えたし、立川市長をつとめたこともある。

交換船のなかで雰囲気の違いがあるとすれば、反戦派と戦争推進派。この違いは気分となって現われて、阿部行蔵がKをぶんなぐるところまでいく。

**黒川**　それは、ロレンソ・マルケス以降ですか。

**鶴見**　そう。浅間丸に乗り換えたあと、昭南島（シンガポール）に寄った。そこで海軍の軍人が乗り込んできて、そのあと訓話をした。

**黒川**　グリップスホルム号に乗っているときから、戦争推進派ははっきり形をもっていたんですか。

**鶴見**　そこが日本人の集団的習性で、グリップスホルムのときは、なんとなくアメリカ様なんだよ。一転するのはロレンソ・マルケス港で日本船に乗り換えたあとなんだ。ものすごくいやだったのを覚えているね。気分の一新と同時に、人間の考えそのものが変わっちゃうんだ。

**加藤**　阿部行蔵さんがKさんを殴ったのは、なにが理由だったんですか。

**鶴見**　浅間丸では、軍人がときどき訓話をするんだよ。その中佐の話が終わったあと、ある女性──わりあい年配の、ＹＷＣＡの活動なんかをやった人だけど──彼女がぱっと手を挙げて、「アメリカには良心的徴兵拒否というのがありますけど、日本でそのことを話していいですか」と聞いたんだ。だいたい、海軍の中佐が訓話をしたあとで、手を挙げてそういうことを言うってのが、どうかしてるんだよ（笑）。まずいこと言うなとみんなが思った。明らかに海軍中佐は怒った。

その女性に対して、Kが「そんなこと言っていいんですか」と、中佐の側に立って火に油を注いだんだ。その中佐は留学生全体をこう、睥睨するような調子で、詰問した。「戦争反対なんてことを、いま言っていいと思うのか。非常にけしからん。なぜそういうことをおっしゃるんですか」と。

そのあと、我ら留学生の船底部屋に帰ってから、阿部行蔵がKにむかって、「ああいうことを言うのはよくないじゃないか」と言ったんだ。それに対して、Kがてんとして恥じず抗弁したんだね。そしたらぼかーっと殴っちゃったんだ。牧師が殴るんだから、おどろいたね。

**黒川** 阿部さんは、アメリカで牧師をしていたんですか。

**鶴見** 神学校からの留学生だった。阿部行蔵は脛に傷を持つ身だったんだよ。彼は、牧師になる前、上野の美術学校の生徒だった。そのときにマルクス主義運動のシンパとして牢屋に入っている。牢屋を出てから神学校に入って、牧師になって、アメリカに留学した。おやじは検事正だった。そういう系統の人なんだよ。

阿部行蔵はそのとき、ただ臆病で縮こまっているんじゃなくて、みんなの先頭に立って殴った。それは勇気のある行動なんだ（笑）。偉いと思うよ。

**黒川** そのときのみんなの雰囲気は、浅間丸に乗っている段階になってからですけれど、いかがでしたか。

**鶴見** 阿部行蔵に対しては好意的。しかもみんな気分が団結して、Kに対して冷たくなった。Kはそれを感じ取って、われわれと同じ二段ベッドで寝なくなっちゃったんだよ。案外気の小さい男だった。浅間丸のなかで、どこか別のところにねぐらを探して寝させてもらったんだ。

それから三〇年もたって、私は林竹二の関係で仙台に話をしにいった。すると駅にKが迎えにきているんだよ。昔のことは昔のことっていう、そういう人間のタイプがいるんだよ！ ただ新聞に私の名前が出ているのを見て、駅まで来たんだ。唖然としたねえ。人間にはいろんなタイプがいる。そこを徹底的に書いたのが太宰治の「親友交歓」なんだ。太宰治もそういう目に遭っているんだ。

Kは小学校の教師だった。小学校のいろんな団体がお金をだして教師を留学させるでしょう。アメリカでは大学に籍をおいていた。彼は英語とドイツ語ができるのが非常に自慢で、日本人に対してドイツ語をしゃべったりなんかしていた。

阿部行蔵は、戦後になると、ソ連抑留者たちの出迎えで警察とのあいだで騒ぎになった「舞鶴事件」の首謀者として追及される。だから、私は、あのときと同じように殴ったんじゃないかと阿部行蔵に聞いたんだ。そんなことないと否定していたけどさ（笑）。

**黒川**　Kという人は館山沖でも取り調べを受けていますね。

**鶴見**　え？　彼は右翼だよ。アジテーターなんだから。

**黒川**　館山沖での取調べの概要（『極秘　外事警察概況　8』昭和一七年）には、Kさんについて、こんなふうに書いてあります。

「……尚、桑港（サンフランシスコ）総領事より、〔Kは〕桑港居住中、全国国民学校教員会代表米国教育施設調査委員なる名刺を所持し、公使館、大商社等に対し金銭を強請しつつありたるやの申入れもありたるを以て厳重取調べたるに、右は事実なる旨陳述せるが、金銭強請は学資に窮せる為止むなく敢行せるものと判明せり」

**鶴見・加藤**　（笑）

**黒川**　左翼的だから調べられたとかじゃなくて、アメリカで金に困って、在外公館や商社に行って「金くれないか」とやって、嫌がられたと。それで「引き続き視察注意」。

**加藤**　そういうことをするとちゃんと記録に残るんだね（笑）。「私はアナーキストです」といったってこれほど残らないよ。
**鶴見**　特高の調査を受けたときには、私の隣の隣が都留さんだった。都留さんも高等学校中退で、捕まったことがある。私は中学二年中退なんだ。阿部行蔵もそうだよ。みんな中退で、捕まってるやつが多かったんだ。
今度、調査票を見て、いろんな人を思いだした。
U（笑）。明治三四年生まれ。熊本県出身、兵役は歩兵一等兵。「un-arrested」、自分で書いています。収容所には入れられていなかったんだね。運動具店。ゴルフクラブの店をやっていた。あとに残りたる者、ワイフ。名前から見ると、アメリカ人の妻を残してきたんだね。
**黒川**　Uの取調べの結果があります。商店員。四二歳。「大正一四年七月渡米。ニュー・ハンプシャー大学卒業後……」
**鶴見**　大学出だったのか。
**黒川**　「紐育に於いて運動具販売業をなし、波蘭系米人と結婚せるも、昨冬帰国準備をなし居りたるものにして、容疑の点なきものと認む」。ポーランド系の人なんですね、奥さん。
**鶴見**　これ、誰かに男女関係のことを密告されたんじゃないのか。私が知っているだけでも二つ、まずいことをしているんだから。
**黒川**　グリップスホルム号の女性船員と事を起こして、自慢したという……。
**鶴見**　そう。それと、浅間丸に移ってからも。
**加藤**　その夫婦と気まずい関係になったという。
**鶴見**　勇気があるよ。

**加藤**　前回より評価が高いな（笑）。

**鶴見**　西川政一。この人は戦後、日商岩井の初代社長になったと思う。このとき四二歳。彼は神戸出身で、日本を離れるとき、レコードに吹き込みをやっているんですよ。「グッドバイ・ミスター・ニシカワ」という吹き込みをして、細君と自分とにレコードを残した。関西の明るい気分を代表していて、ぜんぜん官僚的じゃなかった。

**黒川**　奥さんの調査票はないですね。

**鶴見**　細君は神戸に残してきた。だから「グッドバイ・ミスター・ニシカワ」なんだ。そんな吹き込みをやるなんてね、東京の商人じゃ考えられないんだ。

それから安孫子久弥。四八歳。これも老人に見えたんだけど。いまの私からみるとほんとに若い人だなあ。ニューヨーク日本人会書記長。奥さんはエリザベス。四七歳。奥さんは病弱だった。奥さんのファミリーが死に絶えているんで、だんなを頼って日本に行こうと決心した。安孫子久弥は山形県出身だ。

この人が、晩年の野口英世の話をしてくれた。晩年の野口英世は不幸だったんだ。いつも遅くまで日本人クラブにいて、囲碁かなんか打っていたというんですよ。家に帰りたくないと言っていたんだそうだ。家に帰ると、細君のメアリーとは英語でしゃべらなきゃいけないでしょ。彼は細菌学者で、英語の日常会話が苦手なんだよ。細君にがみがみ言われるのが嫌だったんだね。これは野口英世伝のどれを読んでも出てこない。

私が確かめることができなかったのは、竹久千恵子。それから、色部一遊がいたはずなんだ。「ひとあそび」って書く、遊び人なんだよ。おやじはかなりえらい人らしい。「都留さんは日本のレーニンになる人だ」と言ったりして、無責任なやつなんだ（笑）。色好みだけども、Uみたいに実行には及ばなかった。

**黒川**　色部一遊は調査票があります。明治四四年生まれで、「学生」。このとき三一歳ですね。ニューヨーク住まいで、収容所には入っていません。東京・目黒の出身です。父親の色部米作は、台湾総督府の技師ですね。『世界糖業調査報告』とか、製糖関係の著作がある。

## 船のなかの「階級」

**黒川**　グリップスホルム号の構造について、鶴見さんは六階建てとおっしゃっていましたが、だいたいどんな風に階級が分かれていましたか。

**鶴見**　てっぺんのブリッジのところには船長や船員がいて、周囲全部が展望できる。そこに出入りするのは非常に上層の人じゃなきゃいけなかっただろう。

そのつぎが第一階級の人で、野村吉三郎大使、来栖三郎大使ら。彼らは家族抜きできていた。それに準ずるのは、だいたい官等で考えるから、外務省の官等でいうと、参事官。その下くらいに、三井、三菱の支店長クラス。これぐらいまでが第一階級じゃないか。それから各地の大使館、公使館の外交官。大蔵省などから派遣された商務官。商務官は細君を連れていた。それから駐米大使館付陸軍武官の磯田三郎少将。野村大使は大将なんだから、磯田少将は野村・来栖より下だ。

**加藤**　整理すると、第一から二階級が、参事官、商務官。三井、三菱支店長クラス。第二から第三階層が、その他の大使館、公使館員たちと、商社の支店長以下のクラス。

**鶴見**　そうそう。そのへんはファミリーを連れていた。

陸軍は少将が一人しかいなかった。あと海軍が大佐で、これはみんな大使館付武官なんだ。そのぐらいが上層。三井三菱は政府筋の財閥だから上なんだよね。

**黒川**　四はなんですか。

**鶴見**　第四階級、第五階級は、名もなき会社の平社員じゃないか。第五、第六階級は、サーヴァンツ。

**黒川**　平社員は第六階級にも入っているんですか？

**鶴見**　学生と同じ階級にいるのは、使用人。料理人、海員、ほかに雑貨商とか。

**加藤**　学生は、いろんなところの人を合わせて、三〇人ほどですね。

**鶴見**　そんなものかな。

**黒川**　人数的なボリュームゾーンはどの辺なんですか。

**鶴見**　大使館員と、商社員が多かったんじゃないか。

**黒川**　食事はどうなさいましたか。

**鶴見**　私は第六階級だけど、みんな同じ食堂で食べた。

**黒川**　それは鶴見姉弟だけが優遇されていたというわけではないんですね（笑）。

**加藤**　嫌なこと言うね（笑）。

**鶴見**　最低だ、最低の階級なんだよ。

たしかに交換船の飯は、日本内地に戻ってきてからの飯よりずっとよかった。ことにグリップスホルム号の飯はすごくうまかったような気がするな。私がアメリカのシャバで、捕まる前に食っていた飯より、ずっとうまかったように思う。

**黒川** 都留さんもそういう印象みたいですね。ただ、都留さんの場合は浅間丸にうつってから、日記でだいぶグチをこぼしている。

**鶴見** 浅間丸に乗ってからぐんと悪くなった。グリップスホルムではね、平等なんだよ。つまり、野村大使もわれわれ第六階級も、おそらくおなじメニューなんだ。

階級の区別がどうなっているか、調査票を見ていてわかった。あのね、海員とかコックは、自動的に第六階級なんだ。ものすごくたくさんのコックがいるけれど、みんな第六階級だ。料理はグリップスホルムのコックがやっているから、彼らは必要ないんだ。でも、なぜか理髪師だけはわりあい上の方にいる。第一階級にも、第二階級にもいる。それは、野村大使とか、来栖大使の頭を刈るからなんだよ。三井、三菱の支店長なんかも、上層にはたくさんいるでしょ。そういう人の頭を刈るのに、第六階級からいちいち引き出してくるのは大変なんだ。理髪階級だね(笑)。

**黒川** 部屋割りはどうなっていたんでしょう。

グリップスホルム号での都留さん夫妻の部屋も、相部屋ではないのだけれど、非常にちいさな部屋です。「われわれの部屋は五尺に七尺ぐらいの部屋、ベッドは二階になっており、洗面は小さいタンクと汚水溜とがあり、洋服など掛けるところはない」

**鶴見** 都留夫妻だけは、はじめ第六階級だけど、上の階級へ上げられたんだよね。二段の寝床で、しかも畳一枚よりいくらか広いくらいの部屋なんですよ(笑)。

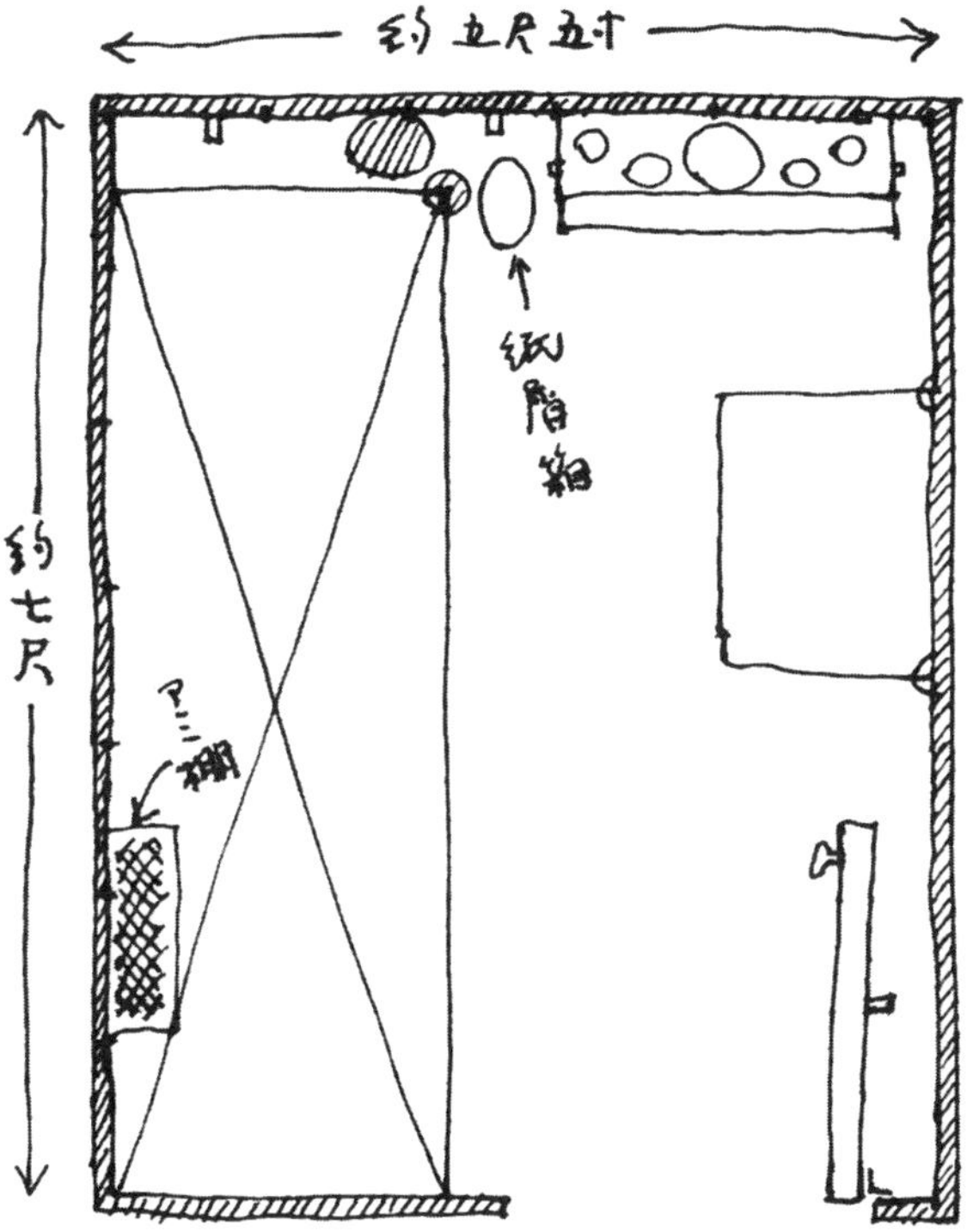


都留重人によるグリップスホルム号672番船室の見取り図
（日記帳より、一橋大学経済研究所資料室蔵）

「室内には換気孔なし。ベッドは二階〔二段〕。右側の椅子様のものは壁に取付けた一枚の板。天井の高さは約六尺〔1.8m〕。床はリノリウム。洗面台は小さいタンクとベースンと汚水溜とを以て成る。ライフベルトは天井の小棚にのせあり。天井に露出せる電球一個」

黒川　それは、船内での交際圏がそうだっただけのようです。寝る部屋は、第六階級のままです。野村大使から、「どうだ、Eはくさいか」なんて、冷やかされたりしています。Eデッキというのは、つまり、鶴見さんたちもいた最下層のフロアのことですね。

悪環境に苦しめられながらも、夫婦とも、その部屋でがんばる。自分たちをもっと上の部屋にしてほしい、という交渉はしていない。

鶴見　そりゃ都留さんはわざわざ書きたくないだろうけど、都留夫人の父親（和田小六）は、木戸幸一の弟でしょ。侯爵家の系統なんだから……。

黒川　だったら、伯爵の孫だって、まずいじゃないですか。

鶴見　私？　私は上がりゃしないよ、そんなもの（笑）。だから、角谷、神谷、阿部行蔵、このへんはみんな第六階級。阿部行蔵は年輩だから、組長。

黒川　でも、東郷外務大臣から出された電文に、学生の帰国の優先順位として「鶴見和子及び俊輔を優先せしめられたし」（四二年三月二六日、在スペイン須磨公使宛）という書き込みが残っているものまであるんですよ（笑）。あれを、追加して書き込ませたのはどういう人ですか。

加藤　あれは鶴見祐輔が、直接か、人を介してか伝えてあったんだろうね。かなり気にして、あとからもう一回、通ってるかどうかチェックした。そしたらぬけていたんで、書き加えられた。

角谷さんは学生ではなく、学校の先生ですよね。

鶴見　プリンストン大学高等学術研究所の研究員。日本でのポストは、大阪帝国大学助教授です。

加藤　それでも第六階級なんですね。一般的に考えると大学の先生は、三菱の支店長ほどではないにせよ、第五階級ぐらいでもいいんじゃないかと。

**鶴見**　日本ファシズムには特有のものがあるんです。天皇制秩序から言うと、野村吉三郎海軍大将は大きいよね。大使でもある。それと、来栖三郎特派大使でしょ、これも上だ。都留重人夫妻が第六階級というのは具合が悪いんだ。ことに夫人は木戸幸一内大臣の姪だから。

**黒川**　だから、それについては都留夫妻も、おそらく鶴見さんと似た心境だったのじゃないかと（笑）。それより、「鶴見姉弟を優先せよ」という件の経緯について、聞いた覚えはないですか？

**鶴見**　開戦前、引き揚げ船に乗るのを断ったことが、ものすごい弱みになったんだ。南博やなんかだと噂にならないんだよ。だけど私たちの場合は、ニューヨークの日本図書館を解体するとき、森島（守人）総領事が腹に据えかねて、「鶴見姉弟みたいな非国民は、これから船が出るとしても帰さない」と演説をぶったんだよ。

**加藤・黒川**　ほお！

**黒川**　それは、どういう状況なんですか。

**鶴見**　ニューヨークの日本図書館が、日本関係の図書をあつめていたんだけれど、そこを解体することになった。それで、本を梱包して送ったりする作業をしたあとに、演説したらしい。

**黒川**　他の人も引き揚げ船を断ったのに、どうして鶴見さんたちだけ、そんなことを。

**鶴見**　普段から憎まれていたんじゃないの？　鶴見の子ども二人はけしからんというのが、あったんじゃないか。

**黒川**　そのスピーチは鶴見さんは聞いていたんですか。

**鶴見**　聞いていない。私はニューヨークにいなかったから伝聞だ。本を全部整理するために、たくさんの人間が動員されて作業をするわけだから、かなり大きな、在ニューヨークの日本人の集まりがあったんでしょう。そのときに森島がきて、そういう話をしたんだ。

**加藤** 日本文化会館に総領事が来て、「みなさんどうもご苦労さん」みたいな感じでひとこと挨拶をする、そのなかで言ったというかんじですね。それは誰に聞いたんですか。

**鶴見** 和子が南博から聞いたんだったかな。森島とは何回も顔を合わせているけれど、面と向っては決してそんなことは言わない。

**黒川** 一人ひとりの調査票を見ていくと、ぼくは、鶴見さんとは逆に、いよいよわからなくなる。それほど要職ではなさそうな商社の人が「一〇〇番」台くらいの部屋にいたり、料理人でも「二〇〇番」台くらいのところにいる人もある。どうしてでしょう。

**鶴見** その二〇〇番台に「松平」なんていう姓の人物がいるからね。

**黒川** そうそう。

**鶴見** これは明らかに徳川系の名前です。だから、親戚まで調べて決めていたわけじゃないことは確かだね。われわれ姉弟の場合は、国賊の誉れ高かったから、わざとやったかもしれない。

**加藤** 「優先を」と言っているのに、わざとですね。

**黒川** スウェーデンの海事博物館からグリップスホルム号の図面を送ってもらったんですが、これで見ても、船室は、数人の相部屋から二人部屋まであった。ラウンジやスモーキング・ルームといった共用空間のほかは、一等の最高級船室でも、広さは八畳程度の二間続きといったところです。二等船室から二段ベッドが使われはじめて、それ以下の部屋は一気に狭くなる（笑）。

それと、グリップスホルム号では、中南米組も部屋割りがばらばらなんですよ。一〇〇番台にも六〇〇番台にもいる。でも、鶴見さんや都留さんの話には、中南米組のことはほとんど出てこない。きっと、船の中でのコミュニティが、ぜんぜん違うものだったんでしょうね。船での社会がどんなふうに構成されていたかについても、追い追いうかがいたいと思います。

## 外交官らのホテル軟禁

**黒川**　中野五郎『祖国に還へる』（新紀元社）は、戦中のきわもののたぐいと言ってもいいかもしれませんが、著者は朝日新聞のニューヨーク特派員で、データ面ではかなりしっかりしています。一九四三年二月の刊行で、初版四〇〇〇部。市販されたものには「削除済」のハンコが表紙に押してあって、検閲で三カ所、ぜんぶで八ページ分、切り取られています。

**加藤**　船に乗っていたはずなのに、調査票がないね。

**黒川**　新聞記者は、外交官に準じる扱いになっているから、書かされなかったんでしょう。

**鶴見**　中野五郎は社交的人物でよくしゃべった。大正時代は左翼だったんじゃないか。左翼に理解があった。

**黒川**　戦後は戦争関係の本を何冊か出しています。この人は、開戦のとき、まもなく帰国するつもりでワシントンにいて、帰れなくなった。それで、外交官たちと同じホテルに抑留されていた。『祖国に還へる』は開戦から、交換船で帰国するまでの記録です。

彼が書いていることは、自身の見聞が及ぶ範囲の事実関係についてはおおよそ正確だと思います。グリップスホルム号（一万七九四四トン）、浅間丸（一万六九七五トン）、コンテ・ヴェルデ号（一万八七六五トン）というふうに、取材でわかることはトン数なんかまで具体的に書きとめておこうとしてますね。

彼の日誌を読むと、開戦後、すぐにニュージャージー州グロスター・シティのキャンプに抑留。大晦日にヴァージニア州ホット・スプリングスのホテルに移され、野村・来栖両大使をはじめとする外交官、その家族らとともに、軟禁生活を送ることになる。

彼らに日米交換船が出るという最初の公式報告がなされたのは、四二年一月一五日のことです。この時点で、そこには二四一名の外交官とその家族・従者、新聞記者らが抑留されていた。その後も、アメリカ国内や中南米の各地から外交官などが引っ張ってこられて、どんどん収容人数が増えていきます。

一月一九日にはパナマから公使ら九人が到着。

一月二四日、カリブ海の英領の島で開戦時に拘引された外交官ら五人が、カナダ経由で到着。

二月一四日、キューバから代理公使夫妻ら九名が到着。

二月二〇日、ニューヨークのエリス島に抑留中の日本文化会館長前田多門氏ら一二名が到着。

二月二二日、メキシコ公使ら館員、家族五四名がメキシコシティ（二月一八日発）から封印列車で到着。ここまでで三三〇人です。

四月四日には、ホット・スプリングスから、ウエストヴァージニア州ホワイト・サルファ・スプリングスのホテルに移されている。野村大使以下三百数十人で移動。

五月九日、カナダ公使夫妻以下の外交官と家族、在留民らがオタワから封印列車で到着。

**加藤**　数カ月間ずっと軟禁されていたんですね。優遇されたんでしょうけれど。

**黒川**　非常に立派なホテルだったらしいです。

五月一五日、ペルー公使夫人が到着して計四〇六人。その間に外交官らの六人の妻が出産した。

**加藤**　この交換船には、たくさん外交官が乗っていたんだね。

**黒川**　一方、こういう事実もある。日米間の「交換」に先だって、「米・独伊交換船」が実施されています。つまりヨーロッパ方面で生じた被交換者との交換船です。

一九四二年四月一九日、スウェーデン船ドロトニングホルム号が、スウェーデンのイェーテボリ（ゴーテボルグ）港を出港。独伊米英の各交戦国の安全保障を得て、北海から北大西洋経由でニューヨークへ向かい、五月五日到着予定とされています。在米のドイツ、イタリアの外交官・在留民をここで乗せて、船は交換指定地のリスボンへ向かう。そして、リスボンで、独伊から送られてくる米国人の帰還者らと交換する。

この船に乗るべきドイツ外交団も、日本外交団と同じホワイト・サルファ・スプリングスのホテルに軟禁されています。五月六日、彼ら駐米ドイツ大使以下、北米と中南米のドイツ外交官、家族、新聞・通信特派員ら、およそ六〇〇人がニューヨークへ出発。

五月七日、ドロトニングホルム号は、このドイツ外交団らと、ほかにイタリア外交団三〇〇名、合わせておよそ九〇〇名を乗せて出港。リスボンに到着したのが、五月一六日です。これも、日米交換船のちょっとした前史ですね。

第二次大戦では、ほとんどの国が戦争しているわけだから、中立国はわずかしかない。主なところではスウェーデン、ポルトガル、スペイン、スイス、あと、この時点ではアルゼンチンとか、それくらい。つまり、中立制度というものそれ自体が、第二次大戦ではもうだめになっていたというのが通説なわけだけど、そうしたなかで、こうした交換船の実施が、ほとんど唯一、あの戦争下で中立制度にのっとって行なわれた空前の事業だったのかもしれません。

**鶴見**　中立国は和平交渉をやったんだ。でも全部つぶれた。『バルト海のほとりにて――武官の妻の大東亜戦争』という、日本の陸軍少将の夫人（小野寺百合子）が書いた本がある。彼女の夫は、戦争をやめろと日本に打電していた。彼と細君の二人しかいないから、細君が暗号を打っているんだけど、大本営の会議まで届く前に握りつぶされる。だけど彼は殺されなかった。

**黒川**　どこの駐在ですか。

**鶴見**　スウェーデン。なぜ殺されなかったかというと、彼の細君の祖父（一戸兵衛）が、陸軍早期の軍事参議官で、その後学習院院長や明治神宮の宮司をしていた。さらに彼女の父は、宮様の武官だったんだ。宮様の武官にはだいたい品行方正な人をえらぶでしょ。そういうのが二代続いているわけ。そうすると陸軍はナチスとちがって、殺さないんだよ。日本のファシズムも革命的なんだけど、皇室関係の孫とかひ孫には弱いんだよ（笑）。

**加藤**　ナチスはアウトローがわーっとつくった組織だけど、陸軍は長く続いた組織ですからね。

**鶴見**　しかしどうして中野五郎は、新聞特派員なのに大使と同じ扱いだったんだろう。

**黒川**　新聞特派員は、当時はすごくいい扱いです。中野に限らず、新聞社・通信社所属の特派員は、基本的に外交団に準ずる扱いとされる。これは、すでに国際慣行だったんだと思います。

あらかじめ「敵地」にいたわけですから、日清、日露の戦争取材なんかで従軍記者が置かれた立場とは違う。また、スペイン内乱のときにロバート・キャパみたいなフリーのジャーナリストが身を置いたところとも、違っていますね。つまり、戦争の世界化と、マスメディアの世界規模での肥大化、その両方が国家を背に負いながら進んできたなかでの「慣行」というか。

**鶴見**　でも、朝日新聞の記者の森恭三はわれわれと同じところにいたよ。戦後活躍するんだけど。

**黒川**　いや、森恭三も、開戦からしばらくエリス島に入れられたあと、四一年の大晦日、ホット・スプリングスのホテルに送られています。森島総領事らと同じ封印列車です。途中のワシントンから、中野五郎もそれに乗る。だから、監獄では鶴見さんと会っていないんじゃないかな。

**鶴見**　調査票のリストのなかに、高松（棟一郎、東京日日新聞社員）というのが出てくるでしょ。高松は林芙美子の愛人だったんだ。彼はね、林芙美子からもらった手紙を古本屋にたたき売っちゃってるんだよ。

**加藤**　はっはっは。

**黒川**　高松棟一郎という人は、きわめて例外的なケースで、新聞記者なのに一度も拘留されないで、シャバからそのまま交換船に乗ったらしい。ほかにそういう記者はいないんじゃないか。

**鶴見**　平林たい子は、高松が売り払った林芙美子の手紙を手にいれて、高松に対してものすごく怒っていた。高松は、あとで東大新聞研の教授になる。新聞研の大会のとき、英語で演説したんだって。英語ができるのが自慢なんだ。Kもそういうクセがあった。英語をしゃべるのが得意な人は、あぶない。Kは酒が入ると“Can you speak English?”ってはじめるんだ。

**黒川**　『祖国に還へる』には、グリップスホルム号の「邦人乗客調査表」が載っています。

ニューヨークからの乗船者は一〇六五人、リオ・デ・ジャネイロからは三八三人。ほかにタイ国人の男女学生の乗船者が一八人。船中で日本人から生まれた子ども一人、タイ国人から生まれた子ども一人。合計一四六八人。

それらの日本人が滞在していた国別で言いますとアメリカ、カナダ、キューバ、ブラジル、パラグアイ、ボリヴィア、ペルー、エクアドル、コロンビア、ヴェネズエラ、メキシコ、パナマ。……民間人中に新聞関係者三二名。

**加藤** これは戦中に書かれているんだよね。資料の便宜供与を受けて書いているんだな。国策にも沿っているし。

**黒川** ひまだというのもあって、軟禁されながら、同宿している官吏たちのところをあちこち回って取材しているんですね。データとしてはけっこうきちんとしてます。

**加藤** この時点で、どうしてアメリカと独伊の交換船のことなんかを知っていたんだろう?

**黒川** ホテルのなかで新聞を読んでいますね。それから、外交官や、それを世話する中立国スペインの官吏といっしょにいるから、そっちからも情報が入ってくるだろうし。

**鶴見** 『祖国に還へる』の資料は信用できるね。出てるのは知っていたけど読んでいないんだ。

**加藤** 読むのが嫌だったんでしょう(笑)。

**鶴見** そう。

## 船底近くの仲間たち

**黒川** 都留さんのグリップスホルム号での船室番号は、「六七二」。

**鶴見** 六七〇番台っていうのは、最低の部屋だよ(笑)。

**黒川**　大河内光孝は「六七四」。船内の最後の部屋番号は「六八〇」です。都留さんは「一九二五年にこのグリップスホルムが出来て以来、六七〇台の部屋は使ったためしがないとボーイが言ったとか」と日記に書いてます。

**鶴見・加藤**　ははは！

**黒川**　鶴見さんの部屋番号は「六〇四」ですね。天野芳太郎は「六五五」。

都留さんは、自分たちの船底のフラットを「Eデッキ」と述べている。最上層のプロムナード・デッキに始まって、A、B、C、D、Eと、階段でだんだん船底のほうへ降りていく。

**鶴見**　その「第六階級」の「Eデッキ」に、一度、東郷文彦も降りてきたんだ。アメリカにいたころは非常に親しかったんだけれども、グリップスホルムに乗ったら、階級的に隔てられちゃった。彼は高等官だから、第三階級くらいにいたんだけど、突然に第六階級の私の部屋まで降りてきた。いままで親しくしていたことに対する、表敬訪問だね。しばらく話をして別れた。

**黒川**　都留さんが、ボストンの電信会社「ウェスタン・ユニオン本局」から、電話で「リパトリエーションの通知」が来ていますという報せを受けたのは、一九四二年六月一日だそうです。つまり、交換船が出るという知らせですね。出港まで、もうぜんぜん時間がない。その電報には、六月七日にエリス島に出頭せよとあった。

大急ぎで荷造りをして、六日夜にケンブリッジを出発。ボストンからの夜行列車で、七日朝、ニューヨークに着いています。けれど、どうしたらいいのか情報がない。それでうろうろしている間に、ペンシルヴェニア・ホテル（ペン・ホテル）で日本人が受付をしていると聞いて、そこにむかう。警官に固く囲まれていて、いったん入ったら出られないだろう、と言われたそうです。

結局ペン・ホテルに五日間入れられて、散歩にも買い物にも出られないまま、一二日に乗船します。荷物や身体の検査がたいへん厳重だったとのことです。

都留さんが、新聞で鶴見さんの卒業の記事を見たのは、このあたりですか。

**鶴見** 六月一一日です。卒業式の前に全卒業生の名前を新聞に出すんです。それを都留さんは気になっていたから見ていたんですね。一一日に式があって、そのときに卒業生が全部載る。

**黒川** その間、新聞は見ることができたわけですね。

グリップスホルム号で、都留さんの部屋は二人部屋です。でも、そういう部屋ばかりではない。

**鶴見** 私の部屋は四人。低い天井に、二段ベッドが二つ。蚕棚だ。いまから考えてみると惨憺たる部屋だね。つまり、ゴーリキーの『どん底』みたいなもんだよ。

暗い部屋だったね。明かりはあったけども非常に暗かった。

**黒川** 調査票で見ると、鶴見さんの同室者は男三人兄弟の学生ですね（近藤博、繁雄、昇）。

鶴見さんの話によく出てくる人たちは、船のどこかに集まって話をしていたんですか。

**鶴見** デッキにね、学生が集まったわけ。そのなかで、私が偶然角谷さんとくっついて。角谷さんは、二カ月間、数学の話しかしないんだよ。

**黒川** 角谷さんは鶴見さんの一〇歳くらい年長ですね。

**鶴見** そうだね。

**黒川** 弟が角谷さんとしゃべっているあいだ、姉の和子さんもその横にいるということですか。

**鶴見** 角谷さんは当時プリンストンの高等学術研究所の研究員なんだよ。これはトップの人でしょ？ 和子はだいたい一番病だから……。

**黒川**　横にお姉さんがいる。
**鶴見**　そうそう（笑）。
**加藤**　「そうそう」って。言ってくれなきゃわからないですよ。
**黒川**　鶴見さんたちがしゃべっていたのも、甲板ですか？
**鶴見**　そう。三〇〇番相当のほうまで、階段を三つ上がって、デッキに出る。六〇〇番台の船底でなにか事故が起こったら、終わりだからね。吹きさらしのデッキに、なんとなく学生が集まってきて、郷愁があるから、学問の話ばっかりしていたんだよね。
　神谷宣郎は、生物の原型という問題に興味があった。だから粘菌の話ばっかりする（笑）。角谷静夫は「大きい無限と小さい無限」とか、そういう話ばっかりするわけ。それが通るんだ。で、みんなひとり者だ。都留さんは細君といるから、一緒にならない。学生っていえば、阿部行蔵もいるけど、抽象的な話をするのは、神谷と角谷だった。
**黒川**　六、七人とか一〇人とかで輪になって話しているんですか。
**鶴見**　そう。角谷さんは酒のみと一緒にいるのがとっても嫌いなんだ。酒飲んでいるやつなんか、大きい無限も小さい無限もあったもんじゃないだろ？　だから「こういうところにはいられない」と言って移動するんだよ。酒飲みの中心にいるのが、Uなんだ（笑）。
　Uは酒が強いし、女と一緒に酒のんで、女を無差別にたぶらかすわけだ。
**加藤**　無差別にってすごいですね。
**鶴見**　それでいろんなことを起こしたわけだ。酒を飲んでしゃべっているグループと、留学生のグループとはちがった。

**黒川**　Uは酒を飲んでちょっかいを出してくるんですか。
**鶴見**　うるさいんだよ。角谷さんは静かなところで、相手がわかろうがわかるまいが、とにかくしゃべるんだ（笑）。
**黒川**　みんな朝起きる時間とか寝る時間は、ばらばらですか。
**鶴見**　飯の時間は決まっていた。
**黒川**　朝、昼、晩、全部定食ですか？
**鶴見**　チョイスはなかった。お仕着せなんだけれども、ちゃんとした、ポタージュなんかが出てくる。スウェーデン料理っていうのは、ソーセージとかそういうもののバラエティがある。それとパンが出る。
**黒川**　乗船者の人数が多くて、一五〇〇人近い全員がいっぺんに食事をすることはできない。だから、早番と遅番に別れていたみたいですね。
**鶴見**　そう、時間で分けられてるんだ。浅間丸では、食事の質ががたんと落ちた。日本に帰ってからは、さらに落ちた。
**加藤**　浅間丸だと、階級によってメニューがちがうんですか。
**鶴見**　そう。階級ごとに食事が違ったんだ。
**黒川**　部屋が一等、二等、三等とあって、食事もそれに準ずるようになっていた。都留さんや鶴見さんは三等待遇（笑）。

これについては、出航前の六月一〇日、東郷茂徳外相が駐日スイス公使に日本側としての希望を伝えています。文面が外交史料館に残っているんですが、浅間丸とコンテ・ヴェルデ号では

「食事を除きては二、三等の船客も一等の各種の設備を利用しうることといたしたし」と。日本側としては、階級が違っても食事がみんな一緒っていうのは、考えられないことだったんでしょうね。

**加藤**　アメリカ人が日本から帰っていくときも、食事は一等船室の人たちがよかったわけだね。

**黒川**　そう。だから、「就いては米国政府においてもその第一次交換船たるグリップスホルム号に（中略）食事を除きては二、三等の船客も一等の各種施設を利用しうるよう取りはかられんことを希望いたしたし」と東郷外相は述べる。だけど、グリップスホルム号では、その「希望」以上に、食事まできちんと平等にしてくれた。日本側の希望を上回っていた（笑）。

**加藤**　部屋割りは誰が決めたんだろう。

**黒川**　大使館関係者が非常に優遇されていて、これはアメリカ国務省が部屋割りを決めたからだと、外交官補だった藤山楢一さんは書いているけれど（『一青年外交官の太平洋戦争』）、これはちょっとあやしいですね（笑）。ロレンソ・マルケスで浅間丸、コンテ・ヴェルデ号に乗り換えるときの部屋割りは、日本人たちの自治的な「委員会」が決めたようです。

**鶴見**　アメリカの学界での位置というのをまったく考慮しなかったことは確かです。都留さんと神谷宣郎、角谷静夫、それから医者でシカゴ大学助教授の加藤勝治なんかは、その点から言えば、上の階のはずなんだよ。

思いだしたんだけど、斎藤惣一という、日本YMCA同盟の総主事をやった人の長男（斎藤勇一）が、留学生として乗っていたね。それから、資生堂の福原（信三）社長の息子とその従兄弟が、第六階級にいた。福原〝ニック〟（信和）と福原〝ユキ〟（由紀雄）といって、これは従兄弟同士だった。いわゆる、日本でかなり高い位置の人間の子どもが、けっこう第六階級にいた。

**黒川**　限られた数の学生が一ヵ所に集められたから、鶴見さんたちはいやおうなく知りあってよくしゃべっていたのかと、ぼくは思っていました。けれど実際には、部屋もばらばらだし、鶴見さんたち以外にも、学生身分の人はかなり乗っていますね。鶴見さんたちの集まりは、非常に優秀な若者たちだけのグループで。

**鶴見**　知らない学生もずいぶんいた。小原国芳というのは当時非常に名高い人だったんだ。前に成城小学校の主事をしていた人で、玉川学園大学の創立者ですね。彼の長男（小原哲郎）がいた。私より一つ上だから、満二〇歳だった。

**黒川**　「食堂は同デッキ後部なので、第一五一テーブルである」と、都留さんの「引揚日記」にある。毎日このテーブルで食べなさいと、テーブルが指定されているんですね。

**鶴見**　そうじゃなきゃコントロールできないから。

**黒川**　グリップスホルム号の図面を見ると、三等船客の食堂はEデッキ中央部の前後に分かれてありますね。一等と二等の食堂はDデッキにある。三等のキャビン（船室）の区画とは壁一枚で完璧に仕切ってあるので、第一階級、第二階級の人たちも、食事のときだけはそこまで降りてきたようです（笑）。

**鶴見**　大きい食堂です。定位置で食事していた。一五〇〇人が、時差を設けて。

**加藤**　一五〇〇人といえば、五〇人一クラスだとすると三〇クラスでしょ、一学年一〇クラスの中学校みたいな規模だよね。

**黒川**　プールが三つある船ですからね。室内に一つ、室外に二つ。遊戯施設とか、いくつかバーもある。

六月一八日、深夜一二時ごろ、ニューヨークを出港。

「船には早速隣組の組織と委員会の組織ができる」。外交官らが軟禁されていたホテルとか、フォート・ミード収容所とかで、それぞれ日本人の自治的な「委員会」がつくられていたけれど、ここでもまたそういうものをつくった。この船での場合、「委員会」は官民間の連携、「隣組」の役目はその周知徹底というところだったようです。

**鶴見**　それで阿部行蔵がわれわれの隣組長になるんだ（笑）。

委員会というのは上意を形成する委員会だった。外務省とか商社の三十代の若手で、事務能力のある者が入っていたと思う。それが下達の命令をつくって、隣組長まで下ろすんだよ。

**黒川**　浅間丸になると「委員会」はだんだんなし崩しに消えていくらしいですね。

**鶴見**　それは軍人が掌握するから。陸海軍が乗り込んでくるでしょう、それが全部やる。

**加藤**　軍人がいるから、下達する必要がなくなるんだ。

**黒川**　陸海軍が乗ってくるというのは、ロレンソ・マルケス港まで浅間丸に乗ってきて、帰りも乗って帰るということですか。

**鶴見**　そうそう。日本の情勢を伝えるという建前で、ロレンソ・マルケス港で乗ってきたんだ。

そして、シンガポールで、さらに乗ってきた。

**黒川**　アメリカから乗った人のなかにも、軍人はたくさんいましたか。

**鶴見**　少ない。だいたい中佐ぐらいから上だから。

**黒川**　駐米大使館付陸軍武官が磯田三郎少将。それから、駐米大使館付海軍武官に横山一郎大佐という人が乗っています。

**鶴見**　それは風貌やなんかきちんと覚えている。

**黒川**　でも、部屋の階級がちがうでしょ？

**鶴見**　第六階級は、自分の部屋にいられないんだよ。ものすごく悪い条件だから。デッキのところに出ているとか、大きなサロンの隅にいたりするんだ。横山という人はよく覚えている。

**黒川**　その横山は、船に乗りながら諜報活動みたいな任務を持っている。浅間丸に移ってから、そこでの電信設備なんかをつかって、インド洋について調べたようです。横山と、もうひとり、和智恒蔵という軍人は、昭南島（シンガポール）で船を降りて、飛行機で日本に帰っています。

**鶴見**　軍で重要視されていたんだ。

**黒川**　和智恒蔵ってどこかで名前をみたなと思ったら、戦後、硫黄島協会をつくる人なんですよ。当時は、駐メキシコ公使館付の海軍武官補佐官。情報将校です。このあと、硫黄島の海軍の警備隊の司令。硫黄島の戦闘になる前に、彼自身は配置換えで本土に引き揚げるんですが、玉砕戦に自分が加わらなかったことを、生涯の負い目のようにして戦後を生きた人です。

上坂冬子の『硫黄島いまだ玉砕せず』という本は、和智恒蔵の話なんですよ。おもしろい人間で、もともと中国の辺りで諜報活動をしていた人です。そのあと、メキシコで公使館に住み込んで暗号解読しているんですけど、開戦でメキシコからアメリカに送られて、第一次交換船に乗る。戦後は硫黄島の遺骨収集に取りくむんですが、その運動でもアイデアマンというのか、なかなかの寝業師でね。硫黄島は米軍の占領下に置かれて、日本人は戦後もなかなか入れないから、僧籍を買って、坊さんになっちゃう。坊さんの格好をしていると、邪険にはしにくいから、アメリカ側との交渉にも便利なんです。

**鶴見**　横浜正金（銀行）の西一雄という、かしこい人がいた。アメリカの株価について、「ニシズ・オピニオン」といって、日本政府あてに打電していたんだ。正金のニューヨーク支店支配人。軽々しく口を開かない、品格のある人です。フォート・ミードで四人の長老格だったね。

それから、野田岩次郎。フォート・ミードの日本四人代表だった。アラスカ久三郎が「インターナショナルな人」と評したのは野田のことです。非常に有能で、日本の戦後にとても大きな役割を果たす。敗戦後の占領軍との関係にあたったと思う。繰り返し新聞に出てきた。最後、ホテルオークラの責任者になるんじゃなかったかな。この二人は大物だったね。西は調査票に出てきたけど、野田は見つからなかった。

**黒川**　野田岩次郎は、財閥解体のプロジェクトの長になった人ですね。彼は第一次交換船に乗っていないんです。そのまま収容所に残って、第二次交換船に乗る。そのときも、アメリカ人の奥さん、娘さんは残る。

**鶴見**　正金の支店長は、調査票にもたくさん出てくるんだよ。取引をやっていたから、いたるところに支店をもっている。だけど、正金の社員でも、部屋割では六〇〇番台がいる。下っ端だ。あと、支配人代理は、「PP」と書くんだ。「ぺーぺー」と読む人もいる（笑）。大変なんだよ。

**黒川**　支店の支配人などでも、六〇〇番台の部屋にいるケースがありますね。

**鶴見**　支店長一人で、あと現地の人というのもあるんじゃない？　あとは給仕だけかもしれない。

**黒川**　ニューヨーク支店副支配人、支配人代理、それからハワイ支店支配人、という人たちも六〇〇番台にいる。こういうのには、もっと別の事情があるんじゃないでしょうか。

都留さんの日記には、こういうくだりもある。
「Eデッキ後部の部屋では換気が悪く、暑くてねられない。……その結果、サロンやスモーキング・ルームのソファで寝る人が多くなる。でも途中から、子供のある家族はEから上へあげることになり、百に及ぶ移動があったが、DやEから、A・B・Cにあがったのは十五、逆のは十八、A・B・C間での交替が七十ぐらいだったとか」。要するに革命みたいな大逆転は少ないと（笑）。それぞれの階級のなかでの微調整が行なわれている。

**加藤** これで見ると、「A・B・C」と、「D・E」という二つの階層があるってことだね。

**黒川** DとEとが、ほとんど船底。外気と遮断されて、窓らしいものもほとんどない。Eデッキは機械室なんかといっしょになってて、これより下には船倉などがあるだけです。暑いだけじゃなくて、空気が悪く、騒音もひどかったろうし、気持ちの悪い揺れかたをしたと思います。

**鶴見** 私がぜんぜん不満でなかったのは、それまでの三カ月、牢屋に入っていたからなんだよ。都留さんはシャバから来ただろ、だから大変だったんだね。

### 船上の学校、ラジオ体操

**黒川** 「船にはすぐ小学校が始まる。……前田さんが校長」。都留さんの日記で、これは前田多門ですか。

**鶴見** そう。日本語を書いていない人がたくさんいるわけだから、漢字をおしえなきゃいけない。

それから勅語だ。大東亜戦争の詔書なんかを教えるんだよ。
**黒川**　「学校の先生は主に外務省の若い人たちで、子供たちの中心も外務省のひとびとであるらしい」
**鶴見**　これ、みんなまじめにやったんですか。
**黒川**　「……ラジオ体操が午前七時、午前十時、午前十一時とある。その他、海軍体操もある」
**鶴見**　前田多門なんかは出ない。
**黒川**　竹久千恵子は自発的に体操をしていたんですね。
**鶴見**　していた。
**黒川**　彼女はどの辺の階層にいたんですか？　鶴見さんは竹久千恵子のお尻をさがしていたんだから、だいたいどの辺の階層かわかるんじゃないですか。
**鶴見**　いくらか上の方だろう。第六階級でないことは確かだ。
**黒川**　体操は同じデッキでしていたんですよね。
**鶴見**　体操はみんなわーっと出る。
**加藤**　近くに寄れる数少ないチャンスだったんですね（笑）。
**黒川**　「風呂の設備はもちろん足りない。水が何よりも足りない。……室内プールのところにスチーム・バス、エレクトリック・バス、ジムナジアム等の設備がある」
　プールを風呂代わりにしている。上の階層は部屋にバスが付いていて、都留さんは、嘉治真三から自分のところのバスとシャワーを遠慮なく使ってくれとか言われて、一度、夫婦ともに借りに行ったりした。鶴見さんは借りに行きましたか。

**鶴見** そんなもの、ぜんぜん縁がないよ。ほんとの第六階級。
**黒川** 喀血はどうでしたか、船のなかで。
**鶴見** 収容所にいるあいだ、飯がよかったこともあるし、なにより勉強しなくなったからだろうけど、収容されてから喀血しなくなったんだ。アメリカは牢屋の飯の水準が高いんだよ。

## リオ・デ・ジャネイロ

**黒川** 七月二日の夜八時半ごろ、リオ・デ・ジャネイロ港に入る。「夜で、街や山の電気が美しい」

それからずっと、食料品など積み荷の作業が続く。人が乗ってくるのが三日、「午後三時ころからポツポツ乗りこんでくる。約四百名」。子どもがとても多かった。船が一挙に混雑する。ブラジル、それとパラグアイからの人たちです。天野芳太郎は、「同胞三百八十三名」と書いています。

また、リオまでの船中では、戦況に関して日本にとって都合のいいニュースが、噂となって流れていたようです。たとえば、ミッドウェーはすでに陥落し、日本軍はハワイのホノルルに敵前上陸したのだとか。ところが、リオ・デ・ジャネイロに着いてみると、こういうのが全部ガセネタだったとわかる。実際には、交換船がニューヨークを出航する直前、ミッドウェー海戦で日本軍は惨憺たる負け戦に終わっていた。

日米戦争全体の戦況の流れが、ここでアメリカ側の主導権へと移っている。交換船のルートは、戦場としての「太平洋」をぐるりと迂回するようにして設定されているわけですね。にもかかわらず、船がリオ・デ・ジャネイロを出港すると、また日本軍に有利な噂が流れだす。

鶴見さん、リオ・デ・ジャネイロ前後で覚えていらっしゃることは？

**鶴見**　船のデッキから見ていると、夜もイエス・キリストの像がイルミネートされていたのを覚えている。ブラジルに近接したのは、生涯でそのときだけです。

**黒川**　七月四日午後、リオ・デ・ジャネイロを出港。

夜、「物を聴く会」で、都留さん自身が「国際的生活水準の比較」について話す。話題がアメリカの経済事情のことになって、都留さんはいろいろ質問を受けたようです。「悪質なインフレーションがアメリカにくるだろうか」と聞かれて、困ったと。

こういう勉強会などは、はじめはごく私的な集まりだったのが、だんだん船のなかで告知されたりして、広がりをみせる。運動会とか、子どもの音楽会とか、アトラクションも含めていろんな催しをやり始める。

**鶴見**　余興は平岡養一のシロフォンが中心だった。その伴奏のピアノを弾いたのが、雨宮弘子。調査票で見たら、彼女は私より一つ上だね。雨宮の父は日本郵船リマ在勤だった。一家で、わりあい早くアメリカに送られている。

**黒川**　この年の四月末から、テキサス州シーゴヴィルの収容所に一家で入れられていますね。

平岡養一は、この一〇年あまり前からニューヨークのNBC放送の専属の木琴奏者だった。戦後は、六三年に再びアメリカに移住したけれども、ときどき日本にも戻って、東京で演奏会を開いたそうです。

**鶴見**　それから芝居があったね。竹久千恵子がむりやり引っぱり出されていて、なんかかわいそうな感じだった。相方は誰だか覚えていない。竹久千恵子しか覚えていないんだ（笑）。

**黒川**　リオ・デ・ジャネイロへの到着前、赤道を越えることを祝う赤道祭の演芸会で、女神の役をしたらしいんです。男の出演者たちは素人ばかりで、森島総領事が演ずる船長が、赤道を越えるための鍵を女神から借り受ける（笑）。

あと、鶴見和子さんは、得意の日本舞踊をされた。ただでさえ暑いのに、きちんと踊りの衣装をつけて、これはたいへんだったでしょうね。

**鶴見**　そう！（笑）

**黒川**　赤道祭の演芸会は二晩にわたって行なわれていますが、竹久千恵子は二日目の舞台には出なかった。「共演者」の男たちから、「スパイの女房」だとか、相当ひどいことを言われたらしい。

**鶴見**　気の毒だった。あんなふうに舞台に引っぱりだすのが、どうかしてるんだよ。

## タイ女子留学生、微笑む

**黒川**　「船内での催しもだんだんととのってきた。……講演会も天野氏の『中南米における先住民族について』の話が二回にわたってあり、九日の晩は坂西女史の『短い歌の形について』、……今夜は前田多門氏の『都市問題』にかんする講演があるはずである」

鶴見さんはこういう勉強会にはいつも出ているんですか？

**鶴見**　出ていない。船のなかでまで、人とつきあうのは嫌だったんだ。もともと私は、アメリカにいたあいだ、人づきあいをしていない。ハーヴァードの同級生一〇〇〇人、ほとんど誰も知らないんだ。

**黒川**　こういうときは部屋で勉強していたんでしょうか。

**鶴見**　勉強する場所なんてないよ。ただ、ライブラリーがよかったね。

**加藤**　鶴見さんが言いたくない、一番病の話ね。いま、「船のなかでまで」って言ったのがすごくおもしろいと思ったんだけど。人づきあいから離れて、勉強していたいんですね。

**鶴見**　女性に心を奪われないっていう原則を一六のときから立てていたから、このころは子どもとつきあっていた。船のなかにもたくさんいた。竹久千恵子は例外なんだ。

**加藤**　例外（笑）。心は奪われていないでしょう。目で追っているだけで。

**鶴見**　あ、そうそう。

**黒川**　子どもとなにをしているんですか。

**鶴見**　なんとなくデッキで一緒にすごしていた。日本人に対するいろんな不信感がこのへんから芽生えているから、日本人の大人のあいだに入りたくないわけ。つまり、非国民だとかなんとかって噂をたてられて、あのやろうと思っているから、行きたくないんだよ。

ただ、嘉治真三が話をしたときだけは行った。コロンバス・サークルの貧民区画のてっぺんの部屋まで、訪ねてきてくれたんだからね。嘉治真三は地理学者で、日本に地政学という学問を入れた人です。彼の兄は嘉治隆一といって、大正時代の東大新人会の社会主義のリーダーだ。

嘉治による野村大使の話は、前に話したでしょ(笑)。あれは、南博と私とで、ほんとに、涙を流して笑ったんだ。

**加藤**　いくつくらいですか、嘉治真三さんは。

**鶴見**　当時、三七、八じゃないかなあ。

彼は船のなかで、「地政学とは何か」という題で、スウェーデンのチェレーンっていう地政学をはじめた人の話をしたんだ。チェレーンが地政学の概念をつくった。そのあとハウスホーファーまで行く。ドイツで地政学という概念がずっと広がっていく話。

**黒川**　鶴見さん、講義をよく覚えていらっしゃいますけど、ノートをつけていたんですか。

**鶴見**　つけていない。だけど、一番病だからね、そのときは(笑)。一番病のやつは、聴いた講義をきちんと覚えているんだよ。

**黒川**　こういう文化的な催しは、夕食の後にあったんですか。

**鶴見**　そう。

**加藤**　都留さんとは、船の中でどのくらい会っていましたか。都留さんはけっこう勉強会をやっているでしょう。

**鶴見**　都留さんは、六〇〇番台だったけど、はじめからつきあいが上層なんだよ。アメリカの日本大使館では、アメリカにくるやつは勉強しない馬鹿息子だって、みんなわかっているわけ。だけど、都留だけは勉強するっていう噂が、大使館にも過去一〇年にわたってあった。

私は飛び離れて若いもんだから、なにかのことで、よっぱらった海軍将校が、生意気だって私をぶんなぐろうとしたんだよ。そしたら、風のように、東郷文彦がどこからともなく駆けてきてね、彼は酒飲みだから、酔っぱらいの扱いを知っているんだ。捕まえて「この人はいい人だから」とか言いながら引き離して、救ってくれたね。それが、和智、横山だったと思う。
**加藤**　その、殴ろうとしたのが？
**鶴見**　そう（笑）。海軍って成績に非常にこだわるんだよ。東郷は一高一番で来ているから、なんとなくうまく一番を撒くのがうまいんだよ。そのときの東郷のセリフはまったく支離滅裂なんだ。「この人はいい人なんだから、まあまあまあ」とかなんとかいって。
**黒川**　お姉さんとは毎日顔を合わせていましたか。
**鶴見**　合わすね。彼女はおやじと同じように、私に非常に親切なんだ。生まれたときから。
**加藤**　生まれたときから（笑）。
**黒川**　同じテーブルでご飯を食べていましたか。
**鶴見**　よく覚えていない。
**加藤**　お姉さんだから、すぐ下の鶴見さんにだけではなくて、ほかの妹弟にも親切だったんじゃないんですか。
**黒川**　ちがう。
**鶴見**　そりゃちがうよ。
**加藤**　（笑）
**黒川**　鶴見家では、上の二人が特別扱いで……。
**鶴見**　そうそう。だから、長女、長男、あとはゴミっていうのが、私の弟が繰り返し言うセリフなんだ。いまから考えてみるとよくなかった。彼は三菱商事の人事部副部長だったんだけど、本を三冊書いている。努力家でもあった。だけど、うちのなかではとにかく無視されたと思っているだろうね。おふくろの関心が、なぐるという形ではあっても、私だけに集まっていたから。

**加藤**　食事は同室の人とテーブルが一緒なんですか。

**鶴見**　たぶんそうだった。

**黒川**　同室の人っていうのはあまり覚えていないんですね。

**鶴見**　いまはっきり記憶にないね。

**加藤**　それはおもしろい。地政学の授業をこんなに正確に覚えているのに、同室の人を覚えていない（笑）。

**黒川**　ひと月一緒だったのに。

七月一一日、「午後三十分あまり野村大使と語る機会を得る」。

**鶴見**　野村大使が都留さんに聞いたのはこのときだよ。最後にハルに呼ばれたとき、ハルが"peremptory"という言葉をつかったが、どういう意味かって。野村大使は自分の下僚に聞かなかったんだよ。聞いたってわかんないから。はっはっは。当時は外務省より、海軍の方が英語の力が上だったんだ。

**黒川**　一五日、前日に喜望峰を過ぎる。「ロレンソからの配船も決定したらしく、北米組は浅間丸、中南米組はコンテ・ヴェルドとなったらしい」。これは、天野さんの手記などにもあります。ニューヨークから乗った人でも、もともと中南米から送られた人はコンテ・ヴェルデ号です。

都留さんは、寺崎英成の部屋で歓談したりしています。

**鶴見**　寺崎は、「マリコ」の父親です（柳田邦男『マリコ』）。細君はアメリカ人です。寺崎は、戦後のアメリカ占領のときに、占領軍と皇室をつなぐ役をしたでしょう。

**加藤**　天皇の本を書いた人ですね、『昭和天皇独白録』。

**黒川**　寺崎英成は、開戦直前、駐米大使館から駐ブラジル大使館への転勤命令が出ていたけれど、忙しくて先延ばしにしているあいだに戦争が始まって、行けなくなった。

**鶴見**　開戦前は大使館一等書記官だ。人当たりがよかった。

寺崎の兄貴は寺崎太郎といって、戦争になる直前のアメリカ局長。日本にアメリカ日系二世が団体で視察に来たとき、「日米戦争になったら、諸君はためらうことなくアメリカの側に立って戦え」と言ったんだ。それはかなり問題になった。そのときの写真が残っているくらいだ。

**黒川**　どうしてそれを言う必要があったんですか。

**鶴見**　二世のなかに迷っている青年がいたからだ。日米が非常にまずくなったけれども、ためらうことなく二世はアメリカの側に立てと。彼自身は日本とアメリカの戦争にはずっと反対しているわけ。同時に、二世に対してはそう言う。

彼は反戦派で、非常にしっかりしていた。戦後、すぐ吉田の次官になるんだよ。戦中は干されていた。吉田はその経歴からいって、いいと思ったんだろう。しかし、自己主張がものすごく強いから、吉田とケンカしてクビになったんだ。

弟がアメリカ人の細君を連れてきたでしょ、そのとき、兄貴は少しも驚かず、弟と細君をかばった。戦後に、太郎に会ったことがある。橋川（文三）と神島（二郎）と私で。おもしろい人でね。筑摩書房のそばの飲み屋にわれわれを連れて行って「何でも注文してください、これはみんな一〇円台ですから」って、どうしても自分がおごるってがんばるんだよ。戦後いかなる要職にもつかない、変わった一高東大なんだ。

**黒川** 一七日、五時半から「来栖大使のタイ国学生招待コクテール」。都留さんが、隣に腰かけた女子学生に「あなたのお父さんの職業はなんですか」と聞いたら、微笑んでいるだけで答えない。横あいにいた日本人が助け船をだして、彼女のお父さんは首相です、と言った。

**鶴見** 首相とか国王の縁戚がいっぱい乗っているんだよ（笑）。

**加藤** そういうことを聞かれて微笑むなんて、奥ゆかしいね、タイの人は。

**黒川** 彼らはシンガポールで降りるんですか？

**鶴見** 降りる。タイに帰ったんだ。

**加藤** どうしてタイ人が日本側と一緒になったんだろう。

**黒川** タイは独立はずっとまもっているけれど、日本が実権を握って、いっしょに宣戦布告させられる。だから枢軸国。

**加藤** フィリピンとアメリカの関係とも、またちょっと違うよね。

**黒川** ええ。自前の軍事力なんか、ほとんどないでしょうけど。

一七日夜の都留さんは、「角谷氏、鶴見嬢と四人でマージャン、船に乗ってから五回目であるが、いつも女子軍に負ける」。鶴見さんはどうしているんですか。

**鶴見** 私は関係ないんだよ。アメリカに行ってから、博打、賭け事はしないことにしたんだ。

**黒川** 鶴見家の人はなんでもできるんですね。麻雀もできるんだ。

**鶴見** 和子は私みたいな不良少年出身じゃないのに。私は麻雀なんて、五つ六つからやっていたよ。でも、断然、やめたんだ。

**加藤**　（笑）

**黒川**　鶴見さんはこういうとき、なにをしていたんですか。

**鶴見**　子どものなかにいたか、ライブラリーから本を借りて読んでいた。

**加藤**　どんな本を読んでいたんですか。

**鶴見**　スウェーデンの船だから、英語とドイツ語の本がある。びっくりしたのは、ピーター・パンの作者バリーが、何冊も本を書いているんだ。ピーター・パン以外は全然有名じゃないけれど。一〇冊ぐらいあって、それをつぎつぎに読んだ。そんなにおもしろくないけどね。それは英語だった。ドイツ語はシュニッツラーとか、ハウプトマンとか。トーマス・マンもずいぶんあった。ドイツ語を忘れないようにしようと思って、ドイツ語の本を読んだんだ。

**黒川**　図書室は二四時間使えるんですか。

**鶴見**　いつでも借り出すことができたんじゃないかな。その読書が日本に帰ってきてから役に立ったんだ。陸軍に引っぱられるのは避けたいと思って、軍属としてなんとか海軍に入るのに、ドイツ語通訳というんで志願したんだよ。

それで、ドイツの封鎖突破船に乗った。出発するときは、その日にちを明かしちゃいけないんですよ。ですから私は神戸の小さい旅館にいて、船からの密かな電報を受けとって、船の出発時刻を暗号電報で海軍省に打電した。神戸港はどこも非常に警戒していた。それで、配属された三人の日本人を連れて、ドイツの封鎖突破船に乗り込んだ。満二〇歳だけども、部下が三人いるから、大変に緊張した。なぜ私が長になったかというと、ドイツ語ができたからだ。

**加藤**　部下がいたんですね。

**鶴見**　タイピスト二人と、もう一人はかなりの老人で、現地で海軍部隊付属の農園の管理人になる。
**黒川**　暗号って、どんな文面を打つんですか。暗号表かなにかをもらっているんですか。
**鶴見**　出港の日にちと時間だけが問題なんだ。だからぜんぜん違う目的のようにして。
　そのころはドイツ語を読み書きできたんだね。しゃべることもやってのけた。ドイツの潜水艦の乗組員なんかとしゃべっていたから。
**黒川**　ハーヴァードの第二外国語では、話すほうも教えるんですか。
**鶴見**　第一外国語だよ、英語は外国語じゃないんだから（笑）。ちゃんとやる。私は夏の速成コースに入ったんだけれども、発音をきちんとたたき込む。それで通じたんだ。
**黒川**　話は戻って、グリップスホルム号の図書室には、司書はいるんですか。
**鶴見**　いない。そんなに大きくない部屋の、壁一面くらいに本があるんだ。
**黒川**　都留さんの日記によると、神谷宣郎も、交換船のなかで粘菌の話のレクチャーをしてますね。聴衆は天野芳太郎を中心に、少人数だったと。
**鶴見**　これは行った。おもしろい話だった。神谷宣郎はのちに神谷（旧姓・前田）美恵子と結婚する。
　彼は、自分が研究していた粘菌をハンケチにつつんで、隠して日本まで持って帰ろうとしたんだ。でも、まじめな人間だから、「これ何だ」って言われて正直に答えた。それで没収されちゃったんだ。交換船のなかで非常にがっかりしていた。
その粘菌は、ちょっと水をかけてやったら元気になって、肉眼で観察できる粘菌なんだって。

加藤　そういう話をこのときにしたんですか。

鶴見　そうそう。

## 天野芳太郎、坂西志保

黒川　天野さんは中南米組なのに、どうして北米の留学生サークルに自然に入っているんですか。

鶴見　ひと月も一緒にいると、天野芳太郎は、もう、傑出した人物だということがわかるんだ。南米の文化を知らせるために、自分で博物館をつくる。坂西さんだってすごく高くかっているでしょ。

黒川　天野芳太郎さんの『我が囚はれの記』（四三年）というのは、汎洋社というところから、帰還者もののブームみたいななかで出版され、そうとう売れたそうです。中公文庫になっています。序文は坂西志保さんです。坂西さんの肩書きは、ここでは「元米国議会図書館東洋部長」となっています。

加藤　この本をみると、中南米に住んでいる日本人にとっては、第二次世界大戦は四一年七月一〇日に始まっている。七月一〇日に、アメリカが日本船のパナマ運河の通行を禁止したから。ルーズヴェルトは、一二月七日に電報を打って、パナマ運河は大丈夫かと聞いている。真珠湾をやられたのと同じように、パナマ運河がやられたら大変なことになるから、すごく心配している。

鶴見　それは海軍の誤算だったね。やれば相当な打撃があったはずだ。山本五十六に見込みちがいがあったんだ。

**黒川**　パナマとか中南米から米国に送られて交換船に乗った人は、概して子だくさんですね。

**鶴見**　そう。五人ぐらい家族がいた。

**黒川**　第一次交換船には、パナマとコスタリカから送られた女性が二六人乗っているけれど、そのうち一六人は、夫が乗っていません。ニューヨークからの出航ぎりぎりまで船から首をだして見ているんだけども、夫は乗せてもらえなかった。子どもと母親だけを乗せて出航する。父親は第二次で帰国しています。そういうケースが一六組ある。

天野芳太郎の回想では、グリップスホルム号よりも、浅間丸に乗り換えて、ロレンソ・マルケスから昭南島までがいちばん楽しかったと書いていますね。昭南島をすぎるとだんだん緊張してきて苦しくなるんでしょう。

北米東部などに暮らしていた乗船者は、荷物もわりにたくさん持ち込めたし、現金も三〇〇ドルまで持てた。それと違って、パナマから北米に追放された者たちは一銭も持っていなかった。開戦と同時に、パナマのバルボア抑留所に強制収容された上で、金品を取りあげられて、そこから北米の収容所に送られたから。

**鶴見**　シャバから交換船に乗った人と違って、私も監獄に入っていたんだから、金は持っていなかったんだよ。都留さんや和子は三〇〇ドルもっていたけど。

**黒川**　ああ、そうでした。都留さんたちの場合だと、最終的に船室に持ち込めた荷物は一人につきスーツケース二つ、実際は船倉に預けるかたちでもう少しもって帰っていますね。乗船前の荷物検査は非常に厳しかったのだけれども、「船艙内におく荷物は三十二平方フィート」までということになっていた。一方、パナマからの天野芳太郎たちは、携行品といえば、アメリカの収容所で軍からもらったズダ袋ひとつだった。甲板に出られない婦人も多かったと天野は書いていて、それは「服を持たなかった」からだそうです。どんな状態でグリップスホルム号に乗っていたのか、詳しくはわからないんですが。

**加藤**　なぜ坂西さんは、真珠湾攻撃の直後、捕まえられたんですか。

**鶴見**　坂西さんは、米国議会図書館の東洋部主任として、日本語を駆使できる数少ない要職者だったと思う。万一の場合を考えて女性だけど抑留したんでしょう。彼女はアメリカ政府の官吏だったから、日本の外交官とも別の扱いにしたんだ。

**黒川**　でも、グリップスホルム号での坂西さんの部屋は、調査票をみると第六階級の「六四〇」です。

**鶴見**　え！　そうか。彼女は生涯独身で猫を飼って暮らしたんだよ。残っていた金は全部国際文化会館に寄付したんです。追悼文集が国際文化会館から出ています。私も書いています。

**加藤**　アメリカ政府の高官である人を軟禁するなんて、法的に正当な理由があったでしょうか。

**鶴見**　あのころアメリカ政府の要職にいた日本人は、坂西さん一人だったと思う。長い年月にわたってアメリカの役人とも昵懇だった。日本の大使、とくに斎藤博と近かったですから、警戒されたんでしょう。

**加藤**　鶴見さんから見ると天野さんはどういう人でしたか。

**鶴見**　おとなしい、威張らない人だった。これはとってもえらい人なんだというのが周囲から伝わってきた。南米に対する態度が違ったんだよ。ぜんぜん見下していないから、そこで財産をつくれる人だった。

**黒川**　天野さんはこのとき四四歳ですね。

**加藤**　こういう人が戦争期の日本に帰ってきて、戦後になってまた向こうに帰っていくというのがおもしろい。

**黒川**　天野さんは学歴がある人じゃないですね。自分で自分を作ったタイプ。鶴見さんは天野さんの息子ぐらいの年ですけど、天野さんは、そういう若い人としゃべるときにも丁寧なんですか。

**鶴見**　威張った感じがしなかったね。あのなかでは、軍人もそうだけど、やはり中層の官僚が威張っていたんじゃないか。

# 3　船の上でみた日本

## ロレンソ・マルケス

**黒川**　都留重人さんの日記の続きです。いよいよ、交換地の東アフリカ、ポルトガル領ロレンソ・マルケスに着く。

七月二〇日、「ロレンソ・マルケスの港外」に着く。「五、六万の人口の小さな町」と聞く。

二一日、「そぼふる雨はいつまでもやまないので嘉治さんにレーンコートを借り、総勢六人（嘉治、角谷、鶴見姉弟等）で十一時前上陸、陸の土をふむのは一ヵ月以上ぶり」。

**加藤**　ここでも角谷さんが鶴見和子さんのそばにいる。

**鶴見**　（笑）

**黒川**　町は植民地風で多言語的。ポルトガル語が中心です。ホテルのレストランで安上がりな食事をしたりしています。

**鶴見**　レストランに行って、一緒に飯を食ったのは覚えているな。そこから離れて黒人ばかりの町のほうに歩いていったグループもいた。

**黒川**　中野五郎も、そういうところまで取材に行っていて、『祖国に還へる』に写真が載っています。

二二日、朝一〇時一五分前ごろ、「『浅間』が見えたぞ、と伝わる」。予定では、日本側から来る浅間丸とコンテ・ヴェルデ号のほうが先に着いているはずだったんですが、遅れていた。

このあたりのことを、日本側の資料で見てみます。

内藤初穂『狂気の海　太平洋の女王浅間丸の生涯』は、浅間丸のほうから交換船を見ています。著者は一九二一年生まれで、元海軍の技術士官。岩波書店にも勤めた人で、『星の王子さま』の訳者・内藤濯《あろう》の子息です。浅間丸について詳しく調べています。浅間丸乗船者の「芳名録」などにも目を通している。浅間丸は、日本郵船の船を政府が借り上げて交換船に使うわけだから、日本郵船に記録が残っている。

**加藤**　この人はどうしてそんなこと書こうと思ったんだろう。

**黒川**　『戦艦武蔵建造記録』という仕事もありますから、技術士官だった観点からも船の周辺に関心があるんだと思う。

日本から、浅間丸とコンテ・ヴェルデ号がロレンソ・マルケスに着くときの様子です。

「昭南を出てから一三日後の七月二十二日未明、南インド洋を横断しきった二船は、マダガスカル島を右舷後方に流して午前八時すぎ、南アフリカ東岸のデラゴア湾に船首を入れた。茶色に濁った、だだっ広い入江を進み、つきあたりに注ぐエスピリッツ・サント川をさかのぼる。午前一〇時ごろ、ロレンソ・マルケスの港が視野に入る。二日前に到着したグリップスホルム号が確認された。

浅間丸の汽笛とコンテベルデ号の汽笛とが、こもごも高く低く、どこまでも青いアフリカの空に響いた」

**加藤**　（笑）

**鶴見**　いや驚いたねえ。そういうことはまったく覚えていない。

**黒川**　資料のほかに、船舶関係者からの証言も得ているようですね。

「両船は岸壁のグリップスホルム号を両側からはさむように、その船首側に浅間丸が、船尾側にコンテベルデ号が接岸し、係船ロープをビットにかけた。

一万トン級の船を一五隻も一列に横づけできるという埠頭には、二十数基の巨大なクレーンがジラフのような姿で空をさしている。（中略）

引揚外人は我がちに埠頭におり、先着の引揚邦人とまじりあった。旧知の外交官たちは気まずそうな顔でうなずきあい、『グッド・ラック』という別れぎわの言葉に万感の思いをこめた」

一方、都留夫人は、前日、ロレンソ・マルケスの街で毛糸を購入したんですが、もう少し欲しくなった。両船の入港を見届けてから、夫婦であわてて買い足しに行っています。その後、若杉公使らとホテルで昼食をとったり、博物館を見物したりして、午後五時、すでにグリップスホルム号から降ろしてあった日本人の荷物の見張り番のため、都留さんだけ船のほうに戻ります。港の倉庫の前で、監視当番に立つわけです。日記から――。

「晩飯の時間であるが、仕方なく七時まで立つ。（中略）『浅間』から六時半頃、カナダの尼さんたちがフランス語で話しながら町のほうへ歩いていった。そのうしろからカナダの外交官らしい人たちも」

最近出た『都留重人自伝　いくつもの岐路を回顧して』で、都留さんは、このカナダの外交官らしい一団のなかにハーバート・ノーマンがいたことについて、もう少し詳しく述べています。

「――その中に、私はハーバート・ノーマンの長身姿を見付けたので、二、三歩彼のほうへ近付いて、十秒ぐらいであっただろうか、『日本経済史にかんする蔵書を君にあげるべくターシスに頼んである』とだけ耳打ちしたのである。この時の耳打ちがもとで、後年、ノーマンはマッカーシズム受難を体験するにいたったのだった」

ここに出てくるローリー・ターシスは、ノーマンのイギリス時代からの友人で、このときは教職についてケンブリッジ周辺にいたわけです。

**鶴見**　このときの偶然がわざわいになる。

**黒川**　翌二三日、いよいよ日米双方の帰還者同士の交換の場面です。まず、都留さんの日記。

「波止場の真中辺に船に沿ってあるレールに貨車をズラッと並べて、内側を米国人が歩いてグリプスホルムに向って列をなし、外側を日本人が歩いて浅間へ向って列をなす。貨車にさえぎられてお互いは見えないようにしてあるものの、浅間の入口まできてしまえば、すぐそばの出口から出る米加人はもちろんよく見える」

**鶴見**　横に綱がはってあった。お互いが知りあいだと、ほとんど寄って話ができた。私は知り合いのギャロットという宣教師に呼び止められて、そこでちょっと話をしたけれども。別にそんなに急がされていなかった。

**黒川**　日本人たちは、グリップスホルム号を降りると、北米からの帰還者は浅間丸、中南米から

都留重人によるロレンソ・マルケス、ポラナ・ビーチのスケッチ
（日記帳より、一橋大学経済研究所資料室蔵）

「ポラナ・ホテルまでどのくらいかと聞けば、三、四分だとポルトガル語で答えるのが分る。そこまで歩いてゆこうと、トボトボ行くうちに海を見おろすきれいな所に出る。立ち止まって椅子に腰かけ拙い筆をふるって写生をし、もうすこし先まで歩いて海岸のほうへおりていく」（1942年７月25日付、「引揚日記」）

の帰還者はコンテ・ヴェルデ号にむかう。若干の例外はありますが、そうやって分乗します。

同じ場面、『狂気の海』では、こうなっています。

「七月二十三日午前一〇時、引揚者の交換が開始される。

（中略）波止場には板べいが設けられ、外人引揚者を内側に、邦人引揚者を外側に誘導して、交通を整理した。敵味方それぞれに重い喜びを嚙みしめ、板べいの両側を黙りこんで歩いた」

**鶴見** 「板べい」は記憶に残っていない。ロープがこうあって、ロープの向こう側に日本から帰ってきたアメリカ人が立っていて、われわれが降りるのを待っていた。

**加藤** 都留さんは、「板べい」じゃなくて、貨車だと言っている。

**鶴見** 板べいにはちょっと疑問をもつね。薄暗くて、そぼふる雨。

**加藤** ここにいるときはずっと雨だったんですね。

**黒川** そうでもないみたいです。到着した七月二〇日なんかは、「よく晴れた初秋のような天候」と都留さんは書いている。

『狂気の海』での記述です。

「浅間丸に乗りこんだ野村大使はグルーのいたC甲板左舷の特別一等二二〇号室に入り、来栖大使は右舷の特別一等二二一号室に入った。二人をふくむ浅間丸の一等引揚者は二〇七名、二等引揚者は一〇二名、三等引揚者は四七八名。中南米組六三七名と一緒につめこまれてきたグリップスホルム号にくらべると、もったいないくらいの広さであった。デッキも思いきり歩ける。バスにもゆっくり入れる。個室の夫人・家族同伴者とちがって、相部屋を余儀なくされていた単身エリートの不満は、ほとんど解消した。

一、二等引揚者の職業は、外交官、駐在武官を中心に、銀行員、商社員、海運会社員（日本郵船一四名）、ジャーナリストなどが大半を占め、その他のなかには、前田多門（日本文化館長、一等二〇一号室）、坂西志保（合衆国国立図書館日本部長、二等二六八号室）など著名人の顔も見えた。
三等引揚者は種々雑多で、一・二等船客の雇人が多くを占めていたが、阿部行蔵（牧師、三七一号室）、平岡養一（元NBC放送木琴奏者、三七六号室）、竹久千恵子（元映画女優、四〇七号室）、留学組では都留重人（経済学者、特設三等）、鶴見俊輔（学生、三七一号室）、鶴見和子（学生、三一二号室）など、多士済々の顔ぶれもあった」

**加藤**　鶴見さんのことも、この人ちゃんと見てますよ（笑）。

**黒川**　「引揚者が部屋に落ちつくと、日本で待つ家族・知人からの便りや慰問品が配られた。日本の新聞雑誌も、半年分が幾組となく回覧された」

浅間丸の三等は、ほとんどが大人数の相部屋です。都留さんの日記によると、奥さんの部屋はまたEデッキで「四一五」、一二人部屋だった。それで、自分自身の部屋割りには「特設」と書いてあるから、エクストラベッドかと思ったら、そうじゃなくて、一〇〇人くらい入れそうな大部屋に送りこまれて、がっかりする。余分な食堂かなにかを転用した部屋のようです。

**加藤**　奥さんと別？　グリップスホルム号では一緒の部屋でしょ。それじゃあ「若者部屋」だね。ムラ社会というか。

**黒川**　都留さんは、当初自分たちは帰国者のリストからもれていて、追加リストに学生として載っていたらしいから、こういう待遇になったんじゃないかと推測してます。結局、しばらくあとで部屋を交換してもらって、奥さんと同じ部屋になります。「特設よりもさすがにEデッキのほうが寝心地はよい」と書いています(笑)。朝には、松平康東一等書記官の洗面所を借りて、ひげを剃っています。グチもけっこうこぼしています。

「夕食には照り焼きが出てうれしい。聞けば、一、二等と三等とは食事もちがい、待遇は大体において普通の〔商船の〕一、二、三等の待遇に準じているらしい。そのうえ今度は、日本船だからというので、委員会制も済しくずしになってしまっており、三等のほうの部屋およびベッドの変改奪い合いは弱肉強食の感があって、みっともないといえば、みっともない。……コンテでは四時にお茶もあるし、食事もよく、部屋も広く、まだあいているという」

三等では、はじめ、みそ汁が出なかったらしいんですよ。出るようになっても、三等で、しかも遅番の食事のころには冷めている(笑)。あとになって、少し改善されたらしいですが。

**加藤** コンテ・ヴェルデ号のほうが待遇がよかったんだ。

**黒川** ええ。中南米組としてコンテ・ヴェルデ号に乗ったブラジル大使の石射猪太郎は、日記(『石射猪太郎日記』)に、ざまあみろ、みたいなことを書いている(笑)。……これです。

「我乗船コンテベルデの船室と食事と其他の設備とは豪華なものである。グリップスホルムの凡ての点での貧弱さとは比較にならぬ。喜々として浅間へ乗移った連中の中には今更コンテへ変り度いなどと申出る者もある由、我ままさにあきれる」

**鶴見** いいね!(笑)

**黒川** 都留さんの日記に戻ると、翌二四日、独伊の外交官が、日本の外交官のための「オフィシャル・パーティー」をロレンソ・マルケスのホテルで開いています。そのときのことと思いますが、『狂気の海』によると、野村大使が答礼のスピーチをドイツ語でしたけれども、「棒読みする子供のようにたどたどしく、ドイツ人にも日本人にもまったく通じなかった」ということです。

**鶴見**　え？　野村大使がドイツ語をしゃべっているの？　できないだろうね、それは。

**黒川**　「棒読み」のように、です。

**加藤**　この野村という人はおもしろいね。

**黒川**　ようやく七月二六日、いよいよ出港。都留さんの日記では「十一時出帆の予定であったというが、波止場をはなれたのは午後十二時半であった。（中略）欧州行きの外交官の人たち、森島さんをはじめとして約二十人ばかりは、埠頭に立って、お互に送り合う」。ロレンソ・マルケスには、結局、足かけ七日間滞在したんですね。

ただし、ここにもあるように、森島総領事以下、日本の外交官一六人が、浅間丸やコンテ・ヴェルデ号には乗らずに、ロレンソ・マルケス港に残っています。家族らを合わせて二三人。日米間の交換船の協定を結ぶ過程で、中立国ポルトガル領のロレンソ・マルケスを経由して、ヨーロッパの中立国へ直接外交官を転任させてもいい、という付帯条件を日本は取りつけた。これは日米双方に保障されることとなんですが、日本側がぜひとも盛り込みたかったことなんです。軍事的にすでに日本の制海権はあやしくなって、ヨーロッパに外交官らを送る手だてがほとんど途絶してますから。日英交換船においても、ロレンソ・マルケス港はそういうことに利用される。

「……おくれて出るグリプスホルムからは、米国人がおりて浅間のそばまで近よってき、はじめは遠慮していたが、おいおい舷側まできて、知己の日本人と大声で話しだす。（中略）さかんに日本人どおしのあいだに万歳が叫ばれる」

**鶴見**　あの万歳にはまいったねえ。びっくりしたよ。こんなに変わるのかと思った。船のなかの日本人社会が変わることの予告だったね。グリップスホルムの社会では一つのデモクラティックな形をとっていたんだよ。委員会まであって。浅間に乗ったとたんに別の社会体制。「万歳、万歳」って言ってるんだ。「ほっとした」とかなんとかね。

**加藤**　どういう万歳なんですか、この万歳は。

**鶴見**　ゆっくりしていてね、まったく形式的なものではないんだ。日本人だけの社会になって、気持ちが本当に底の方からゆるんできたんだよ。

## 人魂とカメレオン

**黒川**　浅間丸のなかでの都留さんの暮らしです。

二七日、四時から「宮城遥拝にはじまり君ケ代合唱、野村大使の大詔謹読、つづいて野村大使の訓辞」。ここで野村大使は、浅間丸は戦争に参加して忙しかったのに時間を割いてわれわれを迎えに来たんだからそれを肝に銘ずるように、と話をしたそうです。

二九日、「午後二時から研究会。予算の問題について論をはじめる。牧野、片桐両君の第二〇三号室で、集まるもの全部で七名」

**加藤**　これはなんの予算？

**黒川**　「牧野」は牧野義雄、「片桐」は片桐良雄、ふたりとも大蔵省の若手官吏です。ニューヨークの海外事務所に派遣されていた。都留さんは日銀とか大蔵省の若手に頼まれてゼミナール形式で授業をしているんですね。日本に帰ってからの財務行政にむけてのリハビリというか、レッスンをしてるんだと思います。都留さん自身も「東洋経済新報」のバックナンバーに目を通したりして、リハビリが本格化してくる。

三一日、「夜はニュース映画、龍田丸で帰った勝田《しょうだ》〔龍夫〕君家族がクローズアップで出てきたりする」。これは、開戦前の四一年一一月、サンフランシスコ出帆で最後の引揚船になった龍田丸の映像です（日本ニュース第七六号「遣米第一船龍田丸帰る（横浜）」）。

**鶴見**　この「勝田君」というのはね、大正時代に勝田主計《かずえ》という大蔵大臣がいたんだ。その息子で、朝鮮銀行ニューヨーク出張所で勤めていた。PP《ペーペー》です。小さな事務所の第三席くらいじゃないかな、必要によって支配人代理の役目もはたす。彼は、おやじが重臣だったから、重臣気質が残っていて、朝飯会というのをやるんだ。私も朝飯に呼ばれたことがある。

**黒川**　どこでですか。

**鶴見**　ニューヨークでも呼ばれたし、日本に戻って軽井沢でも呼ばれた。「君はよく勉強するから」って、要するに奨学金をくれるような気分なんだ（笑）。明治時代の気分なんだよ。都留さんと義理の従兄弟です。

**黒川**　ここでの龍田丸というのは、つまり、開戦によって日本に引き返してしまう「おとり船」の、その一つ前の引揚船です。

都留さんの日記を見てみます。

八月一日、「船室大移動の日である。われわれがはじめ提案したところの第四一五室に夫婦四組入れるという案は、政府の方針という理由でことわられたが、……今夜より第四一五室に移る」。これで奥さんと同じ部屋にいけたっていうことです。

**鶴見** 浅間丸に移ってから、一等船室の図書室に入ることを許されて、開戦以来の雑誌を読むことができた。そこで「新女苑」を読んでね、大田洋子の小説も載っていた。わりあい明るい小説だったんだよ。

大田洋子は広島で原爆に遭う。それで「屍の街」という、まったく暗い、暗転したような作品になって、一緒にいる旦那ともうまくいかなくなる。片一方は普通の暮らしをしているのに、片一方には地獄に見える。一変するんだよね。私が浅間丸で読んだものは、明るい小説だった。戦争中もこういう小説が出るのかと思って、「新女苑」という雑誌にとても好感を持った。

それから、これは「新女苑」じゃなかったかもしれないが、大鹿卓の小説も読んだ。おもしろいんだ。「驢馬」という題で、若い恋人同士が、友人の幼い妹を遊園地に連れて行く話。女性のほうが、自分の恋人がその女の子の世話をしているのを見て、あ、自分には嫉妬心がある、これは警戒しなければいけないと感じるという短篇小説なんだ。交換船で読んで、すごく感心した。

**黒川** これも、ちょっと戦争中らしくない明るみのある話ですね。

**加藤** 交換船のなかで子どもたちと遊んでる、鶴見さんの姿とだぶるところがあるな。

**黒川** 八月三日、「午後八時半頃、船の理髪屋が二度目の脳溢血で、とうとう急死したという」。

**鶴見** 床屋が死んだんだ。このとき、人魂が出たんだよ。

浅間丸に移ってから、交替で巡視をやっていた。床屋が死んだときは、福原という、いとこ同士の二人が夜回りにあたっていた。彼らが見回りをしていたら、遺体が安置してあったキャビンの窓から人魂がすーっと出て、海のほうに消えていった。それを二人の目でみて、われわれの相部屋に帰ってきてから大騒ぎだったんだ。この「福原カズンズ」は、とっても眼がきくんだよ。ロレンソ・マルケスで上陸しているあいだに、カメレオンを見つけてきた。
　浅間丸では、われわれは船底より上の第三階級で、グリップスホルムよりもいい部屋だった。そこで人魂の話を聞いた。そのときわれわれの部屋には、カメレオンが安置されていた（笑）。
　都留さんと私は興味の持ち方が違うんだ。都留さんは人魂なんかに興味がないから、そんな話は書かないでしょう。

**加藤**　都留さんもたぶんその話をきいているはずなんですね。

**黒川**　都留さんは、線香のかおりが漂うのに気づき、床屋さんの死を知る。それと、翌日の音楽会が弔意を表して取りやめになったと書いている。
　鶴見さんは福原カズンズと同じ部屋だったんですか。

**鶴見**　そう。蚕棚式のベッドがある大きな部屋に、われわれ十数人が、第三階級としていたんだよ。その部屋に、まったく所有権なしで、我等のペットとして、カメレオンを飼っていた。自由にさせていたんだけど、じっと酒樽の上にとまっているんだ。カメレオンが食べるのは生きた蠅だけだから、みんなで手分けして、船中探しまわって生きた蠅を捕まえてきた。そばへもってきてパッと手をはなすと、ものすごい長い舌を出してパクっと食べちゃうんだ。

**黒川**　酒樽は部屋にあったんですか。

**鶴見**　空の酒樽を借りてきたんだ。そこで組長の阿部行蔵が、Kを殴った。そこにいた十数人ほとんどが、阿部に同調した。だから、Kには辛くて、そこで寝なくなっちゃったんだ。

**黒川**　同調って、口にだして同調したんですか。

鶴見　いや。だけど、阿部行蔵に抗議するものは、一人もなかった。これねえ、海軍の将校に密告されたら、今度はわれわれが甲板の上で訓辞をうけるじゃないか。殴られるかもしれない。その十数人が、船のなかで孤立しているんだよ。日本に帰ったら相当まずいことになるっていう予感だね。

黒川　カメレオンは、その後どうしたんですか。

鶴見　シンガポールに着いて、街を歩いてたら、そこに「少年倶楽部」でよく見た人物が立っているんだよ。これが、上野動物園の古賀（忠道）園長なんだ。

加藤　え？

鶴見　シンガポールに古賀園長がいたんだよ。それで、実は船の部屋にカメレオンを飼っているんですと言ったら、古賀園長が「それはちょうどいい、上野のカメレオンが死んだところだ」って（笑）。そこで、寄付しようと談合ができたんだ。福原カズンズは上野動物園に寄付した。

加藤　古賀園長はなぜシンガポールにいたんですか。

鶴見　陸軍の軍人としてです。少尉かなにかだった。そういう変なことがあるんだよね、世の中には。「少年倶楽部」の記事って、意外に覚えているんだよ。ぱっとわかったんだ。

黒川　そのころのヒーローなんですね、園長さんは。

鶴見　福原ニック（信和）というのは、資生堂の明治時代の創業者（福原有信）の孫です。で、アメリカにやりたいということになって、従兄弟のユキ（由紀雄）といっしょに、二人とも送られたんだよ。ニックはニューオリンズでケミストリーをやっていた。調査票によれば、このとき三〇歳だった。ユキの方は三三歳だね。ペンシルヴェニア大学の商科大学院に行っていた。ニックも、のちに資生堂の社長になる。

**黒川**　四日の都留さんの日記。「午前十時から西海岸実業界の方々の集まりに二度目のお話をする。今日はインフレーション対策と戦後経済政策（米国の）の問題。（中略）日本が指導権をもつべく予定されている地域としても南米もはいるというのが海軍の方の意見であるという。このことにかんし、天野氏が消極的な論をはいて衝突があったと言われている」

**鶴見**　これ、おもしろいね。そういうことで、天野芳太郎はわれわれにたいして非常なウェイトを持ってくるわけ。戦争中、われわれのあいだでは信頼されていた。

**黒川**　五日、「十時、川崎氏の水葬には参列。船は葬式中完全に止ってしまう」。水葬をするときは、船を停めるのがしきたりなんですね。

**加藤**　このあたり、都留さんの日記には鶴見さんはあんまり出てこないですね。

**黒川**　シンガポールで、「同盟〔通信〕の岩永〔新吉〕氏に鶴見俊輔君と間違えられた」と出てくるだけですね（笑）。岩永新吉は、同盟初代社長の岩永裕吉の息子で、長与専斎の孫にあたる。

七日、「スンダ海峡のいちばん狭い所を通る」。スマトラ島とジャワ島のあいだを抜けて、シンガポールにむかって北上していく。

「今朝七時より『第一警戒』に入る」。日本の船舶もたくさん通るところですから、潜水艦の待ち伏せなんかを警戒しているんでしょう。交換船として航行の安全が保障されているとはいえ、なにが起こるかわからない。

「午後二時半から第五回目の研究会。三菱銀行の露木〔清〕氏の市中銀行業務にかんする話。（中略）音楽の夕。主には平岡氏の木琴である。今夜は時計が一時間進められる」

船はぜんたいとして東に向かっているので、こうやって時刻を現地時間に合わせる。いちばん危険な海域を過ぎて、まもなく昭南島に着くから、少しリラックスしている様子です。

## キリスト教徒の場所から

**加藤**　都留さんとはときどきは会われていましたか。

**鶴見**　うーん、なるべくそっち側へ入らないようにしていたから。そっちへいくと上層のなかへ入るでしょ。東郷文彦とも都留さんとも、船の上で二カ月半近くずっと一緒だけど、ほとんどつきあいがないんだよ。

**加藤**　武田清子さんたち、学生仲間は……。

**鶴見**　学生はときどき一緒になる。だけど抽象的な話は、武田さんにはそう興味があることじゃないから、神谷とか角谷との話のときには武田さんはいない。

**加藤**　交換船のなかで武田さんと知り合いになったんですか。

**鶴見**　初対面ではない。ハーヴァードの夏休みに、ニューヨークの日本図書館でアルバイトをしていたとき、武田清子は、そこで働いている「鶴見」が鶴見和子だと思って、わざわざ訪ねてきたんだよ。それが初対面だ。

**黒川**　武田さんは、面識がない鶴見和子さんに会いに来たわけですか。

**鶴見**　鶴見和子という人物に興味を持って、一緒に話し合おうと思ったんだね。ところが、そこで働いている鶴見が男であることを知って非常にびっくりして、早々に立ち去って（笑）、その後、別の機会に会ったわけだ。

**加藤**　鶴見和子さんと武田清子さんは、船のなかで、話がはずんだでしょうね。

**鶴見**　そう。だけど、もっと親しくなったのは、帰国後の戦中だね。武田清子は、静岡県清水の飛行機工場の寮監をしていた。戦争末期、たまたま和子と武田さんが列車のなかで会って、熱海のわれわれの家に訪ねてきて、あとで和子を通して私の聞いた話が、戦後まもない時期の彼女の仕事の核になる「貝殻人間像」の原型なんだよ。

工場で働いている人が、寮に帰ってきたあとには、仕事をしているときとぜんぜん違う話をする。仕事中、人は貝殻のなかに閉じこめられている。戦時下、武田さんは承詔必謹というふうに生きている人間じゃなくて、寮監として、若い女工さんたちからそういう身の上相談をされているわけでしょ。そのことに、非常に共感をもった。「思想の科学」に誘ったのはそのためで、アメリカに留学していたためじゃない。

**加藤**　そういう気持ちをもって日本に戻ってくると、孤立するでしょう。寮に帰ってきた人が、武田さんには別の話をするというのは、この人にだったらこういう話をしても通じるという、少数者の共感みたいなものがあったんでしょうね。

**黒川**　都留さんの日記にも、鶴見さんの話にも、交換船のなかでの武田さんの話はそんなに出てこない。だけど館山沖では一女子留学生である武田さんが、特高たちにあやしまれて調べられている。どうしてなんですか。

**鶴見**　彼女はキリスト教徒だからね。神戸女学院を出て、ニューヨークに行って、ユニオン神学校で、神学の教育を受けている。キリスト教徒のなかにはマークされている人がいくらかいたから、そういう意味じゃないの。戦争中、彼女は立派だったと思う。ぜんぜん変わっていなかった。

**黒川** どうして寮監の仕事をしていたんでしょう。

**鶴見** 労働者のなかで生きたいと、彼女が希望したこともあると思う。彼女が影響を受けたニーバーは、左翼のキリスト教徒で、労働者のなかで伝道していた神学者だから。

## 昭南島

**黒川** 昭南（シンガポール）に着くところです。

「前方から小さなパトロール船らしいものが近付いてくる。まもなく日章旗がみえる。（中略）浅間の船客には用意の日の丸、日章旗が各自に渡されて、われわれはそれを打ちふり、万歳を連呼する」。都留さんも連呼しているみたいですね、万歳を。

**鶴見** はははは。

**黒川** 八月九日、「四時半頃、岸壁につく」

一〇日、「中食後、『一般非官吏』の集団は、約五十人ずつ一組となって『市街散策』に出る。（中略）かつては『ラフルズ・ミュージアム』といった博物館も、今は『昭南島博物館』と変わり、田中館氏が文化面の整理建設にあたっておられる」。この博物館、ちゃんとした人材をもっている。

**鶴見**　いまのは、田中館愛橘の息子、地理学者の田中館秀三。

**黒川**　天野芳太郎さんの『我が囚はれの記』にも、昭南到着後のことが出てきます。「（到着の）翌朝、少数の人々が昭南軍政司令官〇〇中将の招待を受けた」。これは永田秀次郎のことなのか。

**鶴見**　永田秀次郎は軍人ではないです。

**黒川**　軍政顧問ですね。では、これは誰をさしているのか。

**鶴見**　中将と書いてあるでしょ、ここが疑問だね。

**黒川**　天野さんは、昭南では、どこへ行っても捕虜がいて、びっくりしたと書いています。これは英軍などの捕虜をさすのでしょう。ちなみに、これは、日本軍がシンガポール占領後、五〇〇〇人にもおよぶ華人系の民間人を殺したといわれる「華人虐殺」から五カ月ほど後のことです。

**鶴見**　そういえば私は、道を歩いていないね、シンガポールでは。

**黒川**　でも、永田秀次郎の官邸にいらしたでしょう。車で連れていってもらったんですか。

**鶴見**　そうだ。官邸にいった。で、ゆっくりごちそうになって、……あ、鶴見憲さんがいたんだ。鶴見憲は、あのときマラッカ州知事で、陸軍司政長官を兼ねるようになる。

**加藤**　どなたですか。

**鶴見**　（鶴見）良行のおやじだ。うちのおやじの末弟でね。陸軍司政長官、これが中将の資格なんだ。このとき、ものすごくごちそうしてくれた。

**黒川**　つまり、鶴見和子・俊輔にとっては、叔父さんにあたるわけですね。ただ、鶴見憲が陸軍司政長官を兼務するのは、翌年の四三年二月からです。

**鶴見**　永田秀次郎は軍政最高顧問だから、東南アジア地区全体の、軍での位置からいえば一番上というか、山下奉文《ともゆき》の次ぐらいなんだけど、権限は全然ないんだ。

**黒川**　永田秀次郎は、四二年二月に陸軍の南方総軍軍政顧問として、総司令部のあるシンガポールに赴任していた。ですから、このときは、マウント・エコーという丘陵地に、すごく豪華な官邸をもっていた。そこに、前田多門と鶴見姉弟を招いて、ほかの留学生たちもぞろぞろと一〇人ばかり一緒についていったということでしたね。

**鶴見**　前田多門と永田秀次郎は、ともに、後藤新平が東京市長のときの助役だったんです。だから二人は非常に長いつきあいがある。

鶴見憲っていう人は、屈託がない。一四、五人くらいいた留学生全部にごちそうしてくれたんだ。

**黒川**　それは、永田秀次郎の官邸から、さらに鶴見憲のところに移ったということなんですか。和子さんは、『里の春』という当時の私家本の歌集で「永田秀次郎氏の最高軍政顧問の官舎に午餐に招かれた」と書いてらっしゃいますよ。

**鶴見**　移ったんだ。

**加藤**　聞いていてもわかりませんね、真実は（笑）。

**鶴見**　要するに、そのときの一番上の軍人や高官は何軒でも家を使えるんだよ。めちゃくちゃなんだから。もうだれの家だかわからないような（笑）でかい家があって、そこで、ものすごくたくさんのごちそうを、阿部行蔵なんかを含めて、みんなにしてくれたんだよ。

あとのことになるけれど、私が海軍軍属になってジャワにいたとき、胸のカリエスが悪くなって、軍隊の病院に入った。そのとき、ほかの兵隊たちも病室にいたんだけど、鶴見憲が中将旗を掲げさせて（笑）、やってきたんだ。

中将旗が建物に入ってくるなんて、大変なことなんだ（笑）。ジャワ全島で、一番上が中将なんだから。もう、病院中大騒ぎなんだよ。事前に調べてあるから、まっすぐ、私がいる病室に入ってくる。そのとき、大変にえらい待遇を受けたね。病院での私の地位が上がったんだよ。

**黒川**　鶴見憲はそのときジャワ島にいたんですか。

**鶴見**　マレーから視察に来たんだ。どこへ行ったって、中将のいるところには中将の旗が立つんだ。黄色い旗なんだよ。

**黒川**　ジャカルタのチキニ海軍病院ですか。

**鶴見**　そう。さすがの良行も、自分のおふくろの悪口は言っても、自分のおやじの悪口は言わなかったね。おふくろのことは下級の人間を差別すると怒っていた。ほかの外交官夫人にたいして偉そうにするとかね。それが良行にとっては不愉快なんだ。

ただ一つびっくりしたのは、憲さんが死んだあと、その日記を見たら、「結局良行は、和子、俊輔に及ばず」と書いてあったんだ（笑）。良行は、ものすごく怒っちゃって。自分では、和子、俊輔なんかよりずっと偉いつもりなのに、おやじはこんなこと思ってたのかって（笑）。

**加藤**　お父さんがそう書いていたわけですか（笑）。それを鶴見良行さんが読んで？

**鶴見**　そうそう。自分の方が問題にならないほど高い業績を上げているのを、おやじはわかっていなかったって、怒っちゃったんだ（笑）。鶴見憲は、八八くらいで亡くなったんじゃないかな。

**黒川**　鶴見さんは、軍属のとき、給料はいくらだったんですか。

**鶴見**　六五円です。判任官待遇軍属。高等官待遇じゃなかった。

黒川　山下清的に、兵隊の位でいうと、どのくらいですか。
鶴見　そうですねえ、海軍病院では、飯をくう序列があるでしょ。そのとき、上等兵の下くらいに座っていたね。
黒川　八月一〇日の都留さんの日記の続きです。船での夕食後、前田多門らからその日の収穫談を聞く。
「……永田氏は前田氏に向って、『官邸があまり広いので、どうも誰かの留守居をしているのではないかと思わされたりする』と言われたそうだが、あながち官邸が広いからだけであろうか」
鶴見　これは、永田秀次郎の心境が、都留さんまでずっと伝わっているんですよ。意気軒昂とか、凱旋将軍のようにという、成り上がり的な気分ではなかった。つまり、永田秀次郎はこの戦争は負けることを知っていた。自分が何を言っても、軍に受けいれられないということも知っていた。それが、これの後ろにある感情だ。
加藤　「どうも誰かの留守居をしているのではないかと思わされたりする」というのは、永田さんが前田さんに言って、前田さんが都留さんに言っているわけだから、その気持ちがリレーされているわけですね。
黒川　一一日、昭南を出港します。「正確に午前九時、浅間は埠頭を離れる。軍政部代表者、芳沢大使、永田秀次郎氏等、見送り者の数は割合少なかったが、船と埠頭とのあいだを流れる気持には強く深いものがある」
鶴見　これは都留さんにしてはめずらしい、感情のこもった文章ですよ。
ぱっと思いだすんだけどね、ケンブリッジにいたときに、山本実彦が来たんですよ。山本実彦は大正時代には非常に左翼的な方向で「改造」を起こして、むしろ「中央公論」より左だった。ところが、侵略戦争のなかで別の気分になっちゃってね。ケンブリッジに来て演説をしたんだけど、都留さんの言葉では、その様子が triumphant だ、田舎代議士みたいだったと言っていた。非常に好き嫌いがはっきりしているんだ。山本実彦にもっている感情と、永田秀次郎にもっている感情と、都留さんの人間的な感情が全然ちがうね。

これはもうだめだと、都留さんは全否定になる人なんだよ。ここで、永田秀次郎について、これだけの文章を書いているでしょ。前田多門をふくめて、非常に共感をもっている。この戦争の後始末はどうなっていくのかという感情が、互いのなかにあったんだ。

**黒川**　「船が横向きのまま二、三メートルも離れたところ、万歳三唱がスポンテーニアスに両方からおこる」。ここでも「万歳」ですね。都留さんは、自発的に起こると書いている。

**鶴見**　たしかに spontaneous なんだよ。もう、がっかりしたねえ。私は、日本が負ける、自分は負けに行くと思っている。日本人と俺とは違うと思った。日本人は、社会体制が変われば中身まで変わるんだ。そして、横浜まで戻ってくると、おやじが迎えにきていて、「神風が吹いた」と話しているんだ。

**加藤**　ああ、その時のことでしたか。

**鶴見**　もう終わりだと思った。

**黒川**　「神風」とは何を指しているんですか。

**鶴見**　ホノルル爆撃だ。そうとうあぶない人だと思っていたけど、これで終わりだと思った（笑）。

加藤　それは、鶴見祐輔さんが、俊輔さんに向かって言ったんですか。

鶴見　自動車のなかで彼が言った。人が聞いていたわけじゃない。一高英法科一番で、よくぞこんなことが言えるなと。私にとっては驚異だよ。自宅に帰っても、落ち着かないんだよ（笑）。

黒川　その車でどこへ帰ったんですか。

鶴見　おやじといっしょに、まだ倒れていなかったおふくろも横浜へ迎えに来ていた。そこから自動車にのって、現在はイスラム教会になっている麻布の家に帰った。

加藤　その車には鶴見祐輔さんとお母さんがおられた。

鶴見　それから和子と私。それと、運転手。

加藤　和子さんはどんな感じだったんでしょう。鶴見さんは非常にショックをうけていて。

鶴見　和子は一番病の患者なんだよ。だから、おやじが話しているときはおやじにくっついているし、私個人と話しているときは私にくっついているんだ。

　彼女が私を非常に愛してくれていることは確かだ。おやじはもう死んじゃったんだから、彼女は私に対する忠誠心をもっている。それを考えるとね、おやじもかわいそう、和子もかわいそう。

加藤　その感じはよくわかりますね。ロレンソ・マルケスとか昭南で「万歳」というのを聞いて違和感があったのと、日本に戻ってきて、お父さんがエリートで頭もいいのに「真珠湾で神風」なんて言ったんで、すごいショックを受けたのと。

鶴見　特高が聞いているわけじゃないんだから、本当にそう思っているんだ。こういう精神構造が私にはわからないんだよ！　日本のインテリっていうのはだいたいそうなんだ。東大教授ってのは頭に豆腐が入っているんだよ、もう。

……だからね、ときどき、酔いがさめたみたいに別の気持ちになることがある。永井道雄なんてね、「うーん、やっぱり俺は不良じゃなかったからだめだな」って正気にかえるんだよ（笑）。ナチスに反対したやつはだいたい不良なんだ。そういう統計がある。ときどき正気にかえる、だけど、全体としては、その時代と調子よくやっているんだ（笑）。

**加藤**　東大、東大ってよく言いますよね。

**鶴見**　横浜に着いたとき、実によろこんで、「ほっとした」と言ったのは、嘉治真三なんだよ。

**加藤・黒川**　ああ。

**鶴見**　ぜんぶこれは、向こう側に行くと思った。私の場合、右も左もないんだ。西春彦は右だけど非常に信頼できる。そういう人っているんだよ。左だから信頼できるってことはないね。

## 船内の空気が一変して重苦しく

**黒川**　昭南（シンガポール）を出てから、船内の空気は一変して重苦しくなったようです。複数の証言があります。

**鶴見**　あ、それおもしろいね。

**黒川**　天野芳太郎の「昭南までが一番楽しかった」という証言とも一致します。『狂気の海』にも、船の空気が変わったと出てきますね。「昭南から乗りこんだ軍人たちが引揚者をいくつかのグループに分け、毎日のように、一方的な説教をくりかえした」

**鶴見**　それそれ。そのとき、「良心的徴兵拒否のことを日本で話していいですか」と言う人がいて、軍人の怒りをあおったKを阿部行蔵がなぐった。

**加藤**　それはシンガポール以降ですね。

**黒川**　和智恒蔵と横山一郎は、そこで降りています。浅間丸の船上で電信機をつかってインド洋について調べていたらしいんだけど、必要な情報をとって、ここで降りた。入れ替わりに、さらにもうちょっと精神主義的な軍人が船に上がってくる。

**鶴見**　そう。日本から来た。じきじきに彼らがやるんだ。

**加藤**　ロレンソ・マルケスで交換したあとも、「万歳」ってやるでしょ。鶴見さんは、そこでショックを感じた。でも天野芳太郎は、ロレンソ・マルケスから昭南までが一番楽しかったと言っている。ずれがあるなと思っていたわけです。全体としては三つ段階があったんですね。

**鶴見**　政治体制が変わったんだ。一挙にかわったんじゃなく、その移行期間がある。

**黒川**　天野芳太郎は、ロレンソ・マルケスまで囚人服のままだったんで、ロレンソ・マルケスで背広を買う（笑）。だからよけい、その段階では解放された気分だったのかもしれないですね。

**加藤**　そこから乗り換えるのも、浅間丸ではなくて、待遇がいいコンテ・ヴェルデ号だものね。

**黒川**　お金を持っていなかったはずなのに、どうして背広を買えたのかわからないけれど、以前パナマで捕縛される前に持ち出しておいた大金を、リオ・デ・ジャネイロから乗船してきた外交官に返してもらったんだろうという話が、伝記に出てくる。

**鶴見**　人徳を積んでいたんだよ。だけど、たいていの日本人は、政治体制が変わると別の人間になっちゃうんだ。うちのおやじが「神風が吹いた」なんて言っているんだから。

とんでもない人を思いだした。赤崎南舟。調査票には、鹿児島出身、明治三九年五月生まれ、西欧料理店経営と書いてある。彼はね、エリス島で初めて会ったときに、「とにかくヴェジテイブルを食わなきゃいかん」としきりに言っていた。料理店経営なんだけど、野菜のことを「ヴェジテイブル」ってね、彼は言うんだよ。浅間丸のなかで「見よ東海の空あけて」なんていう音楽が聞こえてくると、ものすごく喜んでいた。つまり、学歴なしでここまで来たから、ああいう愛国歌がすばらしく楽しいんだね。そのときの表情をよく覚えている。ニューヨークで、軽蔑されながらもなんとかやってきたという人間が持つ解放感だね。

**黒川**　赤崎南舟というのは本名ではないようです。館山沖で調べを受けています。南舟こと赤崎虎彦三七歳、そのプロフィールですが、「川崎汽船和蘭丸に乗組中ノーフォークにて脱船、邦人飲食店に料理人として就労後、米人経営の洋食店にコック兼支配人として被雇中、送還されたるも、収容所に於ては他人の嫌悪する便所その他の掃除を引受け、乗船後も愛国詩歌等を作り意気を昂揚せるため、野村、来栖両大使その他の名士より激励の寄書を得ており、格別容疑の点を認めず」ですって（笑）。

どうして野村、来栖両大使の前で愛国詩歌をうたってたんだろう。

**鶴見**　私の隣でも歌っていたよ。野村、来栖は一緒ではなかったけど。飯を食っていると、浅間丸では、愛国歌がどこかから響いてくるんだ。するとものすごく愉快そうにして、私にも「歌え」とかいって強制する、自発的なファシストなんだ。二重に参っちゃうんだよね。おやじみたいなファシストだと、このやろうと思うけど、こうやって強制してくるのも参るんだよ。白人を征服すると本気で思っているんだから、苦手だったな。

**黒川**　愛国詩歌とは、どういうのですか？

**鶴見**　「太平洋の黒潮を」とか、いろんなのがあるんだよ。

**加藤**　こういう外事警察の取調べ記録にまで載っているんだから、よほど……（笑）。

**黒川**　この資料を読んだとき、変な人がいるなと思って覚えていた。都留さんの日記に戻ります。

一二日、「外務省の人から頼まれて、開戦以来の生活状況や交換船乗込みまでの事情につき報告を書く。各地方、各種の人びとが書かされているものであり。中食には昭南市長大達《おおだち》〔茂雄〕氏から船客一同に寄贈された果物が一度に出る」。

**鶴見**　大達は、その後の内務大臣（小磯内閣）です。

**黒川**　一四日、「午後二時から第七回の研究会。山田〔精一〕氏の日本銀行業務にかんするお話」。いよいよ日本に着くということで、この辺からさらにピッチをあげて、勉強をしています。こういう勉強会は、若手が中心にやっているんでしょうけれど、報告者には一等から三等船室の人までが混じりあって、日本に着くと消えてしまうような、風通しの良さも感じます。

一五日、台湾南端をかすめるように通る。

一六日、「情報局からの質問事項にかんし、午前中かかって答申書を書く。午後は第八回目の研究会。今日は嘉治さんの地政学についての紹介的な話、和辻〔哲郎〕さんの風土論等に及ぶ」。

**鶴見**　これがチェレーンの話。

**黒川**　一七日、「最後の研究会。今日は僕の『ニュー・ディール論』」。

## 館山沖

**黒川**　八月一九日、館山沖に到着します。鶴見さんはこのとき緊張したとおっしゃっていましたけど、憲兵隊とか警察が乗り込んできて取調べをした。都留さんの日記にはこう書かれています。「朝早く館山沖にはいった。八時に税関吏水上警察等乗りこむということであったが、なかなかこない。（中略）十時ごろ、水上警察、正金の人等、のりこんでくる。（中略）三等船室客の水上警察の調べは非常に詳しく、三人がかりでかわるがわる同じようなことを聞き、われわれも待つ時間をあわせて二時間半かかってしまう」

内務省警保局編『極秘　外事警察概況』という、当時の警察側の資料に、「浅間丸及コンテヴェルデ号に依る帰来者の取締」という題で、館山沖での取り調べの記録があります。第一次日米交換船だけじゃなくて、このあと行なわれた日英交換船でも、船ごとに、横浜入港前には、ここで関所のような調べが行なわれています。

この資料によると、帰来者「一四六四名」です。浅間丸七八七名、コンテ・ヴェルデ号六七七名。

**加藤**　これは正確な数字だね。

**黒川**　ほぼ、そう見てよいでしょうね。浅間丸での帰来者数は、「芳名録」にある人数と同じです。ただ、ロレンソ・マルケスに残った外交官や、昭南島で降りたタイ人の学生たちがいますから、コンテ・ヴェルデ号のほうの実数は、もうちょっと少なかったんじゃないかと思います。『狂気の海』が挙げていた「六三七名」のほうが、コンテ・ヴェルデ号での帰来者の実数に近いんじゃないでしょうか。

**鶴見**　ほかには、途中で降りっきりになった人はないの？

**黒川**　第二次交換船ではすごく多いんですよ。昭南島とマニラでたくさん降りています。それは、海外での移民生活が長い人が多くて、内地に戻っても生活の不安があった。それから、現地の軍などからの勧誘も、ものすごく強かったようです。しかし、この第一次ではほとんど降りていない。いわゆる移民にあたる人は、第二次と較べれば少ないですし、シンガポールの現地軍の態度などにもまだ余裕があるというか、そういう勧誘はしていないようです。

『極秘　外事警察概況』に戻ると、八月一九日、館山沖に仮泊させて、神奈川県警（水上警察）が三〇名、横浜憲兵隊隊員一〇名が乗りこみ、「容疑人物の発見乃至取調を行えり」とあります。その上で、帰来者全員に「内務省警保局　憲兵司令部」名で、こんな「注意書」を渡している。

《注意書

昨年十二月八日大東亜戦争勃発以来、各位は遠く異境の地に在ってあらゆる困難に打勝ち、今茲に長途の航海も恙なく、目出度帰朝されたのでありますが、帝国は今や国運を賭しての大戦争を遂行中であります。上陸後の各位の言動が、銃後の治安に影響することは申上げる迄もありません。何卒各位は左記諸点に特に留意せられ、過誤なきを期せられ度いのであります。

一、各位が敵国其の他外国に於て聴取せられた大東亜戦争勃発前後の外交関係や大東亜戦争、ヨーロッパ戦争に関する戦況は敵国側の宣伝と見なすべきものが多いのですから絶対に喋らぬ様に注意すること。

こう言うことを言ったり書いたりすると国防保安法、陸海軍刑法等に依り処罰される場合があります。

二、上陸後座談会や講演会等に出席せらるる様な場合は事前に所轄警察署に申告し、談話の内容は事前に検閲を受けること、但し官吏の方は夫々所属の長官に手続をすること。

三、敵国其の他外国から持ち帰った新聞雑誌又は宣伝印刷物は上陸の際全部当局の検閲を受け、宣伝関係のものは之を提出すること。

四、我が国銃後は強固なる団結の下に聖戦完遂に邁進し、皆んなが或程度の不便を忍んで戦っているのですから、各位は生活様式の変化等から若干の不便あることと思われますが、つまらぬ不平不満を洩らし銃後の団結を乱す様なことのない様充分に注意すること。

五、敵国の国内事情に就て例えば経済力の強大、資源の豊富等を誇張して敵国を利することになる様な言動は一切為さないこと。

こう言うことを言ったり書いたりすると刑法、言論出版集会結社等臨時取締法、国防保安法、警察犯処罰令等に依り処罰される場合があります。》

こういうのを全員に配った。その上で、一五歳以上の者に「申告書」を書かせている。グリップスホルムで書かせた調査票とちがって、「官吏及満十五歳未満の幼年者を除く、爾余の全帰来者より次葉形式に依る申告書を徴し、之を各人の行先地庁府県に宛て送達し、爾後の視察取締上の便に資したり」

つまり、これを警保局あたりがとりまとめた上で、それぞれの住所地の警察に送ったということですね。その上で、館山沖で怪しい者一〇一名に取り調べをして、これを一覧にしている。

**鶴見** すごいね、一〇一名か。

**黒川** 筆頭がKさんです。

**加藤** ほんとだ。一番怪しいのか？

**黒川** 在外公館なんかでゆすりみたいなことをしたので「引続き視察注意を要する」というのですね。

良心的徴兵拒否者について将校に質問して、Kさんになじられた女性の名もあります。この人でしょう？ Sさん。

**鶴見** そうだ、Sさん。三五歳か。

**黒川** 当時の身分は東京YWCA（キリスト教女子青年会）の幹事として、シカゴのジョージ・ウィリアム大学に研究生として送られていた。取調概要の欄には、「帰国後は再び同青年会に勤務する由なるが、同人の今日までの経緯よりして相当注意を要するものと認む」とある。

**加藤** にらまれちゃったんだ。

**黒川** 田島信之。この人も神学生ですね。二八歳。「言動注意を要するものと認む」。

狩野四郎、三二歳。

**鶴見** 狩野四郎も牧師です。東ボストン移民局の収容所に、私よりひと月ほど遅れて入ってきた。京都出身で、でかい声で、よくトラブルを起こした。本願寺の坊主だと思ったら、牧師だったんだ。もと軍曹。

**黒川**　竹久千恵子も、本名の「煤賀《すすが》チエ」、「無職」とあります。年齢の欄は、答えなかったのか空白。「動静注意を要するものと認む」（笑）。

ほかに大河内光孝、阿部行蔵、武田清子といった名前もあります。

大河内の欄を読みますと、職業「運転手」年齢「四四」。取調概要は「三八歳まで徴兵猶予願いを領事館に提出せるが、その後そのまま放置す。在米中大河内子爵の落胤なりと自称しおりたりとの風評あり、言動注意を要す」とのことです。

それと、ここでの被取調者には「脱船者」がとても多いです。「めりけんじゃっぷ」系。船乗りとして米国まで行って、そのまま降りちゃったので、パスポートを持っていない。コックや運転手をやっている人が多い。「調査票」をみていてもわかるんですが、そのほかの人たちでも、旅券「ナシ」というのがすごく多いんですよね（笑）。

**鶴見**　いまとちがって、旅券なしでアメリカをうろうろできたんだよ。もともとアメリカ人だって本籍を持っていない。

**黒川**　谷譲次の「めりけんじゃっぷ」小説、もっとさかのぼっていけば「モービー・ディック」の捕鯨船の船員なんかとも地続きの世界ですね。国境というものを、いまほど強く意識しなかった最後の世代というか。

都留さんの日記に戻ると、「……明日は朝早く検疫というので、早く寝る。船は七時半いかりをあげ、軍人さんたちの特別当直のもとに、外は全然見ないようにとの注意を受けて、九時半横浜港外にはいる」。横浜に入港したのは翌二〇日です。

**黒川**　横浜に着いたら、外交官や武官らは臨港列車などで東京まで行って皇居を遥拝したりするんですが、ほかの人たちは現地解散。鶴見さんたちは車で家へお帰りになる。その車中でお父さんの「神風」発言がある。

当時のことを調べていたら、「毎日新聞」、つまり当時の「大阪毎日新聞」と「東京日日新聞」で交換船帰国者の座談会が掲載差し止めになっています。

「交換船帰国者座談会記録（九月一日）記事不掲載となる。

情報局談――先般の帰国者は外交官、会社重役、新聞記者及びその関係者などであったため、これを特権階級の帰国であるとなし、在米邦人を多数出している岡山、広島、和歌山県下などには穏やかならぬものがあった。南北アメリカにはなお数十万の邦人が残留しているので、米政府はこれによって国内分裂を来さしめんとする謀略の意図さえ見えるから、記事取り扱いは慎重を期さぬと影響が極めて大きい＝検閲週報第二号（昭17・9・6）」（「毎日新聞『検閲週報』（昭和十七～十八年）の証言」（中）、日本新聞協会「新聞研究」七五年二月号）

**加藤**　岡山、広島、和歌山ってどういうこと？

**黒川**　アメリカなどへの移民をたくさん出している地方です。西海岸の移民らは収容所などに取り残されて、帰ってきたのは特権階級だけじゃないかという批判が噴出するのではないかということで、記事を押さえた。

**鶴見**　ファシズムには、革命的側面というのがあるんですよ。私は、帰ってきた翌日、麻布区役所に行った。そしたら、その年の東京市最後の徴兵検査に間に合いますと言ってきたんだ。親の金で敵国に行っていたやつなんて、叩き直して、日本国民にしなきゃいけないという情熱を、徴兵官が持っている。それをひしひしと感じたね。当時私は結核性カリエスの異常突起が胸にあって、押せばわかるんだ。医学的にははっきりしているのに、検査では「第二乙種」で合格にしてしまう。あれが革命なんだよ。

**黒川**　一方、戦前の日本郵船の宣伝ポスターとかだと、浅間丸なんて、ものすごい豪華客船だというふれこみですからね。まさに特権階級の象徴だということでしょう。

**加藤**　アメリカから戻って翌日に徴兵検査に行くというのは、熱いお風呂から、冷たい北海の海に入るみたいなものですよね。すごい温度差。そういう経験をした人は、あんまりいないんじゃないですか。やっぱり、勇気があるというより、なんかちょっとおかしい（笑）。

**黒川**　お父さんが行ってこいと言ったんですか。

**鶴見**　私は自分で行った。おやじと私とは、全然違う思想をもっているんだ。私は人間は平等だと思っているけど、おやじは自分たちは特権階級だと思っているんだから。

都留さんは知恵があるから、行かないんだ。一日どころか何カ月も。だから都留さんの徴兵年度は、私より一年あとなんだよ。

**黒川**　都留さんは郷里の宇佐に近い検査場に出むいて「第三乙種」の判定を受けたと書いていらっしゃいますが、徴兵検査というのは、ほうっておいても、すぐには呼びだしはこないんですか。

**鶴見** なにも言わなきゃね。私は自分で歩いて、区役所へ行ったんだから。

**黒川** なぜ行こうと思ったんですか。

**鶴見** 人間は平等だと思っているからだ。アメリカ精神じゃないか、それが。

**黒川** 出頭の義務を果たしておこうと思ったということですか。病気だから大丈夫だと思った？

**鶴見** アメリカ魂なんだよ。ところが、そこで日本の革命精神にふれたから、しまったと思った。

**加藤** 鶴見さんは平等だと思って行ったのに、鶴見さんを迎えたほうは平等じゃなかった（笑）。

**黒川** まだ旅疲れしているのに、わざわざ……。

**加藤** その辺が、鶴見さんの、なんかおかしなところじゃないの？ アメリカで「私はアナーキストです」なんて言うのとまったく同じだよ（笑）。そんなこと言わなきゃ捕まらないのに。

**黒川** このあと、第二次交換船があるんですが、日米間の交渉がうまくすすまなくて、一度計画が無期延期になっています。だから、浅間丸はその結論が出るまでしばらく横浜で待機するんですが、結局、海軍に再徴用されて、横須賀軍港へ回航されました。この交換船の前にも浅間丸は一時軍に徴用されていたんですが、それを解いて、民間の日本郵船の商船としての籍に戻して、交換船として使っていた。コンテ・ヴェルデ号も待機させられていたけれど、これで横浜を離れて、常駐港の上海にむかう。

**加藤** わざわざ交換船にするために造船所で船装などを変えたんで、しばらくは第二次航海のために横浜で待機していた。なのに、無期延期になったと。

**黒川** そうそう。それで結局、べつの船をつかって第二次交換が実施されるまで、一年くらい間があくわけです。

黒川　振り返って、この交換船を見ると、ニューヨークから出港したグリップスホルム号のなかには、北米に住んでた日本人だけではなくて、中南米からの人たちも同じくらいの数がいるのに、都留さんの日記とか鶴見さんの話には、あんまり出てこない。船のなかに流れている時間は、人によって違うんだなと思いました。船というのは多様な場所で、各人に見えているものの違いが相当ある。その違いがあるということを、念頭に置く必要があると思います。
　その違いは何によってもたらされているのか。階層の違いかというと、一概にそうとも言えない。ただ、天野芳太郎が北米組のなかに当たり前のように迎え入れられるわけだから、知的興味の違いによるグループ分けのようなことは、自然と起こっていたようですね。
　たとえば大河内光孝は、船のなかでは誰と、どんなふうにして過ごしていたんでしょうか。彼の場合、館山沖での憲兵隊などによる取調べでも、嫉視と軽侮、その両方がまざりあった視線を受けている。鶴見さんがよくおっしゃる、日本的ファシズムの感じが、大河内光孝に対する館山沖での憲兵隊の様子にも見られますね。
鶴見　大河内光孝が天皇にあめ玉をやって学習院を追放された話を、大河内から聞いたことはないんだよ。そういうことをいいふらして自分を高くしようとする人じゃない。ただ華族の血筋を人に利用されたくなかったんだ。しかし、光孝は自分の父親から一字取り、息子に輝孝という名前をつけている。子爵すじであることはまちがいないね。彼は非常に謙遜な人間だった。

館山沖の調査票のなかに、大河内子爵の「落胤なりと自称しおり」とあるでしょう。この「自称しおり」のなかに、非常にアンビヴァレントな役人の感じが、感じられるね。「自称しおり」というのは、「これはうそつきだ」ということだ。もう一つは、万が一これが本当だった場合、お叱りが自分にふりかかってくるんじゃないか、その二重の感じが、取り調べた人のなかにあるね。

それから、大河内については、中川六平が取材している。大河内家を継いだ人間に葉書を出して、その夫人から葉書をもらっている。そこには大河内光孝について、「光孝様とは、あまりお親しく致しておりませんでした。家の者たちも存じ上げません様であしからず」と書いてある。

これもアンビヴァレントでしょ。一つは、大河内は日本に帰ってきてからも、爵位のある人間の一族であるということを利用していなかったということだ。もう一つは、大河内家としては、たしかにこの系統だと承知しているけれども、積極的なつきあいはもたなかった。そのアンビヴァランスを読めないといけないと思う。

中川が、大河内光孝を覚えている人のところまで行く。その人は、「うちに来ると大河内さんはいつでも『日本は負ける。バケツの水とか竹槍で勝てるわけがない。俺は日本が嫌いじゃないけど、こんなバカなことはしないよ。日本は気の毒、日本の国民はかわいそうだ』と話していた。痛快な男だった」と言うわけ。だから防空演習なんかには出なかったそうだ。こんなのが何の役に立つんだって。まともな人間が、日本が嫌いじゃないから帰ってきて、「負けるぜ」と言う。まともな人間がまともな発言をすると警察に捕まる。

それで細川嘉六や「中央公論」の編集者を逮捕したのと同じ理由にからめ取られて、横浜事件で捕まった。中村智子の『横浜事件の人びと』に引かれた証言に、「大河内某夫妻に対する人道蹂躙、その他五、六名に対する同様行為は全く狂人の沙汰なり」とある（川田寿の特高告訴の口述書）。はっきりものをいう人間は殴られるんだ。細君は二世なんだから、「中央公論」なんかを読めるわけがない。

日本政府は横浜事件のつぐないをしないでずっときた。戦後に跡をひく問題として、これをいま出したいんだ。ノーマンは現代のアメリカに跡をひいている問題。大河内は現代の日本に跡をひいている問題。いまの日本は腐っているよ。やがて確実にほろびるだろう。どういう風にほろびていくかは、ここに見ることができる。

ノーマンの自殺に関して、責めの負いようがないことで都留さんが日本のジャーナリズムにいっせいに叩かれたとき、私は「自由主義者の試金石」を書いた。ただし、その段階では、私は都留さんに会っていなかった。この点が、不備といえば不備なんだ。二律背反というところに追い込まれて、どうしたらこの罠を逃れることができたか、と考えたんだ。都留さんはハーヴァードに呼ばれても行かなければよかった。それ以外に道はなかった。都留さんはアメリカの変化に敏感じゃなかったんだ。私は、一九四二年から一度もアメリカに行ったことがないんだよ。

**黒川**　鶴見さんは、戦後、アメリカの大学から呼ばれたことはないんですか。

**鶴見**　これは偶然に助けられた。スタンフォードの助教授に呼ばれて、私は「イエス」と言ったんだ。しかし神戸の領事館で、ビザがおりなかった。私は原爆問題で、運動して署名していたでしょ。一九五一年くらいだから、もし、それでアメリカに入っていたら、妙にひっかけられたかもしれない。そうじゃなくても、そうやってアメリカ人とのつきあいが生じて、世話になると弱いじゃないの。世話になっても私が断固追及しているのは、おやじだけだ（笑）。日本の外務省からは、旅券は出ているんだよ。京大も、自分のところの助教授がアメリカに行ってくれるのはありがたいという時代だった。神戸の総領事館がビザをださなかったという偶然だけが理由なんだ。だから都留問題は私にはものすごく重かった。

**黒川**　都留問題がなかったら、アメリカに行っていましたか。

**鶴見**　ありうると思う。だけど私は、その後、原爆反対の運動はするし、ライシャワー（当時駐日アメリカ大使）との立会演説ではアメリカに抗議するし、大使館前で座り込みはするし。

**加藤**　ロレンソ・マルケス港で、浅間丸に乗ったとき、みんなが万歳というのを聞いて、うわーっと思ったでしょ。それは、満二〇歳の極北なんですよ。都留さんも、似たようなことを思っているけれど、シンガポールでは、いちおう「万歳」と言ったりしている。

**鶴見**　おとなだからね。

**加藤**　日米交換船がどういうふうに日本に受けいれられたか、戦後どういうふうに生きていまにいたっているか。万歳と聞いたとき孤立したという、鶴見さんの二段階のカルチャーショックが、六〇年間生きた。その六〇年がこういう人をつくったんだね。

**鶴見**　交換船はね、六十何年前のことで、いままで一つもまとまった本がないでしょ、すごいね。これは一つのテキサスだね。

**黒川**　「テキサス」って？

**鶴見**　野球の野手の配置で、野手と野手の間に球が落ちることを「テキサス」って言うんだ。右にも左にもテキサスがあるわけだ。

## 第二次交換船と「錬成会」

**加藤**　日米交換船に関する資料をみてみると、第一次と第二次では、かなり雰囲気が違いますね。第一次交換船でいうと、これまで一度も経験がないので、外務省もアメリカの特別局もひどくとまどいながらやっている。

　第一次は、かなり自由度のあるものだったんでしょうね。上は野村吉三郎から、下は大河内光孝（笑）くらいまで、偶然そこに集められた人の多様さ。牧師がぼこっと人を殴ったりするような、おもしろい場所だった。双方が大急ぎで、あまり準備できないまま、試行錯誤で。

　第二次交換船になると、交渉にさいしての電文の文章もがっちりしてくる。戻って来た人間を日本人化するってことで、錬成所なんかもつくっている。だけど、昭和一八年ですからね、表に現れてくる声としては「やっとあこがれの故国に帰ってきた」というふうにはなっているけど。

**黒川**　アメリカ側では、第一次日米交換船の乗船者で、マックス・ヒルというAP通信の東京支局長だった人の *Exchange Ship* という手記があります。それから、スコット・コーベットという著者の *Quiet Passages* という本が出ていますが、これは主として日本からアメリカに戻るほうの交換船についての実施経緯の記録ですね。

**加藤**　そう。アメリカはなぜそういうことを考えたかという、実証的なものになっていて、実際に乗った人がどういう経験をしたかということにはあまり重点が置かれていない。それも無理はなくて、戦争に勝つ国に帰る旅だし、劇的なことはそれほどないだろうしね。

反対に、日本の当局者たちが、第一次交換船でアメリカから日本に帰ってきた連中を見ると、なにかたるんでいる、問題が多い、という感じになる。だから、第二次交換のために会議をしたりして準備してるんだよね。

**黒川**　第一次交換船が戻ってきたあとで。

**加藤**　そう。それをもとにして、第二次にむけて体制をつくった。戻ってきた人間が的確に日本人化するためのプログラム。このあと、第三次まで予定されていたわけだからね。実際は第二次で終わってしまうけれど。

**黒川**　第二次交換船は、四三年九月二日にニューヨークを出て、横浜着は一一月一四日ですね。二ヵ月半かかる。その翌日、一一月一五日から「錬成会」を始めている。合宿しながらやるみたいで、そこで鶴見祐輔が講演をしています。外交史料館保管の文書のなかに日程表があります。

**鶴見**　えっ？

**黒川**　文書名は「敵国在留同胞第二回交換船帰国者講習」。主催は「財団法人海外同胞中央会、敵国在留同胞対策委員会」、一五日から二九日までやっています。

明治神宮を参拝して、靖国神社を参拝して、喋る人は、内務省、外務省、大政翼賛会、陸軍報道部、海軍報道部……。

**鶴見**　鶴見祐輔は大政翼賛会の代表として話をしているの？

**黒川**　いいえ、「鶴見祐輔」と、個人名で、所属はないです。その次の日には、穂積重遠が話しています。法学者ですね。鶴見祐輔は一一月二五日の午後一時から三時まで「講話」とあります。

**鶴見**　聞いている人は引き揚げてきた人？

**黒川**　そのはずです。帰国者の講習日程ですから。帰国者のうちから、男女合わせて八〇人ほど、要受講者が指名されたらしい。

一一月一四日到着、宮城奉拝、海外同胞中央錬成所入所。

第一日から朝六時起床、国民儀礼、詔書奉読、丸山鶴吉挨拶。

**鶴見**　丸山鶴吉はおやじとほぼ同期で、一高東大です。

**黒川**　靖国神社遊就館見学とか。

**加藤**　講談もあるよね。

**黒川**　ああ、「元禄忠臣蔵」一龍斎貞丈。

**鶴見**　（笑）

**加藤**　これみるとほんとすごいなと思った。第二次のときは、準備万端整えて、実験的にやったわけですよ。そういう船に藤代真次博士が乗っていた。長男と、奥さんと娘さんは第一次ですでに帰っていて。都留さんに、藤代博士の写真を見せてもらったことがある。パーティのとき、みんなで撮っているんですよね。鶴見さんもいて、かわいい娘と奥さんがいて。

**鶴見**　彼は歯科矯正医として、まったく実力によって米国で高収入を得たんだよ。その収入を日本人留学生のために、寛大に使った。そのことが裏目にでて、結局戦争が深まってからＦＢＩかなんかに捕まったらしいね。交換船で帰ってくるときも、そうとう嫌な目にあった。

**加藤**　アメリカでも捕まったんですか。

**鶴見**　そうだったと思う。

**黒川**　おそらく四二年の夏ごろのものではないかと思いますが、第二次交換船での「邦人乗船候補者リスト」というのを外務省がつくっていて、藤代真次は、ニューヨーク管内で筆頭に入っています。このとき肩書きがなぜか「学生」となっている。

**鶴見**　藤代真次は、非常に早くに日本から出たので、学生として渡航したんだ。

**黒川**　帰国「拒否者」のリストもあります。藤代真次の名前がそこにもあります。つまり、当初は帰国を拒否している。

**鶴見**　つかまって、帰国に変えるんだね。

**黒川**　南博さん、大山郁夫とその妻も「D」マーク、つまりdeny。帰国拒否者ですね。

**鶴見**　そう。おもしろいね！

**黒川**　ニューヨークには拒否者がすごく多いです。白戸一郎も拒否しています。

**鶴見**　白戸一郎は、アメリカ生まれで、前田多門の日本図書館に勤めていた。私がそこでアルバイトしていたころの上司です。ハーヴァードでマスターを取った、都留さんと同時代の学生です。もともと二世だから、英語で暮らせるわけ。

**黒川**　湯浅八郎も拒否。

**加藤**　所在がみつかって、拒否したんだね。

**黒川**　帰国者のリストのほうでは、暁烏敏《あけがらすはや》の養子、暁烏武男。ハワイのヒロにいたんですね。「僧」と書いてあります。

**鶴見**　仏教の宣教師として行ったんでしょう。

**黒川**　現住所、リビングストン、これは収容所の住所だと思います。富田幸次郎、ボストン美術館。

**鶴見**　これはかなり重要。ボストン美術館の東洋部長です。岡倉天心のあとをついだんです。

**加藤**　それで、藤代博士は、戦後アメリカに帰られたんですか。

**鶴見**　いや、戦後は日本にいて死んだ。

**加藤**　アメリカではお金持ちで、そんな生活をしていた人が、日本に戻ってきて二週間の錬成所なんかに入れられて、朝から晩までやられたとしたら、かなり酷ですね。

**鶴見**　それはひどい目に遭った。痛めつけられて、変になっちゃったんだよ。六本木の家に会いに行ったけれども、高血圧で、頭の調子が非常に悪かったね。意識もうろうとしていた。

**黒川**　船のなかで不愉快な目にあったというのは、どういうことなんでしょうか。船に一緒に乗っている人からのジェラシーなんかも向けられたのかな。

**鶴見**　錬成みたいなものの気分がまずかったんじゃないかな。

藤代博士は、よく勉強する人間が好きだったんだよ。自分は苦学して、その道の大家になったんだ。ボストンの指折りの矯正医になったんだから。……率直に言えば、細君は美人なんだ。

**加藤**　これは前回も言っています（笑）。

**鶴見**　美人なんだ。

**黒川**　わかりました（笑）。それが印象深いんですね。

**鶴見**　……（笑）。

**黒川**　まだ率直におっしゃりたいことがあるようですね。

鶴見　藤代博士の家でクリスマス・パーティをやったことがある。そのときに、細君が中心になって、あまりに長々やっているものだから、博士は先に寝室に入った。それでも延々続くものだから、藤代博士は怒ってね、細君を殴ったんだよ。都留さんには、ぼこんぼこんと（笑）、殴る音が聞こえたらしい。そのときから都留さんは、パーティがあっても藤代家に行くのをやめたんだ。

黒川　鶴見さんは、そのとき気がついていなかったんですか。

鶴見　気がついていた。私は一七歳くらいだったし、ものすごくショックを受けたんだ。藤代博士のうちを出てから、都留さんにずっとくっついて、都留さんのアパートまで行った。ほんとに気が滅入っちゃってね。私だけ、他の人より、一〇歳か一五歳くらい若いんだ。で、気を落ち着けるために、都留夫妻が自分のアパートに連れていって、上げてくれてね、もてなしてくれたんだ。ほんとに参った、あれは。

加藤　博士自身が苦学生だったから。

鶴見　藤代博士は都留さんや私に対してはひいきだったんだよ。在米日本資産の凍結で、日本から金が来なくなって、私にかかる金は自分が負担すると、藤代博士は都留さんに言ったんだよ。だけど、ふわふわしている留学生っていうのは……。

加藤　ふわふわと遊んで、夫人の取り巻きみたいになっている留学生たちがいたんですね。

鶴見　博士はそういうのが嫌いなんだよ。都留さんには、とてもいやな経験だった。それから藤代家に出入りしなくなった。それで、東郷は都留さんに提案したんだよ。一週間に二度、自分と鶴見に飯を食わせてくれって。都留さんの自伝に、東郷が私につらく当たったと書いているのは、勘違いなんだ。とてもよくしてくれたんだから。

**黒川**　それから第二次交換船には伊藤道郎が乗っています。舞踊教師、ロス在住。開戦直後に逮捕されて、ずっと収容所に入れられていた。舞台美術の伊藤熹朔、新劇の千田是也の兄。

彼は、二〇歳そこそこでヨーロッパに渡って、パウンドやイエーツと知りあって、イエーツの『鷹の井戸』にインスピレーションをもたらした人ですね。初演のとき、鷹を演じたと思う。

**鶴見**　佐野碩の愛人がいるんです。ウォルディーンというアメリカ人で、まだ生きていると思う。彼女は、一四歳のときに、伊藤道郎のダンスを見て、すっかり魅せられたんだって。そのとき、日本人は非常に魅力があるという、まちがった思いこみをもってしまった。

そして、そこに佐野碩がやってくるんだ、遠くから（笑）。日本人はいいってすりこまれているから、佐野碩といっしょになっちゃうんだね。彼女もコミュニストだった。こういうことになったのは、もとはと言えば伊藤道郎にすりこまれたのが原因だと言っていた。

佐野碩が最後までコミュニストだったということを、彼女だけが証言している。碩とは離婚したけれど、そのあとも同志として友好的なんだよ。最後に佐野碩と一緒だった大金持ちの日本人の女性は、それを全部消そうとしている。佐野の一族も消そうとしている。

## 一五歳のアメリカ

**黒川**　鶴見さんがアメリカに行ったときはどの船で行きましたか。

鶴見　何回も行っているから……。氷川丸で行ったし、浅間丸でも行ったし、川崎汽船の貨物船でも行った。最初に行ったのは氷川丸だった。

黒川　それは、一五歳でオーストラリアに行かれたあとですね。

鶴見　残れたらそこに残ったと思う。白豪主義でオーストラリアには残れなかったんだ。

黒川　最初はメルボルンに行ったんですか。

鶴見　シドニー。おやじは和子を連れて、オーストラリアに招聘されて、演説旅行をした。私は二人とは別に行ったんだ。シドニーからメルボルンに行って、アデレードに一番長く滞在した。

黒川　どのくらいいたんですか。

鶴見　二カ月半くらいいたんじゃないかな。行ったら冬で、日本は夏だった。自分一人で動いたとき、英語をいくらか使うことを覚えたんだ。旅行はできるけれども、白豪主義だから籍を置くことはできない。無籍者だから自由に動けるわけ。

黒川　滞在先は？

鶴見　おやじは私に井口《いのくち》一郎氏をつけたんだよ。向こうの役所にたいしては、彼がテューター（家庭教師）であると称していた。おやじは井口さんにオーストラリアについての報告書を書いてもらった。彼は東大新人会で、いったん国民新聞の社会部長になるけど、社会主義者だから左遷されて、無職になる。それで、井口には豪州事情を調査する下請けを頼んだ。

私はアデレードがとっても気に入ったから、ここにいたいと思った。留学したいとか、学問することには関心がなかった。

黒川　祐輔さんはどうして子どもをオーストラリアに行かせようと思ったんですか。

**鶴見**　花柳界に通って自殺未遂をするんだから、スキャンダルまたスキャンダルだろ。気をかえてもらいたかったんだよ。

**黒川**　アデレードはどういう目的で？

**鶴見**　おやじと和子が行かないところだから、行きたいと思ったんだ。井口さんは一人で別に歩き回って、報告書を書いていた。その間、私は一人でいた。

**黒川**　なぜ、そこが気に入ったんですか。

**鶴見**　日本人がほとんどいないんだよ。それで、むこうの人は、日本人に対する人間的な興味がある。それから、おやじがそこで演説していないんだ。おやじの傘下を離れて、自分でいくらかの英語を話して、そこで暮らした。

帰ってきて、その年（一九三七年）の一二月にアメリカに発っている。そのときの渡米で、ケンブリッジで都留さんと会った。私は一五歳、都留さんが二六歳。

**加藤**　それはシュレジンガーと会ったときですか。

**鶴見**　そう。シュレジンガーが、自分の息子の同級生に、すごくできる日本人がいる、それと会わせようということで、息子と都留さんが入っていたアダムズハウスという寄宿寮で会って一緒に飯をくった。それが都留さんにあった最初だ。

**黒川**　そのときは、祐輔さんと一緒に大陸横断鉄道に乗ったのでしたね。

**鶴見**　そう。そのとき私は、まだ学校に入っていない。主として目の手術。

**黒川**　本の読み過ぎで、視力が落ちて。

**鶴見**　おやじは斎藤博の同級生だから、斎藤大使に私を託したんだよ。それで大使館のゲストルームに、二週間居候していたんだ。
**黒川**　最初に行ったときはどのくらい滞在したんですか。
**鶴見**　翌年三月くらいまでワシントンにいた。目のほうは、それほど重大ではないという診断だった。
**黒川**　学校を休んで？
**鶴見**　学校はクビになっている、無籍者なんだよ。
**黒川**　都留さんと初めて会ったとき、鶴見さんは、アメリカではどうしても小学校の教育を受けるところから始めたいと言って、シュレジンガーを手こずらせたそうですね。手を焼いたシュレジンガーが、助け船を求めて都留さんに電話する（笑）。都留さんの自伝には、そんなふうに書いてある。鶴見さんは、都留さんの説得にもなかなか「うん」とは言わないで、それから「もう一度話し合ったように記憶する」と。
**鶴見**　あはははは。
**黒川**　一五歳の春、こうやってアメリカでの留学生活の下準備ができて、そのあと一度日本に帰る。そして、この三八年九月、マサチューセッツ州コンコードのミドルセックス校という予備校への入学前に、またアメリカに渡った。清教徒の伝統がひじょうに強い、百人ほどの男子寄宿学校ですね。いまの日本の予備校というものとはまったく違って、要するに、大学での勉強にむけたトレーニングをしながらカレッジボード（共通大学入試）にのぞむ。
**鶴見**　おやじは、その年の七月に、渋沢財閥の委託をうけて、日本図書館の原型をつくるために渡米したんだ。おふくろと和子と一緒に。

渋沢財閥は日本図書館をつくる金を出すと言った。中心は武内辰治という関西学院の教授。彼はシカゴ大学のクインシー・ライトの下で博士号をとっていた。武内が中心になってニューヨークに事務所をひらいて、そこに買いつけの本を全部あつめた。その後、外務省が反対して、その仕事は外務省がやることになった。斎藤博は私のおやじをサポートしたけれど、外務省の役人はこの仕事は政府がやるべきだと言った。おやじは追いおとされて日本に帰ってくる。館長は前田多門がやることになった。

そのときおやじは金があったから、ニューヨークのホテル・ピエールという、わりあいにいいホテルにずっと泊まっていた。そこに滞在中、エリス島の連邦移民収容所に足どめされている佐野碩から電話がかかってきたんだよ。どういう電話かというと、佐野碩はヨーロッパから来たから、ナチスと日本の結託を恐れて、これから大変なことになっていく、あなたのような自由主義者と一緒に、人民戦線みたいな運動を起こすべきだと言ったんだ。

しかし、おやじは昔の彼ならずでね。佐野碩は大正時代のおやじしか知らないんだよ。おやじはもう、魂が変わっているから別の人間なんだ。それを分かっていないんだ。

**黒川**　交換船で帰ってこなかった日本人に、画家の石垣栄太郎がいます。このときの佐野碩の入国にも、石垣栄太郎が奔走しています。

**鶴見**　もう一つ、このときの佐野碩との別のコンタクトは、おふくろが日本を出るとき、おシズさん（佐野碩の母）から宝石を託されていた。あるいは佐野碩との接触があるかもしれないし、そのときは彼に渡してほしいということでね。宝石なら、ある程度の値段で売買できるでしょ。おやじとおふくろは和子をつれて七月はじめにアメリカに行った。私は日本にいて、九月になってから、ミドルセックス校に入るためにホテル・ピエールに合流したんだ。おふくろはどういうふうにしたら託された宝石を渡せるかと考えていた。どうなったのかは知らないけれど、おふくろの気質を考えると、どこかでその宝石を渡したと思う。碩は共産主義者だから、アメリカに永住することは許されなかった。しかし何日か上陸することはできたんだ。

**黒川**　半年の査証が出たようです。佐野碩が上陸できたのは一〇月に入ったころのようですね。

**鶴見**　おふくろは和子と一緒に九月はじめに日本に帰っていった。渡すことに失敗したとは聞いたことがない。それから佐野碩はメキシコに渡るから、宝石が助けになったかもしれない。

大正時代、おやじはウィルソンという自由主義者を信奉していた。そして、魯迅に訳された。なぜ魯迅がおやじの本を訳したのかと、私は竹内好に聞いたんだ。わからない、と言っていた。

**黒川**　魯迅は、祐輔さんのどの本を訳したんですか。

**鶴見**　『思想・山水・人物』、それから『壇上・紙上・街上の人』。しかし、そのとき魯迅は何を考えていたんだろう（笑）。

**黒川**　三七年一二月、眼の治療でアメリカに行くとき、シュレジンガーとは試験のために会ったんですか。

**鶴見**　そういう正式なものではない。まったくパースナルなもの。アメリカの大学は、面接試験が最優先なんだよ。筆記はきわめて二次的なものなんだ。面接の基準はね、この人は学校に行って学問ができるか。それを、話してみて検討する。

シュレジンガーは、これの結果でハーヴァードにいい報告をしてくれた。というのは、それより前の日本人は、小村寿太郎、池田成彬《しげあき》でしょ。非常にできるんだ。だから、日本人にたいして、いい印象を持っている。最後に来たのは都留重人だからね。

シュレジンガーのところへ、近衛と、そのあと私のおやじが会いに行った。

**黒川**　近衛って、文麿ですか。

**鶴見**　文麿の息子で、シベリアで亡くなったのがいるでしょ（近衛文隆）。シュレジンガーは両方に面接したんだよ。結論は、「近衛はプリンストンに向くでしょう」、「鶴見はハーヴァードに向くでしょう」だった。

たしかに近衛の息子は留学したけど、あれは、ゴルフがものすごくうまいんだ。学生のなかでトップのゴルファーなんだけれども、二回続けて落第しちゃうんだよ。大学のほうはあきらめて日本に帰ってきて、おやじが総理大臣だから、その秘書になるわけ。それで兵隊にとられて、近衛の息子だというんでシベリアに抑留されて、そこで死んだ。

**加藤**　近衛の息子と鶴見さんは、同じ時期にシュレジンガーと面接したんですか。

**鶴見**　近衛の息子のほうが早いね。彼は、私と入れ違いで日本に帰っているんだから。私よりいくつか年も上だろう。

シュレジンガーが世界旅行をしたとき、日本にも来たんだよ。そのときおやじがシュレジンガーに会い、おそらく近衛文麿もシュレジンガーに会ったんだろう。そのあと息子をアメリカに送りたいという意志を伝えておいたんじゃないかな。近衛の息子がいつシュレジンガーの面接をうけたのかはわからない。

アメリカの入学試験は、口頭が重視されるんだ。次が筆記試験。内申は三番目。

筆記試験で、私は「近代史」を選んだ。三〇分ずつかけて、三時間のうちに六つのエッセイをつくる。これはそうとう難しい。私は六問のうち一問落とした。落とした質問だけ覚えているよ。それは「ポーランド分割について述べよ」というものだった。いまでも前の日一日準備しないと書けないね。それで、三九年九月にハーヴァードに入った。

入学が決まって一度日本に帰ってきて、アメリカに戻るとき乗った船は、貨物船だった。旅客が一〇人くらい乗れるんだ。それで、サンフランシスコに着いた。

**黒川** そのときですか、生意気だといって留置場に入れられたのは。

**鶴見** それは大学の一年のときの夏休み。最初の夏休みにも日本に帰ったんだ。柳宗悦を訪ねたのはそのときなんだよ。夏休みが終わって、九月の新学期に間に合うようにアメリカに帰っていった。そのとき、ロサンゼルスのサン・ペドロというところで、移民局の留置場に入れられたんだ。移民官に対して、大学生が「イエス・サー」なんて言ったら変だと思って私は言わなかったけれど、その態度が移民官の気に障ったらしいんだ。

**加藤** 「イエス・サー」と言わないで、普通に受け答えしたら、移民官がむかっとした。

**鶴見** そうそう。移民が帰米すると、へりくだった英語をつかうんだ。私はそうしなかった。そしたら、移民官は、このやろう生意気だって言いがかりをつけて、留置場に入れたんだ。

**黒川** どのくらい留置場にいたんですか。

**鶴見** 移民官だって気分で入れたんだから、すぐに釈放されたよ。年は一八歳だし、ハーヴァード哲学科の学生だし。最初に捕まったときは、ずいぶん不当な扱いを受けたと思ったけれど、それがよい練習になった。戦争中に捕まったとき、監獄に入ってすぐに寝られたからね。一回目だったら無理だっただろう。

# 4　外交と戦争

## 異文明間の戦争・中立国がわずかな戦争

**黒川**　交換船の資料を見ていくと、「日米交換船」というものが、世界中を横断する、ほんとうに大変な事業だったことがわかってきました。一度だけでなく、何度か続けてやろうとしているし、同時並行にセットされて「日英交換船」も実施される。しかも日英のほうは、鎌倉丸と龍田丸などをつかって、二系統の交換が同時期になされているんですね。一つはオーストラリアから、もう一つは英本国とインドから。要するに、これは英本国だけでなく、コモンウェルス・オブ・ネーションズ（英連邦）というんでしょうか、その連邦構成国や植民地もすべて含めた範疇での交換です。ただし、英連邦の一員ではあっても、カナダは「日米交換船」の対象に含めた。

これら「日米」と「日英」の交換は、当初いっぺんにやろうとするんですが、イギリスとの交渉はずれこんで、結局そちらは第一次「日米」の交換よりひと月あまり遅れるんです。浅間丸とコンテ・ヴェルデ号が、交換を終えて日本への帰りに、昭南島沖で、日英交換船としてロレンソ・マルケスにむかう龍田丸とすれ違います。

**鶴見**　交換船の交渉が始まったのは何年何月？

**黒川**　日米開戦の翌々日から始まっています。アメリカの利益代表である中立国スイスがあいだに立って、アメリカから日本への交渉打診の意向が届けられたのが、一九四一年一二月一〇日です。まず外交官の交換について交渉をはじめました。交換対象者に民間人まで含めることに積極的だったのは、どちらかというと日本側だったようです。

　ただし、その前日一二月九日にも、ジュネーヴの赤十字国際委員会委員長が、いち早く東郷茂徳外務大臣に宛てて電報を届けています。捕虜と、抑留された民間人に関する情報を求め、これについての日本政府の考えを質している。

　交換の場所は、はじめからロレンソ・マルケスに決まっていたわけではありません。最初は、公海水域の船の上でやろうかという話も出るけれど、それではあぶないということで、いろいろな候補地が出てきて、最終的には、年が明けて一九四二年二月ごろ、ロレンソ・マルケスにきまる。

　交換船を出す論拠とされているのは、一九〇七年、第二回ハーグ平和会議での一連の条約。有名なのはハーグ陸戦条約です。そのなかに「開戦に関する条約」というのがあって、その第二条では、「戦争状態ハ遅滞ナク中立国ニ通告スベク、通告受領ノ後ニ非ザレバ該国ニ対シ其ノ効果ヲ生ゼザルモノトス」と規定している。

**加藤**　宣戦布告すると同時に、第三者に通告しないと、ルールとしては権利が発効しないと。

**鶴見**　通告しているの？　日本は。

**黒川**　そのはずです。それを受けて、こうして中立国を仲だちに、交換船の交渉が始まっている。まず、開戦直後、米英両国の側から、日本政府にたいして「二九年のジュネーヴでの『俘虜の待遇に関する条約』（俘虜条約）に基づく交換の意志があるかどうか」という問い合わせが入る。日本は、この条約に署名はしたけれど批准していない。それで、準用することにする、と日本側は答えています。

日本の外務省からの電文では、一九三九年、ドイツのポーランド侵攻のときに、英国とドイツの間で交換船らしきものがあった、そのときの協定がまだ有効であるなら、それを基本枠組にしようという話が出てきます。

**鶴見**　日本の利益代表国スペインとの接触にあたった駐スペイン公使は、須磨弥吉郎といって、一九三七年、斎藤博がアメリカ大使だったときにアメリカ大使館の参事官だった。そのときから人間関係の操縦に巧みな人だった。かなり能弁で外国人との交渉に長けていた。

**黒川**　英国とドイツは、公海上の中立国船から相手国外交官を引き下ろしたりしないという協定を結んだらしい。その協定はいまも解消した様子がないと。

**鶴見**　それなんだ。イギリスとドイツの交換についてとりきめがあったのは、一九三九年の一一月末でしょう。おそらくアメリカの日本大使館でも、開戦後の外交官の処遇が、かなり話題になっていたんだ。

そのすこしあと、一九四〇年のことだけれど、外務省から派遣された在外研究員の須之部量三がアマースト大学にいた。東郷の車に、たまたま、私と須之部が乗っていたんだ。東郷はのんべえだから、自動車を担保にして私から金を借りていた。だからそのとき、東郷の車の所有権は私にあったんだけど（笑）。

その車のなかで、須之部は東郷に、外交官の交換は、日米間では行なわれないと思うと話していた。これは、須之部と東郷たちの身の上の安否に関わることなんだ。ふたりとも独身で、家族はいないんだけど、覚悟したほうがいいと言っていた。須之部はそういう取り決めが過去にあったことを知っていたわけだ。そのとき問題にしていたのは、外交官の交換だけです。つまり、大交換船が出るなんてことは予期していなかった。その点で、この日米交換船の発議についてはアメリカが主導権をもったんだ。

**加藤**　第一次世界大戦のときは、イギリスが中心でしょ。だから、第二次世界大戦は、アメリカが自国の国民を対戦国から大々的に引き揚げさせる必要が生じた、最初の経験ですよね。アメリカはあとから参戦するのだけれども。

**黒川**　日本軍の真珠湾攻撃で太平洋戦争が始まって、これによってはじめてアメリカは第二次世界大戦に参戦するかたちになるわけですね。

**加藤**　参戦したいけど理由がないんで、真珠湾を攻撃させたというか。日本側の暗号は解読されていて、真珠湾を攻撃するのは事前にアメリカ側に知れていたというのが、いまは定説でしょう。真珠湾は、思っていたより大々的な攻撃で、人がたくさん死んだ。ルーズヴェルトは知っていたけど、それを認めたら、自国民を見殺しにしたことになって、歴史的にも大変なことだよね。

**黒川**　アメリカが自国内のドイツ、イタリアの外交官を帰す必要も、そのとき生じたわけですね。

*Quiet Passages* に、一九三九年九月、そういう交換のための特別局がアメリカの政府部内につくられたと出てきます。つまり、ポーランド侵攻という第二次世界大戦のはじまりから、即座にア

メリカは主体的にそういう対応をはじめている。その部局が、四一年の日本との開戦を迎えて、いよいよ交渉に本格的に動きだす。
　一方、日本政府は赤十字国際委員会の提案を受けて、四一年一二月末、陸軍大臣のもとに俘虜情報局を置いていますが、これは主として米英人の捕虜の待遇管理などにあたったようです。東条英機陸相（開戦当時は首相）の「戦陣訓」――生きて虜囚の辱《はずかしめ》を受けず――という精神主義の縛りがありますから、外地の日本人捕虜らの救恤《きゅうじゅつ》などには、むしろ冷淡なほど関心が低い。
　交換船の実施交渉については、もちろん俘虜情報局ではなくて、もっぱら外務省があたっています。

**加藤**　アメリカが戦争の中心になったことと、日本という、西洋じゃない国が出てきたということは、二つの新しい要素ですよね。いまアメリカが中東とやっている戦争の前身と言っていい。
　ヨーロッパの国々は中世の昔から戦争をしているから、そのころから捕虜交換があった。でも、その捕虜交換は、インターナショナルといっても、王様同士が従兄弟同士であるとか、西洋世界の、ある程度ルールがあるなかでの交換だった。けれども、東洋の、ぜんぜん文明のちがう国と戦争する場合、捕虜がどうされるかわからない。虐待されるとか、全員が首をはねられるとか。

**黒川**　グルー駐日大使は、宣教師が拷問を受けていないかほんとうに心配していたみたいですね。

**加藤**　こういうのは新しい局面じゃないかな。それまでは、たとえばドイツとフランスの間なら、捕虜になっても終われば帰ってくるだろうというのがあった。全面戦争ではないし、政治的な戦争だったから。

**鶴見**　そこを今度の交換船の起源として考えていいな。東洋にも、前例になるものがあるかもしれないけれど。

**加藤**　でも、それを起源とするとして、一九三九年のイギリスとドイツの俘虜交換協定と、アメリカと日本の場合とが同じでいいんでしょうか。アメリカがなぜ交換船の主導権をもたなければならないと考えたかというと、そこになにをするかわからない日本という野蛮人が相手だということがあった。その不安がないとこれは実現しなかったかもしれない。

**黒川**　同じ三九年九月の開戦のもとで、ヨーロッパからニューヨーク経由の、日本への引揚船があるんですよ。それに湯川秀樹と朝永振一郎が乗っている。もとはと言えば、湯川さんはヨーロッパでの学会に行こうとして、朝永さんはドイツのライプチヒ大学に留学中だった。

**鶴見**　湯川さんは留学経験はない。

**黒川**　湯川さんは、この年の夏、学会に出席するために靖国丸に乗ってドイツまで行くんですが、第二次大戦開戦が確実の情勢になって、乗ってきた船が、今度は急に引揚船に仕立てられる。これに乗るようにと言われて、湯川さんは学会で発表しないまま乗る。ハンブルクから、ノルウェイのベルゲン港とニューヨークを経由して船は日本に帰るんですが、途中のベルゲン港で、九月一日、ドイツのポーランド侵攻を聞く。

**鶴見**　おもしろいねえ。

**黒川**　どうするかというと、このベルゲン港で、船腹に日の丸を描いて、日章旗を夜でも見えるように照らす。ドイツのUボートからも見えるように船装を変えたんです。

**加藤**　中立的な船のかたちにした。

**黒川**　そう、この段階では日本は交戦国じゃないわけだから、そうやって非交戦国の船だとわかるようにした。また、そうすることで、セーフコンダクト（安導券＝通行上の安全保障）の明示にもなる。だから、そうやって船を「中立」の状態に仕立てて、自国民の帰還をはかったという点では、日本にとってこのときが起源といえば起源です。

**鶴見**　じゃあ、靖国丸は、はじめは引揚船じゃなくて、途中からそうなったわけね。

**黒川**　行きは引揚船ではなくて、日本郵船のヨーロッパ定期航路です。帰りは、ハンブルク港から、引揚船として大日本帝国政府の命令書を交付されている。言ってみれば、政府のチャーター便ですね。でも、国際法規の観点から見れば、それは「平時」の普通の船なわけです。ところが、途中のベルゲン港で、第二次世界大戦が始まって、さらに船の性格が変わる。ドイツと英国なんかからセーフコンダクトが出て、戦時法規のもとで保護されるべき、「中立」的な repatriation ship――つまり帰還船です。この戦時下の repatriation ship という位置づけは、鶴見さんたちがお乗りになった交換船でも同じなわけです。

## 「浅間丸事件」

**黒川**　そのあともう一つ、日米交換船の前史として見るべき重要なものに、「浅間丸事件」というのがあります。

浅間丸は、もともとは、横浜―ホノルル―サンフランシスコという日本郵船サンフランシスコ線の定期航路をになう〝海の女王〟、当時の豪華客船だったわけで、まだその時分のことです。

四〇年一月のはじめ、浅間丸が、サンフランシスコから横浜にむけて出航しようとしたとき、ドイツ人が乗船客として五一人乗り込んだ。そのほとんどが、スタンダード石油会社のタンカーに雇われていた船員だった。ヨーロッパでの開戦以来、日本郵船とイギリス海軍省のあいだには、ドイツ人の技術者などは乗船させないという「紳士協定」があったそうなんですが、このときは彼らを乗せた。日本郵船の記録によると、船長は彼らを乗せることに反対したのだけれども、ワシントンの日本大使館の強い意向があって、受け入れさせられたということです。

当時は、こうした在米のドイツ人船員をめぐって、英独間がとくに緊張していた。というのは、ヨーロッパでの開戦のとき、コロンブス号というドイツ商船が、メキシコのヴェラクルス港に逃げ込んだ。そのあと、洋上突破で大西洋に出ようとするんですが、イギリスの巡洋艦に追いつめられて、自沈してしまった。その乗員がアメリカの軍艦に助けられて、難破船乗員としてニューヨークのエリス島の連邦移民収容所に入れられていた。その段階では、まだアメリカは非参戦国なわけですから。

**加藤**　一種の保護だね。アメリカとしては、彼らを追放はしないけど、たやすくは入国もさせない。佐野碩のときはコミュニストの疑いで足どめしたけど、こっちはファシストの疑い（笑）。

**黒川**　そうそう。それで、このコロンブス号の乗員たちが、いつ、どうやってドイツに帰るのかが、イギリス側から警戒されていた。有力な方法だと考えられていたのが、まだ非参戦国だった日本の船をつかって太平洋を渡り、さらにそこから、非参戦国ソ連のシベリア鉄道でドイツまで戻るんじゃないかと。独ソ不可侵条約が、このときはありますから。

船員というのは、とくに戦力として警戒されるわけです。敵国の港湾の事情まで知ってる、ということもあって。

**加藤**　現に、あとで真珠湾攻撃が起こるんだからね。

**黒川**　ええ。パナマ運河の近辺の日本人漁船員たちが警戒されて、日米開戦と同時に即座につかまるのも、それですから。オーストラリアの海で白蝶貝（真珠貝）採取のために操業していた日本人船員なんかも、ただちにつかまって、彼らは法的にも戦争捕虜（POW）の扱いとなって、ふつうの民間人抑留者とは違った立場に切りはなされた。

それから、アメリカ西海岸の日系人の強制収容のときにも、この理由づけが拡大される。

**加藤**　ふつうの日系市民まで、海岸線の町から離して、もっと内陸部に閉じこめた。

**黒川**　そう。それで、この浅間丸の場合は、とにかく四〇年一月六日、ドイツ人のタンカー船員ら五一人を乗せて、サンフランシスコを出港した。ところが、それがホノルルに着く前に、イギリス海軍省は、日本大使館に「中立国である日本の船舶は、交戦国ドイツの技術者や徴兵適齢者などを乗せるべきじゃない」と申し入れた。つまり、「もしも乗船しているなら、これを引き下ろして抑留する権利を、われわれも有している」ということです。この主張の論拠となるのは、一九〇九年のロンドン海戦法規会議での宣言なんです。そこでの条項にある「中立船上の敵国人」のうち「敵国軍に編入せられたる一切の人員」は、contraband of war、つまり「戦時禁制人（品）」にあたるということです。

ただし、これらの条項は、条約としては批准されていない。だから、あくまでも、こうした国際慣行を承認するという指針というか、宣言だけなんですね。もとはといえば、批准を拒んだのはイギリスだったんだけど（笑）。だから、条文として定義の詰めが甘いままになっているところもある。日本は、この「敵国軍に編入せられたる一切の人員」を現役の軍人だけにかぎると解釈して、タンカーの船員は「戦時禁制人」の対象にあたらないとする。一方、イギリスは予備・後備役の軍人まで、つまり、彼ら船員たちの大半もここに含まれていると主張した。

結局、浅間丸は、そのまま千葉県の野島崎沖まで戻ってくるのだけれど、ここにイギリスの軍艦が現われる。それで、停船命令を浅間丸に発して、ドイツ人のタンカー船員のうち、あらかじめリストアップしていた二一人を船から引き下ろして抑留してしまう。

**鶴見**　公海上なの？　それは。

**黒川**　ええ、公海上です。沖合三五マイル半。

**加藤**　先回りして、待ち伏せていた（笑）。

**黒川**　イギリスとしては、戦時国際法にもとづく権利としての臨検であり、抑留であるということです。このあたりの経緯は、『狂気の海』や『日本郵船戦時船史』にかなり詳しく出てきます。停船命令を受けた船舶は、国際法上、無線連絡も禁止される。だから、日本郵船の本社とも連絡がつけられない。したがって、事件が進行しているあいだも日本側では真相がなかなかつかめず、当初、拉致された船員たちはコロンブス号の乗員だと考えられていた。

ともかくも、そうやって一月二一日、浅間丸は横浜港に帰着する。ここから右翼方面が騒ぎだし、中野正剛の東方会、清瀬一郎の国民同盟、橋本欣五郎の大日本青年党、末次信正海軍大将の大亜細亜協会とかが「東亜建設国民連盟準備会」というのをつくって、反英運動、また、成立まもない米内光政内閣への批判を盛り上げていく。

一方、この問題について、外務省内で対策にあたるのが、当時は欧亜局長だった西春彦、欧亜

第二課長の山田芳太郎、条約第二課長の松平康東といった人びとです。

**鶴見**　松平康東は、このあと駐米大使館の一等書記官になって、私たちと同じ交換船に乗ったんだ。だから、彼自身も浅間丸で日本に帰ってくる（笑）。戦後、国連大使になるね。

**黒川**　外務大臣は有田八郎、外務次官は谷正之、駐英大使は重光葵《まもる》です。須磨弥吉郎は、このとき情報部長で、外務省に押しかけてきた東方会四九人の「激励」を受けています（笑）。苦情の聞かされ役ですね。

**鶴見**　役者が揃ってるじゃないか（笑）。

**黒川**　議会は休会中なんですが、『狂気の海』によると、「社会大衆党の強硬決議、民政党、政友会革新派、各派外交評議会の緊急協議があいついだ」ということです。右翼団体の示威運動がしきりに繰り返される。普通船員が組織する日本海員組合まで、ドイツ人たちを英国に引き渡したかどで、浅間丸船長を糾弾する声明を出しています。

**鶴見**　こういう気分というのは、日露戦争のときの日比谷焼打ちと同じだね。「国民」が先頭にたって、雰囲気で戦争を引っぱっちゃうんだよ。

**黒川**　これに対して、ドイツの外務当局は、「日英間の問題である」として静観。日本海軍も、独自の見解はいっさい示さずに、冷静。山本五十六連合艦隊司令長官にいたっては、「自分が英艦の艦長であったとしても、やはり東京湾外で待ち伏せ、あの地点を臨検場所に選んだろう」と吉田善吾海軍大臣に語ったと、これも『狂気の海』にあります。

**鶴見**　あはは。

**黒川**　戦時国際法や中立法規については、少なくとも海軍には心得があるから、この時点では抑えがきいていた。

浅間丸船長による処置については、外務省もおおむね妥当だったと判断しています。ただし、「臨検をうけたる船舶は、場所、艦名、艦長名などと共に、臨検の事実を臨検士官より航海日誌に記註を受くるを要す」という国際法を船長が知らなかったことは遺憾とする、と。この場合だったら、英国軍将校から、浅間丸の航海日誌に、臨検の事実を証するサインをもらっておくのがルールだったわけですね。

一方、「報知新聞」は、一月二六日、かねて外務省が在外機関に「武力で強制臨検された場合には、戦時禁制人の定義如何にかかわらず、これを引渡して可」と訓令を出していたことをすっぱ抜いています。だけど、軍隊の臨検に、商船の船長が抵抗できるわけがない。だから、これは当たり前のことではあるんですけど。

ここで、もう一枚、役者が加わります。二月二日、貴族院で、大河内輝耕子爵が、この「報知新聞」の記事の真偽を有田外務大臣に質しているんです。

**鶴見**　えっ！

**加藤**　それ、大河内光孝のお父さん？

**鶴見**　巷説によると、そういうことになる。このあと同じ浅間丸で自分の妾腹の息子が戻ってくるとは、彼はまだ、つゆ知らないんだ（笑）。運命的だな。有田の息子も同じ交換船に乗る。

**黒川**　これと同じ日、衆議院では民政党の斎藤隆夫が、「支那事変」処理を批判して、「反軍演説」を行なった。

**鶴見**　あっ、そうなのか。

**黒川**　翌月、斎藤は議会から除名される。社会大衆党は、さらに斎藤除名に反対した片山哲、鈴木文治、西尾末広らを、党から除名する。

**鶴見**　とんでもない話なんだけど、これには後日談があるね。斎藤隆夫は、そのあとの四二年の翼賛選挙で、兵庫五区から非推薦で立候補して、最高点で当選し、衆議院に戻ってくる。

**黒川**　斎藤隆夫は、日本海寄りの出石の生まれですね。丹波篠山のほうまで含む、とても広い選挙区。

それで、「浅間丸事件」は、結局、英国軍が拉致したドイツ人二一人のうち、「比較的軍務に適せざる者」九名を日本側に引き渡す、ということで妥結に向かいます。二月二九日、彼らの身柄が、香港の捕虜収容所から横浜まで、イギリスの軍艦で送り返されてきています。

ただし、これに先だち、日本は、ドイツ人の日本商船への乗船を、正式に禁止した。——「海運統制令第六条に依り……欧洲交戦国人のうち軍隊に編入せられおる者（其の疑ある者をも含む）の乗船引受を禁止せり」という言い方です。根拠とされた「海運統制令」は、もともと「国家総動員法」にもとづくもので、つまり、国防目的の政令だったらしいんですけど。

**加藤**　それが親英的な国際関係の調停に、流用されたということだね。

**黒川**　清瀬一郎だけが、これをドイツ人九人の解放との「交換条件」だと報じたイギリスの新聞「ザ・タイムズ」を掲げたりして、最後まで抵抗している。イギリスとの妥協に手段を選ばない有田外交の特質だと。

**鶴見**　この点に関しては、正論じゃないか（笑）。

**加藤**　こういう経路をたどって、清瀬一郎という人は、東京裁判で東条英機の主任弁護人を買って出るんだからね。たしかにおもしろいところがあるよ。

**黒川**　このあともう一度、浅間丸はさらにドイツ人の引き揚げにコミットします。

四一年六月、蘭印（オランダ領東インド＝現在のインドネシア）で抑留されているドイツ人の引き取りについて、婦女子、病人にかぎってドイツとオランダのあいだで話がつき、この段階での非参戦国・日本の浅間丸が、その任にあたる。

六月一九日に横浜を出港。七月三日、ジャワ島のバタヴィア（のちのジャカルタ）に到着。ここで六六六名を収容して、翌日七月四日に出港。七月一〇日、上海で二〇四名を降ろした。さらに、長崎で一〇四名を、神戸で残りの三五八名を降ろして、七月一五日、横浜に帰着しています。

**鶴見**　そうか、いや驚いた。それから一年半後には、私がバタヴィアでドイツ語の通訳をするんだから。そんなことは何も知らないで、まだ私はハーヴァードでいっしょうけんめい勉強していた（笑）。

## 交渉、すすむ

**黒川**　外交文書で交換船に関するところをざっとみてみます。

まず、四一年一二月の日米開戦直後、外交旅券をもっている公館員同士を交換しようという話から、交渉がはじまる。当初はもっと早く、年明け早々にも交換しようかという感じです。交換する人は、大使館、領事館などの館員らとその家族くらいの規模で考えていたようです。

そのあと、一般在留民も交換しようという案も浮上してきて、「新聞記者、商社・銀行員、学生、婦女子、特別な理由のある者」などがその対象になる。完全な同人数同士にこだわるのではなくて、船に乗せられるだけの人数で、概数で交換をしようというのは、日本側から出てきたアイデアみたいです。

実際、交渉が土壇場に近づくにしたがって、乗船者の人数の細かなカウントが難しいことがわかってきて、同数交換ではなく、むしろ互いの船の収容能力いっぱいに乗船させることで、いわば目分量で交換しようということになっています。

「……原則として相互同数交換に依らず……交換船の収容力により自ら制約を受け、第一次交換に於いては、官吏と在留民の合計に於いて略々同数を交換するを余儀なくせらる」

「浅間丸、鎌倉丸、龍田丸、コンテヴェルデの四船の収容力は総計約三千二百名」（四二年五月二二日付「敵国及断交国トノ官吏其他ノ交換ニ関スル件」）

これは「日英交換」に使われる鎌倉丸、龍田丸の収容人員も含めた人数です。

**鶴見**　最終結果は同数交換とはずれていますか？

**黒川**　ほぼ同数交換ですね。概数でいうと。

**鶴見**　乗船できなかった当事者からいうと、理由なく「あなたはダメ」と言われるわけですね。そういうことを言われた人間にとっては相当なショックですよ。

**黒川**　第二次交換の乗船枠からも漏れて、帰国を希望しながら、結局戦争が終わるまで収容所に入れられたまま帰れない。——のちには、西海岸の移民などで、そういうケースが非常に多くあります。第二次交換で帰すと言われ、ハワイから米本土の収容所まで連れてこられて、いつまでも船に乗れずに終戦を迎えた人たちもいる。

**鶴見**　彼ら自身のほうには、そうされる理由がないんだ。

**黒川**　また、交換の対象となる「米国」側の範囲をどうするか。第一次交換のときには、「ハワイは含んで、フィリピンを除く。カナダならびに中南米の対日宣戦国および国交断絶国はこれを一団として相互に交換す」。

**加藤**　なぜその時点でフィリピンを除いているの。

**黒川**　日本はすでにフィリピンを占領して、その軍政下に置いていた。つまり、この時点では、むしろ日本のテリトリーになっていたからでしょう。

　第二次交換のときには、フィリピンにも寄港します。ただし、それは、米国の植民地としてのフィリピンではなくて、日本側の領域としてのフィリピンです。日本軍によって抑留されていたアメリカ人たちを、ここから本国に送り返した。また、アメリカ側から帰ってきた日本人たちが、仕事のためにマニラでもかなりの数が途中下船しています。

**鶴見**　イラク、エジプトは参戦しているの？

**黒川**　ええ、連合国側として。そちらは「日英交換」のほうの対象です。

　日本側から米英側への送還にしても、日本本土のほか、日本が支配する中国各地、満洲、朝鮮、インドシナなどにいる米英諸国の外交官、宣教師、教師らが、すべて対象となります。そうした人たちをどうやって集めて、交換船に乗せるかですね。第一次日米交換船のときは、浅間丸は横浜から、コンテ・ヴェルデ号は上海から出航しています。いろんな地域から帰還者を乗せなければいけないので、何カ所か寄港しながらロレンソ・マルケスに向かうんです。

北京以南の中国に在住する帰還者らは、上海に集めている。内陸部から上海へは陸送していま す。天津のように海に近い町の人びとの場合は、一度船で大連に集めて、そこから上海に送ったりしています。一度に数十人からせいぜい百人程度の規模で、何便にも船をわけ、そうやって上海に集めた上で、ここからコンテ・ヴェルデ号で出航する。

一方、満洲、朝鮮などの在住者は、横浜から浅間丸で出航する。たとえばハルビン、新京（現・長春）、奉天（現・瀋陽）、大連、そして朝鮮で集め、下関経由で神戸まで送ってくる。商人は少ないですね。外交官、宣教師、教師が多い。官吏以外では、数でいえば宣教師が圧倒的です。

第一次の日米交換のときには、満洲、朝鮮などから神戸に集められた人びとは、荷物だけ神戸から浅間丸に積んでいる。人間は、神戸から臨時列車をつかって、いったん東京駅のステーション・ホテルに結集させられ、さらに東京から横浜行きの臨時の専用列車に乗る。そうやって、横浜から船に乗っています。

**加藤**　どうしてそんなことをするの？

**黒川**　警備上の理由なのか、東京駅で、在東京の帰還者たちと合流させられているんです。こういう手筈はかなり土壇場近くで決めたみたいですね。当初は、神戸から乗船させようと計画した形跡もありますから。満洲、朝鮮から門司に人を運んでくるさいにも、昼間に到着する便を使うことが絶対条件だとか、警備上のことを神経質にうるさく言っています。

**鶴見**　コンテ・ヴェルデはどこで接収されたの？

**黒川**　接収じゃなくて傭船ですね。枢軸国側のイタリア船だから、上海で係留されていたのを借りた。

接収するのは、第二次交換船でつかう帝亜丸です。フランスからの徴用船で「アラミス」という名前を「帝亜丸」に変えている。

**加藤** 帝国の帝に、亜細亜の亜か。……アラミスの亜かもしれない（笑）。

**黒川** これとは関係ありませんが、「日英交換船」につかう鎌倉丸は、もともと「秩父丸」という船名だったのを、読まれ方が卑語に通じるとかいうので「鎌倉丸」に改名したそうなんですよ。

**鶴見** ははは！　いいね！

**黒川** "Chichibu-Maru" ってヘボン式で表記していたのが、三七年から、日本式ローマ字で "Titibu-Maru" になっちゃって、これの読まれ方がまずいということで。

**鶴見** 秩父丸は「タイタイブー」と読んだんだ（笑）。だから卑語に通じるとかいうより、「タイタイブー」って言われて、いやになっちゃったんだよ（笑）。

**黒川** ともあれ、出国にともなう交通の費用、つまりアメリカ側から出るまでにかかる日本人の費用は、アメリカ持ちなんです。日本側から出るアメリカ人の分は、日本持ち。

**加藤** それぞれが、相手側からの凍結資金をつかうわけ？

**黒川** そう、それが保証金みたいな役割を果たす。

それでも、満洲なんかの現地の役人からは、「あいつらは金を持っているんだから、適当に自腹で払わせることにしました」みたいな、かなり乱暴な報告が、外務大臣あてに来たりする（笑）。そういうことは外務省にとっては、外交交渉上からもまずいわけでしょう。だから、スペインの須磨公使みたいに経験のある外交官は、彼らに支払わせた分を返済しろとか、けっこう細かい対処に追われてますね。

**鶴見**　須磨はね、スモール・トーク、つまり下世話な話がうまいんで有名だったね。参事官室にクレームをつけてきたアメリカ人に対して、なんとかうまくやろうというんで、人情話的にこんこんと話しているの。大学出の官補は出たてだから、事務的にきちんきちんとするでしょ。須磨はそうじゃないので知られていた。アメリカでの参事官からスペイン公使になったでしょ。昇格したんだ。スペイン公使としても有能だという信頼感を、日本の本国の外務省は持っていた。

私は、最初にアメリカに行ったとき、ワシントンの日本大使館に二週間居候していたんです。須磨のパースナリティーについて知っているのは、そのためです。ふらふら、自由時間があるでしょ。斎藤博大使は、「電報で信頼できるのはイギリスの吉田茂大使と、ロシアの重光（葵）だけだ」と言っていた。重光は悪い奴だけど、電報は常に的確だ。自分の感情によってゆがめていない。谷（正之）という外務次官については「谷はお茶坊主でまったく信用できない」と言っていた。斎藤博はざっくばらんなんだ。一緒に飯を食っていると、ばんばんそういうことを言う。「お茶坊主」という言葉を平気で使うんだよね。

## 帰国候補者リスト

**黒川**　交換船の実施交渉が始まるとともに、両国とも、交戦相手国内にいる自国在留民数の把握に取りくみだしています。民間人はなかなか完全には把握できないんですが、まず地域ごとに外交官などの官吏から把握する。その上で、「米大陸非官吏在留民帰国者数」というのをまとめている。

**鶴見**　それは何月何日ですか？

**黒川**　外務省では、四二年一月二一日にはリストがでていますね。横浜正金とか、三井とか住友とか、誰と誰を日本に帰してくれと、それをもとにして米国側に指名をするわけですが、そのなかに湯浅八郎が入っています。でも、湯浅は最後まで逃げ切るんです。

**鶴見**　え！　それはおもしろいね！

**黒川**　湯浅の場合、ほとんど「講演旅行中のもの」となっていて、留守にしているんです。日本に対して姿をくらましている。キリスト教組織の後ろ盾があるから、敵国人ながら、わりあい旅行できたんでしょうか。それで、所在が判明してしまうと、帰国拒否（笑）。

**加藤**　何名くらいのリストの中に湯浅八郎が入っているの？

**黒川**　三〇名くらいの追加リストです。「是非とも第一次交換船に乗船せしむるよう米政府に要求せるもの」とされている。ほかは三井とか正金とか、実業関係者が多い。

**鶴見**　湯浅八郎は知恵があるね。日本に帰ってからも、自分は亡命していたと言わないんだ。それで再び同志社総長にもどる。おもしろいね。したたかなんですよ。

**加藤**　その辺のことを湯浅さんは何か書き残しているんですか。

**鶴見**　なんにも言ってない。

**加藤**　三七年の終わりには同志社総長を辞めて、そのあとアメリカにわたっていたんですよね。

**鶴見**　そう。講演などをやりに。しかし湯浅は反ファシストということを公言しない。戦後に和田洋一が「先生、どうしてあのとき同志社総長を辞めたんですか」と聞いたら、まっすぐ、「それは君たちが捕まったからだよ」と言った。同志社大学予科の教授陣から、三七年のうちに真下信一と新村猛が捕まり、あとで和田洋一も捕まった。和田洋一もコミュニストではないんだけど、警察のいいがかりが実際にそこにまで来た。それで湯浅は、もうここまでと思い切ったんだね。

八〇年ごろになってのことと思うけど、もう九〇を越すほどの齢になって、お供も連れずに、長野県の松本の民藝大会に出てきた。「君の講演、聞きにきたよ」と言うんだ。学生運動への警官導入に反対して、私が同志社を辞めたのを知っているんだけどね。

**黒川**　湯浅さんは、アメリカでも一時期、客員教授として大学に身を置いていますね。

**鶴見**　ミシガン州にオリベットという小さい町があるんです。そこにあるオリベット・カレッジ。これはライシャワーが出たカレッジで、日本とも結びつきがあります。私も招聘を受けたことがある。小さいカレッジです。

**黒川**　学生の帰国候補者リストも作られています。ここにあるものでは、鶴見和子、鶴見俊輔が筆頭に。

**加藤**　（笑）

**黒川**　三人目は南博です。

**鶴見**　この顔ぶれは、みんな、若杉要公使から直筆の「すぐに帰れ」という手紙を受け取った。

**黒川**　四人目は武田清子です。

**加藤**　おもしろいね、これ。

**鶴見**　リストにある田島信之は、群馬県の牧師の二代目です。戦後、青山学院で文学部長をつとめてから、東洋英和学院の院長になります。

**黒川**　当時、田島信之はユニオン神学校となっていますね。そのあとに出てくるのが、〝ニック〟こと福原信和です。デューク大学、サンフランシスコ「ヤマト・ホテル」止宿。その次が〝ユキ〟こと福原由紀雄。ペンシルヴェニア大学。そのあとは神谷宣郎。そして、山口美智子、高橋たね子……。

**鶴見**　高橋たね（たね子、現姓・松村）は、戦後まもなく、皇太子（現・天皇）の家庭教師として日本に来たヴァイニング夫人の秘書兼通訳をつとめた人です。アメリカでは、キリスト教の学校の学生だった。ペンドル・ヒルというクエーカーの成人学校にいたことがある。ヴァイニング夫人もクエーカーだった。その後、高橋さんは、戦後のアメリカで図書館学をまなびなおして、ＩＣＵ（国際基督教大学）の図書館長を長くつとめた。

　山口美智子は、日本の恵泉女学園で、高橋たねの先輩にあたる。たしか津田英学塾を出てから、恵泉で英語教師をしていたのだけど、園芸に興味があって、校長に勧められてアメリカに留学した。九〇歳を越しているけれど、この人も高崎で健在だそうだ。

**黒川**　高木酉……。

**鶴見**　高木酉！　この人は高木八尺《やさか》の一族です。クリスチャン・サイエンスのカレッジにいた。

**黒川**　プリンシピア・カレッジ。

**鶴見**　そう。あるとき、クリスチャン・サイエンスの寺院で、群衆のなかをぱっと見たら、日本人だとわかったんですよ。口をあけたけど、私は日本語が出ないんだ。英語だけしゃべっているからね。そしたら、彼女はすごく落ちついているんだ。私がなぜ口を開けているだけなのかわかったんだね。それで、「いいですよ、英語で話しましょう」と言ったんだ。びっくりした。彼女は日本に帰らなかった。お母さんは皇室と関係がある。皇子の乳人だった人です。

## 日米折衝と外務次官・西春彦

**黒川**　四二年四月六日付で、外務省は、これまでの日米間の交渉の経緯や、両者の提案の違いについて、簡潔にまとめています。

「米国政府は客年十二月十七日付をもって、スイス政府を通じ、日米両国がそれぞれロレンソ・マルケスに船舶を派遣し、外交官領事官その他の官吏、ならびに家族を交換したき旨申出来れり」

「然るに、右と入れ違いに一月五日米国政府より詳細なる提案接到せるところ、右我が方基本的提案との主たる差異は（イ）被交換者の範囲を、米側は官吏と新聞代表者に限らんとするに対し、我が方は新聞記者のみならず一般的に非永住的在留民とせんとすること（ロ）米側は、米国官吏中に在支米国海兵隊大使館護衛兵を含ましめんとするも、我が方は同意し得ざること（ハ）米側は日本の軍事的管理下の極東地域内の米国官吏を交換に含ましめんとするに対し、我が方は日満支のほか仏印、およびタイ国に付ては同意し、且つ在香港米国官吏に付ても異議なきも、フィリピン、グワム等にある米国官吏は交換に含まし得ずとするに存したるを以て、一月十三日付を以て右我が方見解を米側に回答せり。

然るにその後一ヶ月を経過せる後、二月十二日に至り米側回答到着し（イ）米側は非官吏在留民の引揚に関しては、船舶の収容力の限度に於て同意するも、日本側に於て自余の残留者の引揚を希望するに於てはこれを考慮すべきこと（ロ）日本政府が在支海兵隊大使館護衛兵を交換に含ましむる件は、後日再び論議すべきこと（ハ）被交換者の持出荷物は身回品とし、なお持出金の限度に関する日本政府の意向を承知したき旨申越せり、依て我が方よりは直に二月十四日付をもって（イ）第一次交換船に乗船し得ざる者に対しては更に第二次船舶を仕立て、速かに交換を完了すべきこと（ロ）交換地ロレンソ・マルケス到着までの船中費用として、千円迄の持出を許可すべきことを回答せり。

右に対し我が方より累次の督促に拘わらず、漸く三月十八日に至り米国側回答到着し（イ）非官吏米国人の帰国順位に関しては、遠隔の地、例えばタイ国、仏印、大連、京城、ハルビン、漢口、南京、済南、汕頭、厦門などに在留する者を優先的に送還せらるることを希望すること（ロ）米側交換船には、非官吏日本人約五百を乗船せしめ得べきことを申越せり、右に依り米国との交換に付ては原則的了解に到達したる次第なるが、最近に至り持出荷物に対し当初の了解を改め、一層寛大なる措置を執られたき旨申出ありたり」

また、同じ文書（「敵国トノ外交官領事官等交換ニ関スル件」）のなかで、これまでこの交換船実施の交渉が長びいてしまった原因について、次の四つの点を挙げています。

（1）両国間で直接に交渉にあたる方法がなく、すべて中立国を通して交渉にあたる必要があったこと。

（2）今度の戦争の「性質」上、隣接する中立国に直接出国するという手だてはなく、適当な中立国の港まで、双方から被交換者を送り届けて交換するという方法を採らなくてはならなかったこと。
（3）被交換者の居住地が、世界各地に分散していること。
（4）日本側から終始、外交官などだけでなく、商社・銀行員、新聞記者、学者・学生など、「非永住的在留民」もあわせて一括交換することを要求してきたこと。
　こういうふうに、その交渉の過程で、外務当局者においても、この「交換船」が帯びる従来にない特質が、意識されるようになっていたことがわかります。

　さて、こういうことで、いざ実際に交換船を出航させるとなると、膨大な食料や燃料も調達しないといけない。

　五月一四日、西春彦外務次官から燃料局長官宛の電文があります。

「コンテ・ヴェルデ号は、……同船の上海出帆の際重油約三百トン、上海向け帰航の為本邦港に於いて重油約三千五百トンを補給の要あるにつき、右供給かた特にご配慮相煩したく此段依頼申進す」

　上海で係留されているコンテ・ヴェルデ号は、ロレンソ・マルケスへの出航前に、まず空船で日本に送ってきて、長崎で交換船用に船装を変えて、もう一度上海に帰さないといけない。燃料は来る前に片道燃料を積み込んでおいて、長崎で満杯まで燃料を入れると。上海ではそれが難しいらしくて、燃料は日本で調達せよということを、西春彦が言っています。

**鶴見**　いやあ、こんなときから西春彦さんに世話になってるとは、驚いたなあ。晩年にずっと「思想の科学」の明治維新共同研究でつきあいがあったんだ。

**加藤**　このとき西春彦は外務次官？

**黒川**　東郷茂徳が外相になったとき、次官に就任した。本省内のナンバー2ですね。

**鶴見**　公正だから、外国ですごく重んじられるんだよ。彼の七七のときに、「思想の科学」で明治維新の共同研究をいっしょにやった市井三郎が喜寿の賀を開いたほどわれわれと親しかった。

**加藤**　西春彦の『回想の日本外交』を読んで、あっと思ったのが、一九六二年、なぜキューバ危機が起こったのか。

そのきっかけの一つに、一九六〇年の日米安保条約の延長をあげている。そのとき日本がアメリカから離れて中立に近くなっていれば、ソ連は問題ない。ところが、六〇年に岸が安保を延長して完全にアメリカ側についた。するとバランスがくずれる。

西春彦は、同じ年にソ連が公然とキューバ援助をはじめたことを指摘して、フロリダからすぐ近くのキューバにソ連が進出したことと、安保の延長は無関係じゃないと言っている。そういうアイデアが示されているのを読んで、この人はすごいと思った。

**鶴見**　西は、ものすごく長い射程で、外交を見ている。なぜ「思想の科学」の明治維新研究に加わったかというと、この人は薩摩の出身なんだ。生麦事件のことについて、きちんとした記録を残したいということだった。

彼は、若いころ、領事館官補時代にアメリカにいたんですよ。それで、のちの細君に結婚を申し込んだ。細君も日本人だけど、アメリカに留学中だったから、返事は英語で、電報で来るんです。その返事は、たしか“I am with you forever.”っていうんだ。

**黒川**　赤瀬川原平さん、お兄さんの赤瀬川隼さん、あの兄弟の縁戚なんですね。赤瀬川さんたちのお父さんも鹿児島出身で、西春彦とはいとこ同士にあたるとかで、親しみと敬意を抱いていたような話を聞いたことがある。上品な外交官のおじさんで、それでいて、官職を退いてからは六〇年安保をはっきり批判する文章も出すという、そういう姿への信頼感ですね。

もう一つ、思いだした。画家の丸木俊さん——戦前は赤松俊子といったんですけど、彼女は、西春彦の下の娘の家庭教師として、西一家といっしょにモスクワで暮らしていたことがあったそうです。四〇年、西春彦が駐ソ公使になったときですね。それより前に、べつの外交官の子どもたちの保母兼教師役としてモスクワにいたことがあって、このときは西春彦から直接に誘いがかかった。当時に描いた絵を、丸木俊さんに見せてもらったことがある。西さん一家のことはとても好きだったみたいです。そういう、まだ無名の女性洋画家にわざわざ娘の家庭教師を頼むというのも、おもしろいところですね。

こういう立場で外交官一家に同行する人たちの旅券には「従者」(dependent) とある。日米開戦でホット・スプリングスのホテルなどに外交官らが軟禁されたさいには、家族とともに、お手伝いさんほか、この種の立場の「従者」にあたる従業員の人たちも、「官吏」(officials) 一行の範疇に加えられていた。

**鶴見**　西春彦はとっても珍しい人なんだ。保守主義者というのはだいたい権力の言うとおりだと思われるけれど、彼はときとして権力を批判するんだ。

**黒川**　駐日米国大使のグルーは、西のボスである東郷外相は自分で決断できないからだめだけど、西は有能だって、信頼を置いていますね。

**鶴見**　イギリスは、グルーの助言があって、西を見ていたんだ。彼は戦後、駐オーストラリア大使になるでしょ。交換船実施のときから非常にあざやかに動いて、敗戦後の処理にも功績があった。そのあと駐英大使だね。イギリスから貴族の称号をもらうんだ。だからチャップリンと同じで、「Sir」なんだよ。

**加藤**　日本の外交官で外国から称号をもらった人は、ほかにもおおぜいいるんですか。

**鶴見**　私が親しかった人物では西さんだけです。戦後のディスパッチをきちっとやったということですね。

……思いだした。さっきのは訂正しないといけない。"I am with you forever." と言ったけれど、"I am yours forever." が正しい。

**加藤・黒川**　（笑）

**鶴見**　こちらの方が強いね。細君はウェスタン・ユニオン（電信会社）から電報を出すわけだから、英語でしか打てないんだよ。それで、"I am yours forever."

西春彦は漢文も読む。私は彼の軸を一つ持っています。市井三郎はね、西さんの喜寿の祝いをするために、鎌倉に洋食屋をさがしてきた。西さんはそのお礼にといって、準備をして、自分が書いた軸を一人一人にくれたんだよ。彼はかなりの書を書きます。

## レーン夫妻らをめぐる交渉

**黒川**　出港直前の六月八日付で、浅間丸とコンテ・ヴェルデ号、それぞれの航海予定表が外交史料館に残っています。このときは、まだ帰港地が神戸になっていて、あとで、帰港地も横浜としたものが作りなおされていますが。

**加藤**　こういうものは対社会的には秘密でしょう。日本の普通の人が知ったのは帰ってきたときの報道が最初かな。

**黒川**　いえ、出発の時点から新聞などでは報じられていますね。グリップスホルム号のニューヨーク出港も。船がロレンソ・マルケスに着けば現地から電報で送られた記事が新聞に載るし、その時点で、アメリカ側からの帰還者の「引揚乗船者氏名」も発表されている（「朝日新聞」四二年七月三〇日）。それを見て、横浜港に出迎えにくる、という人が多かったんじゃないでしょうか。「藤代真次」、「川上《ママ》クラーク」とか、乗船していない人の名前も、まちがえて「帰国者」に入っていますが。交換船が帰ってきた記事は、横浜到着の翌日、八月二一日の新聞に出ています。

ところで、出港に先だち、六月一五日、須磨スペイン公使から東郷茂徳外相へ、緊急の電信があります。

「在米スペイン大使より。

国務省においては本日午後（十四日）往電請求の米人リスト接到しおらず、右入手まではグリプスホルムの出帆を差しとむる旨述べ、また『松平』の件に関し先に電報の米人四名の第一次交換船便乗の権利あるを主張し（往電第二四一号の四のA）、もしこの点を容れざれば遺憾ながら『松平』ほか三名の乗船を取り消すほかなしと述べおれり」

アメリカ側が再三要求している米国人らの帰国者リストが、日本側から届かず、消息を気にかけている米国人四人が浅間丸に乗ったかどうか確認できないので、それまではグリップスホルム号をニューヨークから出港させるわけにはいかない。また、もし四人の米国人が日本からの交換船に乗っていなかったら、「松平」ほか三人をグリップスホルム号に乗せるわけにはいかない、というわけです。

ニューヨークで、鶴見さんたちが乗船してから、出港までだいぶ日がかかるでしょう。日本側でも、木更津沖で船を停めてしまって、そうした状態のままで双方がもめているんです。調べたんですが、これもたいへんな事件なんです。

それまでは、戦争の反面の外交とはまさにこういうものかという感じで、双方がきちんと手順を踏んで交渉しているんですが、いよいよ出港というところで、アメリカ側が、このままでは松平一郎という人物を船に乗せないと言いだすんですよ。それで急に、日本側からも、なに言ってるんだこのやろう、みたいなタフな交渉になってくる。

どうしてそんなことになるのかというと、北海道大学に、アメリカ人のレーンという語学教師の夫妻がいて、彼らは開戦のときに捕まっているんです。レーンはクエーカー、つまり、教義からすれば非戦の立場のクリスチャンです。妻も宣教師の娘でクリスチャン。そして、軍機保護法違反という罪状で夫婦ともに起訴されて、かなりの重刑を科されそうな状態で日本の監獄に入れられている。その夫妻らも交換船に乗せられないかということで交渉が進むんだけど、日本側がレーン夫妻を出さないと言いだして、両方でにらみ合いになる。船は、それぞれの帰還者がすでに乗船をすませて、沖がかりしているんですが。松平一郎は、宮内大臣・松平恒雄の息子です。

**鶴見**　皇室関係だね。

**黒川**　横浜正金サンフランシスコ支店勤務。

**鶴見**　松平恒雄の娘は秩父宮の妃殿下、勢津子妃です。皇室縁辺を、そのころの日本政府はとっても大事にした。反戦論者でもスウェーデン駐在武官の小野寺信少将は殺さないんだからね。皇室とのつながりは、その時代の「安導券」だった。

**黒川**　アメリカ側もうまいところをちゃんと押さえていたということなんでしょうか。松平恒雄は、容保《かたもり》の息子ですよね。

**鶴見**　西春彦にも似ているけど、松平恒雄というのは、信義のある人なんだよ。戦後まもなくのこと、美学者の中井正一を、新設される国会図書館の館長にしようとした。ところがこれがアカだという噂がたって、ものすごい反対があった。だけど松平恒雄は、中井を副館長にすることだけは守りきった。彼は中井を呼んでね、「館長にすると約束したけど、副館長で我慢してくれ」。そういう節度がある。

秩父宮というのは大正時代でいうと皇位継承のナンバー2なんだ。天皇制にとってとても大事なんだよ。そういう問題と全部からんでいる。

**黒川**　松平一郎は、このとき満三四歳。船室番号は「七八」。

**鶴見**　第一階級だ！

**黒川**　調査票によると、留守宅は松平恒雄、住所は麴町区三番町宮内省官舎。

**加藤**　宮内省（笑）。でもこの松平一郎は調査票を書いているわけですね。民間人だ。

**黒川**　話がそれるけど、本城文彦が、日本に帰ってから東郷茂徳の一人娘のいせと結婚する。そのとき、媒酌人は松平恒雄夫妻なんです。

**鶴見**　え、そうだったか（笑）。

**黒川**　四三年一一月だから、鶴見さんはもう海軍軍属でジャワに行っていて、日本にいない。当初、二人の結婚後は本城姓を名乗るはずだったんだけれども、結婚式が終わってからも東郷側の親戚筋での反対論が続いて、結局、新郎が養子となることになったと、妻のいせさんは回想記（『色無花火』）に書いています。当時の戸籍法だと、一人娘の場合も、家督放棄の手続きがからんでくるんですね。

**鶴見**　ははは。ややこしい。

**黒川**　レーン夫妻の件にもどります。

須磨公使から東郷外相への電信では、日本側で引っかかってるのが「米人四人」とあるけれど、これは「三人」のまちがいかもしれません。もう一人、レーン夫妻と一緒に捕まっているのは、ダニエル・ブルック・マッキンノンです。

六月一二日付で、在東京スイス公使館へ、外務省から宛てた電文「米国人マッキノン及レーン夫妻に関する件」が残っています。

**鶴見**　マッキンノン、この人物は知っている。北海道にいた。彼には娘二人と息子一人がいた。開戦前に、娘二人がアメリカに来ていた。藤代真次のところの常連だったんだ。非常に日本語ができる。上の娘はお茶の水（当時・東京女子高等師範）、下の娘は津田英学塾を出ていると思う。

娘二人は日本語ができるから、やがて開戦になって、アメリカで日本語速成コースの教師になった。エリセーエフとライシャワーの助手をしていたんじゃないか。戦後はアメリカで図書館に勤めたと思う。私は何度か会った。息子の方は日本学の、かなり高名な教授になった。私の記憶では、息子は開戦後も日本に残ったんじゃないか。息子はほとんど私と同じくらい。日本で旧制高校に行っていたと思う。

**黒川**　息子の名前はリチャードというんです。リチャード・マッキンノン。このとき金沢の四高の学生で、一時抑留されてから、この第一次交換船でアメリカに帰っています。だけど、父親のダニエル・マッキンノンは外諜容疑者として起訴してしまって、日本側が帰そうとしない。

そのときの日本の言いぶんとしては、ほかにたくさんのアメリカ人を帰しているじゃないか、だから松平一郎以下を帰してくれないと困る、というものです。

これについては、結局、第二次交換船でレーン夫妻たちを帰すという含みをもたせて妥結する。しかし、その過程では、急にこれまでの外交文書と違う「大日本帝国政府」という便箋に書かれた、非常に強い口調の文書が、外交史料館のファイルのなかに出てくるんです。それまでの外務省官吏によるやり取りとは、明らかに異質な文章です。誰が書いたのかはわからない。

「……米国政府がかかる理不尽なる措置に出でたるは全く日本政府の諒解しえざるところなり。
二、日本政府は僅か数日前、米国政府においては松平一郎ほか三名《ママ》を第一次交換に含ましむるに同意せる旨保障せられたるを以て、松平に関する件はここに全く解決せられたるものと了解しおれり。従って米国政府が突如既往の約束を公然破り、その態度を変更せる理由を諒解するを得ず。
三、米国政府においても熟知せる如く、マッキンノンおよびレーン夫妻の件は刑事犯罪に関連あるものにして、米国政府が無謀にもグリップスホルム号より下船せしめんとしおる松平ほか二名《ママ》とは絶対に何らの関係なきものなり」

この文書で、はじめてはっきり、松平一郎らのことと、マッキンノン、レーン夫妻のことを切り離し、第一次交換船には松平らをそのまま乗せて、マッキンノン、レーン夫妻については第二次交換で処理する、という解決案の主張が出てくる。

さもなくば、「日本政府は当方よりの交換船の出帆を差止むるの余儀なきに至るべし」とまで言っています。「昭和十七年六月十六日」付です。

こういう姿勢で、アメリカの利益代表国であるスイスとの交渉に当たるということですね。

**鶴見** これ、西が責任をもってやっているんでしょう?

**黒川** 署名がありませんから、確かなことは言えません。ただ、スイス公使との最終的な交渉と決定に、西春彦があたっていることは確かです。

ともあれ、ニューヨークと横浜で、両方が帰還者を船に乗せてにらみあっている。だから、鶴見さんたちを乗せて、グリップスホルム号がなかなか出港しなかった理由はこれなんですよ。日本からの浅間丸も木更津沖に停めている。

**鶴見** この交渉自体は公正じゃないか。ファシズムの臭いがしないよ。

**加藤** 五階建てくらいのビルの屋上に掘っ建て小屋があって、それが太平洋戦争中の軍部で。下の方は明治から一〇〇年くらいたっているから結構しっかりしている。そんな感じがしますね。

**黒川** この文書などでは、「松平一郎ほか三名」「松平ほか二名」と出てきますが、結局、このとき日本人で乗船を最後まで留保されていたのは、「松平ほか一名」とするのが正しいようです。

六月二一日、須磨公使から東郷外相への報告のなかに、「有田」という名前が出てきます。グリップスホルム出帆、「松平、有田両名とも乗船しおれり」。アメリカ側が、松平とともに、グリップスホルム号に一緒に乗せないといっていたのが、この「有田」だったことがわかります。外務省在外研究員だった有田圭輔でしょう。

**鶴見** 外務大臣だった有田八郎の息子です。

**加藤**　鶴見さんは、グリップスホルム号のなかでの松平一郎を覚えていますか。
**鶴見**　会っていると思うが、覚えていません。
**黒川**　六月二五日の「口上書」で、外務省は、中立国の在東京スイス公使館、ポルトガル公使館、スウェーデン公使館に、交換船がようやく出港したという報告をしています。「浅間丸は六月二十五日午前一時三十五分、横浜港外を出帆せる旨、またコンテヴェルデ号は六月二十九日午後上海を出帆する予定なる旨、通報するの光栄を有す」。
　上海では、コンテ・ヴェルデ号に勝手に乗ったアメリカ人がいて、その人を密航のかどで下船させて取り調べています。
　また、七月七日、上海の堀内総領事から東郷外相へ、こんな電信がある。——コンテ・ヴェルデ号には、精神病者の付き添いとして、その弟も乗せたのだけれども、彼らがきわめて熟練した優秀な電気溶接工だったことがわかったので、弟のほうだけを途中の昭南港で降ろし、上海に戻してほしい、というものです。本人が納得の上なら差し支えないだろうと。
**鶴見**　なに人?
**黒川**　アメリカ人ですね。
**鶴見**　それは日本側の、実に虫のいい要求じゃないですか（笑）。
**加藤**　「本人納得の上なら差し支えなかるべし」って、本人が了解すると思っているんだろうか。

**加藤**　話は戻りますが、いろいろ調べたら、竹久千恵子のアメリカでの結婚相手であるクラーク河上の父親、つまりジャーナリストの河上清は、山形県の米沢出身です。それで、彼がアメリカに渡航するときのお金は、後藤新平が出しているんですよ。

**鶴見**　これは驚いた。後藤新平はいろんな人に金を出す。大杉栄にも、尾崎秀実《ほつみ》にも金を渡しているんだ。

**加藤**　後藤新平が台湾の民政長官のとき、一時帰国していて、河上清に三〇〇円出してやっている。河上清は、自分もそうやって苦学しているでしょ。だから書生としてそういう人間を雇っているんです。その一人がジョージ山岡といって、東京裁判で東郷茂徳の主任弁護人になる。

**鶴見**　尾崎秀実には後藤新平が自分で会って、「先生は誰か」と聞くんだ。尾崎は「上杉慎吉先生です」と言う。すると後藤は、鶴見祐輔からいろいろ別のことを聞いているから、「君にいっておくが、青年は前進、進歩すべきもので反動はいかん」とお説教する。『愛情は降る星のごとく』のなかに出てくる。たしかにおやじはK・K・カワカミ（河上清）の悪口は言わなかった。

**黒川**　大杉と後藤新平が会ったのはいつごろですか。

**鶴見**　大杉はパリに行くでしょ。その金は有島（武郎）も出した。それより前のことだが、後藤も出した。内務大臣のときだと思う。大杉の『自叙伝』のなかにやりとりが出てくる。

後藤がたずねる。「どうしてそんなに困るんです」――能力も非常にあって、ファーブルまで訳しているんだからね。大杉は「政府が僕らの職業をじゃまするからです」と答えた（笑）。後藤新平は、そういうタイプの人間が好きなんだよ。それで金をやっちゃうんだ。

**黒川**　大杉は後藤邸に行ったんですか。

**鶴見**　そう。後藤のうちは、朝、非常に早く起きるんだよ。レイモンドがつくった洋館に、朝からいろんな人が会いにやってくる。毎日来ていたのはホシピンっていって……。

**黒川**　ああ、星一（星製薬創業者）。

**鶴見**　でっかいパッカードにのって毎日来ていたよ。息子の星新一が『人民は弱し　官吏は強し』に書いている。後藤が死んで、星も失脚した。ホシピンの長男の新一は、父親の事業を継ぐけど、やがて辞めて、SF作家になる。

私がびっくりしたのはね、児童文学者の乙骨淑子っているでしょ。彼女の父親（村谷壮平）は偉い人なんだ。一〇〇歳くらいまで生きた。

もう敗戦の年になってのことだけど、私が軍属として海軍の軍令部の大きな部屋で翻訳の仕事をさせられているとき、一〇〇人近くいる部屋で、でかい声で彼が言うんだ、「この戦争、どうも負けるような気がするんだけど、鶴見さんどう思う？」って。もちろん私は負けると思っているけどさ、衆人環視のなかでそんなこと言う勇気ないよ。むにゃむにゃってごまかしたけど、人格的に村谷の方がはるかに自分より偉い人だと感じたね。殴られないんだよ。老人だから。

**黒川**　軍令部は、当時どこにあったんですか。

**鶴見**　いまの慶応大学日吉校舎にあった。シンガポールから帰って休んでいたんだけど、ジャワでの二度のカリエスの手術がわりにうまかったんだね。いろいろ転移したけど、まあなんとか大丈夫になって、ジャワに戻れると出頭したら、もう行く便がないからと、軍令部に放り込まれた。

**加藤**　出頭したんですか。

**鶴見**　そう。そこで会ったのが、あとでわかったんだけど、乙骨のおやじだったんだ。

**黒川**　その人も軍属だったんですか。

**鶴見**　そう。彼はこういう話をしてくれた。二〇歳になったころ、ラジオのあたらしい考案をして、後藤新平の家に行った。自分は学歴がなく、経歴もなんにもなくて、まだ二〇歳だったけど、ちゃんと会ってくれたって。それで、「若いものはインヴェンティヴ（創意に富む）じゃなきゃいけない」と言ったらしい。非常にいい印象を持っていたね。

　だからね、後藤新平は、金に汚いやつと、能力がないやつが嫌いなんだ。「御親兵一割損」といって、後藤新平は、自分は偉いんだから勲一等も伯爵も当然だけど、そうだからといって、自分の子どもが偉いわけではない、と思ってる。自分のところのお婿さんになったからといって、その人間が特権にあずかってはいけない、ってね。だから、私のおやじは不満だったんだよ。一高で自分より一級上の前田多門は、東京市の助役でしょ。それなのに、自分は高い地位につけない。おやじは言っていたよ、「後藤のおじいさんっていうのは、自分をどれだけ偉い人だと思っていたんだろうね」って。これはおやじの嘆き節なんだよ。これが、おやじの書いた『後藤新平伝』全四巻を裏で貫いている、嘆き節。

**加藤**　（笑）

**鶴見**　軍令部では、交換船でいっしょだった田島信之にも会った。彼も軍属だった。部屋のなかを見回して、「こういうやつらがみんないなくならないと、日本は良くならない」と言っていた。交換船のときから言っていることが変わらない。信用できる人間だと思った。

## 竹久千恵子のはなし

**加藤** 竹久千恵子の芸名は、竹久夢二から取っている。昭和二年、一五歳くらいのときのこと。

**鶴見** 竹久夢二は反ナチで、ユダヤ側に与する。非常にラディカルなんだ。

**加藤** 一八歳のころ、一九三〇年に、エノケン（榎本健一）がやっているカジノ・フォーリーに合流して、エノケン一座とかムーラン・ルージュあたりをずっと動いて。

**鶴見** エノケンはかなりの社会思想を持っています。新劇の丸山定夫なんかも役者としてやとう。

**加藤** 浅草でいろんなものが出てくるときの草創期に身を置いているから、川端康成なんかのこともよく知っているんです。

**鶴見** 『浅草紅団』の登場人物の空気を、彼女は持っていた。明日待子がその終わりなんだ。

**加藤** 竹久千恵子の養父母は、自分たちの子どもができるんじゃないかと思っていて、彼女のことを籍に入れないんです。だからずっと能登谷という名だった。で、一流の女優になってから、はじめて養家の煤賀に変えた。竹久千恵子は、「打算があったんでしょうね」と、親にたいしてもすごくクールなわけ。

**鶴見** 理想の人物だねえ！　私はまったく直感的に、小学生のときから彼女のことが好きだった。

『兄いもうと』なんて、ちゃんと観ているんだ。

**加藤**　『兄いもうと』は、名演の一つです。この映画での演技は、この人にとても合っていた。太宰治が、この映画を観て泣いた。

**鶴見**　そうか！　いや、私にとっても、好みなんだ。

**加藤**　菊池寛が竹久千恵子のすごいファンだった。

**鶴見**　ええ？

**加藤**　菊池寛がムーラン・ルージュの舞台で観て、竹久千恵子に激賞の手紙を出す。大御所の菊池寛から手紙がきたと評判になって、千恵子の人気が急上昇する。それで映画に出るようになるんです。それから、紀伊國屋書店の田辺茂一がプロポーズしている。

**鶴見**　ああっ。そうかあ。

**黒川**　鶴見さん、頭かかえなくても（笑）。

**加藤**　そういう人に好かれるようなタイプです。大阪の商人で佐伯市太郎という缶詰会社の二代目がパトロンになるんですよ。その人から、松濤にすごい家とすごい車をあてがわれて、住む。これです（写真を見せる）。

**鶴見**　ええ！

**加藤**　この家にお父さんとお母さんを呼んで、三人で暮らしていた。

**鶴見**　上がったり下がったりが平気な人と、そうじゃない人がいるんだよ。大河内光孝も似ているんだ。上流階級にぶらさがっていたい人とは、メンタリティが違う。竹久千恵子はいいよ！

**加藤**　佐伯が、竹久をなんとかつなぎとめようとして、半年くらい世界一周旅行に出かけるんです。それですっかり嫌になっちゃって別れる。それが一九三六年くらい。そのころ同盟通信の東京本社で働くクラーク河上と出会うんです。

**鶴見**　クラーク河上は美男だね。東郷文彦はクラーク河上にワシントンで何回か会って、彼には知性があると言っていた。竹久はだめだって。その評価に私は反対だ。

**加藤**　クラーク河上はK・K・カワカミの長男です。すごく女の人にもてるわけ。

彼は、一九三三年、松岡洋右が国際連盟を脱退するときの通訳をしている。見栄えがいいでしょ。ただ、日本語はほとんどできない。……だから通訳にならないはずですけどね、考えてみたら。だけど松岡が気に入って、とにかく使った。そのあと、ジュネーヴで勤めて、ドイツ人のヘレンという女性に惚れられて、結婚する。

それで日本に赴任してきて、竹久千恵子と知りあう。クラークとヘレンの仲もうまくいかなくなる。そのころ竹久千恵子は運転手つきの車に乗っていたけれど、その運転手がスパイでね、パトロンに全部報告していたんです。証拠をつかんだぞとパトロンは言うんだけど、竹久千恵子は「お世話になってるし、わたしも悪いなとは思ったんですけど、仕方ないですね」と、ケロッとしてるんですよ。

クラーク河上もヘレンと離婚して、結婚してくれといわれて、アメリカに渡る。渡米前の最後の映画が『馬』なんですよ。山本嘉次郎の。

**黒川**　黒澤明が助監督の？

**加藤**　そう。高峰秀子のお母さん役です。

**鶴見**　『馬』は名画なんだ。黒澤の自伝のなかで、山本への評価は非常に高い。山本は無欲な人で、いばらない。「思想の科学」でも一回話を聞いている。山本の細君は料理が好きで、親子どんぶりが得意なんだよ。日本一の親子どんぶりをつくったっていうんで有名なんだ。

**加藤** （笑）

**鶴見** 山本嘉次郎は、黒澤にいろんなことを教えてくれるわけ。『馬』で高峰秀子をぐっと持ち上げる。高峰秀子のデビューは『母』なんだよ。うちのおやじ（鶴見祐輔）が書いた『母』という小説が映画化されたわけ。主演は川田芳子。芸者の役は八雲恵美子。監督は野村芳亭だ。高峰秀子は苦しい暮らしから出てきた人で、映画でもらう金で養母を助けていた。大変に頭がいいね。『馬』ではじめて芸術的作品に役がついたわけ。

『母』は、昭和四年、私が小学校一年のとき。永井道雄もその映画を観ているんだよ。一年生どうしで、その映画について話し合っているんだ。

**加藤** 竹久千恵子に戻りますけど、彼女はクラークのもとへ行く前、プレミアで「死ぬ気で出発します」と舞台挨拶をして、単身、アメリカへ向かう。でもね、竹久千恵子は英語があんまり話せない。だからクラークともあんまり話せない。クラークの家の人はけっこうあたたかく迎えてくれるんだけど。

**鶴見** 東郷の竹久評価が低いのは、それだ。東郷はね、英語が上手なやつに弱いんだ。東郷は、クラーク河上とは英語で話したでしょ。

**加藤** 竹久千恵子がアメリカで日本語話せるのは、お義父さん（河上清）とだけ。さびしくて、広い庭でよく泣いたらしいです。

**鶴見** 私はロッパ一座の「交換船」という芝居を、日本に戻ってきたあと、四三年の一月に観にいった。

**加藤**　どこで観たんですか？

**鶴見**　東京、有楽座です。竹久千恵子が出てきたのだけ覚えている。古川ロッパも出てきて、「万歳万歳」とやったね。

**加藤**　竹久千恵子は、終戦後、また映画に出始める。主演が轟夕起子、エノケン。そしたら、映画の撮影現場に、ケニーというクラークの友だちがやってくるんです。竹久千恵子という女優がいるだろうって。

**鶴見**　いいねえ。

**加藤**　「クラークが生きていたとしても、千恵子への関心など消えてしまっていると思っていた。……千恵子自身、クラークのことなど日常生活で意識にのぼることは、ほとんどなかった」（香取俊介『モダンガール』）

**鶴見**　いやあ、すごいなあ。

**加藤**　「……プロポーズをしてくる日本男性は何人もいたし、男友達に事欠くこともなかった。なかには、深いつきあいをした男もいる。自分が既婚者であるという意識は、ほとんどないのだった」（同）

**鶴見**　ははは、いいねえ。

**加藤**　竹久千恵子って、こういうことをぬけぬけと喋る人なんですよ。

**鶴見**　戦後、私と座談をしたときも、まだそのころは焼け跡が残っていて、もとはお稲荷さんがあったところが焼けていてね、「ああ、あの神さん焼けちゃったのね」って言うんだよ。その話し方、おもしろかったね。

**加藤**　そして、劇的な再会は、昭和二〇年の一一月。千恵子のアパートに三人の女優が集まってきた。江戸川蘭子がこう言うんです。「さっき電車に乗ってくるとき、河上さんにそっくりの人が乗っていたわ」。まもなく玄関の戸があいて、「ごめんください」と聞こえた。日本人の男だった。お手伝いが出ていくと、小さな悲鳴のようなものが聞こえた。そこには交換船で帰ってきた同盟通信の木下秀夫さんがいて、その後ろにアメリカ陸軍の将校みたいな人が立っていた。それがクラーク河上。

**鶴見**　……（笑）。

**加藤**　クラークは、竹久千恵子を一日も忘れられなかったと、感激しているわけです。家も、接収してすごいところに住んでいる。クラークは権力を持っているんですよ。

**黒川**　鶴見さんたちがインタビューしたとき、竹久千恵子はクラーク河上と一緒に日本に住んでいたんですね。

**加藤**　そう。

**鶴見**　女優の江戸川蘭子のだんなが、私の武官府の上司だった。これが小笠原子爵の出で、三年も兵隊に行っているのに、一等兵なんだ。

彼ははじめ陸軍にいたんだけど、不撓不屈の人間だから憎まれて、わざわざ遠くまで偵察に行かされた。これは不当な待遇なんだ。だけど生きて帰ってくる。そしたら中隊長が「じゃ、おれが報告する」と言いだしたので、「このやろう、おれが報告するよ」といってケンカになって、中隊長を銃尻で殴っちゃった。だから三年も軍隊にいて一等兵なんだ。海軍武官府はそういう奴が好きだから、やがて海軍にとられてジャワまで送られ、私の上司の課長になった。

**黒川**　どこでですか。

**鶴見**　ジャワの海軍武官府。彼は合作映画をつくっていたから、ドイツ語ができるんだ。阿片を手にいれて、タバコに阿片を入れて吸っていた。英語ができないから役にたたなくて、仕事中もどこかに遊びにいっちゃうんだ。私はそこから阿片を盗んで、いつでも自殺できるように持っていた。

昭和三七、八年になって、大阪のロイヤルホテルにいたら、「おい」と声かけられた。スパゲティー屋の主人になってたんだよ。彼は自分を貫いたね。もう死んでいると思うけど。戦前には映画プロダクションの社長だった。

**加藤**　その後、竹久千恵子は、クラークがアメリカで仕事をすることになって、アメリカに渡る。子どもは三人できた。アメリカでも平穏な生活だったわけじゃなくて、クラークは退役してからもてて、毎日テニスをしている。「モテる男っていうのも、よくないと思いましたよ」と、冷淡なんですよ。「パパ（クラーク）はインポテンツだったんです。まわりに集まっていた人たちに教えてやりたいくらいだった」

**鶴見**　いや、おもしろいね。いいなあ！

**加藤**　クラークは一九八五年、脳溢血でなくなった。竹久千恵子は、そのあとワシントンの家を処分して、ハワイに移った。長男が住む家の近くに家をたてて住んでいる。アメリカでもなくて、日本でもなくて、ハワイ。中空に浮かぶようなところに住んでいる。

**鶴見**　偉大な生涯だよ。

**加藤**　大正時代のモダンガールを最後まで貫いたんです。貫いたから日本にいられなかった。
**鶴見**　この人は未来的な人間だね。日本はやがて亡びるけれども、亡びたあと出てくる日本人はこういう人だ。

## 六三年後の訪問

**加藤**　行方がしれないとおっしゃっていた交換船での同船者、小児科医の加藤勝治さん、みつけました。戦後、『医学英和大辞典』の編纂をなさってます。これは定評のある辞書らしいです。
**鶴見**　この本は四五年間も使われているんですね。私は、加藤は憲兵隊に館山沖で消されたんじゃないかと思っていた。彼の場合、なぜ日本に帰ってきたのかわからないね。有色人種にもかかわらず、当時シカゴ大学の助教授まで行っているんだから。
**加藤**　帰ってきてから大学病院に入られたようです。
**鶴見**　ヴァイニング夫人の通訳をした高橋たねさん、いまは、松村たねさんになっているんだけど、彼女は元気です。あさって、彼女に会うつもりなんだ。
**黒川**　そうですか。
**鶴見**　彼女は日曜の午前中、教会に行く。教会から戻った午後三時に、会う約束をしている。
　彼女は一九一七年生まれなんだけど、いまも仕事をしているんだよ。聖路加病院で、ボランティアで仕事をしているんだ。聖路加には外国人がたくさん入院しているでしょ。週に二度、その人たちの話し相手になるんだって。そのほかの日にも、英語を教えているそうだ。

**加藤**　すごいですね。

**鶴見**　たねさんは、当時七歳だった雨宮健を覚えていた。「ああ、あの坊やね」って。たしかに、七歳だから、坊やだね。

それから、雨宮健に、姉の弘子さんの日記のコピーを送ってもらったんだ。差し支えのあるところは、健の手によって半分ほど切ってあった。どういうところかというと、有名な人の悪口が書いてあるところだって、健がいっていた（笑）。私にわかる人ですかって聞いたら、わかるそうだ。傲然と威張るのがいて、それが嫌いだったって。削ってあるから、その部分は私も見ていないけど。

私の見せてもらった部分で、彼女が書いていることは、おもにピアノに関することだね。彼女はその後ずっと日本にいて、一度結婚して、離婚している。それで、この日記はのちのち重大な意味をもつと思って、何度か書き直しているんだって。書き直したものが、いま、彼女の息子の手に残っている。それを、健に頼んで借りてもらったんだ。

**加藤**　書き直すって、おもしろいですね。

**鶴見**　日露戦争のときの兵士の日記が本になっていて、いま読めるでしょ。そういう、兵士が日記をつけているってことが、日本文化の高さなんだ。雨宮弘子も、自分が書いた日記は大切なものだとわかっていた。こういうドキュメントがあるということが大事なんだ。

それから私は、姉の和子に電話したんだ。誕生日の六月一〇日に、彼女の米寿の会をするんだけど、そのとき、「交換船の思い出」という話をすると言っていた。

**加藤**　ああ、それはいいですねえ。都留さんは？

**鶴見**　都留さんにも知らせる。師弟関係があるから。それから、武田清子さんにも話を聞きに行く。彼女はもう孫がいるって言っていたよ！

**黒川**　それは、いるでしょう（笑）。

**鶴見**　そうか。ははははは。

＊この鼎談は、以下の四回に、幾度かの補足的な討議を加えて成っている。
二〇〇四年八月四日（東京・山の上ホテル）
同年一〇月二四日（同）
同年一二月一一日〜一二日（京都・京大会館）
二〇〇五年二月二六日〜二七日（同）

〔都留重人氏は、二〇〇六年二月五日、九三歳で逝去された〕

# 交換船の記録

——五つの大陸をわたって

黒川創

戦争が起こると、当事国間の国交は断絶する。それにともない、交通の行き来（船や鉄道、飛行機など）も断ち切られる。そのとき、よその国（戦争の相手国）に滞在している人びとは、どうやって自分の故郷の国に帰ればいいのか。また、どんな手だてで彼らを帰国させることができるか。「交換船」というものが国と国とのあいだで編み出される始まりが、そこにある。

今日、海をはさむような遠隔地間の輸送の主力は、船から大型飛行機へと変わっている。しかし、たとえば、何万人、何十万人という日本人が暮らす米国（在米日本人・約三四万人／在日米国人・約五万人、米軍などを除く）、中国（在中日本人・約一〇万人／在日中国人・約四六万人）、韓国、あるいはヨーロッパ諸国とのあいだで、もしも戦争が起こった場合、互いの自国民をどうやって帰還させるか。あるいは、帰還させないまま、その安全をどうやって確保するか。その方法は、今日でも、あらかじめ決まっているわけではないのである。

第二次世界大戦のもとで、第一次日米交換船と日英交換船は一九四二年夏に、また、第二次日米交換船は翌四三年秋に実施された。もっとも、ここで「夏」とか「秋」というのは北半球の場合であって、交換船が寄港していく南半球の各地では、季節はまったく逆になろう。次いで、第二次日英交換船ならびに第三次日米交換船も計画されていたが、実現されることのないまま、戦争は終わった。

ここに述べるのは、第一次日米交換船を中心に、日本が当事国として実施にあたった「戦時交換船」についての概要である。

## 1 「交換船」をつくる——戦時国際法と中立制度

国際人道法とも今日では呼ばれる戦時国際法には、いわゆる「ジュネーヴ法」と「ハーグ法」、二つの系統があるとされている。一連の「ジュネーヴ法」の目的は、武力紛争の犠牲者（捕虜や文民など）の保護に置かれ、他方、一連の「ハーグ法」は、戦争の手段・方法や中立性を規定する。この両者が相まって、交戦国と中立国のあいだには中立法規が適用され、交戦下での捕虜・傷病兵や文民には一定の保護が与えられるとされたのである。

日露戦争後まもない一九〇七年、ロシア皇帝の呼びかけで、第二回ハーグ平和会議が日本を含む四四カ国の参加のもとに開かれ、一三の条約が採択された。このうち「開戦に関する条約」は、理由つきの開戦宣言や最後通牒による事前通告なしに他国への敵対行為を開始してはならないことを初めて明記して（第一条）、戦争開始にあたって当事者となる国家間のルールを国際的に明確化した。さらに第二条では、「戦争状態ハ遅滞ナク中立国ニ通告スベク、通告受領ノ後ニ非ザレバ該国ニ対シ其ノ効果ヲ生ゼザルモノトス」として、交戦当事国は、戦争下にあって、中立国に対し、その固有の役割を期待しうることを明瞭にした。戦争のもとで中立を表明する国が負うものとされるこのつとめを、中立国義務という。交戦国のすべてに対し、中立国は公平を維持する地位に立つことが、この義務の中核をなしている。

一方、第一次大戦後、一九二九年のジュネーヴ会議で新たに結ばれた条約（「俘虜の待遇に関する条約」）は、交戦国は捕虜の情報を扱う部局を設けてその情報を提供すること、また、交戦国はしかるべき中立国を自国の利益代表（いわば代理人）にそれぞれ指定することで、この中立国の代表者がそれら交戦国の国民で捕虜となった者たちと面会し、彼らの待遇を調査することなどができるとした（日本は、この条約に署名はしたが、批准していない）。

日本軍によるハワイ真珠湾への奇襲攻撃（現地時間・四一年一二月七日）に始まる太平洋戦争の勃発直後、米英両政府はそれぞれの利益代表国となった中立国（米国はスイス、英国はアルゼンチン。ただし四二年五月一四日以後は、英国の利益代表もスイス）を通じて、日本政府に、この「俘虜の待遇に関する条約」を遵守する意向があるかどうかの問い合わせを行なっている。これに対し、日本政府は、自身の利益代表国（米国にはスペイン、英国にはスイス）を通じ、この条約を準用する意向がある旨を回答した（『外務省の百年』下巻。ただし、ハワイにおける日本の利益代表国は、例外的に、暫定措置としてスウェーデンとなった）。これによって、以後の「日米戦時交換船」や「日英戦時交換船」の実施にむけての交渉においても、それらの条約が基礎をなすことになるのである（ここに言うexchange shipについては、「戦時交換船」、あるいは単に「交換船」などと呼ばれることが多いが、定着した日本語訳があるわけではない。「捕虜交換船」という語が用いられることもあるが、ここに述べる日米・日英間などの交換船の乗船者の場合は、外交官ならびに一般民間人らが大半を占めており、実態にそぐわない。以下では、とくに必要な場合を除いて、「日米交換船」「日英交換船」などの語を用いる）。

米国側の視野から第二次大戦下での日米交換船の実施にまつわる経緯を追ったスコット・コーベットは、こうした交渉の仲介にあたる中立国の役割を支えるものとして、「保護権力（protecting powers)」や「調停（good offices)」の理念を挙げている。

「保護権力」とは、ある一国が、べつの国の領域内で、自国以外の国の利益を代理できるという考え方である。したがって、その国の外交団は、たとえば、戦争勃発による国交の断絶で外交団を失った他国の居留民に対して、その利益代表の役割も担いうる。また、「調停」とは、緊急事態のもとにあって、一国の外交官が、他国民の仲裁を買って出る慣例である。

コーベットによると、こうした「保護権力」や「調停」には、遠くは古代ギリシアの都市国家間の関係にまで遡る、長い前史がある。独立後の米国にあっても、メキシコでの内戦（一八六七年）のさいに、ヨーロッパに引き揚げる各国民の利益を保護したのをはじめ、普仏戦争（一八七〇～七一年）やパリコミューン（一八七一年）においても、米国の外交官はめざましい活躍をした。のみならず、明治初年代に樺太をめぐっていざこざが生じたさいにも、米国は日本の求めに応じて「樺太千島交換条約」の成立などを助けたし、日露戦争（一九〇四～〇五年）にいたっては、米国の仲だちによって日本人捕虜二千人の帰国が実現されたというのである。（P.Scott Corbett, *Quiet Passages*)

ともあれ、こうした国家間の紛争にさいして、相手国に居留する自国民らをすみやかに交換しあう伝統は、断続的に戦争が続いた旧大陸のヨーロッパにおいてこそ、より先行していたと言ってよい。第二次大戦のもとでも、そうである。ドイツ軍のポーランド侵攻によってその戦端が開かれてまもない一九三九年一一月、英国政府は、みずからの利益代表に米国を立てて（当時、米国は参戦せずに中立を宣言していた)、ドイツ政府に対して、公海上の中立国船からドイツ外交官を引き下ろしたり抑留したりはしないとする保障を与えている。つまり、交戦国相互のこうした保障こそが、外交官をはじめ、相手国に居留している自国民らを交換するにあたって必要な条件となるのである。

日本政府は、太平洋戦争開戦後の四二年三月になって、このときの保障がいまだに有効なものとみなされているかどうかを、中立国のスペイン、スイスを通じて、米英両国に問いあわせている(同年三月五日付、東郷外務大臣から在スペイン須磨公使ならびに在スイス三谷公使宛の外務省公電)。日本政府は、それが「有効」であることを確認した上で、日米交換船ならびに日英交換船実施に向けた、米英両国との取り決め上の基本枠組としようとしたのである。言い替えるなら、このことは、日本政府が、こうした「交換」を行なうにあたって、ほかになんらの前例も手にしていなかったことを意味している。(以下、これらの外交関係文書の引用は、外務省外交史料館所蔵の資料による。片仮名での表記は必要に応じて平仮名の現代かなづかいに改め、句読点を補う)

しかしながら、このような経験の乏しさは、日本政府のみならず、米国政府においてもさほど大差はないものだった。なぜなら、米国にとっても、他国の利益代表を引き受けた経験はともかくとして、自身が交戦当事国としてこうした大がかりな「交換」の交渉にのぞむのは、これがほとんど初めての経験だったからである。この年五月、米国とドイツならびにイタリアとのあいだの交換船が実施されているが、これに関しては、ヨーロッパに位置する独伊両国の経験と前例にも依存しながら、比較的スムースに交渉が進んだ模様である。また、英独間ならびに英伊間での交換船の実施は、太平洋戦争の開戦より先だって、英独間のものは中立を声明していたオランダ、英伊間のものは同じくポルトガルのリスボンを、それぞれ交換地として行なわれた。それらに対して、日米間の交渉は、太平洋という広大な戦場をあいだにはさんで、互いにまったく異なる言語と文化的土壌を背景にしながら、文字通り手さぐりの状態で進むしかなかったのだ。

一方、日本にとっては、こうした米国との交渉と並行しつつ、英国政府とのあいだでも「日英交換船」実施の交渉にあたる必要があった。これにはいっそう複雑な側面もともなった。そのひとつとして、「日英交換船」の運行地には、英本国のみならず、英国の植民地支配下にあるインド、また、英連邦に加わるオーストラリアも、加えなければならなかったからである。たとえばインド領内には、太平洋戦争開戦にともなって、それまで英国が支配していたマレーシア、シンガポール、北ボルネオ、ビルマなどの諸地域から、三千人近い日本人抑留者が移送されていた（これら東南アジアの諸地域は、開戦後まもなく日本軍が進攻、占領した）。また、英国の主導下にあるイラク、エチオピアの日本外交官らも、インドに送られている。さらに、オーストラリアにおいては、日本からの多数の出稼ぎ者ら（木曜島などでの白蝶貝採取の海中労働者らがことに多かった）が抑留下に置かれたほか、インドネシア（当時の蘭印＝オランダ領東インド）などに居留していた日本人の多くも、当地に送られ抑留生活を余儀なくされていた。

かたや、日本側から米英側へと送還されるべき米英人についても、所在は東アジア各地に散在している。日本本土のみならず、当時、日本は、朝鮮、台湾、満洲、華北・華中・華南の各地、香港、インドシナ、フィリピン、シンガポールなどを勢力支配下に収めており、これらすべての場所に居住する米英人（インド人、オーストラリア人などを含む）の外交官、宣教師、教員、ジャーナリスト、商社・銀行員とその家族らを「交換」の対象範囲に含むとするのが、ここでの「日米交換船」ならびに「日英交換船」の趣旨なのである（ただし、フィリピン在任の英国人官吏らは「日英交換船」の交換対象に含まれたが、第一次「日米交換船」においては、フィリピンおよびグアムはその対象地域から外された）。

米大陸側から出港する「日米交換船」の日本人乗船者についても、その居住地は広範である。カナダは英連邦に加わっているが、北米に位置するために、日本―カナダの両国民の「交換」は米国を経由して日米交換船によるものとされた。また、日米開戦とほぼ時を同じくして、カナダのほか、中米九カ国（コスタリカ、ドミニカ共和国、ハイチ、ニカラグア、ホンジュラス、エルサルヴァドル、グアテマラ、パナマ、キューバ）が枢軸国に対して宣戦布告している。また、一二月八日にはメキシコと南米コロンビア、三一日にはヴェネズエラが枢軸国に対して国交断絶を通告した。さらに、四二年一月、汎米外相会議での決議（二三日、リオ・デ・ジャネイロ）を受けて、アルゼンチンとチリを除く残りの南米諸国（ブラジル、パラグアイ、ウルグアイ、ボリヴィア、ペルー、エクアドル）が国交断絶で歩調をそろえるに至っていた。このうちパナマ、コスタリカ、メキシコ、エクアドル、ペルー、ボリヴィアなどは、日本外交官や駐在員、日系市民を米国にむけて追放しはじめており、こうした人びとも「日米交換船」の乗船対象に含む必要が生じていた。

また、ブラジルは、日本人の被交換者の概数が、官吏だけですでに「一五〇名」、これに民間人を加えるとさらに多数に上ることから、スペイン大使が仲介してブラジル政府に折衝し、同国政府は「米国向け輸送の考えを捨て」、交換地である東アフリカのポルトガル領ロレンソ・マルケス（現在のモザンビーク共和国の首都マプト）へ彼らを「直接輸送する」ことに決めている（四二年三月三日付、須磨スペイン公使から東郷外務大臣への電信）。この方針は同年五月にブラジルが枢軸国との戦争状態に入る旨を声明しても変更されることなく、同年六月にニューヨーク港を出港する第一次日米交換船グリップスホルム号は、途中、リオ・デ・ジャネイロに寄港して、ブラジル国内とパラグアイの日本人外交官、銀行・商社員などとその家族らを乗船させることになるのである（日本側からの交換船に乗った米州人のなかにも、同様に、カナダ、中南米諸国の外交官らが含まれていた）。

つまり、第一次「日米交換船」の「米」側にあっての乗船対象地域とは、単に米国のみにとどまらず、この段階では中立的な立場を守っていたアルゼンチンとチリを除いて南北アメリカ大陸のすべての国ぐにを意味することになる（その後、チリは四三年一月、アルゼンチンは四四年一月に、対日国交断絶を宣言する。第二次「日米交換船」の実施時には、これらの国から帰還する日本人も乗船者に加わった）。また、「日」側にあっての乗船対象者の居住地域も、北は満洲・樺太（サハリン）から、南はシンガポール（日本政府は「昭南島」と改称していた）に至る東アジア・東南アジア全域——言い替えれば、当時の日本政府が言うところの「大東亜共栄圏」全体におよぶことになるのである。

さらには、「日英交換船」での日本への帰還者一行には、エジプト、英領東アフリカ（ケニア、ウガンダ、タンガニーカ、ザンジバルの四地域）、南アフリカ連邦（現在の南アフリカ共和国）などアフリカ各地に駐在していた二十数名の外交官や在留民も、交換地であるポルトガル領東アフリカのロレンソ・マルケスまでそれぞれ陸路や飛行機で移動し、合流した。こうしたことを考えあわせれば、この「交換船」の動きが、まさに世界の五大州を覆う前例なき規模で行なわれたものだったことがわかる。当時、日本に対してはまだ非参戦だったソヴィエト連邦は、ここでの「交換」には加わっていない。しかし、そうしたロシア極東の海上や都市も、また、第二次「日米交換船」の交換地として（それは第三国である必要があったので）候補に挙げられていたのである。

ともあれ、こうした新しい事態は、この世界におけるもう一つの局面を明るみに出した。それは、このように全世界を参戦国として巻き込む戦争のもとでは、二〇世紀前半に生まれた「中立制度」の存立基盤それ自体が、早くも衰亡に瀕するほかないという事実である。

この世界戦争のもとでは、もはや、交戦国間の仲介者として「中立」の条件を満たす国家は、スイス、スウェーデン、スペイン、ポルトガル、エール（アイルランド）、アフガニスタンなど、わずか一一国しか残っていなかった（戦争終結の時点で。一方、日本と交戦関係にあった国は四五ヵ国、国交断絶国は四ヵ国。また、日独伊以外の枢軸国は六ヵ国）。これらの「中立国」のうち、主要各国に在外公館を置き、現実に交戦国間の「調停」の任に当たれる準備がある国は、スイス、スウェーデン、スペイン、ポルトガルの四ヵ国にほぼ限られていた。したがって、開戦後ただちに開始されるはずの中立国を仲介者としての交渉も、まずはそれに先だつ、交戦国それぞれの利益代表国の決定にあたってさえ、入り組んだものとならざるをえなかった。

たとえば、日米間の交渉にあたって、米国側の利益代表はスイス、日本側の利益代表はスペインが、それぞれただちに引き受けた。しかし、同時に、日英間の交渉にあたっては、スイスは日本側の利益代表なのだった。また、中南米諸国との交渉にのぞむ日本側利益代表は、おおむねスペインがあたったが、メキシコに対する利益代表はなかなか決まらず、四二年二月に入って、ようやくポルトガルへの依頼の手続きを完了した。ちなみに、メキシコに対しては、ドイツはスウェーデン、イタリアはスイスを利益代表に指名している。

第二次大戦下、このように大がかりな規模で実現された「交換船」の運航は、二〇世紀に生まれた「中立制度」の最高度の達成の一つであったことは疑えない。だが、これは同時に「中立制度」それ自体の凋落をも照らし出していたのである。

飛躍的に各国の在外居留民が増加している二一世紀に、次の大規模な世界戦争があるとして、そうした人びとの安全を互いに守る手だては、いかなる政府のあいだにおいてもまだ編みだされているとは言えそうにない。

## 2　開戦——第一次「日米交換船」の出港まで

### 交換協定の成立へ

日米開戦の翌日、一九四一年一二月八日午後（米東部時間）、コーデル・ハル米国務長官は、スイス政府に対して、在米の日本外交団およびその国民と、日本本土ならびに中国、満洲などの日本占領地に滞在している米国外交団・米国国民との交換交渉の仲介を求めた。これが「日米交換船」実現にむかう具体的な動きの発端となった。

同一二月一〇日（日本時間）、スイスのカミーユ・ゴルジェ駐日公使から東郷外務大臣宛に、こうした「交換」を実現させることに日本は原則として同意するかどうかを問い合わせる書翰が届く（以下、スイスからもたらされる外交文書の原文はいずれもフランス語。外務省外交史料館所蔵の資料による）。これに対し、日本は外交官とその家族らの交換を協定することに原則的な同意をただちに示すとともに、その方法などを策定する作業に入っている。

以後、両者間の「交換」の地としては、米国領ハワイの港（ホノルルまたはヒロ）、南太平洋の仏領タヒチ、同ニューカレドニア、ポルトガル領チモールなどが日本側では検討されたのちに、米国側からスイス公使を通して、ポルトガル領東アフリカのロレンソ・マルケスが候補地の一つとして提案されるのは同月一七日のことである。当初、この「交換」に関する交渉は両国の外交官とその家族らに限るものとして始まったが、日本側にはそこに民間人も一定範囲で含ませたいとする意向があり、まもなくこれは両国間に共通する基本的な指針となった。

こうした「日米交換船」の対象となる地域についても、交渉のなかで次第に輪郭を取りだした。日本側の意向としては、米国（ハワイを含み、植民地フィリピンを除く）、カナダ、さらに中南米の対日宣戦国ならびに国交断絶国を、あわせて米州側の一団として扱い、両地のあいだで互いに外交官らを交換したいとするものだった。米国政府はこれに基本的に同意した上で、それに加えて、帰還させる自国官吏中に中国・上海在勤の海兵隊員（大使館警護兵）らも含めたいとしたが、日本日本政府はこれを拒絶した。一方、日本側としては、交換船実施の機会をとらえて、これに便乗させて、北米や中南米に勤務している外交官らの一部を、その家族とともに、ヨーロッパの中立国に配置転換したいという意向があった。陸路がほとんど途絶していただけでなく、海路での日本からヨーロッパへの移動も、すでに敵潜水艦などによる攻撃の危険にさらされていたからである。米国側の反応は当初否定的だったが、日本側は重ねてこれを希望し、結局、米国側は受け入れた（四二年二月一二日、「交換ニ関スル我方提案ニ対スル米側回答」。および、同二月二四日付、東郷外務大臣から在スペイン須磨公使への電信）。

この間、交戦相手国に滞在している日米英などの外交官らは、いずれの国においても当地の公館内などで軟禁状態のもとに置かれた。駐日米国大使のジョセフ・グルーは、こうした状態のもとで抑留生活が長引くと、宣教師をはじめとする米国市民への日本官憲による暴力が続くのではないかと危惧していた（グルー『滞日十年』）。同様の危機感は米本国の官吏のなかにもあり、交渉が長引くままに日本船舶の撃沈が続くと遠からず交換船用の船舶自体が日本に不足するなどとして、四二年一月二七日、米国務省極東局は、日本側からもたらされる対案のすべてを即時無条件で受諾するようロング国務次官に進言している（村川庸子・粂井輝子『日米戦時交換船・戦後送還船「帰国」者に関する基礎的研究』）。同二月一二日、米国側は、非官吏の民間人も交換するという日本側の提案に「船舶の収容力の限度に於て」という条件付きで、同意している。さらに、今回運行する交換船は「第一次日米交換船」とし、後日、あらためて第二次日米交換船を運行することとした上で、出国者は交換地ロレンソ・マルケス到着までの船中費用として一人当たり千円（三百ドル）までの持ち出しが許されること、日本とともに米国に対して宣戦布告した（させられた）タイ国民の在米中の官民も希望者はこの交換船で同乗・帰国させること、ブラジル、パラグアイに在留する日本人官民は航路途中のリオ・デ・ジャネイロから乗船させることなどを取り決めた上で、同三月一八日、この日米間交換協定は妥結にむかう。日英交換船についても四月上旬までにはほぼ妥結し、「日米」「日英」の両交換船は、同時に実施する見通しとなっていた。

このようにして、当初は同年五月二〇日ごろにでもロレンソ・マルケス港で両交換は行なわれるものとして一時は準備が進められたが、日程の点では、別の局面から障害も生じはじめた。

中南米の多くの諸国（パナマ、コスタリカ、メキシコ、エクアドル、ペルー、ボリヴィアなど）は、太平洋戦争の開戦を受け、米国の要請もあって、日系市民および日本外交官の米国への追放を始めていた。もっとも早かったのは、要衝パナマ運河を擁するパナマと隣国コスタリカで、開戦と同時にすべての日系市民が逮捕されている。翌日、彼らは米軍に引き渡されて、運河地帯（パナマ運河をはさむ幅一六キロのエリアで、米国の支配下に置かれていた）のバルボアに急設された天幕張りの収容所に抑留された。また、メキシコの日本外交団ら五四人は、四二年二月二〇日、米国との国境の町ラレドで米国務省の係員に引き渡された。パナマ、コスタリカ組の米国への移送開始は四二年四月二日である（合計二八九人、うちコスタリカからの者が三一人）。さらには、ペルーやエクアドルなどからの米国への移送が続いており、中南米駐在の外交官のほかにも、これら日系市民の一部を第一次日米交換船に乗船させる必要が浮上して、当初の予定通りには出港できない見通しとなった（島田法子『日系アメリカ人の太平洋戦争』）。

一方、米英側の外交官、市民らについても、日本政府は、日本（地域の概念としては植民地の朝鮮・台湾を含む）および満洲に居住する者は横浜（もしくは神戸）から乗船させ、中国の華北・華中・華南各地に居住する者は上海で、タイならびに仏印（フランス領インドシナ＝ヴェトナム・ラオス・カンボジア）に居住する者はサイゴンからそれぞれ乗船させるとして、おのおのの船や陸路での移動について手配を急ぐ必要があった。

この段階で外務省は、第一次日米交換船で「米州諸国（カナダを含む）より引揚ぐべきもの」として、

| | |
|---|---|
| 官吏およびそれに準ずるもの | 六四〇人 |
| 非永住日本国民 | 六〇〇人 |
| タイ国官吏 | 二二人 |
| 非永住タイ国民 | 八五人 |

と見積もっている（四二年四月六日）。

日本側の使用する船が浅間丸（日本郵船所有）とコンテ・ヴェルデ号（イタリア船籍）に決まったのは、五月上旬のことである。米国側が、スウェーデン船グリップスホルム号を使うことが決まったのは、五月中旬。これによって、日米双方ともに、およそ一五〇〇名ずつの帰還者を乗船させて、船を出航させる見通しとなった（外務省は、この定員のうちおよそ半分を中南米からの帰還者にあてた）。日本側、米国側、ともにそれぞれ自国政府がチャーターした船をロレンソ・マルケス港まで運航し、ここで互いの乗船者を「交換」しあい、ふたたび自国の港へと戻るのである。

## 軟禁、抑留、強制移住

ワシントンの日本大使館員らは、日米開戦とともに、米司法省のＦＢＩ（連邦捜査局）捜査官や警察官らの監視のもとに、大使館内に籠城（見方を変えれば軟禁）しての生活が始まった。館員のほか、彼らの家族や使用人もともに寝泊まりしたので、館内は混雑した。米国における日本の利益代表国がスペインと決まると、カデナス駐米大使はじめスペイン大使館員たちがしばしば来訪し、必要な世話を焼いてくれた（来栖三郎『泡沫の三十五年』）。

寺崎英成一等書記官も、このなかにいた。妻は米国人のグエンドレン、娘は九歳のマリ子。すでにブラジル大使館への転勤の命令が出ていたのだが、日米交渉が土壇場の様相を呈しているので任地に向かう船を一便延ばすようにと野村吉三郎大使らから命じられ、そうするうちに戦争が始まった。一方、先の船で新任地のペルーへと先発した高木廣一・三等書記官にも、受難は及んでいた。ニューヨークから米国の客船で南米にむかったものの、途中で開戦となり、日本国官吏としてカリブ海の英領バルバドス島で拘引されたのだ。

FBIは、開戦に先だって用意していた敵性国人の「危険人物」のブラックリストをもとに、開戦と同時に全米各地で「要注意人物」の逮捕を始めている。もっとも、戦争開始とともに在留敵国人を抑留したり、強制転居や国外退去を命じることは、それ自体としては国際慣例とみなされていた。日本での敵性外国人がそのように扱われたように、米国においても同様の抑留は行なわれた。開戦から一週間で、日本、ドイツ、イタリアなど、およそ三千人の敵性国人が収容されて、うち約半数が日本人だった。(ロジャー・ダニエルズ『罪なき囚人たち』)。その後、増えつづけ、ハワイからの日本人抑留者千人弱もそこに加わった(島田法子『日系アメリカ人の太平洋戦争』)。一方、西海岸に在住するおよそ一二万人の日系人は、四二年三月末から仮収容所に拘禁されはじめ、次いで内陸部の荒地に急造された一〇カ所の強制移住キャンプ(戦時転住局が管轄するWar Relocation Center＝戦時転住所)に移された。西海岸以外に住む日本人に関しては、こうした強制立ち退きの適用外だった。

## ニューヨーク周辺での連行

ニューヨークとその周辺での日本人の逮捕・抑留者は、当初、ほとんどが、ニューヨーク湾内に浮かぶエリス島の連邦移民収容所に収監された。古美術商の星野治五郎は、満五〇歳、ニューヨーク一〇八丁目の日本人メソジスト教会に起居していた。開戦当夜、四一年一二月七日深更の就寝中、自室に入ってきた数人のＦＢＩ捜査官によって、教会牧師を含むほかの六名とともに連邦裁判所の訊問所に連行された。簡単な取調べののち、指紋を採られ、胸に番号札を下げさせられて写真を撮られて、翌八日の明け方前、フェリーボートでエリス島に送られた。（星野治五郎『アメリカ生還記』）

一方、同盟通信ニューヨーク支局・稲本国雄が宿舎としているホテルの部屋の扉がノックされたのは、日付が変わって八日午前零時半ごろだった。ＦＢＩの捜査官二人が立っており、あなたの身柄はこれから本部でいちおうの取調べの上、エリス島に送られるはずだと告げた。彼らに伴われ、稲本がエリス島行きのフェリー乗り場に着いたのは、星野よりもひと足早く、八日午前三時ごろのことである。薄暗い乗り場に、すでに一四、五人ほどの日本人商社員らが連行されてきていた。（稲本国雄「開戦から抑留まで」、加藤萬寿男編『敵国アメリカ　米国特派員帰朝報告』）

また、三井物産ニューヨーク支店の岩熊萬藏が滞在しているホテルのドアを、三人のＦＢＩ捜査官がノックするのは、その夜が明けて朝九時前になってのことである。本部での取調べのさい、すでにひと通りの調査は済んでいるらしく、あなたは二、三日前に駅からトランクを発送したが、あれはどうしたのか、などと訊かれた。写真を撮られ、大部屋に入ると、大阪商船ニューヨーク支店長・井上正明、横浜正金銀行ニューヨーク支店長・西一雄ら、二〇人ほどの日本人がすでにいた。ほかにも大勢の「土地の人」（おそらくドイツ人、イタリア人）がおり、正午過ぎにフェリー乗り場に連れていかれて、そこからエリス島に送られた。（岩熊萬藏『米国抑留体験記』）

このときエリス島の連邦移民収容所に入れられた日本人は、すべて成人男子で総数およそ三百名（星野治五郎による）。三井、三菱のニューヨーク支店長をはじめとする商社・銀行員、日本文化会館の職員、新聞記者なども多くいた。人数が増えると、二段ベッドが並ぶ二つの大部屋に分けられた。部屋を別にして、ほぼ同数か、いくらか多いドイツ人、イタリア人も拘留されていた。

官公吏に準ずる者らと新聞記者は、年明けまでにヴァージニア州ホット・スプリングスのホテルに移されていった。日本外交団は原則としてすべてここに集められ、かなり恵まれた環境のもとで、軟禁下に置かれることになったからである。しかしながら、その他の者は、依然エリス島に収監されたまま、ＦＢＩの調査が完了した者から、順次、敵国人審問会《エネミー・エイリアン・ヒアリング・ボード》による簡単な裁判（hearing＝審問）を受けることになっていた。

年内に審問はほとんど開かれなかったが、年が明けると、数人ずつ呼びだされて、マンハッタンの連邦裁判所で審問が続いた。審問会は、三名の米国市民が司法長官から陪審員に任命されて、地方検事の司会のもとに、ＦＢＩ局員が求刑者となり、進められる。必要に応じて通訳官が通訳し、速記者が記録をとる。証人が必要なさいには、電報で依頼しておく。審問会は五分で終わることもあったが、一時間半ほど続くこともあった。これによって、「無条件釈放」、「監視付き釈放」、そして「戦争期間中の抑留」、つまり陸軍省管轄のキャンプ（収容所）送致――そのいずれかの判決が下される。（ニュース映画「日本ニュース」のニューヨーク駐在・田口修治の場合は、審問でいったん「戦争期間中の抑留」の判決を受けたのち、「新聞通信員」の資格が認められ、収容所送りのグループから外れて、外交官らが軟禁中のホット・スプリングスのホテルに送られた。ただし、そうした移送の理由が知らされたのは、ほかの多くのケースと同様、のちになってのことだった。田口修治『戦時下アメリカに呼吸する』）

四二年二月一〇日、突然、岩熊萬蔵ら四五人に対して、ニューヨーク州ロングアイランドにある陸軍省管轄のキャンプ・アプトンへ、翌日移送する旨が言い渡された。星野治五郎は、第二陣の二八人に加えられ、二月一六日、いくらかのドイツ人、イタリア人といっしょに出発した。このとき、まだ審問の結果は知らされていなかった。鉄条網のめぐらされた軍営に着いてから、はっきり、自分たちは抑留されるのだとわかったのである（この種の収容所には、司法省移民局管轄、陸軍省管轄の別があり、それぞれ Detention Camp, Internment Camp などと呼ばれた）。

キャンプ・アプトンの抑留者たちの宿舎は五人用の天幕で、ベッドが五つとストーブが備えられ、毛布が各人に三枚ずつ支給された。食事づくりは、日・独・伊の抑留者のなかから腕に覚えのある者があたった。朝食は、コーヒー、ミルク、オートミール、それに鶏卵が週に一、二度。昼食は、スープ、ひと皿盛りの肉と野菜、簡単なデザート。夕食は、ひと皿盛りのマカロニと豆、あるいはスパゲッティと野菜、ときおりチャップミート（挽肉）に米飯なども支給された。コック以外の炊事当番には、大手商社の支店長らも平等にあたった。しばらくすると、通信は、知人、肉親ら、あらかじめ申告しておく五人に宛てたものにかぎって、週に二通、英文で書かれたもののみ（検閲がある）許されるようになった。待遇改善の要求などは、日本の利益代表であるスペイン大使を通して行なうこととされた。収容所内での自治や、こうした対外的な交渉のために、日本人抑留者のあいだで「委員会」が組織された。スポークスマン兼リーダーが、野田岩次郎（日本綿花ニューヨーク支店長）。委員長には、三菱商事ニューヨーク支店長・増田昇二。委員に西一雄（横浜正金銀行ニューヨーク支店長）、宮崎清（三井物産ニューヨーク支店長）、井上正明（大阪商船ニューヨーク支店長）、関根五男児（ニューヨーク日本人会会長）、山内直元（住友銀行ニューヨーク支店長）があたった（のちに、フォート・ミード収容所に移ってからは、宮崎が退き、三井銀行ニューヨーク副支店長の伊東義一が委員として加わった。星野治五郎『アメリカ生還記』による）。

二月末、帰国を希望するかどうかの調査票が、各人に当局から配られた。詳しいことはわからなかったが、民間人を含む交換問題が進んでいるらしいことが感じられ、収容者にはいちどきに明るい空気が流れた。（岩熊萬藏『米国抑留体験記』）

三月一六日、彼らは列車で、メリーランド州ボルティモア近郊、フォート・ミード（フォート・ジョージ・G・ミード）収容所に移された。客車のなかは、ブラインドをすべて閉ざし、外を見ることを固く禁じられていた。ドイツ人、イタリア人も合わせて、およそ四百人からなる一行だった。

## 「おとり船」龍田丸

朝日新聞ニューヨーク特派員の中野五郎は、日米開戦直前、野村吉三郎駐米大使に付ききりで取材を行なった。所定の任期を終えた中野は、四一年一二月一六日にロサンゼルスを出航予定の「龍田丸」で日本へ戻ることにして、すでに乗船予約を入れていた。ワシントン支局の僚友一人も同道する予定である。日米関係はいよいよ雲行きが怪しく、おそらくこの「龍田丸」が日本への最後の引揚船となるのではないかと、しきりに噂されていた。（中野五郎『祖国に還へる』）

この四一年七月二五日、在米日本資産の凍結を米政府が発令して以来、日米間の往来は、困難になる一方だった。日本郵船による横浜—ホノルル—サンフランシスコの太平洋定期航路も運航を打ち切られた(定期船最後の航海は、サンフランシスコを八月四日に出港した「龍田丸」だった。これに続いて米国にむかっていた「浅間丸」は、途中のホノルルまでで航海を中止し、横浜へと折り返している)。凍結令が厳格に適用されれば、米国領に入港した日本船は、即座に在米資産として抑留される可能性があったからである。対日貿易制限もいっそう厳しくなった。一〇月、日本政府が「龍田丸」を借り上げて、引揚船としてサンフランシスコまで運航したことが一度あった(ほかに、この月、シアトル、ヴァンクーヴァーまで「氷川丸」が、ホノルルまで「大洋丸」が、それぞれ引揚船として運航された。これらの引揚船は、両地のあいだに滞貨した郵便物などを一掃することも、目的の一つだった)。一〇月一五日、「龍田丸」は五一一名を乗船させて横浜を出港。ホノルル経由で、同月三〇日にサンフランシスコ到着。一一月二日、復航に八六〇名の日本への引揚者を乗せてサンフランシスコを出港し、横浜に帰着している。以後は、米国からの日本人の出国はほとんど不可能な状態が続いていた。

いや、このような戦争前の引揚船すら、実は、日米開戦にむかう軍事的な動きと無関係ではなかった。当時の「龍田丸」事務長・加藤祥は、四一年一〇月の航海を振り返り、こんな証言を残している。

横浜出港を控えたある日、加藤は、船員課長から、軍の強い要請であるとして、今度のサンフランシスコ行きについての「重大な使命」を耳打ちされた。そして、出帆の前日、新しい事務員の制服を着た中島という海軍中佐が乗船し、表向きは加藤事務長の部下として事務員たちに紹介された。ほかにも、商船学校の実習生になりすまして学生服を着込んだ二人の若い士官がいた。これは、のちに一二月七日(米現地時間)に真珠湾攻撃を実行する特殊潜航艇の艇長たちだった。

出港して数日経つと、「龍田丸」の航路が普段と違うことが、船の者たちにわかった。船長は、加藤に言う。「軍令部から指示されたコースを採っているのだ。あの二人の実習生には、特にパールハーバーの入口をなるべく近くで見せてやらなければならない。ただし、商船が軍港に近づくことは許されない。そこで仕方なく「潮流に流されたように見せかけて、できるだけ接近したい」というのだった。この隠密行動は成功し、「龍田丸」は怪しまれることなく真珠湾に近づいた。たくさんの石油タンク、飛行場や要塞のある湾口一帯が手に取るように近く見えた。

ホノルルに入港すると、中島中佐は加藤の事務用かばんを携えて税関監視所を通過し、その足で日本総領事館を訪ねて、喜多長雄ホノルル総領事と何事かを打ち合わせた。次いで、サンフランシスコに到着すると、ここでも加藤の部下を装って事務所の自動車を借り、二人は金門橋を渡って、要衝のサンフランシスコ湾を観察しながら一周した。(『日本郵船戦時船史』上巻)

この船は、一一月二日、復航、サンフランシスコを出帆した。

そのときから、ひと月あまりが過ぎている。

「龍田丸」は、横浜に帰着後、さらにもういっぺん引揚船として一二月二日に横浜を発っており、米国へと向かう途上にある。米本国に引揚げてくる米国人らで、船は満員であるはずだ。中野五郎らは、その便を待っている。船は、やがて一二月一四日にロサンゼルスに到着後、一六日に出帆。それから、バルボア(パナマ)にも寄港して、この両地の引揚者らを収容し、再度、日本にむかうことになっていた。

米国東海岸から、西海岸のロサンゼルスまで、大陸横断鉄道で特急でも四日はかかる。住み慣れたニューヨークのホテルを引き払い、途中、ワシントンに立ちよって、野村大使らへの帰国の挨拶をすませ、ともに帰国するワシントン支局の僚友と合流する。一二月七日、中野がワシントンの駅に到着したのは、午後二時二五分のことだった。

ほかにも、この船に乗って日本に帰ろうとしていた者たちがいる。ワシントンの日本大使館勤務の二六歳、外交官補・藤山楢一も、その一人である。一二月に入って、突然、一六日ロサンゼルス出港の「龍田丸」に乗船せよ、との帰国命令が本省から届いた。外交団の特権で、ワシントンからロスまでは飛行機を使えることになっていた(一般の日本人には、秋ごろから航空会社は満員を理由に切符を売らなくなっていた)。ただ、この種の来電はふだんは暗号で書かれていることが多いのだが、今度の帰国命令は平文(暗号化されていない普通文)で書かれていて、その点が気持ちの片隅に引っかかっていた。(藤山楢一『一青年外交官の太平洋戦争』)

また、マサチューセッツ州アマースト大学に在籍していた二四歳の文部省派遣在外研究員、山本素明も、やはりその船に乗って帰国するつもりで、大学の籍を抜き、東海岸から西海岸へと鉄道で大陸を横切って、すでにロサンゼルスに到着していた。在外研究員とはいえ、私費留学生なので、金はなかった。帰国後は、専修大学の講師に就ける手はずになっていた。

さらに、日本郵船社員の桑田正一は、自社の「龍田丸」を迎えるにあたっての打ち合わせという特別の任務を帯びて、ニューヨークから西海岸のサンフランシスコまで旅客機でやってきた。自身もその船に乗り、日本に帰任する予定だった。それは、一二月七日のことだった。

この日、日本軍によるハワイ・オアフ島の真珠湾への奇襲攻撃が行なわれ、太平洋戦争が始まった。米国内のラジオで、その第一報が流されたのは、東部時間では午後二時半から二時五〇分ごろにかけてのことである。このとき、中野五郎らは、ワシントンの駅に降り立った直後で、同地において急逝した新庄健吉大佐（ニューヨーク海軍事務所で経済・産業情報の収集にあたった人物）の葬儀に、その足で同僚らとともに参列していた。静寂の場内に、急にざわめきが起こって、気になった中野は焼香をすますと外に出た。そして、入口の石段に立ち、開戦のラジオニュースを聞いたのだった。

同日の夕刻、同盟通信ワシントン支局長の加藤萬寿男が自宅アパートに戻ると、ホワイトハウス秘密警察の者が二人で待っていた。ホワイトハウス、国務省、議会などへの出入許可証をすべて返却するように、とのことだった。家宅捜索も訊問も受けなかったが、今後はいっさい外出しないようにと言い渡された。夜一二時に日本大使館の書記と電話で話したが、以後、大使館内と外部をつなぐ電話回線はすべて切断されたようだった。大使館では、館員の家族も含め、およそ五〇名ほどの籠城（軟禁）生活が始まっていた。

日付が変わって、八日午前五時、加藤がアパートの部屋で眠っていると、ドアをノックする音で起こされた。FBI捜査官二人が立っており、言葉づかいは丁寧だった。FBIワシントン区本部に連行されて、夜が明けきると、司法省の移民局分室に移された。新聞を読ませてくれて、ラジオもラジオ商から賃借りしてくれた。連邦議会の模様が流れていた。「（日本への）宣戦布告の表決では下院に於てモンタナ州選出の婦人議員ランキン女史が反対の一票を投じた。これに対して下院には怒号が起った」（加藤萬寿男「その日のワシントン」、『敵国アメリカ　米国特派員帰朝報告』）

移民局の部屋では一人きりだったが、八日夕方になって、朝日新聞の記者が三人、連行されてきた。中野五郎たちだった。この日の朝一〇時半、中野は、ともに帰国するはずのワシントン支局の僚友のアパートでFBIに踏み込まれ、もう一人の同僚とあわせて三人で逮捕されて、FB

I本部で調べを受けたのち、ここに連れてこられたのだった。加藤を含め、これら四人の記者は、ここからフィラデルフィアに護送され、ニュージャージー州グロスター・シティの司法省移民局が管轄する収容所に拘禁された。

のちに（四二年三月以後）西海岸の日系人らを強制的に隔離・転住させることになる戦時転住局管理下の収容所とは異なって、これらの施設での収監者には、捕虜（POW）に準ずるものとしてジュネーヴでの「俘虜条約」が適用された。ニューヨークのエリス島と同じく、このグロスター・シティ収容所も未決収監者のための施設で、審問で「抑留相当」の判決が出たのちに戦争期間中抑留される陸軍省管轄のキャンプ（収容所）などに較べれば、労役もない。この収容所では、ドイツ、イタリア人もおおぜい収容されていたが、日本人男性は彼らを含め九人だけだった。

このなかに、「KK老人」という「七十歳を越え」た「ワシントン在住」の「英文評論家」がいたと、中野は書いている。K・K・カワカミこと河上清――カール・マルクスのKをミドルネームとし、一九〇一年に渡米して以来、「ニューヨーク・タイムズ」その他で筆をふるった老ジャーナリストである。日本人九人が同室とされた雑居房のなかで、彼は「人生の疲れに堪え難い様に痩軀を毛布と外套の中に埋めて」、終日、黙々と寝ている。その胸中では、「ワシントンに残した米国人の老妻と傴僂《せむし》の娘と日本に叛いた息子が悩みの種なる可し」。そう述べる中野の文章には、盛りを過ぎた（と彼の目に映る）往年のジャーナリストに対する、現役の大手新聞社特派員としての侮りが見える。（中野五郎『祖国に還へる』）

正確には、河上清は、このとき満六八歳である。長男のクラーク河上は、米国籍でありながら、日本の通信社・同盟通信のワシントン支局員として加藤萬寿男の同僚で（日米開戦によって事実上失職していた)、女優の竹久千恵子を妻としていた。そのクラークが「日本に叛いた息子」とされるのは、開戦間もなく、国務省の記者仲間に宛てた手紙という形式で、彼が「公開書簡」を発表していたからである。それは、日本軍の奇襲攻撃を激しく非難し、これを恥じているであろう日本の友人たちも戦争で死なねばならないことを悲しむ、そして、自分は米軍兵士として武器をとって日本軍と戦う決意だ、と言明するものだった。米国内のジャーナリズムがこれを大きく取り上げたことから、それは中野らの知るところにもなっていた。(香取俊介『モダンガール 竹久千恵子という女優がいた』)

グロスター・シティの収容所では、彼らのほか、婦人室にはただ一人の日本人女性として米国議会図書館東洋部主任の坂西志保が拘禁されており(彼女は日本人女性でただ一人の米政府の高級官吏だった)、食事のさいなどには中野たちも顔を合わせることがあった。

一二月一八日、中野や加藤ら計四人のジャーナリストには拘禁場所をホテルに移すと国務省からの通達があり、一週間あまりのち、行き先はヴァージニア州ホット・スプリングスであると告げられた。

ともあれ、河上清に関することでは、中野五郎の観察は正確だったとは言えそうにない。開戦前から、河上清は「危険な敵性外国人」の最上位に位置する者としてFBIの監視下に置かれており、中野たちの身柄が保養地のホテルに移されるのに先立ち、彼の身柄はメリーランド州ボルティモア市近くのフォート・ハワードという収容所に移されて、その拘留は計七〇日間にわたって続いた(この間、四二年二月に入って始まった審問の席での河上の態度については、本書、加藤典洋「竹久千恵子」に言及がある)。二月一六日、釈放されて帰宅した河上清の姿は、息子の妻である竹久千恵子の目に「疲労が濃く、何歳も年取ってしまったように見えた」という。

ちなみに、日本郵船社員の桑田正一らにも、不運は重なった。

先にも述べたように、桑田が「龍田丸」のロサンゼルス入港手配のために、ニューヨークからサンフランシスコに到着したのは、開戦当日の四一年一二月七日だった。ただちにサンフランシスコ支店長の田岡弥平を訪ねると、ちょうど彼が検束されるところにぶつかった。桑田自身は検束されなかったが、スーツケースを没収されて、どうにも身動きがならず、結局、同月九日になって事情を当局に届け出て、みずからサンフランシスコ移民局の留置場に入った。（秋山慶幸「同胞抑留生活の実情」、『敵国アメリカ』）

戦争が始まり、結局、「龍田丸」は途中で日本へ引き返して、ロサンゼルスへは来なかった。いや、それだけではない。戦後になって明らかになることだが、実は、この船ははじめから来航しないことが仕組まれた「おとり船」だったのである。

『日本郵船戦時船史』（上）は述べている。

「……龍田丸は〔四一年〕十一月二十日を出帆予定日として、引揚邦人輸送のため横浜からロサンゼルス、バルボアまで行く準備にかかった。出帆は二十日だといいながら、一日延び二日延びしてとうとう十二月二日になった。

この出帆も実は開戦を欺瞞するための偽装出帆であって、一日の御前会議において開戦の日が八日と決められたので、その日から逆算して龍田丸がぎりぎりの安全圏内にあるように、十二月二日を出帆日としたものであった。

龍田丸の船内は本国に引き揚げる外国人で各室とも超満員であった。出帆時刻近くに海軍軍令部から林という大佐が来て、チャートルームで木村船長と密談が行なわれ、その席に加藤事務長も呼ばれた。そして林大佐から、出帆後は船内一切のラジオが聴けないように真空管を取り外して欲しい事と、更に無線電報の発信を一切禁止するように厳重な指示があった。船客はむろんそういう事を知る由もなかった。

軍令部から指定されたコースは前航よりも更に北方に寄っていたので、寒さは出帆後も長く続いた。四、五日経つと漸く船客のなかには、龍田丸の進路や様子について不審を抱く者も出て来た。ラジオの聞こえない事に腹を立てて詰め寄って来る船客もいた。

龍田丸が日付変更線を越え、二回目の十二月七日を迎えた午前十時ごろ、『太平洋戦争開戦の臨時ニュース』を無線局長がとらえた。欺瞞航海はこれまでである。龍田丸は反転すると全速力で帰国の途に就いた」

ちなみに、「龍田丸」が横浜を出港する一二月二日は、南千島・単冠《ひとかつぷ》湾を出港して南東に進路を取っていた海軍機動部隊が、洋上で真珠湾攻撃の命令を受け取る、その日である。

「龍田丸」での帰国命令を受けていた駐米日本大使館の外交官補、藤山楢一は、こうした事実関係を後日知り、本省から自分への帰国命令の電文が暗号ではなく平文だったのは「日米開戦はありえないという日本のカムフラージュ作戦だったのかもしれない」と考える。「商船は平常通り運航され、人事異動も通常通りであることをアメリカに印象づけるための作戦の一つだったのであろうか」（『一青年外交官の太平洋戦争』）

ともあれ、アマースト大学の籍を抜いて、すでにロサンゼルスに到着していた山本素明は、この船で日本に戻ることに決めていたので、もう学籍がなく、住所も持たない無籍者になってしまった。

## 外交官たち、保養地ホテルに集められる

一方、ヴァージニア州の山中の保養地ホット・スプリングスの「ホテル・ホームステッド」に、グロスター・シティ収容所から移送された中野五郎ら新聞・通信社特派員四人が到着するのは、四一年の大晦日のことである。彼らは、ここで、同じくワシントンの日本大使館から移送されてきた、野村吉三郎・来栖三郎両大使をはじめ、大使館員およびその家族ら一行と合流している。ニューヨークなど各地の領事館員や、その他の官吏に準ずる者らも、おいおいここに移されてきた。

ペルーへの転任途上、開戦にともないカリブ海のバルバドス島で拘引された高木三等書記官らも、カナダのハリファクスでの抑留を経て、四二年一月二四日、ようやくこのホテルに到着した。エリス島で抑留されていた日本文化会館長・前田多門らが、ここに合流するのは二月二〇日になってのことである。

また、本城（のち東郷）文彦（外務省在外研究員・官補）、平沢和重（ニューヨーク領事）ら若手の官吏が教師役になって、子どもたちの「学校」も整えられた。柳田邦男『マリコ』によれば、寺崎英成の娘マリ子は、担任役の本城によくなつき、「フミちゃん」と呼んでいた。

拘禁（hotel custody）状態ではあるのだが、最高級クラスのリゾートホテルである「ホテル・

ホームステッド」は、ほぼいっさいのサーヴィスをふだん通りに提供した。ゴルフ・コースの使用を除いて（逃亡防止のためということだったが、冬場でほとんど使いようがなかった）、テニス・コートや屋内プールは自由に使えたし、ちいさいながらも映画館もあった。国務省やFBIの官吏のほか、利益代表国スペインの大使館員も、事務室を設けて常駐した。

特派大使の来栖三郎によると、こうした軟禁中の日本外交団に対する米国側の取り扱いは「すべて相互主義を基礎としたもの」で、たとえばラジオの提供とその中断、購読できる新聞や書籍の種類の増減なども、日本において軟禁中の米国大使館員らが受けている待遇に合わせたものであったらしいという（『泡沫の三十五年』）。つまり、日本で軟禁中の米国官吏らに対しても、米国での日本官吏と同等の厚遇が心がけられていたということになろう。とはいえ、東京の米国大使館内で軟禁中の駐日米国大使グルーは、自分たちへの一時的な厚遇が対外的な宣伝に利用されることを警戒していた。米国大使館員たちが日本側からゴルフの誘いを受けたときにも、グルーはこれを理由として断わっている。もっとも、こうした米国大使館内の芝地には、機転の利く海軍補佐官の手によって、チップ・ショットとパットのための「九ホール」からなる「ゴルフ・コース」が急造されていた（『滞日十年』）。

一方、ホット・スプリングスの「ホテル・ホームステッド」においても、日本大使館付の陸軍武官から、「我々がこのような贅沢な食事をしていては〔戦闘中の日本将兵に〕申しわけない。取締りの係官に、食事の質を落とすよう申し入れてくれ」との声はあった。外交官補の藤山楢一がしぶしぶそれを米国務省の係官に申し入れると、先方は怪訝な顔をしたものの、その晩からメニューの料理の品数は減らされ、室内楽の演奏も取りやめとなった。（『一青年外交官の太平洋戦争』）

中米諸国から追放された外交官らも、続々と着きだした。
秋山理敏パナマ公使以下、パナマから九人の公使館員が到着（四二年一月一九日）。
南條キューバ代理公使夫妻以下、九名到着（二月一四日）。
三浦義秋メキシコ公使夫妻以下、館員、家族ら五四名がメキシコシティ発の封印列車で到着（二月二二日）。この一行では、公使館付海軍武官補佐官として情報活動にあたっていた和智恒蔵、さらに、横浜正金、同盟通信、三菱商事の各一名も、外交団に加えられていた。

これら三百数十人の日本人官吏とその家族、従者らは、四月四日、ウエストヴァージニア州アパラチア山中の保養地ホワイト・サルファ・スプリングスの「ホテル・グリーンブライア」へと移動した。米国務省による「ホテル・ホームステッド」の借上げ期間が尽きたからである。今度のホテルは、トムゼン駐米ドイツ代理大使以下、およそ六百人からなる北米および中南米のドイツ外交団、その家族、新聞・通信特派員らも同宿だった。これ以前には、同じく枢軸国のイタリアとハンガリーの外交官らも軟禁されていたが、このとき、彼らはノースカロライナ州アッシュヴィルのホテルに移っていた。

これよりあと、「ホテル・グリーンブライア」には、吉沢カナダ公使夫妻以下、館員とその家族、在留民ら五三名が、オタワから封印列車で到着（五月九日）。

また、中南米から送られてきたドイツ人官吏らおよそ百人に、ただ一人の日本人としてまじって、坂本ペルー公使夫人も到着した（五月一五日）。

こうしたおよそ半年間にわたる日本外交団らのホテルでの軟禁中、同行の妻たちに、赤ん坊六人の出産があった。

## 西海岸での抑留と移送

ただし、ここで留意しておきたいのは、こうしたホテルでの拘禁は、官吏とその家族ら、および、新聞・通信社の特派記者に、ほぼ限られたものであったということである。官吏と非官吏(民間人)のあいだには、明確な一線があった。民間人の被拘束者は、たとえ三井・三菱・横浜正金などの大手ニューヨーク支店長級の者であっても、司法省移民局管轄下の施設で拘禁されたのち、審問で「抑留相当」とされれば、おしなべて陸軍省管轄の収容所などに送られたのである。

西海岸サンフランシスコ周辺の商社員らの場合は、開戦から数日のあいだに百名あまりが逮捕され、三〇人ほどのドイツ人、イタリア人とともにサンフランシスコ移民局の留置場に収容された。そのうち日本人六〇名は、四一年一二月一七日、ほか三〇人の独伊人とともにモンタナ州ミズーラ収容所にむけて送られている。途中、サンディエゴ、また、ロサンゼルス港ターミナル島の合衆国監禁所などから送られてくる日本人の被収容者らと合流して護送列車は北上し、三日目の午後、荒野のなかに二、三〇棟のバラックを鉄線で囲った司法省移民局管轄のミズーラ収容所に着いた。先着していたソルトレーク・シティからの二〇人と合わせ、日本人は四五〇人ほどとなった。(秋山慶幸「同胞抑留生活の実情」)

さらに二五日には、ロサンゼルス近郊の司法省移民局管轄チュナ・キャニオン収容所から、およそ百人の日本人拘禁者がミズーラ収容所にむけて出発している。名士格と目される一世の日系市民が多かった。二九日、現地に彼らが到着したときには、オレゴン州、ワシントン州などから到着した者と合わせ、ミズーラ収容所の日本人収監者はおよそ千人に達した。平均年齢五十余歳という高齢者中心の集団だった。コンクリート造りの別棟にはイタリア人千人ほどが収容されていた。

同盟通信サンフランシスコ支局の特派員・秋山慶幸は、年が明け、四二年一月上旬、ミズーラ収容所から出され、外交団が軟禁されるヴァージニア州ホット・スプリングスのホテル・ホームステッドに送られている。

注目すべきは、米国北西部ロッキー山脈の中腹部に位置する、このミズーラ収容所では審問の開始がずれ込み、二月九日からようやく始まっていることである。南カリフォルニア大学講師・中澤健が審問を受けたのは、ロサンゼルスから彼が移されてきて三カ月以上が経った、四月四日になってのことだった。全米で九三カ所に組織されたという審問会は、一斉に活動を始めたわけではなかった。この審問を経て、四月一〇日、三四六名が、陸軍省が管轄するオクラホマ州フォート・シル収容所へと、ミズーラ収容所から送りだされた。

なお、在米三〇年におよぶ老齢の大学講師である中澤について、四月一八日、収容所当局は、日本外交団が新たに移ったウエストヴァージニア州ホワイト・サルファ・スプリングスへの送致を言い渡している（こうした判断の根拠は不明だが、これ以後、彼の身分が外交団一行の者として扱われたのは確かである。交換船グリップスホルム号乗船時の名簿では、彼は「officials〔官吏〕」のリストに入れられ、職業は「professor」。また、交換後に乗る浅間丸の「芳名録」では「羅府〔ロサンゼルス〕領事館嘱託」となっている）。拳銃携行の護送官が一人つき、同二〇日、中澤は病身をおして出発。二三日午後三時、ホワイト・サルファ・スプリングス駅に到着した。しかし、待てども、迎えの者の姿はなかった。ちょうどその日、外交団が軟禁されている「ホテル・グリーンブライア」では、大使館勤務の若い書記生の結婚式が、野村大使やドイツ外交官らの出席のもとに夕刻から盛大に行なわれており、彼の到着を気にかける者はなかったようだ。護送官がホテルに電話を入れ、日暮れごろ、どうにかたどり着くことができた。二週間ほど前にロサンゼルスの自宅から単身でここまで護送されていた妻と、その夜、中澤はひっそりと再会した。二人が合流できたのは、二度の面会を除けば、前年一二月七日の開戦当夜、ロサンゼルスの自宅から中澤が連行されて以来のことだった。（中澤健『アメリカ獄中より同胞に告ぐ』）

## 「審問」なき拘留――中南米からの移送者たち

中南米から追放されてきた日系市民らも、米国への到着後、ただちに移民局管轄の収容所などに入れられた。なかでも、パナマおよびコスタリカから米国に移送された日系市民は、パナマ現地に引き続き、過酷な取り扱いにさらされることになった。審問さえも開かれない。米国政府はこれら移民たちのパスポートを取りあげ、査証を発給することなく、不法入国者としての扱いを貫いたからである。彼らの米国滞在は、日本への帰国を前提とする通過地点にすぎないというのが、その政府の基本的な姿勢だった。（島田法子『日系アメリカ人の太平洋戦争』）

四二年四月九日、パナマ運河地帯の米軍管轄下バルボア収容所から国外追放された日系住民二八九人は、いっさいの金品を取り上げられた上で、客船フロリダ号で運ばれ、ルイジアナ州のニューオリンズ港に着いている。男性が一八四人と、婦女子が一〇五人。ここには、アメリカ漁船に乗って働いていた者をあわせて、先にコスタリカからパナマへ連行されていた三一名が含まれていた。パナマ運河は、米国にとって、経済・政治・軍事の上で最高度の要衝である。パナマ、コスタリカの当局は、そうした米国側の意向も受けて、敵性国人たる日本人、ドイツ人、イタリア人の「スパイ」行為を極度に警戒せねばならない立場にあった。

彼らが抑留されていたパナマのバルボア収容所には、当初、ドイツ人、イタリア人もとらわれており、合わせて一五〇〇名ほどが入れられていたという(天野芳太郎「交換船コンテベルデ号帰来者ノ手記」、一九四二年八月筆記、国立公文書館所蔵による)。収容所内で、彼らは「捕虜」として遇せられ、成人男性には強制労働も課されていた(四二年に入ると、強制労働はなくなった。天野『わが囚われの記』によると、これは日本における米国人の捕虜が優遇されていると新聞に出たからであるという。「相互主義」の原則は、ここにも貫かれていたと見てもよい)。

ニューオリンズ港にパナマから到着した一行のなかに、天野芳太郎もいた。パナマ現地で、手広く天野商会を営んできた人物である。フロリダ号のなかでは、パナマ、コスタリカ、グアテマラから追放されたドイツ人、イタリア人らもいっしょだった。

こうした国外追放によって難民化した日系市民の存在は、日本政府にとって、実は、ここまでの「日米交換船」交渉にさいして想定外のものだった。四月二〇日には、ペルーからの一四一名とエクアドルからの一〇名も到着する(この一行中には、日本政府が交換船での帰国者に指名した十数名の企業駐在員とその家族が含まれていた。また、これ以後、ペルーの日系人は、四五年五月までに一五回にわたって約千八百名が米国内の収容所などに輸送されることになる)。それらの人びとは、司法省移民局管轄下でテキサス州内にある二つの収容所、ケネディ収容所(男子単身)とシーゴヴィル収容所(家族)に分けて入れられた。つぎつぎに生みだされてくる中南米からの出国者について、日本への新たな帰還者枠を確保する必要が生じていた。しかしながら、結果から見れば、こうしたペルーからの民間人のうち、第一次交換船で帰国することになるのは、単身の駐在員一三名と、家族づれの二三名に限られた。(島田法子『日系アメリカ人の太平洋戦争』)

続いて四月二五日夜には、ペルー、ボリヴィア、エクアドル、コロンビアから引き揚げる日独伊の外交団一行らを乗せた米国の輸送船アカーディア号が、ニューオリンズ港に到着している。汎米外相会議の決議(一月二三日)を受けてのペルー、ボリヴィア、エクアドルなどの対日断交のあと、ペルー公使館の日本外交団一七名は、リマ市の北方、ロスアンヘレスのホテルで、ドイツ外交団四九名とともに軟禁生活を送っていた。その一団が、リマ市の外港カヤオで、ボリヴィアからの外交団と合流してアカーディア号に乗り込み、四月一四日に出港、さらにエクアドルのグアヤキル港、コロンビアのブエナヴェントラ港と寄港して、すし詰めの状態でニューオリンズに到着したのだった。翌朝、上陸して特別列車に乗り換え、二八日夜にオハイオ州シンシナティに到着、市内の「ギブソン・ホテル」で五月一四日まで軟禁生活を送った。そのあと、さらにまた列車で一泊移動し、翌五月一五日、ノースカロライナ州アッシュヴィルのホテル「グローブ・パーク・イン」に着いている。

この一行も、ホテルでの軟禁中には子どもたちの学校を開いた。ボリヴィアからの子どもが二人、ペルーが四人、エクアドルが一人、コロンビアが三人、合わせて一〇人の児童だった。ペルー外交団の一員で、青森中学での教職経験があった外務省嘱託の赤坂正策が、学習科目を担当した。ヴェネズエラからの外交団一行も、やがて到着し、ここに合流した。（赤坂正策『アメリカ監禁生活記』）

また、メキシコにおいては、二月一八日、三浦義秋公使ら外交団一行が米国ヴァージニア州のホット・スプリングスに出発するにあたって、三浦公使は後事を居留民の加藤平治ら三人に託して、彼らに嘱託の辞令を渡した。日米開戦以来、「敵性国人」としての就労難のもとで、彼らは相互援助機関「共栄会」を組織し、大農場を買い入れての共同耕作や就職の斡旋などをはかっていたのだった。公使らの出発後、彼らはさらにクエルナヴァカ近くに農場を買い入れ、入植地の拡大をこころみた。しかし、メキシコ当局からの圧迫はさらに強まり、加藤は、当地における日本の利益代表国であるポルトガルのタヴェイラ公使の勧めもあって、自身は交換船で日本に引き揚げることを決意した。商社員を中心に総勢二七人の同行者ができた。五月二六日、彼らは列車の車両を一台借りきり、米国に向けて出発している。車両の前後に、兵士が五人、移民官、メキシコ外務省官吏が乗り込んだ。翌日、列車は国境の町ラレドに着き、監視はアメリカ側の官吏へと引き継がれた。さらに旅を続けて、彼らはノースカロライナ州アッシュヴィルの「グローブ・パーク・イン」に着いた（加藤平治『メキシカン・ラプソディー』）。ペルーなどからの外交団一行と合わさって、彼らはこれでおよそ一九〇人の団体となった。

一方、四月九日、米国に到着していたパナマからの一行は、男女別に離されて、男性たちは、翌日、陸軍省が管轄するオクラホマ州フォート・シル収容所に収監（ここにはハワイから送られた一六九人の日系市民が先着しており、また、一日遅れてモンタナ州のミズーラ収容所などから三五二人の米国西海岸の日系市民らも到着した)、そこからさらにルイジアナ州リヴィングストン基地の収容所などに送られた上、そのほとんど(百六十数名)が第二次交換船に乗せられるまでのおよそ一年半にわたって拘禁が続くことになるのだった。離された妻子らは、司法省移民局管轄下のテキサス州シーゴヴィル収容所に入れられていた。彼女らのうち三〇名ほどが、第一次交換船の出港後も、この施設に残る。(島田法子『日系アメリカ人の太平洋戦争』、天野芳太郎「交換船コンテベルデ号帰来者ノ手記」ならびに『わが囚われの記』など)

五月下旬、米国政府による第一次交換船としての傭船が決まったスウェーデン船籍「グリップスホルム号」が、スウェーデンのイェーテボリ(ゴーテボルグ)港からニューヨークをめざして出港している。スウェーデンから米国に戻る一一〇名の米国人を乗せていた。

六月一〇日、メキシコ、ペルー、コロンビアなどからの寄り合い所帯、総勢およそ一九〇名は、軟禁先の「グローブ・パーク・イン」を出発し、アッシュヴィル駅から午後四時四〇分発の列車に乗る。グリップスホルム号が待つニューヨーク港のニュージャージー側、ホボケンの臨港駅に着いたのは、翌一一日の朝一〇時一〇分のことだった。

## 「無政府主義者」と名乗って――鶴見俊輔の場合

鶴見俊輔の場合は、これらのどのケースとも違っている。

日米開戦のとき、彼は一九歳。マサチューセッツ州ケンブリッジで、ハーヴァード大学哲学科の三年生だった。当時、ハーヴァードには、三人の日本人学生がいた。ほかの二人は、本城文彦と西堀正弘、ともにオーヴァー・グラデュエート（学部修了）の学生で、外務省在外研究員の官補だった。ほかに日本人としては、経済学部講師、二九歳の都留重人がいた。

四一年一二月七日の開戦当日、地元の新聞記者がやってきて、鶴見ら日本人学生三人は取材を受けた。翌日、それは「今度の開戦は日本の軍閥が大きな責めを負う」という趣旨の記事になり、大使館などでの不満を呼ぶのではないかと、西堀を困惑させた。鶴見は、西堀の意向を受け、彼に伴って、ボストン市内の新聞社まで事後処理の話しあいに出向いている。翌九日夜、本城と西堀は外務省官吏としてワシントンの日本大使館内での軟禁にむけて拘束されていき、以後は、鶴見がハーヴァードでただ一人の日本人学生となった。

この四一年の年末、鶴見は第三学年前期の成績がトップだったことを知らせる手紙を、日本の家族に宛てて出している。交戦国のあいだでは、ジュネーヴ条約にのっとり、手紙は国際赤十字に託されて運ばれる。文面は欧文で二五語までに制限されていた。日本の実家にそれが届くまで、何カ月かの時間が必要だった。

戦争下の敵性外国人として、預金口座はすべて凍結されており、もちろん日本からの送金も不可能だった。父（鶴見祐輔）が息子の学費・生活費の原資として後見人アーサー・シュレジンガー・シニア（ハーヴァード大学歴史学教授）に預けていた国債から、毎月五〇ドルが彼の手もとに渡ったが、先行きが不安で、極端に出費を切りつめた生活をした。大学のカリキュラムを詰め込んで、一年短縮の三年間で学部を卒業するコースを選んだのも、そのためだった。喀血がときどきあったが、周囲の者には隠していた。

外務省関係者を除けば、ボストン周辺に住む数十人の日本人に抑留された者はほとんどなかった。旅行などには当局の許可が必要だったが、日常の学業その他の生活は自由なままだった（ただし、司法省は、真珠湾攻撃後に発布した連邦規則で、すべての敵性国人および「アメリカ市民権の有無にかかわらず日本人を祖先とするすべての者」に国境の出入りを禁止していた）。司法長官がラジオで「治安を乱す者以外は敵性国人を逮捕することはない」と語っており、ふつうの留学生なら捕まらないと受けとめられた。（都留重人「開戦の前後」など）

とはいえ、鶴見には、いくらか特殊な事情もあった。

四一年七月末、米国政府は、日本軍による南部仏印（ヴェトナム南部とカンボジア）への強引な進駐に対抗して、日本の在米資産の凍結という経済制裁でのぞんでいる。こうした動きのなかで、鶴見は、ケンブリッジ市内のアーヴィング街四三番地の下宿に引っ越して、外国人登録と聴取を受けた。前年の連邦議会で、一四歳以上のすべての居住外国人は毎年登録をし、指紋をとって、住所の変更を政府に知らせることを義務づける外国人登録法が成立していたからである（ロジャー・ダニエルズ『罪なき囚人たち』によれば、同じ四〇年、移民局〔正式には移民帰化局〕が労働省から司法省に移管されたことと並び、こうした処遇は、移民の「保護」から「取調べ」へという、米国史始まって以来の変化を示したものだという）。さらに、開戦後の四二年二月、米国に住む敵性国人（日本・ドイツ・イタリア人など）は移民局に呼びだされ、「敵国民登録」と取調べを受けた。そのさい、鶴見は、この戦争をどう思うかと訊かれ、「自分の信条は無政府主義だから、このような帝国主義戦争ではどちらの国家も支持しない」と答えていたのだった（それが四一年夏の「外国人登録」のときか、四二年二月の「敵国民登録」のときか、鶴見自身のこれまでの証言はあいまいだが、事実としては、両度にわたって同様のやり取りがあったように思えるという)。

振り返れば、一九三八年夏の終わり、一六歳で留学生として米国に入国するさい、移民局の書類の「あなたは無政府主義者か?」との問いに「ノー」と書き込み、この国に入ってきた。だが、そのころすでにクロポトキン『一革命家の思い出』(大杉栄訳)などを読んでいて、共感を抱いていた。嘘をつき、自分はこの国に入った。人が、国家に対する嘘を禁じられるとすれば、それは一つの罠となろう。けれども、自分が自分に対して嘘をつくことは避けたいという意識は残る。合衆国官吏から質問への回答を求められるとき、そうした以前の微かな悔いの記憶が、彼の心の一隅を占めていた。

四二年三月二四日の夕方、アーヴィング街四三番地にある三階屋根裏の下宿部屋で昼寝しているところに、三人の背広姿の男がノックなしに入ってきた。FBIの者だと、彼らは名乗った。本棚の本や書きかけの原稿を、鶴見所有の柳行李風の二つのスーツケースのなかに投げ込んでいく。そこには、書きかけの優等論文(卒業にむけて優等生の資格がある者が提出する論文)、日記など手帖二〇冊ほどの日本語のメモなども含まれていた。彼らの会話から、自分が何かのスパイ活動を疑われていることがわかった。五時間ほど、そうした捜索は続き、彼の身柄は二つの柳行李といっしょに連行された。けれども、自分がこのとき捕まった理由がはっきりとわかるのは、およそひと月後、審問が開かれてからのことである。

この家を出て、前に停めてあった囚人護送用の大型自動車に乗り、ボストン市内の連邦警察本部と思われる五、六階建ての建物に連れていかれた。人影のない広い部屋で、いくつか質問を受けて簡単な調書を取られ、両手を上にあげさせられて、形ばかりの身体検査を受けた。

そのあと同じ三人とまた同じ黒のビュイックに乗って、すでに午前零時近かったが、刑務所のような場所に着いた。そのときはよくわからなかったが、東ボストン移民局の留置場だった。そこで三人とは別れ、明かりが消えた金網のなかの、幾列も並んだ二段ベッドの一つを示されて、その上段で横になった。次の朝早くに起こされて、金網の寝室から出され、廊下ひとつを隔てた待合室のような広い部屋に移された。昼間のあいだは、ここで過ごし、夜はまた金網のなかのベッドに戻ることになっていた。

昼間の大部屋には、ドイツ人とイタリア人の男ばかりがいた。奥の二重に鍵がかかる重禁固室が空室になると、そこにある二列の二段ベッドが休憩用の部屋として共用されるようになり、誰もがそこに入って昼寝をしたり、寝ころんで雑談したりした。

書きかけた優等論文を押収されたことを指導教授のラルフ・バートン・ペリーに手紙で知らせると、すぐにFBIと交渉し、それを留置場に戻してくれた。夜、みんなが寝てから、大部屋の隣の便所（ここも便器がいくつも並ぶ広い部屋で横にシャワーがひとつある）で、西洋式便器にふたをして机にし、タイルの床に正座して、参照文献がないまま、ウィリアム・ジェイムズのプラグマティズムについての論文の続きを書いた。書きあげた分は、ニューヨークにいた姉の鶴見和子に送り、タイプしてもらって、期日までに大学に送ることができた。これに続いて、大学は、留置場まで試験官を差し向けてくれて、囚われの身で最終学年の後期試験を受けることができた。（鶴見俊輔『北米体験再考』など）

そうやって過ごすうちに、鶴見よりひと月ほど遅れて、山本素明もこの留置場に入れられてきた。四一年一二月一六日にロサンゼルス出港予定の龍田丸（おとり船）に乗って帰国しようと、開戦直前に現地まで出向いていた、あの人物である。——その船の件には、いわくがあった。これに先立つ四一年一一月の終わりごろ、鶴見や、姉の和子も含め、米国東部の日本人留学生・学校関係者たちは、ワシントンの若杉要公使から〝こんど一二月に来る龍田丸はおそらく最後の船になるだろうから、それで帰ったほうがよい〟との丁寧な自筆の書簡を、おしなべて受け取っていたのである。鶴見、そして、(ヴァッサー大学で哲学修士を取得し)コロンビア大学での博士課程に進もうとしていた和子は、その勧めを断わった。都留も、コーネル大学の南博も、応じなかった。ほかのおおぜいも、そうだった。ただ、アマースト大学の山本素明だけは、その勧めを受け入れて、大学の籍を抜き、現地ロサンゼルスに向かったのだった。

結局、その船は来なかった。けれど、山本素明は、身柄の拘束は免れて、どうにか開戦下の北米大陸をふたたび東部へ横断し、ニューイングランドまで戻ってきた。そして、以来しばらく、当時まだ鶴見が住んでいたケンブリッジ市アーヴィング街四三番地の下宿部屋に、自分用の簡易ベッドを持ち込み、いわば居候として寝起きした。そのあと、山本は、日本人留学生たちの後援者であるボストンの歯科矯正医・藤代真次博士宅に移っていった。しかし、鶴見がＦＢＩに連行されると、下宿部屋に散乱していた荷物を、都留重人夫妻、鶴見和子とともに、彼は片づけてくれていたのだった。その山本も、いまはこうして東ボストン移民局の同房にいる。

四月末になり、司法省によって、鶴見を抑留すべきかどうかの審問が開かれた。陪審員は、カトリック神父、ハーヴァード・ビジネススクール教員、一般市民(納税者)代表の三人だった。鶴見は、ここでも拘留前と同じ意見を述べた。在学中の後見人でもあるアーサー・シュレジンガーが特別弁護人として出席し、「調書で見ると、当人(鶴見)は、その信念にもとづいて帝国主義戦争のどちらの国をも支持しないと主張しており、日本と米国との戦争目的をくらべると米国のほうがやや正しいと思うと言っていることに注目してほしい。抑留には値しない」と擁護の意見を述べたが、釈放か抑留相当かの評決は一対二に分かれ（市民代表とカトリック神父が「抑留相当」）、鶴見を「戦争期間中の抑留者（civilian internee）」とする判決が下された。

抑留が決まると、番号札をつけて写真を撮るために、手錠をはめられて自動車に乗せられ、写真屋に向かった。どうしてそんなに遠くまで行ったのかわからないが、チャールズ河のほとりを通ったとき、はるかむこうにハーヴァード大学の教会の尖塔が見え、それがこの大学の見おさめとなった。（鶴見俊輔「牢獄から見たアメリカ合州国」など。なお、卒業論文の写しを含む所持品の書物などは、交換船乗船時に取りあげられたが、戦後二年ばかり経ってから、横浜に取りにくるようにと連絡があり、鶴見の手もとに戻ってきた。ほかの人びとの荷物とともに、米国側の手配で送られたものと思われる）

およそ六〇年後、二〇〇一年九月一一日に米国で起こった同時多発テロは、その国において、多くの人びとに日本軍による真珠湾奇襲攻撃を思い起こさせた。けれども、ハーヴァード大学政治学教授のスーザン・ファーは、事件のあと大学構内に集まりはじめたアラブ、イスラムの学生たちの姿を見て、むしろ、九・一一によって彼らが置かれることになった立場と、かつてパール・ハーバーによって日本人留学生たちが置かれた立場には似たところがあると感じ、その比較研究に向かう。ファーは、こう言う。「彼（鶴見）は、まったく、困ったときに困ったところに居合わせてしまったということなのです」（Ken Gewertz, "History of the Japanese at Harvard"）。

話は戻る。

四二年五月一三日、鶴見の身柄はニューヨーク州エリス島の連邦移民収容所に移され、ここで二日間を過ごして、同月一五日、さらにメリーランド州のフォート・ミード収容所へ、ほかの一六名とともに移された（交換船乗船時の鶴見自筆の「調査票」、外務省外交史料館所蔵などによる）。前述の星野治五郎、岩熊萬藏をはじめ、ニューヨーク在住の商社員など一五〇人ほどの日本人抑留者が、三月なかば以来、暮らし続けてきた施設である。この少し前、同月七日午後、米・独伊の交換船「ドロトニングホルム号」は、すでに交換地のリスボンに向けて、ニューヨーク港ホボケンの波止場を出港していた。乗船したのは、ウエストヴァージニア州ホワイト・サルファ・スプリングスのホテルに軟禁されていたドイツ外交団六百人、また、ノースカロライナ州アッシュヴィルの山中のホテルに軟禁されていた三百名のイタリア外交団などである（復航には、ベルリンおよびローマからスペイン経由の特別列車でリスボンに到着する、独伊駐在の米国外交官、新聞・通信特派員らを乗せてニューヨークにむかう予定になっていた）。そのためだろう。鶴見が到着したとき、エリス島にも、フォート・ミードにも、もうドイツ人、イタリア人の収容者の姿はなかった。ともあれ、このフォート・ミード収容所で、鶴見は、サーカス団で働いてきた大河内光孝という中年の男と出会っている。

アラスカ久三郎こと斎藤久三郎という人物と彼が出会ったのも、ここである。これらの抑留者には、排日移民法（一九二四年）によって日本からの入国が厳しく制限されるより前に米国に入った労働者たちも、おおぜいいた。アラスカ久三郎も、そうした一人で、小学校を出てから米国に渡り、第一次大戦のころはアラスカで米兵となって警備についていたという。そのときの話をよくするので、ミドル・ネームを付して、「斎藤アラスカ久三郎」と呼ばれた。

洗濯をするにも、彼はゆっくり自分で手順を考えてやるというたちで、英語もうまくはなかっ

たが、言葉を確実に使って議論した。あるとき、抑留者たちから選ばれた委員たちのリーダーとして立ち働く野田岩次郎をさして、

「じつにインターナショナルな人だ」

と彼は言った。すると、誰か、日本の大学を出て米国に来ている会社員の一人が、

「インターナショナルってどういうこと？　斎藤さん」

と、ややからかい気味に尋ねた。

「胸はばの広い人っていうことだな。世界のことをゆっくり見わたして考えられる人のことだ」

臆せずに、アラスカ久三郎は答えた。（鶴見俊輔「字引きについて」）

また、便所掃除の指導をしていた上杉さんという白髪の老人は、鶴見が哲学を勉強していると話したのを聞き、自分は以前、佐々木秀一という人を案内して、哲学者のジョン・デューイに会ったことがある、と言った。佐々木秀一は、鶴見が通った小学校（東京高等師範付属小学校）で校長（主事）をつとめていた人で、黒人の教育指導者ブッカー・T・ワシントンの自伝『黒偉人』という編訳書を手がけていて、その本を鶴見も小学生のときに読んでいた。

アラスカ久三郎も、上杉さんも、ともに交換船に乗ることは選ばなかったが、こうした対話の景色は鶴見のなかに深く残り、戦後の彼が、かつて米国の大学で学んだ記号論理学や意味論を、根元から再定義していこうとする基礎となった。（鶴見俊輔『デューイ』）

フォート・ミードの日本人抑留者たちは、すでに「日米交換船」の話題でもちきりだった。星野治五郎『アメリカ生還記』によれば、第一次日米交換船の計画の全容が、収容者たちの明瞭に知るところとなったのは「五月七日であったと記憶する」とのことである。「交換船は米国政府

で契約された。中立国スエーデン・アメリカン汽船会社のグリップス・ホルム号、一万二千噸の船で、北米・カナダ・メキシコ・中米・南米、即ち西半球全部の在留邦人中第一船約一千五百名が帰国する事となった。その内、外交官は約五百名、その他一般の者では国際商人・学生・一時入国者など一千名が六月十日紐育〔ニューヨーク〕を出発し、南米リオで更に同胞約五百名を同乗させ、リオより五千浬《かいり》大西洋を横断し、喜望峰を廻航、ポルトガル領のロレンソ・マルケスで、日米両国人の交換が行なわれる」という計画だと伝えられた。所内の抑留者のうち一二〇人近くが、この第一次交換船での帰国希望を申し出て、野田岩次郎ら委員たちが、当局者たちとわたりあい、各人の留守宅に残された家財の取り寄せなどにも取り組んだ。

ハーヴァード大学から、鶴見のもとに書簡が届いた。東ボストンの獄中で受けた卒業試験の結果は点数不足で、また、提出された論文は、優等論文として合格させることはできないが、教授会はこれを「バチェラー・オブ・サイエンス」（理学士＝ギリシア・ラテン語を履修しないことを意味する）の学位授与の参考資料として認めた、と書いてあった。だが、書簡の内容はそれだけで、自分が卒業できるのかどうかは、確信がないままだった。

五月二九日の夕食後、当局から、第一次日米交換船での帰国指名者が発表された。名簿に載った者たちがアルファベット順に呼びだされ、軍営の監督大佐から、一人ひとり説明を受けだした。しかし、名簿にはまだ不備も多く、抑留者自身が提出していた帰国希望調査票などにも照らしながら、すり合わせを行なう必要が生じた。スペイン大使を介しつつ、米国務省と抑留者の委員たちとの協議と交渉が六月九日まで続いた。

こうした慌ただしさのなか、鶴見は、米政府が派遣した係官に呼びだされ、「日米交換船が出るが、これに乗って日本に帰るか、収容所に残るか、自分の意志で選ぶように」と告げられた。鶴見は、乗る、と答えている。

ニューヨーク在住の鶴見和子も、六月一日、米国務省から、交換船で帰国するか否かを二四時間以内に返電せよとの電報を受けとり、これに乗ることに決めている。

ケンブリッジ市の都留重人が、交換船の通知を受けるのも、同じ六月一日の夜一〇時半、ボストンのウェスタン・ユニオン（電信会社）本局からの電話でだった。彼の場合、交換船での夫婦ともの帰国を希望する申請書を提出していたのである。「配達を頼んでおいて、電文がくるまでにいろいろなことを考える。七日（日）の午前中におくれないようにエリス・アイランドに出頭せよというので、なか火、水、木、金、土と五日しかない。何から手をつけてよいのかわからず、あれやこれやと考えているうちに、十二時半に近いころ電文が届く。宛名が、SIGETO TURU となっているところから推して〔注・ローマ字の綴りがヘボン式ではなく、日本のいわゆる「訓令式」表記になっているため〕、交換のリストは日本で出来たのかと思わせられる。ひとり、お金は三百ドル、船艙内におく荷物は三十二平方フィートという制限である。電文がきて、まもなく床にはいったが、その晩は結局ねられない」（都留重人「引揚日記」）

フォート・ミード収容所の全日本人中、結局、それぞれの事情や判断で残留することになったのは、三〇名ほどであったという。スポークスマン兼リーダー役を果たした野田岩次郎、斎藤アラスカ久三郎らも、そのなかにいた。のちに、野田は、四三年の第二次交換船で、米国人の夫人（日本人との結婚のために米国籍は失っていた）と娘を現地に残して、先に帰国。戦後は、財閥解体の実務に携わり、さらにのち、ホテルオークラ（当時・大成観光）の初代社長をつとめる。

六月九日の夕食後、所内の抑留者たちが一堂にそろって留別会が開かれた（およそ三〇名の残留者は、こののちモンタナ州のミズーラ収容所へと移される）。

翌一〇日早朝、鶴見を含む帰国者はフォート・ジョージ・G・ミード駅を出発する。窓には、今度もブラインドが下ろしてある。北へ走り、マンハッタンのペンシルヴェニア駅に到着したのは、六時間後のことである。見物の群衆に取り巻かれ、移民局による集合地に指定されているペンシルヴェニア・ホテルに入る。すでに各地からの帰還者たちが到着し、ホテルのなかも混雑していた。ケンブリッジから七日に着いた都留重人夫妻も、このなかにいた。

ホテルは、移民局による出国手続きと検査の場所になっていて、いったん入ると、もう外に出ることは許されない。船室への荷物の持ち込みはスーツケース各人二個までに限られ、荷物の調べは厳重だった。身体検査も、ていねいな態度ではあったが、全裸にさせてまで行なわれた。

前月にスウェーデン在住の米国人一一〇名を乗せてイェーテボリ港を出港したグリップスホルム号は、すでにニューヨーク港内のどこかに到着しているはずだった。

また、野村、来栖両大使以下、ウエストヴァージニア州ホワイト・サルファ・スプリングスで軟禁されていた三百数十人の外交団ら一行も、この六月一〇日夜一〇時、ホテル・グリーンブライアの門を出た。翌一一日正午ごろ、ニューヨーク港に面するニュージャージー州ホボケンの臨港駅に到着し、ただちにグリップスホルム号に乗り込む予定だった。ほかに、アッシュヴィルのホテルで軟禁下に置かれてきた柳井コロンビア公使らの一行、また、各地のキャンプで抑留されてきた民間人らも、武装警官、ＦＢＩなどの監視を受けながら、それぞれニューヨークに向かっていた。

当初百人あまりが見込まれたタイ人の帰国者は、官吏らが全員乗船を辞退して、学生一六人だけの帰還となった（六月一五日付、東郷外務大臣から駐タイ石井代理大使への電信。のちにタイ人学生二名が追加される）。これによって余った乗船者枠は、日本人の民間人の帰国希望者にまわされた。

## 出帆準備

一方、日本政府は、四二年五月七日、横浜／上海―ロレンソ・マルケス間の日米、日英の交換船に、日本郵船所有の「浅間丸」「龍田丸」「鎌倉丸」、さらに、上海で停泊中のイタリア船籍「コンテ・ヴェルデ号」（トリエスティーノ汽船会社所有）を傭船しての計四隻を充てることを前提に、交換地ロレンソ・マルケスでの水、食料、燃料などの補給の手配に入った（東郷外務大臣から駐ポルトガル千葉公使宛ての電信）。この時点で、日米交換船は、双方およそ一五〇〇名ずつの交換を原則とするものの、船の収容能力が許す限りの人数を乗せることに主眼を置き、厳密な同数交換にはこだわらないとの方針でおおむね一致しつつあった（日英交換船の場合も同様だった）。

折り返しの港、つまり、交換地ロレンソ・マルケスで四隻が補給すべき食料の総量は、日本郵船の見積もりによると以下の通りである。（四二年五月二〇日付、日本郵船貨物部東亜課長・土井通次から外務省欧亜第三課長・大田三郎宛）

生肉　一万二千ポンド

生鳥肉　四千ポンド
鮮魚　二万ポンド
鶏卵　一二万個
果実　二万ポンド
小麦粉　八百袋

ロレンソ・マルケス―横浜間のおよそひと月弱の復航だけで、（日米交換、日英交換の帰還者を合わせ）三〇〇〇人分の食事をまかなうために、これだけの食料が必要だった。もちろん、往路にもおよそこれと同じだけの食料は積んでいく。

五月二二日、計画は、以下のようにいっそう具体化した。――日本側は、日米交換船に浅間丸とコンテ・ヴェルデ号、日英交換船に鎌倉丸と龍田丸を使う。このうち、コンテ・ヴェルデ号と龍田丸は、中国における日本占領地からの米英人らの引揚者を乗せ、上海から出港し（途中いずこかの港に給水のために寄港して）ロレンソ・マルケスへと直航する。一方、浅間丸は、（横浜からの出港後）香港、サイゴンでさらに現地からの帰還者を乗せながら、ロレンソ・マルケスへ向かう。また、鎌倉丸も、（横浜から出港後）サイゴンで現地の帰還者を乗せ、ロレンソ・マルケスに向かう。（同日付、外務省東亜第一課「敵国及断交国ト／官吏其他ノ交換ニ関スル件」。この配船計画は、のちに若干変更される）

太平洋戦争開戦以来、浅間丸、鎌倉丸、龍田丸の三船は日本海軍の徴用船とされていたが、交換船としての使用のために、いずれも一時的に徴用を解除されて、運航は日本郵船に託された。

こうした交換は、「中立」な状態を仲立ちにして行なうことが前提となるからである。交換地ロレンソ・マルケスを提供する中立国ポルトガルの立場から見れば、交戦国の軍籍にある船を自国港内で活動させることは、「中立国義務」にも違反する。

浅間丸とコンテ・ヴェルデ号は、交換船としての使用に先だち、五月下旬から六月上旬にかけて相次いで三菱長崎造船所に入り、艤装品、船室の調度などを整備して、この長途の旅に備えた。船体全体の塗装も、国際的な取り決めにもとづき、いかなる他国船や潜水艦、飛行機からも「交換船」であることが視認できるものに改めなければならなかった。

船体中央部の両舷に日章旗（日の丸）を描き、それをはさんだ左右、そして船首、船尾の両舷、さらに甲板上に白十字を描く。また、上部構造物の両舷側に夜間標識の十字イルミネーションを施して、日没後の航行にも備える必要があった。

五月二六日付で、東郷外務大臣から、駐タイ石井代理大使および駐ハノイ芳沢大使に宛てて、「米国との交渉はほぼ妥結に達したるを以て」として、次のような電信が発されている。

——サイゴンから乗船の米州諸国人は、六月一八日までに現地に集結させること。浅間丸は、六月一〇日に横浜を出帆、一五日に香港着。翌一六日に同地発、一九日午前にサイゴン着。翌二〇日午前に同地発。

また、コンテ・ヴェルデ号は、在中国の米州諸国人を乗せて、六月一六日に上海を出帆。昭南（シンガポール）港付近において浅間丸と合流の予定。

なお、英国との交換は約一カ月延期となったので、日英交換船への乗船者のサイゴン結集は、追って電報するまで見合わせること。——

この時点で、日米交換船の実施は、はじめて日英交換船の実施と切り離されているのである。
こうした動きを受けて、それぞれの集結地にむけて、日米交換船乗船者の移送が始まっていた。
同じ二六日、駐タイ石井代理大使は、駐サイゴン公使にむけて、次のような問い合わせの電信を発し、それを東郷外務大臣にも転電している。――タイ政府は米国人・英国人・オランダ人の被交換者三五一人を、近くタイ・ナビゲーション会社所有の二隻の船で、サイゴンへ送る見込みである〔注・のち、この船は同国のザ・ナビゲーション・カンパニー所有のパラヤ号に変更される〕。また、ベルギー人・ノルウェイ人・ギリシア人の二六人は、当国（タイ）との敵対関係にはないため、タイ政府は陸路を自由に通行させて、サイゴンまでおもむかせる意向である。これについては問題がないか、現地の日本軍とも相談の上で、至急返事をいただきたい。――

同じ時期、中国の各地から上海へ、また満洲・朝鮮から日本へと、船や列車で続々と米国人の抑留者らの移送は開始されていたのである。

浅間丸の横浜出港は、当初の予定よりやや遅れ、いよいよ六月一七日夜と決まった。

外務省のまとめによると、これに乗船する東京在住の「敵国及断交国（米州）大公使館領事館員」（家族などを含む）は、八五名。同じく東京在住の「非官吏」（民間人）が四六名。また、「神戸から移送」されてくる者が合わせて一六〇名（この内訳は、満洲からの引揚者が四七名、朝鮮からの引揚者が八二名、兵庫県在住者が三一名だった）。さらに、「神奈川県宮ノ下」のホテルで拘禁下にある外交官が一〇名。「横浜在住」などの「官吏」が五一名。同じく「横浜在住」などの「非官吏」が七六名。――計四二八名が、この出港地・横浜からの乗船者とされた。ここでの外交官には、米国のほか、カナダ、メキシコ、ブラジル、パナマ、ニカラグア、ボリヴィアなどの官吏が含まれている。（四二年六月一三日付、「交換船浅間丸ニ乗船スベキ被交換者輸送等ニ関スル決定事項」）

船は、三菱長崎造船所の第三ドックを六月七日に出渠し、神戸で現地に集結している人びとの荷物だけを積み込み、横浜まで回航されている（一三日着）。神戸の人びとも、自身はひとまず東京まで、特別にダイヤを組まれた列車で来るのである（一七日午前八時、東京駅着）。東京駅で、東京在住の人びとと合流し、これも特別にダイヤを組まれた臨港列車で横浜港に向かう。

内務省警保局外事課は、これにむけ、東京駅での警備と誘導の段取りを立てている。横浜港行きの臨港列車は、一七日午前一一時に八番ホームに滑り込み、同一五分に発車する。六両編成で、前の三両を「神戸関係者」、次の二両を東京在住の「外交官」、最後尾の一両を「東京関係一般人」にあてる。したがって、神戸からの人びとは、午前八時に到着したら、まず駅係員がステーションホテル「松の間」に案内し、朝食をとらせ、そのあと臨港列車の乗車時刻までその部屋にとどまらせておく。午前一〇時五〇分にホテルを出て、列車に導く（六月一二日付、「米国側送還者東京駅出発に関する打合事項」）。それまでのあいだに、米国大使館の一行五六人が一六台の自動車に分乗し、第一班（午前九時一〇分）、第二班（同九時一三分）、第三班（同九時一六分）と、東京駅に到着。カナダ公使館の二台七人が、午前九時三〇分に到着。メキシコ公使館の三台八人も、午前九時三〇分に到着。ブラジル大使館の二台四人は、午前九時五〇分に到着。

ちなみに、カナダ公使館内で軟禁されていた七人の館員のなかには、「三等書記官」との肩書きで、語学官E・H・ノーマンの名前もある（「米州送還官吏名簿」、内務省警保局編『極秘　外事警察概況　8』昭和一七年）。開戦時、彼がちょうど書き上げて紀要への掲載のため印刷所に入れていた『日本における兵士と農民』初稿原稿（英文）は、公使館内軟禁から帰国へと続く混乱した事態のなかで、ついに彼自身の手には戻らなかった。

一方、こうして米国にむかう民間人のなかには、滞日三〇年以上のジャーナリスト、パーシー・ホワイティングと連れだった日本人の妻、日本生まれの息子たちの姿もあった。また、AP通信東京支局長だったマックス・ヒルは、この送還の旅のなかで、ニューヨークに到着（八月二五日）するまでの詳細な記録を残す（Max Hill, *Exchange Ship*）。

午後三時、横浜港の浅間丸船上では、同乗した日本政府代表の高岡禎一郎総領事、高田実・外務省事務官、スイス政府代表のA・O・ケラー（駐日スイス公使館員）が全員の乗船を確認した。北米などで抑留されている日本人・日系人への救恤品である緑茶一万斤（六トン）の積み込みも、すでに終わっている。船は岸壁を離れ、いったん木更津沖に錨を下ろして、出港命令を待った。しかし、とうとう一夜が明けても、命令はなかった。

同じ時刻。

ニューヨーク港の交換船グリップスホルム号に、喜多長雄ホノルル総領事ほかハワイからの二三名が、まだ到着していないとのことだった。喜多は、前述したように、真珠湾攻撃を事前に知らされていた数少ない外交官の一人である。

## レーン夫妻事件

だが、浅間丸出港の遅れには、ほかにも理由があった。「レーン夫妻事件」である。

米国人ハロルド・レーン（一八九二年生まれ）は、日米開戦当時、北海道帝国大学予科で英語の語学教師を勤める人物だった。クエーカーとしての信仰をもち、第一次大戦下の母国米国では良心的兵役拒否を貫いた履歴があった。米国人宣教師ジョージ・ローランドの娘として日本で生まれたポーリン（一八九二年生まれ）を妻としていた。彼女もまた北大予科の英語講師だった。

太平洋戦争開戦当日の一九四一年一二月八日、レーン夫妻は、ほかの「敵性外国人」の多くがそうであったように、札幌市の北大構内、自宅としていた外国人教師官舎で特高警察によって「スパイ容疑」で逮捕された。そして、この四二年四月、レーン夫妻は、身近な日本人四人とともに、軍事機密保護法違反などの容疑で起訴されたのだった。

交換船の円滑な実施で日米両国の合意が成ったのにともなって、日本政府は、日本本土・満洲・中国で懲役もしくは拘留中のおよそ三〇名の米国市民も釈放して、第一次日米交換船に乗船させることを明らかにしていた。しかしながら、このレーン夫妻とその子どもたち、および、同じく軍機保護法違反などのかどで逮捕されて獄中にあった小樽高商教師ダニエル・マッキンノンを、第一次交換船で帰国させるように米国務省が駐日スイス公使館を通して求めたのに対し（同年六月九日付、スイス公使館から日本外務省への書翰）、日本側は、レーン夫妻とマッキンノンは「重大なる犯罪の嫌疑に依り目下取調中」であるとして乗船させることを拒み、レーン夫妻の要望により彼らの「双生児たる女子二名」のみをその船で帰国させると回答したのである（六月一二日付、同一五日発送、日本外務省からスイス公使館への書翰）。

開戦の日のことをもう一度振りかえると、その四一年一二月八日朝七時、ラジオの臨時ニュースは、「大本営陸海軍部午前六時発表、帝国陸海軍は本八日未明西太平洋において米英軍と戦闘状態に入れり」と放送した。その時刻以後、全国の特高警察は「外諜容疑者」一斉検挙に乗りだし、一一一名を検挙した（検挙はその後も続き、やがて一二六名に達した）。ほかに憲兵隊が五二名を検挙した。両者合わせて国籍別に見ると、米国人二七名、英国人四三名、カナダ人三名、オランダ人七名、フランス人一〇名、旧ロシア人三名、ポルトガル人三名、デンマーク人三名、ギリシア人一名、トルコ人一名、ポーランド人一名、ノルウェイ人一名、ドイツ人一名、インド人三名、中国人二名、日本人五四名だった。このほか、特高警察は、一二月九日に「非常措置」として被疑事件の検挙二一六、予防検束一五〇、予防拘禁三〇、計三九六人を連行し、これらとはべつに在日朝鮮人一二四名の検挙も行なった。

レーン夫妻は、一二月八日午前、北大構内の外国人官舎を訪れた数名の特高警察官によって、手伝いの女性・石上シゲとともに検挙され、札幌警察署に連行された。前後して、彼らの家に親しく出入りしていた北大生・宮沢弘幸も逮捕された。また、これに続いて大学内外の三人の知人（渡辺勝平、丸山護、黒岩喜久雄）たちも捕まった。レーン宅には、夫ハロルドの父で八三歳になる病軀のヘンリー・レーンと、一二歳の双子の姉妹ドロテアとキャサリンだけが残されることになった。（なお、後述するように、ダニエル・マッキンノンについては、この事件との直接の関連はなかった。ただし、ポーリン・レーンの父親であるジョージ・ローランド宣教師は、マッキンノンの地元・小樽組合教会の基礎を築いた人だった。一九一八年以来、その教会を拠点に活動していたフランク・ケーリ宣教師は、日中戦争のもとで、平和主義に立つ信仰の立場を言明して、この地を離れることを余儀なくされていた。先に触れた四二年六月九日付のスイス公使館から外務省への書翰が、マッキンノンの身分を「宣教師〔missionnaire〕」と述べていることなどにも、こうした一連の虚構の事件がつくられる背景が、透けて見える。岸本羊一『スキャンダラスな

人びと　レーン夫妻スパイ事件と私たち』）

容疑の中心は、ハロルド・レーンの教え子である宮沢が、樺太、千島、満洲、華中などに旅行したさいの現地の基地などの知見をレーン夫妻に話し、これを夫妻が米大使館員に伝えたとする「軍機保護法」違反である。石上シゲらは翌四二年春までに釈放された。だが、レーン夫妻、宮沢ら五人は同年四月に軍機保護法、陸軍刑法違反などで起訴され、札幌地裁で裁判が始まっていた。

しかし、当時、彼らの逮捕後も、嫌疑の内容や事件の見通しは、近親者たちにもまったく知らされなかった。何もわからない。思いあまった宮沢の両親は、東京から北大総長の今裕を自宅に訪ねて、大学側から当局に事情を問い合わせてもらうように頼んだが、今総長はそれを断わった。

（上田誠吉『ある北大生の受難　国家秘密法の爪痕』）

今日明らかになっていることから見れば、この一連の「レーン夫妻事件」は、明白なフレームアップ（でっち上げ）である。だが、開戦直後に「外諜容疑者」として検挙された全国で一二六人のうち、六割以上が不起訴、放免。起訴されて実刑判決を受けることになるのは一六名（四二年末現在）にすぎないが、このあと、ハロルド・レーンと宮沢が懲役一五年、ポーリン・レーンが懲役一二年という確定判決を受けるのを筆頭に、「レーン夫妻事件」の関係者はひときわ飛び抜けた重刑をこうむることになるのである。弁護士の上田誠吉の調べによれば、戦時中の国家秘密法による処罰のなかでも、これは「ゾルゲ事件」（尾崎秀実、リヒャルト・ゾルゲに死刑）の関係者に次ぐ重刑判決であり、なぜ、そうした事態が、彼らに降りかかったかという別の問いは残る。

一方、小樽高商のダニエル・マッキンノンは、開戦の日、特高警察によって同じく「外諜容疑者」として小樽警察署に連行されている。この学校の卒業生、伊藤整による大正末年を舞台とする自伝小説『若い詩人の肖像』で、「生活の哲人であり、かつユーモリスト」、妻が日本人で「ほとんど半帰化人」の米国人青年教師として描かれている人物である。また、動物好きで、ロバにまたがって街を行くことなどがあり、「ロバ先生」としても知られていた。容疑の一つには、彼が学生に「わが故郷について」という英作文の課題を課したことなどが、軍機の探知、収集にあたるとされたという。

同じ日、金沢の第四高等学校に在学した息子のリチャード・マッキンノンも、学生寮に特高警察に踏み込まれ、裁判所裏の牧師館（カナダ人経営の幼稚園であったともいう）に拘禁された。日本人の母は小樽に残っており、二人の姉は米国に渡っていた。のちに、父のダニエル・マッキンノンはまだ囚われの身だったが、このリチャードだけが牧師館から出されて、第一次日米交換船の浅間丸に乗っている。（川野蓼艸「R・N・マッキンノンさんの事」、水口忠「マッキンノン先生の悲劇」など）

こうした状態に対して、米国側も対抗措置をとる。レーン夫妻らの浅間丸乗船が認められないならば、ニューヨーク出航予定のグリップスホルム号への松平一郎ら三人の乗船許可を取り消す、としたのである（六月一五日付、須磨スペイン公使から東郷外務大臣への電信。六月一六日付、駐日スイス公使館「ノート」）。

松平一郎は、この年三四歳で、横浜正金銀行サンフランシスコ支店に勤務していた。父親は、宮内大臣の松平恒雄である。

一方、日本側は、レーン夫妻およびマッキンノンの件と、すでに乗船許可が出ていた松平の件とはまったく別個のものであり、レーン夫妻らの件は「第二次交換に関連し処理」するべきだと主張する（六月一六日）。このとき、日本側から初めて「第二次交換」の実施に言及されていることは注目に値する。外務省は、これにもとづき、レーン夫妻らの釈放と帰国について内務省との交渉にあたり、事情にかんがみて例外的措置を考慮できるとの内意を得た（六月一八日、外務省「日米交換船出帆ニ関スル件」）。すでに浅間丸は、グルー駐日米国大使以下四二八名の送還者を乗せて横浜の岸壁を離れ、木更津沖に投錨し、仮泊していた。二一日、西春彦外務次官は、こうした解決方法を述べた覚書を、米国の利益代表であるゴルジェ駐日スイス公使に手交した（七月九日付、東郷外務大臣からゴルジェ公使への書翰）。

レーン夫妻、およびマッキンノンの第二次交換船での帰国について日本政府が「アシュアランス」（保証）を与えることを条件に、米国政府は浅間丸の即時出帆に同意するむねの電話が、ゴルジェ駐日スイス公使から西外務次官に入ったのは、六月二五日朝九時のことである（六月二五日、外務省「日米外交官其他交換船出帆ニ関スル件」）。外務省は、この日、スイス、ポルトガル、スウェーデンの中立三国の公使館に向けて、「米国との外交官等交換船浅間丸は六月二十五日午前一時三十五分横浜港外を出帆せる旨、又コンテヴェルデ号は六月二十九日午後上海を出帆する予定なる旨」の「口上書」を発した。

同日、外務省が新たに作成しなおした「浅間丸定期予定表」によると、航海予定は次の通り。

| | | | |
|---|---|---|---|
| 横浜 | 発 | 六月二五日 | 前 |
| 香港 | 着 | 六月二九日 | 前 |
| | 発 | 六月三〇日 | 前 |

| | | | | |
|---|---|---|---|---|
| サイゴン | 着 | 七月 | 三日 | 前 |
| | 発 | 七月 | 四日 | 後 |
| 昭南港付近 | 着 | 七月 | 六日 | 前 |
| | 発 | 七月 | 九日 | 前 |
| ロレンソ・マルケス | 着 | 七月 | 二二日 | 前 |

レーン夫妻の留守宅の話に戻ると、ハロルド・レーンの父ヘンリーは、この四二年一月、札幌市内の天使病院で、孫娘二人にみとられて死去していた。カトリックのサンフランシスコ修道会の病院である（教区長の戸田帯刀《たてき》神父は同年三月、逮捕・投獄される。彼は、のちに敗戦直後の四五年八月一八日、横浜で憲兵によって暗殺された。岸本羊一『スキャンダラスな人びと　レーン夫妻スパイ事件と私たち』）。

まだ一二歳の双子の姉妹、ドロテアとキャサリンは、この修道院で保護された。六月四日、修道女たちに励まされながら、二人は札幌を発って、南下している。横浜のバンド・ホテルにしばらく滞在したあと、六月一七日、浅間丸に乗りこんだ。（上田誠吉『ある北大生の受難』）

AP通信のマックス・ヒルは、この日、米国などへの帰還者で混みあう浅間丸の甲板で、金髪の二人の少女を見かけている。きちんとした身なりで、固く手をつなぎあい、はぐれることを恐れているような様子だった。「レーン家の子どもたちだ」。知りあいのミッション校の教師が、彼に教えた。両親は獄中にあり、母とは短い別れの言葉を交わせたが、父とは面会も許されなかったということだった。

どうしたの？　見かねて声をかける人もいたが、たいして役に立たなかった。日本語で返事す

るしか、彼女たちはできなかったからである。(Max Hill, *Exchange Ship*)
まもなく浅間丸は岸壁を離れ、沖どまりを一週間あまり続けたが、二五日、日本をあとにした。

## グリップスホルム号、ニューヨーク出港

一方、ニューヨークでは、これにやや先だって、六月一八日(現地時間)深夜、グリップスホルム号がニューヨーク港を出ている。世界各国に航行の安全を取りつけた期限が、すでに切迫しているという事情もあった。

ウエストヴァージニア州ホワイト・サルファ・スプリングスに抑留されていた日本外交団一行は、一一日昼一二時半にホボケンの駅に着いた。長いプラットフォームを進み、波止場での通関に二時間ほどかかったが、タラップを上がり、グリップスホルム号に乗り込む。白い舷側には「DIPLOMAT GRIPSHOLM SVERIGE」とひときわ大きく書き抜かれ、青地に黄十字のスウェーデン国旗も大きく描いてあった。雨が降りだしていた。ノースカロライナ州アッシュヴィルから到着していた柳井コロンビア公使らの一行が、すでに船上にいた。

彼らに続いて、フォート・ミード収容所から送られてきた一行も乗り込んだ。そうしたあいだ、膨大な量の荷物の積込作業がえんえんと続いていた。長い航海を支える食料や水、帰還者たちの荷物のほか、日本支配下各地の米国側捕虜・抑留者に渡る救恤品(カナダ、南米からのものを加えて、六九九一個、約二千トン)も、そこには含まれていた(桝居孝『太平洋戦争中の国際人道活動の記録』改訂

版）。緑茶六トンに限られた日本からの救恤品に較べると、物量では大きな差があった。

夕刻、船はいよいよ岸壁を離れ、ハドソン河を下りはじめた。驟雨のなか、広い湾内に出ると、右にエリス島、自由の女神、左手には、マンハッタンの高層ビル街が、じょじょに後方へ遠のいていく。そうやって船は進み、ニューヨーク港の沖合、ステートン島近くで投錨、いったん仮泊した。

船室の構成は、船底近くから最上層部まで、六つの階層に分かれている。最上層部のプロムナード・デッキは、一等船客用のラウンジや図書室、バーや喫茶室などから成っていて、そのすぐ下のAデッキに一等の特別船室などがある。米国務省が船室の割り当てはしたらしく、最上等の部屋は、野村吉三郎（駐米大使）、来栖三郎（特派駐米大使）、若杉要（駐米公使）、前田多門（日本文化会館長）、西山勉（駐米財務官）の五名が占め、以下、大使館員が優先された。藤山楢一ら若い官補らにも二等船室が割り振られていたが、奥村勝蔵書記官から「大使館員は贅沢なホテルに抑留されていて、そのうえ船室まで上等では申しわけが立たない」と言われ、民間の年配の上級職者に船室を譲って、船底近くの部屋に降りた（『一青年外交官の太平洋戦争』）。日本側の利益代表国スペインからはシルヴァ一等書記官が交換地ロレンソ・マルケスまで同行し、また、米国側の利益代表国スイスからもニューヨーク在住のスイス銀行家が臨時の公使館員となって、日本から引き揚げてくる米国側一行の出迎えのために同船した（来栖三郎『泡沫の三十五年』）。

都留夫妻は、荷物の検査が長引いて、一日遅れで、一二日の日暮れごろになって乗船している。波止場から、四〇分ほどランチ（渡し船）に乗せられて、本船に渡ったのだ。

この船上で、鶴見は、到着した都留重人から、「君は、確かに卒業していたよ」と告げられた。

前日の六月一一日はハーヴァードの卒業式の日にあたっていて、その地元の新聞が千人ばかりの卒業生全員の名前を載せたのを、都留は目にしていたのである。

エリス島連邦移民収容所、キャンプ・アプトン、フォート・ミード収容所以来の「委員会」は、なかば〝公的〟な自治組織として機能していたらしく、外務省外交史料館には「委員会用原本」「Checked on 15-6-42」と書き込みのある英文による民間人乗船者リストが保存されていて、出航前に乗船者一人ひとりを確認したとおぼしきチェックの跡が残っている。各人の部屋のランクもあらかじめタイプされていて、学生の鶴見俊輔（六〇四号室）や鶴見和子（六一六号室）はそれぞれ最下級の「F」、都留重人・正子夫妻（六七二号室）はまとめて「D」である。部屋番号は、ペンで付記してある。

なお、これとは別に、外交官ら官吏の乗船者リスト（英文、六月一四日付。家族、従者および新聞・通信記者なども含む）も赴任国別につくられていて、またチェックの跡がある。——これによると、米国が赴任地だった者が三〇九名（ただし、ここには、まだ喜多ホノルル総領事らの名前がない）。アルゼンチンが五名（「この者たちは開戦時に米国内にいた」との注記あり）。ボリヴィアが五名。ブラジルが一名（「開戦時に米国内にいた」との注記あり）。カナダが四二名。コロンビアが二四名。キューバが九名。エクアドルが九名。エルサルヴァドルが一名。メキシコが五一名。パナマが八名。ペルーが二六名。ヴェネズエラが八名。——以上、計四九八人である。ちなみに、女優の竹久千恵子も、乗船時の名簿では、この「米国」を赴任地とする「官吏」一行中に入っている（氏名は「Kawakami, Mrs. Clark」、地位は「Wife, newspaperman」、旧勤務地は「Washington D.C.」となっている）。彼女の夫・クラーク河上の身分は、米国籍ながら（実質的な失業状態とはいえ）同盟通信ワシントン支局員であり、被交換者の資格を広く解釈すれば、彼自身もこの一行に加わる余地はあった。その「資格」を利用して、彼は、妻の分の乗船枠を確保したものと思われる。クラーク河上が、妻である竹久千恵子の帰国のために果たした「奔走」(香取俊介『モダンガール』)とは、こういうことをも意味していた。彼女は、出帆が間近まで迫ってから、波止場まで夫に送られ、この船に乗っている。

また、乗船者中の「旅券不所持者」のリストもある(英文)。これの人数を数えると、三九〇人にのぼる(基本的にほぼすべてが民間人だが、竹久千恵子という「外交団」に紛れ込んだ例外がある)。つまり、ニューヨークからこの船に乗ったとされる五八五人の民間人(タイ人を含めて)中、三分の二ほどが旅券不所持なのである。いろんな人たちから、このリストは成っている。米国籍、カナダ国籍、中南米諸国の国籍の者(配偶者や二世など)。幼児。タイ人。パナマから送致された人びとのように、ほとんどの所持品を剝奪された者。船員の身分で陸に上がって、そのまま米国で働きだした者。移民法が厳しくなる以前(二〇世紀初め)のゆるやかな入国管理の時代に、米国に入った者。だが、それだけでもない。牧師の阿部行蔵(三五歳)。音楽家の平岡養一(三四歳)。米国籍の夫と結婚して、その国に渡っていた女優の竹久(河上)千恵子(三〇歳)。そうした人びともまた、理由はそれぞれにあろうが、旅券を持っていないのである。ここには、その時代の米国という国と社会のありようの、一つの姿が映しだされてもいるだろう。

船は、当初、一二日中にも出帆するものと伝えられていたが、なかなか動きださなかった。

そのあいだにも、各地からの追加乗船者がぞくぞくとペンシルヴェニア・ホテルに到着した。天野芳太郎も、そのうちの一人だった。

六月一四日朝、ルイジアナ州リヴィングストン収容所に残っていたパナマからの男性抑留者一七〇名のうち五名に、第三陣——そして最後の追加乗船者が言い渡された。思いがけなく、そのなかに天野の名前もあった。夕方、列車は駅を出て、翌日も大草原を東に走りつづけて、ニューヨークのペンシルヴェニア駅に着いたのは翌々日、一六日の朝だった。

べつの収容所から送られてきた坂西志保が、ペンシルヴェニア・ホテルの廊下に並べられた机で、給仕人が投げ出すように置いていく食物をせきたてられて食べようとすると、向かいの席に、痩せた体でだぶだぶの服を着て、眼鏡の下から異様に光る眼をむける男がいるのに気づいた。それが天野だった。彼が着ているのは、パナマのバルボア収容所で着せられたままの囚人服だった。出帆当日、六月一八日昼のことだった。(坂西志保「序」、天野芳太郎『わが囚われの記』)

その夕刻、天野がグリップスホルム号にランチで渡ると、それより少し前に、パナマとコスタリカからの女性抑留者ら七五人もすでに乗船を終えていた。彼女らは、テキサス州のシーゴヴィル収容所から運ばれてきたのだった。二六人が成人女性で、残りの大半は幼い子どもだった。彼女らのうち一〇人は、ここに到着して夫と出会えたが、残りの一六名の夫は収容所から送られてきていなかった。

日没近くに、ハワイ・ホノルルの喜多総領事一行を乗せたランチが船に横づけされた。

真珠湾攻撃現地の敵国外交官となった喜多ら総領事館員、およびその家族ら二三人は、当然のことながら、開戦以来、厳格な監禁下に置かれた。日本海軍の軍令部嘱託・吉川猛夫も、身分を隠して、総領事書記生「森村正」を名乗り、この一行のなかに混じっていた。四二年二月八日になって、彼らは、ホノルルから米国海軍の船で行き先を告げずに送りだされて、一七日、米国西海岸のサンディエゴ軍港に着いた。さらに、アリゾナ州トゥーソンから列車で二時間ほどの高地の保養所に送られ、以来およそ四カ月、ほかの外交団との接触を断たれて、軟禁されていたのだった。六月八日、一行はそこから出されて、列車に乗せられ（途中、テキサス州エルパソで連結された車両には、同州内の抑留所から乗船地にむかうパナマ、ペルーからの民間日本人ら百人以上が乗せられていた）、同一一日昼前にニューヨークに着き、ほかの大勢がすでにグリップスホルム号乗船にむけて出発したあとのペンシルヴェニア・ホテルに入った。それから一週間ばかり、ふたたび厳しい監視のもとで、ほかの帰国者たちとは切り離されて、ホテル内に監禁されていたのだった。（伊藤憲三編『米国抑留記』。当時のハワイ領事館員〔会計主任〕・関興吉の執筆部分による）

これらの乗船を最後に、グリップスホルム号はいよいよ錨を上げて、一八日深夜、午前零時前、ニューヨーク港を出帆した。

乗船者の正確な数はぎりぎりまで続いた折衝で混乱が生じていたが、日本外務省の資料は、日本人一〇六六名、タイ国人一七名、合わせて一〇八三名が乗船したと記録している（四二年六月二五日付、「日米外交官其他交換船出帆ニ関スル件」。その後の公電などでは、日本人一〇六五名、タイ国人一八名とされている）。ただし、内訳は、まだ判然としない部分が多かった。

## 帰国を拒んだ者たち

外務省が作成する帰国者候補リストに挙げられながらも、この船に乗らなかった人びともいる。

コーネル大学大学院で条件反射学を研究していた南博(一九一四年生まれ)も、その一人である。「日本に帰ると牢屋に入れられるか、それでなきゃどうしても戦争に協力するか」だが、そのどちらにも自分は自信がないと考えた。交換船が出てからも三度ほどFBIが下宿に訪ねてきて、一つは、おまえはなぜここに残っているか、もう一つは、日本の天皇制をどう思うかと、執拗に尋ねた。一つめの質問には、必ず日本は負ける、「敗戦後の日本で、なにかの役に立ちたい」。第二の問いには、日本がほんとうに民主主義国になろうとするならば、「天皇制がない」社会になるほかない、と答えていた。(南博「社会心理学の眼」、鶴見俊輔編『語りつぐ戦後史』I)

大山郁夫(一八八〇年生まれ)は、三〇歳のときに米国シカゴ大学に一年間留学し、メリアムに政治学を学び、翌年にはドイツのミュンヘン大学に移って、また一年間の留学生活を送ったことがあった。昭和初年代、早稲田大学教授でありながら労働農民党を率いて、無産大衆運動を領導した。それが退潮をたどるなかで、三二年から米国での亡命生活を余儀なくされた。シカゴに近いエヴァンストンのノースウェスタン大学で研究室と政治学部研究嘱託のポストを得るが、移民法による制限のなかで、教授職に就くことも、正規の俸給を受け取ることもできなかった。早稲田出身でシカゴで料理店を経営する人物と、柳子夫人の描く油絵のいくらかの売り上げが、そこでの暮らしを助けていた。

日本政府から交換船での帰国を指示されたが、「殺されに帰るようなものだと考え」、それを拒否した。一方、米政府の外交官ジョン・エマソンから、中国・延安の野坂参三、重慶の鹿地亘らと連携しての「日本人革命政府」首班となることを要請されるが、断わった。のちに、エマソンへの口添えをした石垣綾子に宛てて、大山はこのような手紙を書いた。

「……敗戦の日本に、アメリカの勝ち誇る占領軍とともに乗りこむことは、きっぱりおことわりする。勝利者の権威をかさにきて、どうして民主革命を日本にもたらすことができるであろうか。私はあくまで個人として日本の土を踏み、新しい祖国建設のために尽くすつもりである。

現在のアメリカの意図は、日本の民主革命にある。しかし、やがて、アメリカの世界制覇の姿勢が頭をもたげ出した時、その帝国主義的アメリカの政策に反対したなら、民主政府は、たちまち倒されてしまうだろう」（石垣綾子「在米中の体験」、『大山郁夫〔評伝・回想〕』）

湯浅八郎（一八九〇年生まれ）は、一八歳のとき、みずから希望して米国に移民に渡った。群馬安中の商人で、新島襄の感化を受けて熱心なクリスチャンとなった父（湯浅治郎）は、渡米後は独力で生き抜くことを条件に、一等三百円の船賃を出して、彼を送りだしてくれた。昆虫学者として博士号を取り、イリノイ州で公職に就くが、結婚し、二四年に夫人（清子）の希望で帰国して、京都帝国大学農学部教授となった。のちに同志社総長を引き受ける（三五年）。しかし、軍の勢いを背に負う排斥運動に押し負け、辞任する（三七年）。クリスチャンの世界宣教会議に出席するため、三八年暮れ、インドのマドラスにむかい、そのまま日本に帰らずに米国に渡り、戦争が終わるまで、ふたたび八年をこの地で過ごした。

ボストンに住むアメリカン・ボード（米国組合教会伝道部）の外国宣教部教育部長ルース・シーベリーを後ろ盾に、米国内のあちこちの教会関係などの集まりで講演をして回る。太平洋戦争が開戦すると、ニューヨークに居を移し、宣教師たちがつくる「日本人保護委員会」で強制収容された日系人の救援などにあたった。しかし、米国に対して憤る日系の人びとには、はばからず、こんなふうに力説した。

「そのような考えを持ってはいけない。アメリカはあなた方の母国だ、あなた方はアメリカの市民なのだ。このような間違いをおかしたのがアメリカであるなら、あなた方の母国であるアメリカをよくするのがあなた方の責任だ」

ただのひとりの少年移民。その日々から続いてきた、米国に託す彼の理想のありかをそこに見ることもできよう。

交換船の話が持ちあがると、年少の知人・武田清子に「僕は日本に帰らずにアメリカにとどまって出来ることをする」と伝えた。そして、日本に残したままの夫人への生活物資と、短い伝言を武田に託し、帰国する彼女をペンシルヴェニア・ホテルまで送った。(武田清子『湯浅八郎と二十世紀』)

滞日三代目にあたる同志社大学教授オーティス・ケーリは、湯浅を評して「この人は〝ローナー(loner)〟である」と語っている(同志社大学アメリカ研究所編『あるリベラリストの回想 湯浅八郎の日本とアメリカ』)。つまり、一人でいても寂しくない人なのだという。戦争の時代に、ひとり異国にとどまれるのは、ローナーとしての自分をどこかに抱きつづける人であろう。

これを語ったオーティス・ケーリは、一九二一年、北海道の小樽に生まれた人である。先に触れた父フランク・ケーリが、アメリカン・ボードの宣教師で、一九一八年以来、小樽組合教会との協力を中心に活動していた。「レーン夫妻事件」のポーリン・レーンの父、ローランド宣教師が基礎を築いた教会である(フランク・ケーリの父親であるオーティス・ケーリ〈同名の祖父〉も、宣教師として日本にやって来た)。

一九三七年一〇月、日本組合教会の全国集会で、戦争協力の姿勢を示す「支那事変に関する声明」などが採択されたとき、フランク・ケーリ宣教師は席に着いたまま議決に加わらなかった。これがもとになって、彼を排斥する動きが起こり、まもなく北海道を去ることになるのだが、そのさい、彼は辞任の理由を記した文書を牧師たちに配った。

「欧州大戦〔第一次世界大戦〕の時には〔自分は〕獄に入る機会がなかった。日本にいたからである。私は日本の戦争行為だけに反対なのではない。米国のそれにも反対である。米国の戦争行為に反対する者が、日本のそれに賛成するわけにはいかない。それが私の戦争に対するコモン・センスである」（岸本羊一『スキャンダラスな人びと』）

岸本の著書には、北海道を去るケーリ宣教師夫妻と小樽組合教会員との記念写真が収められており、そのなかに、レーン夫妻の姿も見える。

交換船とは接点をもたずに、この時期の米国東部で過ごした日本人もいた。

画家・石垣栄太郎（一八九三年生まれ）とジャーナリスト石垣綾子（一九〇三年生まれ）の夫妻は、ニューヨークにいた。栄太郎も、一六歳で米国に渡ったもと移民労働者である。「交換船で帰った人も大ぜいいたが、アメリカに生活の本拠を持つ栄太郎夫婦は帰ることはできなかったし、また、ファシズムの日本に今、帰ろうとは思わなかった」（『海を渡った愛の画家　石垣栄太郎の生涯』）と、のちになって石垣綾子は書いている。

同じくニューヨークの画家・国吉康雄（一八八九年生まれ）も、一七歳で米国に渡って働いた。開戦に際して、自分が会長をつとめる美術家の会で、彼は米国への忠誠と日本の軍国主義への反対を表明した。『タイム』誌（四二年四月二〇日号）は、裕仁天皇の自作のカリカチュアの前に立つ国吉、ヒットラーの自作カリカチュアの前のゲオルグ・グロッス、ムッソリーニの自作カリカチュアの前のジョン・コルビーノと、故国の戦争政策に反対する日独伊三ヵ国の芸術家の写真を載せている。また国吉は、四二年二月と三月、日本向けの短波放送のために二本の演説草稿を書いて、「あなたがた日本の人びとは、国際的な品位をけがす者たち、人類を奴隷化する独善者たちと妥協してはなりません。日本の将軍たちがこの戦争を始めました。終わらせるのは私たちなのです」と語った。しかし、それからの彼は、病的な憂鬱を自覚しながら数年の時間を過ごした。

彫刻家イサム・ノグチ（一九〇四年生まれ）は、父親（詩人・野口米次郎）が日本人だが、日本国籍を持ったことはなかった。四二年、彼は、かぎられた期間（およそ半年）だったが、みずから志望してアリゾナ州のインディアン居留地に隣接する日系人強制移住キャンプ、ポストン転住所に入っている。

「混血児であるぼくはアメリカの未来そのものだ。それは、アメリカがあらゆる民族からなる国であるからだ。多様な人種や文化の混合こそ、日独伊枢軸国の信奉する主義と真っ向から対立するものである。我々がそれら枢軸国の人種偏見路線に傾くとしたら、それはアメリカの最大の強みと際立った長所を放棄するにも等しい」（イサム・ノグチ「ぼくは二世になった！」、ドウス昌代『イサム・ノグチ』による）

# 3　そして船はゆく――ニューヨークから横浜までの航海

## ロレンソ・マルケスへ

およそ二カ月にわたる船旅が始まった。

日本から米国西海岸への本来の太平洋航路なら、所要は二週間たらず。だから、今度の船出は、乗船者の誰にとっても、これまで経験したことのない長い旅路の始まりを意味していた。

一九二五年建造、およそ一万八千トンのグリップスホルム号は、プロムナード・デッキを最上層部として、そこから下に、一等の特別船室があるAデッキからEデッキまでが各層をなし（さらにその下に機械室や貯蔵室からなるFデッキ、そして、船倉があった）、部屋割りにあたっては、こうした構造を基本におおよそ六つの区分けが立てられていた。末尾の部屋番号は「六八〇」。交換船運航にさいしては千五百人が乗船可能と見込まれていたが、この船が造られて以来、末尾近くの「六七〇代の部屋は使ったためしがないとボーイが言ったとか」（都留重人「引揚日記」）

グリップスホルム号の「第六階級」、つまり、窓もなく暑く暗い最下層部Eデッキの客室に割りふられた一団には、三〇人ほどの若手研究者、留学生たちが含まれていた。細胞生理学者の神谷宣郎、数学者でプリンストン高等学術研究所にいた角谷静夫、経済学者の都留重人、コロンビア大学などで宗教哲学と思想史を学んでいた武田清子……。また、コロンビア大学での博士課程に進むことが決まっていた鶴見和子、ハーヴァード大学哲学科を卒業したばかりの弟の鶴見俊輔も、そこにいた。

和子は、佐佐木信綱の門下として歌誌『心の花』に拠って、留学中も歌を詠んでいたが、交換船に乗るさい、ほかの書類とともに歌稿はすべてＦＢＩに没収された。こうしたやり取りのなかで、六月一〇日、彼女は二四歳の誕生日を迎えていた。

ハドソンの朝川辺に二十四の我が春繫《もや》ひ遠き旅立ち

（鶴見和子、私家本『里の春』より）

海上に浮遊している機雷に船がぶつかる危険がもっとも高いのは、ニューヨーク湾を出るときであるとのことで、錨を上げてから、船内は一様に緊張した。船は二〇日までを「第一警戒」として、各人はライフ・ベルトを身に付け、いつでも救命ボートに駆けつけられる態勢でいた。ホワイト・サルファ・スプリングスからの外交官一行は、すでにこうした場面に向けての訓練を積んでおり、手旗、腕章なども揃えていた。駐米大使館付陸軍武官の磯田三郎少将が指導部長となって、船橋に見張りを立て、交代で不寝番をした。スウェーデン人の船員たちは、その様子に驚いたり、笑いだしたりもした。

「俺たちも命が惜しいから、しっかり見張っているよ。素人がいくら眺めても波の間の魚雷なんて、分かりっこないさ。ここに立たれては、かえって邪魔だから船室に戻りなさい」（藤山楢一『一青年外交官の太平洋戦争』）

若い研究者や留学生らに割り当てられたEデッキ後ろの部屋は、換気が悪く、暑くて眠れない。部屋を出て、サロンやスモーキング・ルームのソファで寝ようとする者も多かった。甲板に出て、長く話す。「ニューヨーク出港の夜、野村大使より特に今宵の警戒すべき旨訓辞がある」との添え書きが付された鶴見和子の歌。

死ぬかもしれない予感には触れず夜の甲板《デッキ》に数学者は説く「無限」の限界

また、

あの人の意識の底に生長するわたしの生命
六月の海に消えても死ぬことはあるまい

船が出港して一週間後、鶴見俊輔は、船上で満二〇歳になった。その記念に、学生と研究者の仲間で、それぞれ手紙を書いて壜に入れ、海に投げ込むことにした。世界のどこに流れ着いても読めるものにしようと、工夫する。角谷静夫は、自分の発見した数学の定理を書いて、壜に入れた。

角谷は、数学の同業者から離れて、話し相手がいないので、相手かまわず数学の話を続けて、うむことがなかった。大きい無限と小さい無限があること、無限の比較ができること。そんな話が、いまも鶴見俊輔の記憶に残っている。（鶴見俊輔「交換船の地球半周」）

船上での食事は、部屋の階級にかかわらず同一だった。水が不良なのか、下痢を起こす人が多く、生水はなるべく飲まないようにと掲示が出た。一六日、二三日、三〇日と三度に分けて腸チフスの予防注射がなされた。船員や中立国官吏のほか、米国人の開業医も乗船していた。風呂の設備はあるが、水が足りない。だが、プールは室内に一つ、室外に二つあって、室内プールにはスチーム・バス、電気風呂、ジムなどの設備が付属していた。ラジオ体操が、日本人の官民合同による新「委員会」の率先で、午前七時、午前一〇時、午前一一時に行なわれた。子どもたちの学校も、外務省の若い官吏らを教師役に、引きつづき開かれた。寺崎英成の娘マリ子は、ここでも本城文彦の生徒だった。

女優の竹久千恵子は、当初は外交団一行に混じって高級船室を割り振られていたものの、外交官夫人から不満の声が出て、「四等」あたりの部屋に移っている。クラーク河上の友人で、竹久が彼と交際することに批判的だった外交官と顔を合わせ、互いに気まずい思いもした（古森義久『嵐に書く』）。だが、「日本ニュース」（日本映画社）のキャメラマン田口修治らは、彼女に親切にふるまった。田口は、黒柳徹子の伯父にあたる人物で、子ども時代の黒柳の家にも米国での愉快な土産話をもたらした（黒柳徹子『窓ぎわのトットちゃん』）。

六月二七日夜半に、船は赤道を通過し、当夜、「赤道祭」と称してサロンで演芸大会が開かれ、シロフォン（木琴）奏者の平岡養一が演奏した。彼は三四歳。妻の静子はニューヨーク育ちの二世で、四歳の長女、二歳の長男も、まだ日本を知らない。ペルーのリマからの雨宮弘子が、平岡のシロフォンに、ピアノで伴奏した。彼女は二〇歳、日本郵船リマ支店長の雨宮謙次の長女だった。雨宮弘子自身も、ピアノでドビュッシーの「雨の庭」を独奏した。(「雨宮弘子日記」)

七月二日夜八時半、船はブラジル、リオ・デ・ジャネイロの港に入り、ただちに波止場に横づけされた。遠く、かすかな明るみが残った山上に、電光の十字架がかかり、巨大なキリスト像が立つのが見えた。街や丘陵にひろがる灯火が美しかった。

船上の一行の上陸は許されず、翌三日の朝から、食料、荷物の積み込みが始まった。午後三時ごろから、乗船者が少しずつ乗り込んでくる。ブラジルからの三六九名、パラグアイからの一四名、合わせて三八三名が、ここで船上に加わった(七月六日付、駐スペイン須磨公使から東郷外務大臣への電信)。ニューヨークからの乗船者に加えると、これで乗船者は総計一四六六名である。

つまり、一五〇〇名の収容能力いっぱいに帰還者を乗せるという日米両国間の合意に照らせば、乗船者は三四名不足していることになる。この件につき、その後、日本側は、米国、ブラジル両国に対して抗議の姿勢を示し、説明を求めた(七月八日午後六時付、東郷外務大臣から駐スペイン須磨公使への電信)。また、東郷外務大臣自身も、レーン夫妻およびマッキンノンの身柄の送還問題を日米間の〝第二次交換〟により解決をはかるという、先に覚書として手交していた事柄にまで再度言及した上で、米国の利益代表であるゴルジェ駐日スイス公使に対して、この三四名分の不足についての説明の仲介を改めて強く直接求めている(七月九日付、書翰)。これらに対しては、日本の利益代表国であるスペインのブラジル駐在大使から、事情説明の返事があった。それによると――、ブラジル政府および駐ブラジル米国大使館は、リオ・デ・ジャネイロでグリップスホルム号に三八三名の日本人帰還者が乗り込んだのち、なお三四名分の余裕があるので、さらにこの数だけの日本人を追加して乗船させるよう、ブラジル駐在の石射猪太郎大使に対して主張した。ところが、石射大使は、東京（外務省本省）から許可があった者以外を乗船させることはできないとして、これを「断固拒絶」したというのだった（七月一四日午後付、駐スペイン須磨公使から東郷外務大臣への電信）。

ひるがえって、太平洋戦争開戦以来、ブラジル駐在の日本公館員や在留日本人への扱いについて言うと、この四二年一月二八日のブラジルによる日本への断交通告以後も、同国政府は日本外交官らの身柄を拘束せず、自由に行動できる状態に置いていた。だが、三月七日、ブラジル政府は、日本におけるブラジル外交官らが国際慣行に反する手ひどい扱いを受けているという公式通報を受けたとするコミュニケを発表（「邦人抑留の状況並公館員収容の状況」、『極秘　外事警察概況　8』昭和一七年）、今後は、日本外交官についてもブラジル外交官が置かれているのと同様の処遇とするとして、大使館員らを各自宅に軟禁した。また、同月一二日、緊急事態を宣言する大統領令により、外国人の身体財産に対する憲法上の保障が停止され、日本、ドイツ、イタリア人の検挙、家宅捜索が全国的に一斉に始まった。日本人に関しては、旅行や公共の場所での日本語使用も禁じられた。とはいうものの、同月下旬にはそうした処置も緩和され、石射大使の官邸での軟禁なども解かれた。日本におけるブラジル大使らの待遇が改善されたことによるものらしかった。

（石射猪太郎『外交官の一生』）

七月四日午後、グリップスホルム号は、リオ・デ・ジャネイロ港を出帆している。停泊中、ここから乗船した帰還者男性の恋人（ブラジル人）が両日にわたって岸壁に通ってきて、二人は互いにじっと見交わしていた。船が岸壁を離れるとき、激しく動揺する彼の様子が見て取れた。彼女は立ち去らず、泣きながら何か叫んだ。その姿が、多くの同船者の心に残った。（岩熊萬藏『米国抑留体験記』など）

すでに赤道を越えて南半球に入っているので、七月とはいえ、四季で言うならば冬だった。「食物はリオを出てから目立って悪くなった」と、都留重人は書いている（「引揚日記」）。

一一日夜、スペインのセラノ外相から船に来電があった、と石射ブラジル大使は日記で述べている。ロレンソ・マルケスでの交換後、浅間丸には北米組、コンテ・ヴェルデには中南米組というふうに分乗することになっているとのことだった。（『石射猪太郎日記』）

リオ・デ・ジャネイロを出るときはまだ初秋のような気候だったが、大西洋上をさらに南下するにしたがい、寒さが増した。翼長四メートル以上ありそうな、巨大なアホウドリが船の屑物を狙って、船尾のあたりをしきりに飛んだ。クジラの群れが悠々と泳ぐ姿が見えることもあった。だが、やがて海は荒れ、アフリカ大陸南端の喜望峰を遠く迂回するころには雲が低く飛び、ときには雪さえ交えた寒風が吹き荒れた。そうしたなかでも、夜間、廊下にベルの音が響き、上層部のボートデッキに出ての救命訓練が行なわれることがあった。高い舷側から見下ろすと、底知れぬ暗さの海が揺れていた。

喜望峰を回りきって船が舳先を北東に向けると、ふたたび次第に寒気は緩んできた。空も晴れ、初秋めいた気候に戻った。

ポルトガル領であるロレンソ・マルケス到着を控えて、帰還者たちはサロンに集められ、ポルトガル語についての説明を聞いた。「メリヤスといいますが、これは今の日本では下着に使う布地のことですが、ポルトガル語では靴下のことです。ただしくはメディアス」——そんな説明のかけらだけが、鶴見俊輔の脳裏に残っている。(「交換船の地球半周」)

七月二〇日、ロレンソ・マルケスの港外に着いたらしく、ランチ(渡し船)が近づいて、船の右舷についた。水兵服の黒人たちが、はだしでランチの上で働いていた。赤く濁った遠浅の海を、岬をめぐるように進み、広大な波止場に船が横づけしたのは午後三時ごろのことだった。人口五万ほどの街らしく、丘陵地を背景に、いかにも植民地風の白壁の大きなホテル、並木通りをゆく流線型の自動車、赤屋根の家などが見える。

野村、来栖、石射の三大使以外には、この日のうちは上陸が許されず、都留はあきらめてマージャンなどして遊んで、そのまま寝た。

翌二一日、朝一〇時過ぎ、乗船者一同に対して、午後六時までの下船の許可が出た。浅間丸、コンテ・ヴェルデ号の到着は、さらにもう一日待たねばならないということだった。

天野芳太郎は、一行中で数少ない、かねてロレンソ・マルケスを知る人物である。過去に二度、この地に上陸したことがあった。ニューヨークでの乗船以来、四一日ぶりで地面を踏むと、いきなり懐かしさが込み上げてきた。小雨が降っていた。だが、左右を見ても、剣付き鉄砲の兵隊もいないし、監視の巡査もいない。「このまま歩いて行っていいものであろうか、咎められはしないだろうか」——これまでの七カ月余りにわたる監禁生活は、どこか強迫観念じみた感覚を彼に残していた(『わが囚われの記』)。それでも、彼は、街なかに進んでいった。そして、洋服屋に入って、これまでの菜っ葉色の囚人服に代わる、三つ揃えの背広を新調した。

中野五郎ら新聞・通信社の特派員たちは、一般帰還者より早めに下船する許可を得て、この朝、市中の電報局で、東京にむけて記事を打電した。ただし、ポルトガル政府発行の新聞電報の発信許可証がないので、一般電報では高額になりすぎ、中野の場合はリスボンの朝日支局経由で打電している。英語のよく通じない局員を相手に、打電には長い時間がかかった。午後、船から見えた白いホテルにむかい、僚友たちと部屋を借りて入浴し、甘口の冷えた白ぶどう酒を飲みながら、昼食をとった。帰りは、本屋で英米のグラフ誌などを多数買い込み、船に戻った。(『祖国に還へる』)

都留夫妻、嘉治真三、角谷静夫、鶴見姉弟の六人は、一一時前に上陸した。きれいな停車場の近くを通って、町なかに入り、本屋に寄った。文房具もいっしょに売られていた。タクシーで、船から見えたホテルに向かう。「ホテル・ポラナ」という名で、日本人が(中野らを含む)おおぜいいた。白ぶどう酒を二本頼んで昼食をとった。魚と肉二種というふうに、皿が入れ替わり運ばれる。パンもバターもおいしい。おなかいっぱい食べて一人分三〇エスクード、つまり一ドル五〇セントほどで、安い安いと皆で喜んだ。庭の先は穏やかな海に面していた。三時半ごろホテルを出て、町なかに戻る。ぶらぶら買い物などに歩き、はぐれがちな面々を都留がせき立てて、六時過ぎに船に戻ってきた。(「引揚日記」)

市街地には、ポルトガル人が営む店のほか、英国人の店も多く、イタリア人、フランス人の店もある。また、華僑が営む中華料理店が集まる一画もあった。

July 21, 1942
BILHETE POSTAL

Dear Paul & Marion:
We arrived here yesterday after a month-long quiet voyage.
Hoping as ever for the best success in your work.
Sincerely
Shigeto
Masako

Edição — Santos Rufino — L. Marques.

Prof. & Mrs. P. A. Samuelson
11 Ware St.
Cambridge, Mass.
U. S. A

B/12

「親愛なるポールとマリオン。ひと月の長く静かな旅ののち、昨日ぼくたちはここに着いた。いつもながら、君たちの仕事に最高の成功を願う。心より。重人、正子。1942年 7 月21日」

ハーヴァードでの親友サムエルソン夫妻に、都留重人夫妻がロレンソ・マルケスから出した絵葉書（一橋大学経済研究所資料室蔵）

航路途中のリオ・デ・ジャネイロから乗船した者たちには、ニューヨークからの乗船者たちとはまた違った場所から、そこにある世界の景色が見えていた。

## 大石千代子『交換船』

大石千代子は、この年、三五歳。女学校を卒業後、商社員と結婚し、ブラジル、フィリピンなどに暮らした。一九四一年七月、三度目のブラジルに赴いたさいに太平洋戦争開戦に遭遇し、この交換船に乗ることになった。帰国後、彼女は短篇小説「交換船」第一部、第二部を書き、ほかの短篇と合わせて単行本『交換船』として刊行する。そのとき、文学報国会小説部会に会員として加わっていた。

「交換船」第一部の主人公のひとりである明子は、前年七月、夫・沼口の五年ぶりのブラジル赴任で、一三歳と一〇歳の娘二人を伴い、その地にやって来た。そして、ブラジル政府の対日断交を迎え、一家揃って交換船で帰国することになった。つまり、この人物は、作者自身の分身と見てもよさそうである。片や、もうひとりの主人公マリ子は、ブラジル育ちの二〇歳の娘。その父親である村山は貿易会社の副支配人で、沼口夫婦が前回ブラジルに赴任していたときから、夫婦同士のつきあいがある。村山夫妻は、若いころブラジルに移民として渡って以来、こつこつと三〇年近くも働いて、いまの地位に上ってきた。だから、娘マリ子は現地育ちの二世であって、日本語よりもポルトガル語のほうが母語と言うべきものなのだった。

――グリップスホルム号から下船して、日本の晩秋の気候を思わせるロレンソ・マルケスの町を、明子と二人の娘、そして、村山夫人とマリ子は、これら女五人だけで連れだって歩いている。船での食事は、彼女らにはまずかった。だから、ブラジルで味わうようなどろっとした美味いコーヒー、口あたりのよい菓子を求めて、喫茶店を探しているのだった。

くっきりした目鼻だちのマリ子は、ポルトガル語が通じるこの町に、物怖じする様子はまるでない。若鮎のような両脚をすっきり伸ばして、ぐんぐんと道を行く。

マリ子は、幼いときに一度だけ短期間行ったきりの日本という国の社会について、明子に訊く。

「戦争してるんだから、そりゃあ、国民の生活に色々な不自由がくることはわかります。ヨーロッパだってやっぱり同じことだと思うのよ。ただね、ヨーロッパで一番心配していることはその反動の怖しさでしょう、日本はどうなの？」

「どうなの、って？」

「つまりね、国民はただだまって怺《こら》えているの、はい、そうですかって、おとなしくその通りにしてるの？」

これに反発を感じて、明子は訊き返す。

「マリ子さんは日本人でしょう？」

「私は」不意に戸惑ったように唾をのみこみ、マリ子はこう言う。「日本人？　ブラジル人？」

翌朝、彼女らは、グリップスホルム号のプロムナード・デッキの窓べりで、浅間丸とコンテ・ヴェルデ号が入港してくるのを待っている。マリ子は早くまた町に出たがるが、明子はそこを動きがたい。人混みのなかに、マリ子の姿は見えなくなる。

甲板上には、米国から来た永野夫人もいる。四〇を少し越えた小柄の美しい人だが、子どもはおらず、この二〇年ほどは日本にも帰っていない。開戦以来の長いあいだキャンプ生活を強いられて、不自由を忍んできた人である。船内の「委員会」は、この夫人の派手な洋服姿や頭に巻いたスカーフに、攻撃の鉾先を向けているらしい。愛煙家である彼女のタバコも気にくわない。永野夫人は、ほろほろと涙をこぼし、そしてこう言う。女のズボン姿がいけないとか、化粧がすぎるとかいうのなら、それに従おう。だけれども、女だからタバコを吸っちゃいけないというのは、これが人生唯一の楽しみなわたしには、ひどすぎる。親しい五、六人の婦人たちが、取り囲むようにして彼女を慰めている。そして、「委員会」をさして、ひとりが皮肉を言う。

「あの人達の前では、しおしおといじらしく日本的に、それでなければ、なりふりかまわず、エプロンにもんぺでもはいて、『日本はいま!』てなこと云いさえすれば気に入るんじゃありませんか」

明子は彼女に自分のタバコを勧め、デッキの籐椅子に座っている。目を細め、いかにもおいしそうに、永野夫人はタバコを吸う。その様子は、遠い日、田舎の炉端でキセルをくゆらせていた百姓の老媼の表情などを思わせた。

「その調子で、少しずつでも節煙するといいわ」明子は言う。「お身体の為にもいいし、倹約だし、第一日本に帰ってから、色々の意味で役に立つわ」

「どんな意味で?」

「そんなことちょっと云われませんよ」

「何もかもびっくりすることだらけでしょうね」

「二十年前しか御存じないあなたなんか、浦島太郎みたいなもんよ」

やがて、マリ子が戻ってくる。船のなかは、一瞬静まって、やがて船尾のほうから歓声が湧き上がるのが聞こえてくる。窓ぎわに駆け寄ると、すでに、すぐそこまで浅間丸が近寄っているのが見えた。長い航海で薄汚れてはいたけれど、船腹には、まんなかに日の丸、その左右に交換船を意味する白十字が大きく書き抜かれていた。両船の間隔は、もう五〇メートルとなかった。

マリ子はがくんと首を傾け、大粒の涙をひと筋こぼしてから、急に不機嫌な目つきで明子をにらむと、また身を翻してどこかへ行ってしまった。

しばらくして、ほぼ同じ外観のコンテ・ヴェルデ号も港に入ってきた。

浅間丸とコンテ・ヴェルデ号の甲板上に、溢れるように立ち並ぶ米国側の帰還者たちの顔が見えた。船上は静まった。互いの船の上にたたずんだまま顔を見合わせ、空気の色はいよいよ濃くなった。

マリ子がまた戻ってきていた。

「あそこにいるあの人達をごらんになった?」

彼女は、むこうの甲板のちょっと違った方向を顎でしゃくった。

敵側の交換船に、船員ではない日本人が乗っている。たしかに、若い人びとが七、八人、マリ子と同じ年ごろの娘も二、三人いる。彼らは、人混みの後ろのほうから、こっちを見ている。

「どうしたの、あの人達?」

驚いて、明子は訊く。

その視線をまぶしげによけながら、早口にマリ子は答える。

「二世よ、アメリカに国籍をもった、二世達よ」

浅間丸の二世たちは、甲板上で前方に出てくることはなく、ほかの人びとの後ろのほうから、それでもときどき伸び上がるようにして、こっちのほうを覗いている。

## 交換、その前後

事実としては——。

浅間丸は一九二九年建造、およそ一万七千トン。コンテ・ヴェルデ号は二三年建造、およそ一万九千トンの船である。

この二二日朝、両船のロレンソ・マルケス到着を見届けると、都留重人夫妻は、また買い物で町に出た。三菱商事ニューヨーク支店長・増田昇二、若杉要公使、日本文化会館の嘉治真三らと日中遊覧してから、夕刻、なお増田といっしょに買い物に回るという妻の正子を町に残して、都留自身はひと足早く船に戻っている。いよいよ翌日に迫った乗船交換にそなえて、すでに船から下ろし、埠頭の倉庫に置いてあった全員の所持荷物の見張り役当番にあたっていたからである。六時ごろからそこに立っていると、六時半ごろ、浅間丸を降りて町へ出かけるカナダの外交官らしい五、六人が通りかかった。都留はその一行のなかに、旧知のハーバート・ノーマンを見つける。相手もそれに気づいた。二人は歩み寄る。

「君が欲しがっていた日本語の本、預けてある。君にあげるよ」

そういった意味の言葉を都留がノーマンにかける、三〇秒ほどの時間があった。
のちに（同年一一月）ノーマンは、米国マサチューセッツ州ケンブリッジの国際学生協会に赴いて、都留がノーマンのためにまとめて預けてあった書籍を受け取る。さらに残っているものがあることを予測したらしく、都留の元の止宿先を彼は訪れた（中野利子『外交官E・H・ノーマン』）。ここでFBIとの遭遇があり、戦後、冷戦と反共主義の風潮が強まる米国議会で、この事実が、都留のコミュニスト歴の隠滅行為にノーマンが協力したというように強弁されて、こうしたねじまげの一つひとつが彼を自殺へと追いつめる。

日米双方の帰還者の交換が始まるのは、七月二三日。浅間丸、コンテ・ヴェルデ号の両船入港の翌日のことである。

岸壁のグリップスホルム号を両側からはさむようにして、その船首側に浅間丸が、船尾側にコンテ・ヴェルデ号が、それぞれ接岸していた。朝一〇時過ぎ、いよいよ交換と決まって、鶴見ら「第六階級」の学生、研究者たちは持てるだけの手荷物を持ち、一列に並び、Eデッキの底から上にあがった。

船に沿って敷かれているレールに、三〇両ばかりも貨車が並べてある。浅間丸とコンテ・ヴェルデ号からそれぞれ米国人帰還者たちが降りてきて、貨車づたいに海側に並んで、グリップスホルム号へと列をなす。上海から来たコンテ・ヴェルデ号の六三六名（六月二一日付、在上海・堀内総領事から東郷外務大臣への電信）、横浜から来た浅間丸の九一〇名、合わせて一五四六名の帰還者だった。浅間丸は、横浜で乗船した四一九人に加えて、香港で米国総領事など三七七名、サイゴンで現地の米国領事など二三名、およびタイからそこに運ばれてきていた駐タイ米公使ら九一名を乗せていた。

反対に、貨車の列の陸側を日本人らが歩く。北米組は左手の浅間丸に、中南米組は右手のコンテ・ヴェルデ号に、それぞれ列をなし、手荷物を提げて、船のなかに入っていく。ただし、メキシコ公使館付海軍武官室に勤務した和智恒蔵中佐は、コンテ・ヴェルデ号ではなく、浅間丸へと向かっている。同船の受信機を使って、インド洋における英海軍の飛行哨戒圏を調べるようにと、東京の軍令部から指令が届いていたからである（松井覺進『阿波丸はなぜ沈んだか』）。

また、これらの船に日本側から乗ってきて、そのまま、折り返す人もいる。スイス政府代表のA・O・ケラー。日本政府代表として添乗してきた高岡総領事と高田事務官。交換船のニュース映画を撮影しているキャメラマン。船員を装って同船した軍人も、また浅間丸に乗る。（偶然のことだが、高岡総領事の妻は、シロフォン奏者・平岡養一の妻・静子の姉だった。）

日米双方の帰還者は、こうした交換が行なわれるあいだ、貨車にさえぎられてお互い見えないようにはしてあるが、車両が途切れたところからは、相手側の姿がよく見えた。また小雨が降っていた。米国人らの列のなかから、鶴見は、日本で旧知のウィリアム・M・ギャロット宣教師（のち西南学院院長）に声をかけられ、あいさつしている。

グルー大使と野村大使は、互いに居ずまいを正し、うなずきあってすれ違った。このあと野村大使のほうから、会談を望むメッセージがグルー大使のもとに届いた。だが「言うべきことは自分からは何もない」と考え、返答はしなかったとグルーは語る。（Max Hill, *Exchange Ship*）

あくる二四日、日本に赴任する駐日スイス公使館付武官ウォルサー・ボッシーも、浅間丸に乗り込んだ。彼によって、パリで不慮の死を遂げた加藤外松駐仏大使の遺骨も、リスボンからロレンソ・マルケスまで運ばれてきたのである。ドイツ軍のパリ占領後、日本の駐仏大使館はフランス中部のヴィシー（ペタン元帥による政府が置かれた）に移転して、加藤大使はパリに残した領事事務所と往復しながら執務していた。だが、二月一二日深夜、パリの公邸二階の居室から窓の下に転落し、死亡しているのが発見されたのだった。

浅間丸とコンテ・ヴェルデ号の復航への出帆は、予定より一日遅れて、二六日の午後零時半だった。ひと足遅れてニューヨークをめざすグリップスホルム号から、米国人の帰還者たちがおおぜい波止場に下りてきて、船上の日本人の知己とのあいだで、さかんに大声の会話を交わした。「誰が死んだ」「誰が誰と結婚する」「誰のところに子供が生まれた」といった互いの知人の消息に関するものが多かった。（都留重人「引揚日記」）

一方、どちらの船にも乗らず、ロレンソ・マルケスに残された者もいる。ワシントン大使館に勤務した藤山楢一官補も、その一人だった。日本政府代表として浅間丸に乗ってきた高岡総領事から、突如、スペインへの転勤を言い渡されたのだ（『一青年外交官の太平洋戦争』）。また、森島守人ニューヨーク総領事には、ニューヨーク出航に先立って、すでにポルトガル公使への転任が発令されていた（『祖国に還へる』）。結局、全部で一六人の日本外交官がヨーロッパ転勤を命じられ、家族と合わせて二三名が、ロレンソ・マルケスの港に残った。

ニュース映画「日米交換船帰る」（「日本ニュース」一一六号、四二年八月二五日）には、ロレンソ・マルケスを出港する浅間丸にむかって巨大な日の丸をしきりに振る、こうした残留組の書記生の姿が映っている。米英両国からの安導券（セーフコンダクト＝戦争区域を無事通行できるように安全を保障する文書）が出るのを待って、彼らは、ポルトガル船でリスボンに向かうことになっていた。

浅間丸とコンテ・ヴェルデ号、二隻の船は相次いで岸壁を離れた。浅間丸の船員は、三〇五人。翌日、その船上では、宮城遥拝、君が代合唱、野村大使の大詔謹読などが始まった。

## ヨーロッパ転任者の旅

藤山楢一たちヨーロッパの赴任地に向かう外交官一行は、八月五日になって、ロレンソ・マルケスから、ポルトガル船ムジニョ号に乗っている。二千トンほどのちいさな客船である。協定にもとづき、船には、日本人とほぼ同じ数の米国人外交官も乗っていた。一つきりのバーでいっしょになっても、彼らは日本人にはいっさい口をきこうとしなかった。

部屋の割りふりはくじ引きで、藤山は、皆が敬遠する最年長の森島守人と同室になってしまった。森島は酒豪で、リスボン到着までの一カ月間、毎晩それに付きあわなければならなかった。

船はまず南下して、英領ポート・エリザベスに寄港した。英国官憲が敵国人である日本人の荷物を検査するとの内報があって、森島の指示により、藤山はメモや写真、私的な手紙まで、船室の丸窓から暗黒の南海に棄てた。

喜望峰の沖合を西に回り、大西洋に出た。そこから、アフリカ西岸の港々に立ちよりつつ北上する。カサブランカの白い家並みを眺め、リスボンに到着すると、九月七日だった。ニューヨークからリスボンまでは直航すれば一週間ほどの航路だが、この旅路には三カ月近くを要した。

ところが、上陸したとたん、ポルトガルの公使館員から、藤山には「改めてドイツに転勤を命ずる」との訓令が本省から届いていると告げられた。中立国への転勤というのは対米交渉上の建前で、ほんとうの目的地たる赴任先は同盟国なのだとわかった。二週間後、ドイツから入国許可が下り、同じくドイツ転勤の元サンフランシスコ領事館員夫妻らと出発した。トルコへの転勤が命じられた者もいた。スペインを通って、ドイツ占領下のパリに入り、そこからさらにベルリンに向かった。ベルリン到着は、一〇月七日だった。ただちに日本大使館に出頭すると、すぐに大島浩大使に挨拶せよと指示された。陸軍中将でもある大島大使は、大きな声でいきなりどなった。「アメリカから来たそうだが、ここでは心を入れかえなければ務まらんぞ」。続いて挨拶した事務総長・河原駿一郎参事官は言った。「この大使館には官補はあり余っている。君などはちっとも欲しくなかったんだよ」。駐独大使館は、陸海軍武官室、ドイツ人雇員まで入れると、百名におよぶ大所帯だった。(『一青年外交官の太平洋戦争』)

## 昭南島へ

八月七日、浅間丸とコンテ・ヴェルデ号は、インドネシアのスマトラ島とジャワ島を隔てるスンダ海峡の狭い水道に入った。ふたたび赤道に近づき、暑い。インド洋を並走して横切ってきた両船は、ここでは、前後一列になって進んだ。「第一警戒」に入っていた。

八日、暑さがつのるなかで、大詔奉戴式が行なわれ、野村大使の話と、指導部から短艇(ロレンソ・マルケス出港後は、「ボート」をこう呼ぶことになった)操練についての注意がある。前日の操練に出なかった者は、名前を呼ばれ、あとに残されて、さらに訓戒を受けた。（「引揚日記」）

九日午前八時ごろ、両船は昭南島（シンガポール）の南およそ一〇〇海里、リンガ泊地の海面域に入った。英国の植民地支配下にあったシンガポールは、この年二月一五日に、日本軍の攻撃に陥落し、その軍政下に置かれていた（二月一七日に「昭南島」と改称）。

両翼に日の丸を記した海軍機の編隊が、船の上をかすめて旋回し、高速艇が軍艦旗をひるがえして近づいてきた。南方軍の参謀が、両船に乗り込み、上陸手順、注意事項などを事細かに説明した。高速艇に参謀は戻り、両船を掃海水道（機雷などが取り払われた海上の水路）へ誘導する。浅間丸を先に、コンテ・ヴェルデ号がそれに続いた。（内藤初穂『狂気の海　太平洋の女王浅間丸の生涯』）

昭南の港は、日本軍侵攻時の戦闘による破壊の復興も進み、活気があった。波止場に並んだ日本人たちが、さかんに船に向かって手を振った。じっとかたまっているカーキ色のショーツの一群があり、都留重人が目を凝らすと、皮膚の色が白赤く焼けている。白人兵士の捕虜で、強制労働に従事している者たちのようだった。

午後四時半ごろ浅間丸が岸壁に着き、コンテ・ヴェルデ号もいくらか遅れて着岸した。これに先だち、昭南での行事一覧表と注意書きが配布されていた。行事一覧表は、大公使、武官、官公吏、一般非官吏、新聞記者、タイ国人、船員という七つのカテゴリーに分けて用意され、非常に組織立ったものだった。（中野五郎『祖国に還へる』）

南方軍総司令官の寺内寿一陸軍大将が浅間丸のタラップをのぼって、野村、来栖両大使をねぎらった。一八人のタイ国人学生らは、ここで翌朝には下船して、対岸のジョホールバールに渡り、あとは陸路で故国にむかうことになっていた。メキシコからの情報将校・和智恒蔵、駐米大使館付武官の海軍大佐・横山一郎らもここで下船し、空路で日本にむかう。

この九日は、上陸はできず、いろいろな人たちが船のほうに上がってきた。当日付の都留の「引揚日記」には、「昭南統治の問題の難点、華僑のこと」なども話されたとある。しかし、具体的な話の内容はつまびらかではない。

日本の軍政開始まもない二月下旬ごろから、この島では、大規模な華人虐殺が始まった。中国系住民らの抗日組織メンバーを摘発するとの名目で、一二歳以上の男性住民（一部の地域では女性を含む）が指定された狭い地域に閉じこめられて、憲兵、補助憲兵らによる粗雑な「検証」を受けた。その結果、〃敵性〃の疑いありとみなされた五千人ともそれよりはるかに多いとも言われる住民が、三月上旬までのあいだに、裁判も受けることなしに殺害されていく。これは侵攻時の戦闘にともなうものではなく、軍政実施後の、民間人に対する継続的な大量殺戮だった。

翌一〇日朝、船上の前田多門、鶴見和子・俊輔のもとに、迎えがあった。永田秀次郎（青嵐）からだった。永田は、故・後藤新平（鶴見和子・俊輔の祖父）の東京市長時代（一九二〇～二三年）に前田多門とともに同市助役をつとめた人物で、青嵐の号によって俳人としても知られていた。この年、陸軍軍政顧問に任命されて、南方軍総司令部のある昭南島へ二月に赴任しており、交換船の寄港にさいして、船上の前田や鶴見姉弟を自身の官舎に招こうとしたのだった。ほかの留学生一〇人ばかりも、彼らといっしょについてきた。市内のあちこちを案内されたあと、郊外の丘陵地にある豪壮な官邸に着いた。

永田は温厚な人柄だったが、このとき、馬鹿になれ、馬鹿になれ、と、しきりに言った。そのおりのこととして、鶴見和子の歌が残っている（私家本『里の春』より）。

「人間は馬鹿がえゝ、馬鹿が。」と宣《の》らしつる
大人《うし》の肩を越え棕櫚葉風《しゅろはかぜ》吹きぬ

また、

棕櫚葉風　恣《ほしいまま》なり大き庭の留守守《るすもり》我と笑ひ給へる

陸軍軍政顧問という役職から考えると、同年二月から三月上旬まで続いた華人虐殺のあいだ、永田はそこでどんな事態が進行しているのかを知りうる立場にいたはずである。だが、同時に、文官出身者として軍政への助言を行なう顧問に迎えられた永田は、軍での位階こそ高かったものの、実質的な発言力は持たされていなかった。自身の無力さへの自嘲が滲んで見える口調で、彼は話した。

その夜の船上で、前田多門らからこの日一日の収穫談を聞いてから、都留重人はこんなふうに日記に付けている。

「昭南の一日、町に出たのはわずか二、三時間の間であるが、ある現実に強くぶつかったように感ずる。またここにくるようなことになるかもしれない。永田氏は前田氏に向って、『官邸があまり広いので、どうも誰かの留守居をしているのではないかと思わされたりする』と言われたそうだが、あながち官邸が広いからだけであろうか。また聞く、今度の統治でいちばん厄介なのは

比島、次がビルマ、ついでマレイ、蘭印の順であると。また聞く、一九三七年以来の戦争で、やはりいちばん強いと思われるのはシナ兵で、イギリス兵のごときは、マレイで囲まれてしまえば銃をおっぽり出してしまうということだ」(「引揚日記」)

八月一一日午前九時、浅間丸、コンテ・ヴェルデ号の順に昭南港を出帆した。船には、新たに日本軍人が乗り込んだ。

同夜一一時ごろ、浅間丸の前方に、十字のイルミネーションを輝かせた船が現われた。日英交換船としてクレーギー英国大使ら九二四名を乗せ、ロレンソ・マルケスに向かう龍田丸だった。互いもう一隻の姉妹船、鎌倉丸も、前日のうちに横浜を出帆、上海に向かっているはずだった。互いに発信信号を繰り返し点滅させ、龍田丸は、浅間丸の左舷をよぎり、昭南港をめざして南下していく。

## 日本帰着、そして横浜事件

浅間丸の船上では、翌一二日から、昭南で乗り込んだ内閣情報局の海軍中佐(情報官)が、連日講演を開き、帰国後は言論をつつしむこと、などとしきりに説いた。「大東亜戦争の戦果について」という演題の日もあった。(「引揚日記」)

一五日昼前、台湾南端をかすめるように、バシー海峡を通過。琉球諸島の東側を北上しながら、浅間丸、コンテ・ヴェルデ号の両船は横浜をめざした。

船が、東京湾の入口、館山沖に碇泊したのは、一九日朝早くのことだった。一〇時ごろまで待つと、神奈川県の水上警察から警官三〇名、横浜憲兵隊から隊員一〇名、ほかに税関吏、銀行員などが、小型舟艇に乗ってやってきた。留学生たちを含め、三等船室の乗船者への官憲の調べは厳しく、一人につき三人がかりで代わるがわるえんえんと続いた。このとき取調べられた「容疑者」一〇一名についての概要が、一覧表にされて残っている（内務省警保局編『極秘　外事警察概況8』昭和一七年）。

竹久千恵子の名前も、大河内光孝、阿部行蔵、武田清子らと並んで、そこにある。ただし、名前の表記は、浅間丸乗船者芳名録では「河上千恵子」（三等船室）となっているのに、この「帰国容疑者取調一覧表」では旧姓の本名「煤賀チエ」である（戸籍では〝千恵〟）。旅券を持っていないのだから、彼女自身が名乗ったものを、警察はそのまま記録したのではないか。「職業」は「無職」。「年齢」は空欄（回答を拒んだのか。ほかの一〇〇名には、ここが空欄になっている者はいない）。「取調概要」は、次の通り。

「昭和十六年四月渡米、同年、河野浩と結婚せるも（注・クラーク河上のフルネームは、「クラーク・洪《ひろし》・河上」。「河野浩」は、それの誤記）同棲四ヶ月にて離婚、夫の行動に就ては質問に答えず、動静注意を要するものと認む」

取調べ側の事実誤認（竹久はクラーク河上と離婚していない）さえも訂正せず、彼女がきわめて非協力的な態度だったことがわかる。

ニューヨークでグリップスホルム号に乗船したときは「Kawakami, Mrs.Clark」。ロレンソ・マルケスで浅間丸に乗り換えると「河上千恵子」。そして、いよいよ日本で陸に上がるときには

「煤賀チエ」。彼女の名前は、自身の歴史をさかのぼるように、戻っていく。

さらには、乗客一人ひとりに対して、内務省警保局および憲兵司令部の名で、次のような五項目を記した「注意書」が渡された。

「一、各位が敵国其の他外国に於て聴取せられた大東亜戦争勃発前後の外交関係や大東亜戦争、ヨーロッパ戦争に関する戦況は敵国側の宣伝と見なすべきものが多いのですから絶対に喋らぬ様に注意すること。

こう言うことを言ったり書いたりすると国防保安法、陸海軍刑法等に依り処罰される場合があります。……」

日が暮れて、夜七時半、船は錨を上げた。窓のカーテンはすべて閉ざされ、外はぜったいに見ないようにと注意を受けていた。夜九時半、横浜港外に到ったところで、二隻の船は仮泊した。

八月二〇日、朝五時から検疫。新聞記者などもランチを横づけして、船に乗り込んでくる。午前八時前、浅間丸とコンテ・ヴェルデ号は、とうとう横浜の港に接舷した。

岸壁への立ち入りが制限されたらしく、船上から見ると、出迎えの人の姿は少なかった。やがて、岸壁の人たちは、船に上がってくる。タラップを降りると、縄が張られた岸壁の外側に、出迎えの人たちがおおぜいいいた。

武田清子は、そうした人びとのなかに湯浅八郎夫人の姿を見つけ、短い伝言と預かり物を渡した。「湯浅は帰って来なかった?」と訊き、気丈な夫人がはらはらと涙を落とした（『湯浅八郎と二十世紀』）。後年、湯浅八郎が回想するところによると、当初は武田に家族あての手紙を託そうと考えたが、それはいけないと思いとどまり、息子への「遺言」のつもりで、聖書の「ロマ書第十二章」の伝言を頼んだのだという(『あるリベラリストの回想』)。

横浜の埠頭の駅には、午前一〇時一七分発の東京行き臨時列車が用意されていた。野村、来栖、石射の三大使らは自動車で、ほかの外交官、武官らは臨時列車で東京に入り、宮城二重橋で拝礼して、この旅をしめくくる手はずになっていた。

その他の者は、ここから散っていった。都留夫妻は、ホテル・ニューグランドで出迎えの親族たちと挨拶を交わし、昼食後、自動車で東京・上北沢の家に帰った。鶴見和子・俊輔姉弟には、両親が出迎えに来ていた。彼ら四人は、自家用の自動車で、東京の麻布三軒屋・桜田町の自宅に帰っている。

しかしながら、この入港前日に館山沖で行なわれた横浜水上警察などによる乗船客らの取調べは、それだけでは終わらなかった。訊問を受けた男性のひとりが、米国で左翼運動をしていた者の名前を乗船客名簿から挙げさせられて、大物は先に帰っていますよと、一年半ほど前に米国から帰国した川田寿の名を挙げていた。これが発端で、およそ三週間後の九月一一日、世界経済調査会の資料室長となっていた川田寿と妻・定子が、神奈川県特高警察に連行され、逮捕・投獄される。彼ら自身には、まったく身に覚えのないものだった。だが、「容疑」は、これ以後、川田夫妻が米国共産党の指令を受けてスパイ活動をするために日本に潜入したとする、治安維持法違反容疑の「米国共産党員事件」に仕立て上げられる。その共犯者として、翌四三年一月、川田夫妻と一面識もない第一次日米交換船の帰国者・大河内光孝を含む七人が逮捕される(大河内はこのとき東京品川区でアパート管理人をつとめていた)。こうして架空の「事件」は次つぎに連鎖状に広げられ、やがて、少なくとも六三人の検挙者を数える太平洋戦争下最大のフレームアップ事件「横浜事件」へと発展させられていくのである（中村智子『横浜事件の人びと』）。この事件は、戦後六〇年を隔てて、元被告人五人についての再審公判（二〇〇五年一〇月から）が始まった今日に至るまで、いまだ解決を見ていない。

## レーン夫妻、いったん横浜へ送られる

なお、「レーン夫妻事件」のその後についても述べておく。

第一次交換船の運行中も、日米両国間では、続いてただちに第二次交換船を実施するための協議が着々と進められていた。浅間丸とコンテ・ヴェルデ号、両船の横浜到着（八月二〇日）直後には、米国側の利益代表国スイスを介して、第二次交換船の日本側からの出帆は翌月「九月五日」、船は再度、この両船を用いるとの「決定」が、明言されたことさえあった（一九四二年八月二五日付、在広東・大関総領事代理から東郷外務大臣への電信）。

船舶会社などの側にも、こうした日本政府の意向と指示が伝えられ、浅間丸とコンテ・ヴェルデ号は、第二次交換の航海にむけてそのまま横浜港内で待機していた。

これに符合する事実がある。

レーン夫妻と時を同じくして検挙され、軍機保護法違反などの理由で起訴されていた小樽高商の米国人教師、ダニエル・ブルック・マッキンノンの札幌地裁での裁判が、四二年八月二九日、検察側の公訴取り消しにより、免訴と決定されている（「開戦時に於ける外諜容疑一斉検挙者の処分状

況」、『極秘　外事警察概況　8』昭和一七年）。これによって、マッキンノンは釈放されたはずである。

それだけではない。

札幌地裁で公判中のレーン夫妻も、船で帰国させると言われ、その身柄が八月三一日に札幌市内の大通拘置所からひそかに出されて、いったん横浜まで送られているのである。彼らの横浜到着は、九月二日。夫妻は、双子の娘ドロテアとキャサリンが第一次交換船に乗るために六月一七日まで滞在していたバンド・ホテルに、ほかの帰国予定者とともに泊まって、船を待った。

しかし、とうとう船は出なかった。九月二一日、第二次交換船の実施は無期延期になったと告げられ、翌二二日、夫妻は札幌にむけて逆戻りさせられて、ふたたび大通拘置所に収監されているのである（上田誠吉『ある北大生の受難』）。これらの経緯は、ポーリン・レーンの上告審判決に引用された彼女の「上告趣意」から再現することができたという。なお、弁護士である上田は、このレーン夫妻の「帰国」のための移送が免訴の手続きなしに行なわれ、しかも再度の収監ののちに裁判が続行されたことについて、違法手続きが隠されていた疑いがあるとする）。

『ある北大生の受難』の著者・上田誠吉は、この著書を執筆する段階では、四二年九月五日に第二次交換船を実施する計画が日米間で進められていたことを知らない。けれども、彼は、当時の札幌地裁でレーン夫妻らの公判を担当した裁判官の一人（宮崎梧一）から、こんな証言を取っている（一九八七年）。

「時期ははっきりしないが、寒い時ではない、温かい季節であった。早朝に裁判長の菅原二郎から電話があって、菅原の官舎に至急に集まってくれ、急ぐ、というので、寝間着をきかえる暇もなく菅原方へ行った。刑事部の四人の裁判官全員が集まった。皆官舎住まいであったから、時間はかからなかった。菅原はいう、司法省から政府の必要とする在米の日本人と交換するために、アメリカ人教師夫妻を釈放してアメリカに送還したいから了解してくれ、といってきたがどうするか。政府が必要とする人物と交換するためならば致し方ない、という結論はすぐに出た」

これに続けて、宮崎元裁判官は、「このとき教師夫妻（レーン夫妻）は、どこか道内の刑務所で受刑中だったと思う。既決囚のことであれば、司法省の一存で処理できたはずで、裁判官の意見を聞く必要はなかったが、確定判決を事実上変更することになるので、その判決を言い渡した裁判官の了解を得たい、ということだったろう」と付言している（ちなみに上告棄却による夫ハロルド・レーンの懲役一五年の確定は四三年六月、同じく妻ポーリン・レーンの懲役一二年の確定は四三年五月）。しかし、そうではなくて、これは、まだ公判中の「温かい季節」、四二年八月末のことで、だからこそ、担当裁判官に公判停止の了解を至急とりつける必要があったという可能性もあろう。

ともあれ、第二次交換船の実施は、「四二年九月五日」出帆という当初の「決定」通りには進まなかった。九月二日になって、スイスを介して、米国側の「準備の都合上約二週間遅延する見込み」であるとの連絡が入る（九月二日午後付、在上海・堀内総領事から東郷外務大臣への電信）。それに続いて、日本の軍部においても「日米第二次交換船は当分延期」との意向が浮上する（九月三日午後付、在広東・高津総領事から東郷外務大臣への電信）。さらにスイスは、米国側の「十月十五日以前ロレンソマルケスに於て交換手配不可能に付き延期」という意向を届けてきた（九月三日午後付、北京駐在日本大使館・北沢書記官から東郷外務大臣への電信）。

米国側における交換船実施交渉に関するスコット・コーベットの研究によれば、第二次交換を早期に実現させようとする米国務省内の担当部局の意向とは違い、軍方面は総じてこの計画に消極的であったという。海軍省は、この交換計画にハワイの日系人が含まれていることが、ハワイにおける防衛上の致命的な情報を日本側にもたらすことになるとして反対した。（P.Scott Corbett, *Quiet Passages*）

このような経緯をたどって、日米間の第二次交換船の実施は、はっきりとした期限さえ設けられないまま棚上げされた。にもかかわらず、日本側には「米州人第二次引揚延引は外部に発表すべからず」という意向が働いていた（九月三日午後付、北京駐在日本大使館・北沢書記官から東郷外務大臣への電信）。

九月五日付で、コンテ・ヴェルデ号と浅間丸、両船に対する待機命令は解除された。日本政府による借り上げのキャンセルである。この日のうちに、コンテ・ヴェルデ号は、横浜を出港して、常駐港の上海に向かった。また浅間丸も、同日、海軍に再徴用されて、横須賀軍港に回航された。

にもかかわらず、横浜のホテルで待機しているレーン夫妻たちには、それからおよそ半月ものあいだ、このことが知らされず、九月二一日になって、交換船は無期延期になったので札幌に帰れと言われ、彼らはその地へむけて送りだされて、ふたたび大通拘置所に入れられた。

バンド・ホテルに同宿して交換船を待っていたほかの三〇人ほどの米国人、カナダ人は、新たに抑留者に編入されて、男性は横浜市内の神奈川県第一抑留所（中区簑沢の横浜競馬場）、女性は警視庁へと身柄を送られた（「敵国人等抑留の状況」、『極秘　外事警察概況　8』昭和一七年）。神奈川県第一抑留所では、騎手たちの控室が寝起きの場所にあてられ、収容者たちは「バンザイ・ハウス」と呼んでいた。

## 4 「日英交換船」の航跡——オーストラリア、インド、ヨーロッパ、アフリカを結んで

### 木曜島まで

「日英交換船」の概略を述べる。

この交換は、ロレンソ・マルケスを交換地とする点では第一次日米交換船と同じだが、それと連動しながら、はるかに複雑な二つの系統を軸として行なわれた。

第一の系統は、日本側の龍田丸が、英国人とその同盟国人の帰還者を、日本本土、中国、インドシナなどから、ロレンソ・マルケスまで運ぶ（上海経由で、フィリピン、香港から引き揚げる人びとを含む）。それに対して英国側は、英本国から「エル・ニル号」（エジプト船籍）、英領インドから「シティ・オブ・パリス号」（英国船籍）、さらにはアフリカの英連邦関係各国などから陸路・空路で、それぞれ日本人の帰還者をロレンソ・マルケスに運んで、両者の交換を行なった。

第二の系統は、日本側の鎌倉丸（秩父丸を改称）が、上海を中心とする中国での日本軍支配地域などから、ロレンソ・マルケスに英国人とその同盟国人を運ぶ。それに対して英国側は、英連邦

オーストラリアのメルボルンから「シティ・オブ・カンタベリー号」（英国船籍）によって、豪州地域一帯（オーストラリア本土、ニュージーランド、ニューカレドニアほかの太平洋諸島など）の在留日本人、および、蘭印（インドネシア＝ジャワ、スマトラ、蘭領ボルネオ、西イリアン［ニューギニア島西部］など）からオーストラリアに移送されて抑留中の日本人を、合わせてロレンソ・マルケスに運んで、両者の交換を行なった。

また、この交換後、英国側帰還者のヨーロッパ方面への輸送には、ロレンソ・マルケスから英国船ナークンダ号も使われた。

以下、それらの具体的な日程と人数を挙げれば——。

第一の交換で、龍田丸は、四二年七月三〇日、四五四人の英国、およびヨーロッパの同盟諸国の関係者を乗せて、横浜を出港している。そこには、英国のクレーギー駐日大使、ベルギーのフォートナム駐日大使ら、ヨーロッパの連合諸国の外交官も含まれていた。

龍田丸は、途中、上海に寄港してさらに三二四人、サイゴンでは一四六人、昭南で四人を乗せ、ロレンソ・マルケスには八月二七日に到着した。

一方、英国側の交換船「エル・ニル号」は、駐英日本大使館・領事館員三六名、在留日本人三六名、タイ人三一名、合わせて一〇三名を乗せて、七月二九日に英国リバプールを出港（帰還者に乗り遅れがあり、いったん帰港し、三〇日に再出港）、八月三一日、ロレンソ・マルケスに到着した。

また、「シティ・オブ・パリス号」は、インド、セイロン（のちのスリランカ）、ビルマ、マレー、シンガポールなど旧英領地域の日本公館員、インドの収容所に抑留された民間日本人、および若千名のタイ人ら、およそ八〇〇名を乗せて、八月一三日にインドのボンベイを出港、同二八日、ロレンソ・マルケスに到着した。さらに、アフリカ各地からの陸路・空路による二十数人も、次つぎロレンソ・マルケスに到着している。それらから成る官民八七七人の日本人、ならびに駐英タイ国公使館員などタイ人四二人、合わせて九一九人の日本側帰還者が、龍田丸が運んだ総勢九二八人の英側帰還者と、互いに交換されたのは九月一日のことである。

ただし、インドからのシティ・オブ・パリス号に乗船した元シンガポール総領事の岡本季正、元ボンベイ領事の山口巌には、ロレンソ・マルケスから直接ヨーロッパの次の赴任地に向かうよう、本省からの転勤命令が届いていた。岡本の場合、次なる任務はスウェーデン公使だったが、ロレンソ・マルケスに着いたとたん不運にも赤痢が発症し、ただちに入院せねばならなかった。

かたや、龍田丸で横浜を出港し、ロレンソ・マルケスからエル・ニル号などで英本国にむかう英国人らの一行中には、少数だが日本人もまじっていた。伊藤愛子も、その一人だった。日本で一児をもうけて離婚後、クラークという英国人貿易商と再婚し、いまは英国籍となって、この船に乗っている。のちに（四三年七月）英国のBBCが日本向けのラジオ放送を始めるとき、「メリー」と名乗って語り手をつとめる女性である。（この放送については、多様な手だてで人選が図られており、日米交換船に乗らずに米国に残っていた南博にも誘いがかかったことがあるという。南博『学者渡世』による）

また、偶然だが、龍田丸で横浜から出発したこの一行中には、ジョン・モリスもいた。のちに、BBC日本語放送の組織者となる人物である。滞日中は、東京文理科大学、慶応大学で英語・英文学を教え、開戦後の英米人教師不足のもとでは、東京帝大でも講義を受け持った。開戦と同時に英米人教師がいっせいに自宅軟禁や抑留の処置を受けるもとで、モリスは外務省の顧問のような仕事についており、特高の尾行はついたものの、例外的に行動の自由は保障されていたのだという（大蔵雄之助『こちらロンドンBBC　BBC日本語部の歩み』）。帰国後、モリスらは、隣の東洋部インド課でインド向け放送の制作に取りくむ作家ジョージ・オーウェルらと机を接して、ロンドンBBCで日本語放送のプログラムづくりに励むことになる。

さて、ロレンソ・マルケスで日英間の帰還者同士の交換を終え、九月二日、龍田丸は、日本をめざす復航に出帆している。同一七日、昭南に寄港し、ここで日本人五七一人とタイ人四二名が下船する。日本人で船を下りた人の大半は、開戦前には現地（シンガポール、マレーなど）に暮らして働き、開戦によって英軍に抑留されて、インドの収容所に送られていた人びとである。昭南を出港するとき、龍田丸には新たに六人の外務省関係者が便乗し、同二七日、計三一二人を乗せて、この船は横浜に帰着した。

第二の交換で、鎌倉丸が、乗船地の上海をめざして横浜を出航するのは、四二年八月一〇日である。空船での回航だが、ヨーロッパの任地に赴く五人の日本官吏が、中立国スイスの四人の外交官とともに便乗していた。上海で、英国側の帰還者九〇三人が乗る。内訳は、英国官吏三六六名、同盟国官吏（ベルギー、ポーランド、ノルウェイ、オランダ、ギリシア）が八九名、英国民間人が三三〇名、同盟国民間人（ベルギー、ノルウェイ、オランダ、ギリシア、ポーランド、ドゴール派〈＝自由フランス〉、チェコスロヴァキア）が一一八名だった（八月二一日午後付、在上海・堀内総領事から東郷外務大臣への電信）。このうちオーストラリア出身者は、わずかである。上海を一七日に出帆。さらに昭南に寄港して、英国人三人が乗る。ロレンソ・マルケスに着くのは、九月六日だった。

一方、オーストラリア・メルボルンを八月一六日に出航した「シティ・オブ・カンタベリー号」が、ロレンソ・マルケスに到着するのは、九月九日である。八七一名の帰還者(日本公使館・領事館関係者三四名、日本人の民間人男性六三六名、日本人の民間人女性九一名、日本人の子ども一〇六名、タイ人四名)、ほかに、ドイツ人外交官二人と、およそ二〇〇名の武装したオーストラリア軍の監視兵が同船していた。これら一〇〇〇人を越える人びとを運ぶには、船は小さすぎ、食料もきわめて不十分で、乗船者たちには苦しい旅となった(九月二一日午後付、駐ポルトガル千葉公使から谷正之外務大臣への電信)。

また、日本人戦没者四人の遺骨も、駐オーストラリア公使の河相達夫に託され、この船で持ち帰られた。この年五月三一日、シドニー湾のオーストラリア海軍に対する攻撃で、特殊潜航艇に乗り込み戦死した日本軍将兵のものだった。オーストラリア海軍は、敵軍の戦死者であるにもかかわらず、その勇気を讃えて、彼らを海軍葬に付したと言われている。

当時、日本の新聞は、この「四勇士」をめぐるエピソードを〝美談〟として報じたが、海軍からは報道各社に、一行の帰国に先立って「特殊潜航艇四勇士は軍神扱いせざること」(一〇月五日)との申し入れがあった(「毎日新聞『検閲週報』(昭和十七〜十八年)の証言」上)。真珠湾攻撃のさいに特殊潜航艇で戦死した「九軍神」の希少価値を下落させたくないとの配慮であろう。

この「シティ・オブ・カンタベリー号」による日本人帰還者のなかには、オーストラリア北東端、トレス海峡の木曜島などで出稼ぎのダイヴァーをしていた人がおおぜいいた。白蝶貝を採るのである。真珠貝の一種だが、主には装飾品やボタンの材料として使われた。和歌山県・熊野地方の出身者がことに多かった。木曜島で働く日本人のダイヴァーたちは、船での暮らしから陸に上がると、「串本ハウス」とか「上野ハウス」（潮岬村字上野）といったような、多くが熊野地方の町村名をつけた〝ボーデン・ハウス〟（boardinghouse＝簡易宿泊所）などで寝起きした（小川平『アラフラ海の真珠』、司馬遼太郎『木曜島の夜会』、庄野英二『木曜島』。太平洋戦争の開戦前までは、神戸から木曜島へ、日本郵船の定期航路があった。また、交換船での早期帰還を要望するために、「外国出稼」者リストを地元役場がまとめて提出しているのは、外務省外交史料館に保管されている資料に見るかぎり、和歌山県下の潮岬村、太地町、周参見町、新宮市など熊野一帯の地域だけであり、これらの地方で出稼ぎがいかに大きな位置を占めていたかがわかる）。

鎌倉丸が、九月一〇日、ロレンソ・マルケスでシティ・オブ・カンタベリー号とのあいだで乗船者の交換を終え、ドイツ外交官の二人もここで同船させて、横浜への復路に出帆するのは翌一一日である。途中、昭南に寄港し、日本人四五〇人と、タイ人四人は下船した。船を降りた日本人の多くは、開戦前には蘭印（オランダ領東インド＝現在のインドネシア）で働いていた人びとである。開戦にともない、蘭印軍警によって彼らは抑留されて、さらにオーストラリアに送られ、収容所に入れられていた。

鎌倉丸は、さらに香港にも寄港して、英国側から救恤品として託されていた約一〇〇〇トンの物資を陸揚げする。この年はじめ、日本軍は、三千人以上の英国人抑留者を、香港島南端の赤柱（スタンレー）収容所に集めていた（關禮雄『日本占領下の香港』）。

一〇月四日、鎌倉丸は香港を出港。横浜に帰着したのは、一〇月八日だった。

なお、これらオーストラリアで抑留された日本人と、その帰還をめぐる経緯については、永田由利子『オーストラリア日系人強制収容の記録』という詳細な研究がある。

## 「インド人」問題

もちろん、この日英交換の全体像は、これよりはるかに複雑なものである。満洲や朝鮮各地での英国人らの抑留者は、いくつかの細い流れをなして、日本の神戸へ送られた（男女別の抑留所が、そこにあった）。そこから横浜に列車で移動し、交換船に乗船する。

中国各地（華北から広東にわたる）に散在している英国人らは、さらに多様な陸路や船便で上海へと集められる。フィリピンから、ここ上海まで送られてくる者もある。

一方、英国本国で拘束された民間日本人（銀行・商社員、新聞・通信社特派員、船員ら）は、アイリッシュ海に浮かぶマン島の海水浴場のホテルで、のべ一〇五人が抑留されていた（前田雄二「伝記」、『長谷川才次』）。外交官らはロンドンの大使館事務所などに、比較的自由のきく状態で軟禁された（独軍による空襲の被害を受け、このとき大使館事務所はロンドン市内ケンジントンの大きなアパートメントに移っていた）。ロンドンに長年住んでいる日本人居留民は、拘束されず、多くがそのまま仕事などを続けることができた（上村伸一『破滅への道』）。

先述のように、エル・ニル号は、四二年七月末、上村伸一駐英代理大使ら外交団一行三六名、マン島の民間人抑留者三六名、ほかにタイ国の公使館員や留学生ら三一名、合計一〇三名を乗せ、リバプールを出港した（七月三一日付発表「外務当局談」）。途中、リスボンに寄港し、フランス、イタリアの任地に向かう外交官二名を下船させ、あとはアフリカ西海岸沿いに南下して、ロレンソ・マルケスに到着したのは八月三一日だった。

また、当時英領だったマレー、シンガポール、ビルマなどの在留日本人は、太平洋戦争の開戦からほどなく、同じく英国統治下のインドの抑留所へと送られている。

日英交換の先発船・龍田丸について、少し詳しく見てみよう。前にも述べたが、この船は、主に英本国およびインド方面などからの日本人帰還者との交換にむかう。往航途上で、上海にも寄港して、英国側の帰還者三二四人を途中乗船させている。これの人員の内訳は、以下の通りである（八月五日付、在上海・堀内総領事から東郷外務大臣への電信）。

一、官吏　小計四八名
（1）マニラからの官吏　四〇名
（2）香港からの同盟国官吏　八名
二、非官吏　小計二七六名
（1）英国人　一五八名
（2）オランダ人　三名
（3）ノルウェイ人　一一名
（4）ベルギー人　一名
（5）インド人　一〇三名（当初は一一五名が予定されていたが、うち一二名の補充が日本側利益代表スイスの責任においても間にあわず、とある）

〝香港からの同盟国官吏〟には、但し書きがついている。――オランダ人官吏の一人が、八月二日、警告を無視して、上海での収容先（キャセイ・ホテル）従業員の白系ロシア人女性と結婚し、同伴帰国を願い出たので、総領事館ではこれを拒絶したところ、同人は龍田丸乗船を取り下げた、とある。つまり、彼は、交換船に乗船しようと、わざわざ香港から上海までやって来たものの、乗船資格のない女性との恋に落ち、結局、この船には乗らなかったのである。

また、このうち英国人「非官吏」一五八名を職業別に見ると――宣教師三五名、海関（開港場の税関）・郵便局関係者四三名、銀行・会社員六〇名、商人六名、船員五名、教師・新聞記者三名、婦女子六名、となっている。

多様な流れが合流し、こうした顔ぶれは成っている。だが、とりわけここで目を引くのは、「インド人」引揚者の一〇三名という多さであろう。

こうした乗船枠の割り当てについては、現地・上海の日本総領事館においてさえ、直前まで念頭になかったようで、堀内総領事は、出帆当日の八月四日、「当方にては右、全然承知し居らず」と、至急便の電信を東郷外相に宛てて送っているのである。「……今に至り、之を当方に申越すは甚だ怪しからずと詰りたるに、先方〔スイス〕係官は、右は既に二、三箇月前より在京〔東京〕スイス公使、本省〔日本外務省〕側と協議中なる筈に付、当然本省より貴館〔在上海日本総領事館〕側に連絡ありし筈なりと、寧ろ当館に於て之を了知し居らざりしを詰りたる事情あり」

英国との在留民の交換において、インド人の存在がこれほどまでに大きな比重をもつとは認識していなかった日本側の事情も、ここにはあろう。三億人の人口を数えるインドという巨大な植民地を、このとき英国は擁していた。傾いていく古き「大英帝国」と、新興日本の「大東亜共栄圏」、それは二つの〝帝国〟間の衝突でもあった。日英交換船は、これらの植民地をはさんで、二つの帝国のあいだを縫うように行き交い、互いの自国民らの交換を行なったものなのである。

龍田丸も鎌倉丸も、ともに日本人帰還者のうち半分から三分の二ほどを、復航途中の昭南で下船させた。その多くが、抑留前には、これら南方諸地域（マレー、シンガポール、ビルマ、インドネシアなど）で暮らしていた人びとである。ほかに、みずから志願して（させられて）ここで下船し、新しく仕事についた人たちもあった。彼らが抑留された開戦直後の時期とは違い、このとき、それらの地域は、すでに英国、オランダから日本軍が奪って、日本の軍政が支配していた。〈南方への出稼ぎ・就職→開戦による抑留・移送→交換船による送還→南方での下船・再就業〉こうした途中下船者のサイクルも、これら南方地域で果たした交換船の役割の一つを示している。

以下、そうした多岐にわたる流れの一例として、シンガポール（日本軍政下では昭南島）で抑留された人びとのインド移送と、その交換のケースを概観する。

## ニューデリーに送られて

時間はふたたびさかのぼり、一九四一年一二月六日（シンガポール現地時間）。太平洋戦争開戦の二日前である。

この日、シンガポールの街に、大きなニュースが流れた。同月なかばに、シンガポール、マレー方面の在留日本人のために、最後の引揚船、浅間丸を回航するというのだった。

日英関係の悪化にともなう経済活動の困難さのために、すでに現地からは多くの日本人が引き揚げていた。けれども、いよいよこれが最後の機会となると、現地の商社なども残務整理に追われることになった。翌七日にはシンガポール総領事館に、外務省から、浅間丸をシンガポールにむけて同月「一八日」に回航させるとの連絡があったという（峰敏朗『インドの酷熱砂漠に日本人収容所があった』）。

しかし、シンガポール、マレーなどでは八日未明に戦争が始まった。マレー半島中部のコタバルに日本軍が上陸を開始するのは、ハワイ真珠湾攻撃より一時間あまり先立ってのことだった。開戦三日前の一二月五日に着任したばかりの岡本季正総領事をはじめ、総領事館員らは、これから数日のあいだ、館内で軟禁生活を送った。そのあと、街はずれのチャンギー監獄に移された。さらに、ほかの英領東南アジア各地の公館員らとともに、セイロンのコロンボに集められた。そこからインドのボンベイに移され、次いでヒマラヤ中腹の避暑地ムスーリでの軟禁生活に入った。

だが、一般の日本人居留民への処遇は、これとはまったく違っていた。一二月八日、その日の明け方前から、英軍兵士らによって、日本人成年男子全員の逮捕が始まった。

彼らは、この日のうちに船に乗せられ、ひと晩かけて、次つぎにマレーのクアラルンプール西方五〇キロ、ポート・スウィーテンハム（クラン）の収容所に送られた。シンガポールの南洋商会に勤めていた当時二六歳の高井義昌は、このとき、多民族から成る英軍兵士たちそれぞれの様子の違いを日記にとらえる。「馬来〔マレー〕人兵士の対我々感情は友好的であるが英本国兵、豪州兵は最も感情悪く印度〔インド〕兵は無表情」（一二月九日付、「或る戦死者の日記」）。前後して、マレー半島各地の日本人男性も、この収容所に連れてこられた。以下、峰敏朗『インドの酷熱砂漠に日本人収容所があった』などに沿いながら、略述する。

シンガポールでは、数日中に日本人女性も次つぎと検束されて、市内の移民局に収容されたあと、街の沖合の検疫島へと送られた。マレーや仏印（フランス領インドシナ＝ヴェトナム、カンボジア、ラオス）から送られてきた人たちもそこにいた。やがて彼女らもマレーのポート・スウィーテンハムに、赤ん坊らといっしょに送られた。このようにして、ちいさな町から大きな町へ順々に送りだされて集められ、ポート・スウィーテンハムに収容された日本人は、シンガポールからの男が一〇五四人、女が四二七人、マレー各地からの人びとを合わせると、総勢で二五八八人となった。

だが、タイのシンゴラとマレー半島中部コタバルに上陸していた日本軍は、破竹の勢いでマレー半島を南下しつつあった。そこで、彼らはまた一九日から次つぎ船に乗せられ、シンガポールに戻って、市街地の北東一五キロ、チャンギー監獄に入れられた。

日本軍の侵攻は、なお続いた。年が明け、四二年一月六日、また移動指令が出た。行き先はわからないままだった（日本軍のシンガポール占領は、それからひと月あまりのち、同年二月一五日のことである）。

船は、三つの班に分かれ、さらにそれぞれ列車などに乗り継いで、半月がかりでインド・ニューデリーのプラナキラという古城の収容所に着いた。最初の船は、男ばかり六五〇人の抑留者を乗せ、カルカッタ経由で。二番目の船は、これも男の抑留者九九八名を乗せ、ボンベイ経由で。

最後の船は、九一六人の婦女子を乗せて、カルカッタ経由だった。近くのキャンプにはイタリア人とドイツ人も収容されているということだった。

収容所当局との交渉は中立国を通して行なう建前で、その代表者は、カルカッタ経由でここに到着した抑留者にはスウェーデン領事、ボンベイ経由で到着した者にはスイス領事だった。インドにおける日本の利益代表国は、カラチ、カルカッタ両領事館の管轄区域ではスウェーデン、ボンベイ領事館の管轄区域ではスイスであるとする、特殊な区切りが存在していたからである。

東南アジア、南アジアからの日本人の新たな入所者が、さらに続いた。

一月二五日に、ビルマから男七三名。

同三一日、インドのカルカッタから男五三名、二月五日、ボンベイから男六一名。これらインド在住者は身なりも立派で、シンガポールやマレーから送られた者とは違って、銀行預金などをもつことも許されていた。

二月二三日、戦闘員三名。

同二六日、ビルマから男女七一名。

三月一日、セイロンから男女一七名。

同日、アフガニスタンから外務省留学生の男一名。

四月一日、ボンベイから女六名。

同五日、ボンベイから男一名。

同二〇日、ボンベイから女三名。

五月五日、戦闘員二名。

六月一日、戦闘員一名。

同五日、米国船料理人一名。

同一八日、ビルマから女一名。

松島甚吉という名の六月五日に入所してきた米国船の料理人は、変わった経歴の持ち主だった。横須賀市生まれで、二四歳で米国船に乗って以来、各国の船でコックとして働いた。ときには陸に上がり、レストランを開業した。イタリアが気に入り、四年間在住して、土地の娘と結婚した。それでも、また旅に出て南米でひと稼ぎしようと思いつき、リスボンへ行き、船を待った。米国のタンカーに乗船しようとしたら、

「日本人は乗せられない」

と言われた。それで、

「私は、スウェーデン人です」

と偽って、やっと乗船することができた。

このタンカーは、太平洋戦争開戦翌日の四一年一二月九日、運悪くイラン・イラク国境の町アバダーンに寄港した。当地（大規模な石油施設がある）を支配する英国の官憲は、

「外国人を引き渡せ」

と船長に迫った。結局、松島甚吉とギリシア人一名、フランス人一名、ポーランド人二名、合わせて五名が下船させられた。松島は、船長ががんばれば上陸は拒否し通せたのに、と考えた。アバダーンから車で五時間ほどの収容所に、彼ら五人は入れられた。ここには各国の人びと二〇〇名ほどがいた。翌四二年二月一〇日まで、そこにいた。

そこを出ると、一行はアバダーンから、インドのマドラスへ船で送られることになった。ところが、途中のボンベイでの寄港中に、船の乗組員は船長に解雇されて、全員が下船してしまった。松島ら五人の抑留者は、それから三日を船内ですごしてから、インド北部のヒマラヤのふもとにある町、デラダンに送られた。だが、松島の場合は、日本人であることが判明していたので、多数の日本人といっしょに収容するのが適当であると判断されて、ほかの四人とは引き離され、ひとりでニューデリーまで移送されてきたのだった。

これらの人びとのうち、日英交換船での帰還者に指名されたのは、七二〇名である。

選考は、直接には抑留者中の「選考委員」らがあたった（本来、帰国者の指名は日本政府が果たすべきものだが、岡本季正シンガポール総領事らが遠方のムスーリで軟禁下に置かれたために、プラナキラでの抑留者の代表に依頼したものであったという）。しかし、そこには曲折があった。一度発表された帰還者名簿が取り消され、まったく違うものになったりした。「選考委員」一名と「帰国委員」一名が、ほかの抑留者に襲撃されて、重傷を負ったこともある。

八月六日、七二〇名の帰還者はプラナキラ収容所を出発する。岡本シンガポール総領事らは、ムスーリから出港地のボンベイに向かう途上、この日、プラナキラ収容所に立ち寄って、抑留者たちの出発式で岡本総領事みずからが挨拶を述べた（高井義昌の日記、八月六日付、「或る戦死者の日記」続2）。抑留者の一人、同盟通信シンガポール支局長を勤めた飼手誉四が伝えるところによれば、そのおり、残留者代表はこのような送別の辞を贈ったという。「我々は抑留を戦争と考え、日々の生活を戦闘と考えて戦い続けて来た、今後も必ず戦い抜く決心だ。この戦線を護り通す覚悟だ。第一船帰国の方々も帰国の上は、内地の人々に我々の決意を伝えて欲しい」（飼手誉四「印度抑留戦記」）。そのあと抑留者たちは、次々に軍用ローリーで近くの駅へと運ばれた。シティ・オブ・パリス号は、彼らと、ムスーリやインド北西部アジュメールなどの軟禁先から移動してきた各地の日本公館員（イラク、エチオピアなどからの者を含む）を乗せ、ボンベイを同月一三日に出帆した。東アフリカのロレンソ・マルケスに到着するのは、二週間後の八月二八日である（田村秀治『アラブ外交55年』上巻）。

プラナキラ収容所出発にあたって、岡本総領事が抑留者代表（毎日新聞シンガポール特派員・菅原勝太郎）に語ったところでは、二、三カ月後にはふたたび交換船がインドに回航し、第二次帰還が実現できるだろうとのことだった。その後、「第二次日英交換船」の帰還者リストが発表されたりもしたが、実現はしなかった。プラナキラ収容所にこれら三千人近い民間の日本人が抑留された四百数十日のあいだに、一一七人におよぶ死者があった（その後、プラナキラに残った抑留者は、四三年三月から四月のあいだに西方四〇〇キロのデオリ収容所に移され、そこで終戦を迎えた）。猛暑と食料・衛生状態の悪さに加え、マラリアや結核が、彼らの健康をむしばんだ。ロレンソ・マルケスにむかうシティ・オブ・パリス号での二週間の船中でも、死者は六名に及んだ。

ロレンソ・マルケス到着後、彼らは、エル・ニル号で英本国からやって来た日本人帰還者、またアフリカの英連邦関係国から陸路・空路で集まった日本人帰還者（鈴木九万《ただかつ》エジプト公使ら）と合わさって、日本・上海方面から龍田丸に乗ってくる英国人帰還者らの一行と交換される。そして、龍田丸に乗り換え、九月二日に出帆。昭南島、日本に向かった。インドからの帰還者にとっては、この交換のためにわざわざインド洋上をよけいに一往復するという、たいへんな迂回路である。復航時の南インド洋上では、これからロレンソ・マルケスにむかう鎌倉丸とすれ違った。両船の甲板に居並んだ人びとは、英国人と日本人だが、どちらもこれから自由の身になるのだという気安さからか、手を振りあった。鎌倉丸は、メインマストに大きな鯉のぼりと吹き流しを掲げて走っていた。(『日本郵船戦時船史』上巻)

インドからの民間人の交換船乗船者で、直接に日本まで帰還した者は一六三名である。つまり、あとの五五〇人ほどはふたたびシンガポール(すでに日本の軍政下で「昭南」とその名を変えていた)で下船したことになる。

高井義昌も、その一人だった。ボンベイからロレンソ・マルケスにむかう船中、八月一四日付の「日記」に彼は書く。「本日、日本船に乗り移ってから、新嘉坡〔シンガポール〕へ上陸したいか日本へ直接帰り度いかの希望を一人ひとりについて尋ねられ、自分は勿論自分自身の希望としても南洋商行《ママ》全体の考えとしても現地新嘉坡に上陸したいと具申する。(中略)何分にもカーキのシャーツと半ズボン丈で十年振りに故郷へメソメソ帰り度くないのだ。充分シンガポールで準備してから帰り度い」(「或る戦死者の日記」続3)。

もとの職業に復職しようとする者が多かったが、軍関係に徴用されたり、その後また連合軍の捕虜となった者、戦死した者もおおぜいいた。同じく昭南での下船者、三五公司(マレー半島でゴム園のプランテーション経営などを行なった三菱系企業)の附柴音二も、言語に堪能なことから、のちに日本陸軍の光機関(藤原機関、岩畔機関の後身)に徴用された。

多数のインド人が、英軍兵士として、東南アジアで日本軍と戦っていた。しかし、インドの独立運動家チャンドラ・ボースらのインド国民軍は、その英国に対して、独立をめざして戦った。光機関は、彼らとの連携をはかって、対英戦争にのぞもうとした。日本軍によるマレー作戦は、六万人余りにのぼるインド兵の捕虜を生んでいた。英軍の一員として戦いに敗れて、日本軍の捕虜となったこれらのインド兵を解放し、組織しなおすことから、二万人のインド国民軍は成っていた。

昭南で下船して二〇日ほどのち、現地の敵産管理局（旧英国側から差しおさえた資産の管理にあたる）に徴用されて働いていた高井義昌は、その日の「昭南タイムス」（陸軍宣伝班員に徴用された作家・井伏鱒二らが創刊にかかわった日本軍政下の英字新聞）を見て驚いた。「シティ・オブ・パリス号、撃沈」と出ていたからである。高井ら日本人帰還者をロレンソ・マルケスで降ろしたのち、その船は、英国側の帰還者（インド人ら）を乗せて、南アフリカ連邦ダーバン（インド人居住者が多い）に寄港してから、ふたたびボンベイに戻った。そこで彼らを降ろすと、ただちに、今度は英軍輸送船となってインド軍の将兵を満載してエジプト戦線に向かった。その途中、インド洋上で、日本海軍潜水艦の雷撃に遭って沈没したというのだった。同船の船長には「敵国人ながら」好感を寄せていただけに、複雑な感慨がしばし彼の胸によぎった。（「或る戦死者の日記」続3、続4）

開戦直前までシンガポール総領事をつとめた鶴見憲（鶴見俊輔・和子の叔父、東南アジア学者・鶴見良行の父）も、インド国民軍とその周辺の動きなどに関わりをもった日本側の人物である。彼は、マレーの民族主義運動「マラヤ青年同盟」の創立者イブラヒム・ヤコブを、光機関の前身、藤原機関に接触させる役割を果たした。イブラヒム・ヤコブは、民族主義運動のためにシンガポールのアラブ系豪商アルサゴフから『ワルタ・マラヤ』新聞を買収するが、その費用は、日本領事館の機密費から支出された。アルサゴフの先代は、イブラヒム・ヤコブの出身地でもあるマレー・パハン州への英国の進出に、一役果たした人物であったという。（鶴見良行「アジア史の落穂ひろい」）

鶴見良行の仕事に持続していた東南アジアの旅とフィールドワークも、その父親が、同じ地理上で、「大東亜共栄圏」の吏員（軍の位階も持つ）として果たした微妙な役割に、あやかな翳と光彩を負っていないとは言いきれない。

## ジョージ・オーウェルによるＢＢＣインド放送

作家ジョージ・オーウェルは、四一年八月から四三年一一月までの二年間を、ロンドンのＢＢＣ東洋部インド課のトーク番組プロデューサーとして過ごした。

第二次世界大戦は、英国にとって、まず宣伝戦として始まった。ヨーロッパ戦線におけるドイツの勝利の先駆けは、猛烈なラジオ・キャンペーンだった。しかも、ドイツの放送はヨーロッパに限られず、次の大きな標的の一つは、インドにおける英国だった。二百万のインド兵が英国軍のもとに組み入れられていた。彼らの忠節の行方が、英国の命運を左右することは明らかだった。

武力による反英闘争を呼号するチャンドラ・ボースは、なかでも最も重要な人物であり、彼がベルリンの「自由インド放送」のマイクから発する英国への痛撃は、かなりの効果を挙げていた。その放送は、英国のインド領有を批判する英国の作家たちの著書、とりわけＥ・Ｍ・フォースターの『インドへの道』を放送して、ボースの熱弁に鮮やかな彩りを添えていた（ジョージ・オーウェル『戦争とラジオ』、編者Ｗ・Ｊ・ウェストによる解説）。

したがって、新しくＢＢＣが必要としたのは、インドの知識層からの共感を呼びうるような放送内容を生みだせる人物、また、E・M・フォースターその人、あるいはそれ以上の作家たちの協力を取りつけうるようなプロデューサーだった。その点で、英国のインド支配に明らかに批判的な作家であるオーウェルの起用は、適任だった。しかし、だからこそ、BBCにとっても、それは両刃の刃と言うべき側面を帯びていた。

### ラジオと戦場

インド抑留組の一行がロレンソ・マルケスへの航海途上にある四二年八月二〇日、鶴見俊輔らが乗る第一次日米交換船・浅間丸は横浜に帰着した。

五日後、満二〇歳の鶴見は徴兵検査を受ける。結核の症状で胸部にカリエスが出ていたが、結果は「第二乙種」で徴兵適格者と判定された。祖父の後藤新平につらなるエリート家族の一員に対する、軍国社会がもたらした〝革命〟的な報復の側面を、鶴見はそこに感じている。また、この日本社会のほうこそが自分にとっては「牢獄」なのだと思い至り、戦争の敗北を、負ける側の日本人のなかにあって受けたいと考えて帰国を選んだのが、早まった理想主義であったように思えた。(「交換船の地球半周」)

徴兵を待って陸軍に入れられるより、みずからドイツ語通訳の軍属として海軍に入ってしまったほうが、まだしも「文明的」な環境に身を置けるのではないか。そう考えて、志願した。戦死に追いやられるおそれは、そのほうが幾分かでも少なくなる、家族(ことに父の祐輔)もそう考えて後押ししたことは間違いない。

竹久千恵子は、帰国直後の四二年一〇月、古川緑波《ろっぱ》一座に加わる話がまとまった。旧知の脚本家、菊田一夫が、多分に竹久への〝当て書き〟で、「交換船」という上演脚本を書きだした（脚本が現存するか不明）。竹久の家に通って話を聞いたようだが、モンタナ州のミズーラ収容所などが舞台となっており、よそにも材料を求めたものだとわかる。この「交換船」は、情報局主催による四三年新春の国民劇参加作品のひとつと銘打たれており、前年末の四二年一二月二五日から台本読み合わせに入っている（上演は、四三年一月に東京・有楽座、二月に大阪・北野劇場。一月末にはラジオ放送も行なった）。

舞台初日は、四三年元旦。「猿飛佐助」との抱き合わせによる上演だった。

「竹久千恵子、大トチリ、穴をあける。セリフも碌すっぽ覚えていないし、トチるし、此奴は大物だわい」（四三年一月二日付、『古川ロッパ昭和日記』戦中篇）

一〇日になると昼夜大入りで、野村吉三郎大使も見物した。

「『交換船』憲兵隊より、日本人が弱くていかんからもっと強くさせろと注意あり、十二日に稽古し直すこととなる。全く、此ういう手合には敵《かな》わない」（一月一〇日付、同）

鶴見も、この舞台を見にいった（ロッパ一座は、この年一〇月にも「エリス島」という交換船関連の芝居を上演する）。

海軍による鶴見の徴用は、この二月はじめからと決まっていた。一月中のある日、本城文彦、須之部量三ら、米国で交わりがあった外務省の若手官吏たちが、料亭で送別会をしてくれた。月が明け、鶴見は、神戸からドイツの封鎖突破船に乗っている。

赴任先、ジャワ島ジャカルタの海軍武官府で鶴見に命じられた主な仕事は、連合国側のラジオを聴き、翌日には、二人のタイピストの手を借りながら、その情報をまとめた部外秘の新聞を作るというものだった。大本営発表の情報は信ずるに足りず、軍の責任者も敵陣営から流されるニュースをあてにしていたからである。

ある深夜、仕事のために自室でラジオをつけると、詩人のT・S・エリオットが、ジェイムズ・ジョイスの『フィネガンズ・ウェイク』について講義するのが聞こえてきた。

「……はじめてこの本を読んだときには、これはすぐれた仕事だが、むずかしいと思った。しかしあとになって、声を出して読んでみると、もとのむずかしさが消えていった……」

そうしたエリオットの声が一時間近くも続いて、戦争のただなかで、そんな話を聴けることが、うれしかった。インドのニューデリーで電波を中継されたこの放送プログラムが、ジョージ・オーウェルによるものだったことを鶴見が知るのは、戦後、ずっとあとになってからのことである。いま、さらにあとになって発見されたオーウェルの手紙を見ると、そのときのエリオットの講義が四三年九月ごろに放送されたものだとわかる（ジョージ・オーウェル『戦争とラジオ』）。

当時の鶴見の手帖から——。

「此の戦争が終る時、其の時僕のアメリカに対する戦争が始まる。彼等の race-snobbishness, self-satisfiedness, materialism & capitalism, spiritual uniformitarianism, disregard of other cultures.（民族的思いあがり、自己満足、物質主義と資本主義、精神の画一主義、他の民族文化への配慮のなさ）」

ジャカルタ・チキニの海軍病院での二度の胸部カリエスの手術（麻酔はわずかしか施されなかった）。そのあと、シンガポールの輸送船団、通信隊での勤務を経て、鶴見が日本に戻されてくるのは、四四年の終わり近くになってのことである。乗船したのは、わずか一〇ノットばかりしか速力のない練習巡洋艦で、護衛船団はすでになく、単艦、門司までの直航だった。

門司に到着すると、一二月のはじめだった。指定された輸送列車を待って、旅館で待機した。わずか一年一〇カ月のあいだに、日本は食料を見かけられない国になっていた。門司駅の脇に、細長いものがぶら下がっていて、ソバじゃないかと思って近づいていくと、靴紐だった。

列車には、軍関係者だけが乗せられ、外部との連絡はいっさい許されない。東京の品川駅に着くまで、三日かかった。駅の外から、家に電話をかけると、通じた。伯父の後藤一蔵が、みずから自動車を運転して、迎えにきてくれた。

鶴見たちを日本に運んだ練習巡洋艦は、その後、まもなくフィリピン方面に折り返して、海上で敵機動部隊にぶつかり、将兵千余名を乗せたまま撃沈された。

四四年一二月一八日。南方の戦地から東京に帰ったばかりの鶴見に、突然、ひとつの計画が見えた。交換船の二カ月半のあいだに同じ人間集団のありようが変わったという記憶、さらに時間の幅をもう少し広く見れば、自分が米国に出て日本を離れているあいだに論壇全体の傾向が変わったという自覚から、転向研究を日本思想史としてたどり、世界思想史のひとつの範型として考える。大衆としての価値観の変動と知識人の思想の変動とをあわせて記述する二巻ものの計画だった。（鶴見俊輔「手帖の中のドイツとジャワ」）

# 5　崩壊の調べのなかで——第二次「日米交換船」の長い旅

## ゴアへ

当初の予定よりおよそ一年遅れて、「第二次日米交換船」がようやく実施されるのは、一九四三年九月になってのことである。

長い曲折があった。交換地の候補には、ソ連領極東・カムチャツカ半島のペトロパヴロフスクなどが浮上したこともあった。しかし、結局、インド中西部のポルトガル領ゴア（マルマゴン港）が交換地に決まった。

ゴアに着くまでには、米国からなら大西洋、インド洋を横切って、およそ一カ月半を要する。このときも、用船はグリップスホルム号だった。

ニューヨークから乗船する日本人の帰還者は、全部で一三三九名。だが、このうち、もとから米国に在住していた者は五四六名にすぎない。カナダ在住者も六一名である。これ以外は中南米からの帰還者で、しかも、四二年以来、米国内で抑留されてきた者がほとんどだった。パナマ組の残留者一九三名、ペルー組から四八一名、ほかにニカラグア、エルサルヴァドル、エクアドル、ホンジュラス、ボリヴィアからが合わせて一九名。また、メキシコからの三四名とキューバからの五名は、出港まぎわにそれぞれの居住国から飛行機で運ばれてきた。北米の者も含めて、ほとんどが移民の範疇に入る人びとだった（島田法子『日系アメリカ人の太平洋戦争』）。ほかに、日本側利益代表の中立国たるスペイン公使と武官、米国国務省の官吏ならびにFBIの局員、米国人の医師、スウェーデンの医師らも乗っていた（青木ヒサ『第二次交換船帝亜丸の報告』）。

米国赤十字は、一五六万五〇〇〇ドルの慰問金、一四〇〇トンの医薬品と救援物資が、グリップスホルム号で極東に輸送されると発表していた。うち、五五％はフィリピン、六％はジャワ、一二％は中国、二七％は日本へ届けられるとのことだった。（村川庸子、粂井輝子『日米戦時交換船・戦後送還船「帰国」者に関する基礎的研究』）

九月二日早朝、グリップスホルム号はニューヨーク港を出港する。九月一七日、ブラジルのリオ・デ・ジャネイロに寄港し、銀行・商社員らとその家族八九人を乗せて、一八日に出港。同二一日にウルグアイのモンテヴィデオに寄港して、チリ、アルゼンチンからの外交官、商社員などとその家族ら、八五名を乗せる（チリからの山形清公使ら外交団の帰国は、この年一月二〇日、チリが対日断交を通告したため）。日本人の被交換者は、これで合計一五一三名である。九月二三日に、モンテヴィデオを出港。一〇月四日、英連邦下の南アフリカ連邦ポート・エリザベスに寄港して水と燃料を補給し、その日のうちに出港。一〇月一六日、インドのポルトガル領ゴア、マルマゴン港に到着している。

一方、日本側からの交換船に使われたのは、サイゴンで徴用したフランス船、一万七千トンあまりの帝亜丸（もとの船名はアラミス）だった。運航は日本郵船に委託されたが、ほかに用船の調達がつかず、乗船予定者は本来のベッド数（四五〇）の三倍以上という詰め込みぶりだった。この横浜―ゴア間は、ニューヨーク―ゴア間に較べると航路がずっと短く、一〇日あまり遅れての出帆だった。

九月一四日、帝亜丸が横浜を出るときには、日本本土在住の米国人ら一一七名、朝鮮・満洲に在住していた米国人ら一八名、合わせて一三五名の「敵性国人」を乗せた。これらの人びとにまじって、大審院でそれぞれ懲役一五年、懲役一二年が確定していたハロルド・レーン、ポーリン・レーン夫妻も、刑執行を停止・釈放されて、乗船した。妻のポーリン・レーンは、刑確定後、札幌・大通拘置所から苗穂の札幌刑務所に移送され、そこからさらに網走刑務所に移されていたものと思われる（内田ヒデ「バビロン女囚の記」）。顔を合わせる機会はなかったが、夫のハロルド・レーンも、そのとき同じ刑務所にいた（アール・マイナー『日本を映す小さな鏡』）。また、前年八月に公訴取消、釈放された元小樽高商教師ダニエル・マッキンノンも、この船上にいる（釈放後、第二次交換船の実施が延引されているあいだは、神奈川県第一抑留所に収容されたのではないかと思われる）。ほかに、外務省代表、スイス公使館員、帰国者の「世話役」として敵国在留同胞対策委員会主事の鈴木亀之甫《かめのすけ》、また、日赤救護班の南方での業務視察にむかう日赤副社長・島津忠承《ただつぐ》、八名の赤十字看護婦、中立国便乗者などの二九人も乗っている。

夜半過ぎ、帝亜丸は横浜を出港し、大阪に寄港して、食糧などを積むのに一日かかった。大阪を出ると、瀬戸内海を西にむかい、上海に寄港したのは、その二日後の夕刻だった。（島津忠承『人道の旗のもとに』）

上海では、米国人ら一〇三五人の被交換者と、香港までの便乗者一三名を乗せた。香港では、米国人ら一四六名の被交換者と、フィリピンに送還する一八二人を乗せる。フィリピンのサンフェルナンドで、被交換者一五一名を乗せる。サイゴンでは、被交換者三三名を乗せている。これで、米国人らの帰還者は、合計一五〇〇名である。ふだんは客室ではないところまでびっしりと二段ベッドで人を詰めこみ、便器も多くが取りはずされて、朝の洗面所には女性たちの長い行列ができていた。さらに昭南に沖がかりで寄港するあいだに、フィリピンから乗船した外交官夫人の出産があり、生まれた女児は「グレッチェン」と名づけられた（桑原かをり「交換船」）。

一〇月一五日、船はポルトガル領ゴア、マルマゴン港に着いた。

こうして、グリップスホルム号と帝亜丸とは、日本人の被交換者と、米国人らの被交換者、おおむね同数同士での交換を行なった（航海途中、日本側への帰還者一行には、六名の出産と、一名の病死、一名の自殺、ほかにスウェーデン船員一名の自殺があった）。ただし、ゴアでグリップスホルム号から下船しながら、帝亜丸に乗船しなかった者が二四名あったという（泉孝英『日本・欧米間、戦時下の旅』）。

## なぜモンテヴィデオは寄港地とされたのか

「第二次日米交換船」の実施にいたる経緯については、外務省外交史料館などで公開されている文書にも欠落があり、判明していないことが多い。たとえば、チリから帰国する日本外交官らをグリップスホルム号に乗船させるための寄港地に、なぜウルグアイのモンテヴィデオが選ばれたのかという点についても、そうである。

このとき、ウルグアイ国内には、交換船に乗るべき日本人らはひとりもいなかった。

チリから引き揚げる日本人の官民一行七九人は、九月一六日、首都サンティアゴを列車で出発し、アンデス山脈を越えて、一九日にアルゼンチンの首都ブエノスアイレスに着いた。アルゼンチンから帰還する日本人六名とここで合流し、二一日夜半、ラプラタ河をフェリーで対岸のウルグアイ側へと渡りはじめた。河口部の首都モンテヴィデオに着いたのが、翌日早朝。そして、昼前、グリップスホルム号へと乗船した。

なぜ、そうだったか。

むしろ、グリップスホルム号の寄港地を、アルゼンチンのブエノスアイレスとしていれば、わざわざこんな行程を経なくても、乗船の手はずはよほど簡単に進んだに違いない。

だが、戦争のもとでも、法には守られるべき形式性がある。それが、二〇世紀まで積みあげられてきた「近代戦争」の理念である。「中立国義務」という形で中立国がそれを負うように、交戦当事国もまた自身の責を負っている。そこから見れば、交換船グリップスホルム号がブエノスアイレスに寄港しなかった（できなかった）理由も、このときアルゼンチンが南北米大陸で唯一「中立」を維持する国であったという事実にかかわってくるはずである（同国の対日国交断絶は、のち、四四年一月）。

交換船が、往航、所定の目的地（交換地）へと運んでいるのは、自国（とその支配圏ないし同盟国）内の「敵性国民」という存在である。それを交換地で、戦争相手国（とその支配圏ないし同盟国）に居留していた自国民と取りかえ、戻ってくる。このとき、船上にある人びと一人ひとりを「敵性国民」たらしめているのは、彼らの国が、その相手国と戦争をしているという事実なのである。これの局外にある中立国が、交換船の運航自体の主体となりうる余地はない。彼らにできることは、「交換地」という戦争の力学上のゼロ地点を提供すること、そして、船をそこへとみちびく上で、みずから「局外者」という仲介の責に徹することだけなのである。

一方、歴史には、そこからこぼれる側面もある。

この四三年六月から八月にかけて、日本の重光葵外務大臣は、昭和天皇に、交換船をめぐる交渉について重ねて報告を行なっている。これに関する最初の記録は、内大臣・木戸幸一による六月八日付の『木戸幸一日記』にある。

《侍従長来室、重光外相昨日参内、亜国革命の事情、交換船の交渉等を奏上の趣き話ありたり》

重光外相の「参内」の翌日、つまり、この六月八日は、閣議の日にあたっていた。重光自身は、その場で案件の一つとして「中立国――アルゼンチン革命の真相」について発言した（『重光葵手記』）。具体的な内容は不明だが、前日七日の「参内」の理由も、これに関連していたはずである。

ここに言われる「亜国革命」（アルゼンチン革命）とは、直前の六月四日、アルゼンチンで起こった軍事クーデターをさしている。これを主導した軍隊内の秘密結社「統一将校団」の有力メンバー、ペロン大佐は、以後、労働者寄りの政策を次々に打ちだして大衆の人気を集め、のちに大統領まで上りつめる。

重光外相から天皇へ、これ以後、直接の「奏上」の機会はたびたびあった。

七月二日、「交渉事項」の一つとして、重光は天皇に、第二次日英交換船の実施については英国側からいまだ回答がなく、進捗していないむねを報告する。

「御下問〔天皇〕――アンダマン作戦ある為めにあらずや。〔注・アンダマン諸島は、ビルマの南海上、ベンガル湾東縁にある列島〕

奉答〔重光〕――敵は必ずビルマ方面に進攻すべし、然し交換船の問題は別に適当の方法を考うべく、事務的遅延と思わる」（『重光葵手記』）

七月二六日、イタリアにおけるムッソリーニ首相失脚、バドリオ政権成立などの経緯と現状について、駐スペイン須磨公使からの電報を天皇に報告。今後のドイツの態度についても、将来いかなる変化があるか知れず、と。

「上〔天皇〕、アルゼンチンの態度も影響を受けずや。

外〔重光〕、今日は已にアルゼンチンの中立の如きは問題にあらず。

（中略）

内奏後、内府〔木戸内大臣〕と将来最悪の場合に関しても意見の交換を行う」（同）

最悪とは、もちろん、敗戦のことである。

かつての二・二六事件というクーデター未遂事件が、この国家にもたらした動揺の記憶も、天皇からの質問のなかには働いていた。

八月二日、イタリア政変に関することに先だち、第二次日米交換船実施交渉の進捗状況について、天皇に報告。

「交換船問題に付、米国に対し26／8頃帝亜丸を出帆、ゴアに派し度旨提案せること、

（中略）

陛下は居眠りされ乍ら御聴き取りの部分に付て〔イタリア政変に関し〕御質問あり」（同）

## 赤道を四度越える

ニューヨークからの第二次日米交換船乗船者のなかには、舞踊家の伊藤道郎、日綿ニューヨーク支店長の野田岩次郎、ボストンの富裕な歯科矯正医で日本人留学生らの援助者だった藤代真次らがいた。伊藤は、開戦以来、モンタナ州ミズーラ収容所、オクラホマ州フォート・シル収容所、ルイジアナ州リヴィングストン収容所、さらにニューメキシコ州サンタフェ収容所と転送されて、このときまでを過ごした。また、野田は、みずから日本人抑留者のリーダー役をつとめたメリーランド州フォート・ミード収容所で、第一次交換船での帰国者たちを見送ったあと、自身はミズーラ収容所へと送られ、抑留が続いていた。伊藤の場合は、男児二人を米国に預けて、妻・艶子との帰国となった（伊藤道郎『アメリカと日本』）。野田は、米国人の妻や娘を現地に残して、単身の帰国だった（野田岩次郎『財閥解体私記』）。

藤代真次の場合は、当初、日本への帰国を拒んでいた。外務省作成の帰国「拒否者」のリストのなかに、大山郁夫、南博、湯浅八郎らと並んで、彼の名前が見える。だが、第二次日米交換船の実施が迫る四三年八月一五日、赤十字国際委員会を通して、東京の外務省の若杉要（元駐米公使）宛に電報を発した。「抑留されしにつき、第二次交換船での帰国を望む」（英文）——と、そこには書いてある。

開戦後も、藤代の身柄は長く自由なままだった。しかし、この四三年春になり、彼もまた検挙・拘束されていたのである。

出航後、日本側が船内で各人に書かせた「帰国者申告書」（本人自筆）によると、藤代真次は、この年三月一九日以来、東ボストン移民局（四月一一日まで）、エリス島連邦移民収容所（四月一一日から同一七日）、ミズーラ収容所（四月二〇日から八月二九日まで）に入れられていたと記している。妻と子ども二人は、すでに第一次交換船で帰国していた。この年、五〇歳になる藤代に、単身での抑留生活は心身に厳しかったに違いない。ただし、帰国のさいの持ち出し金は、一〇〇〇円（または三〇〇ドル）までに制限されていたのにもかかわらず、彼の場合、「外貨一万ドル、邦貨二万円」と桁違いの金額を記入しており、日米の当局間で特殊な取り計らいがなされたことが窺える。

南米ウルグアイのモンテヴィデオからは、朝日新聞前ニューヨーク支局長・細川隆元も、娘同伴で乗ってきた。日米開戦直前にニューヨークからブエノスアイレスに派遣され、そのまま現地にとどまり、この船に乗っている。なお、細川の同船への便乗については、朝日新聞主筆の緒方竹虎と重光外務大臣のあいだで交信があった。緒方は、九月二日付の朝日新聞朝刊が、「ブエノスアイレス特電」で、同船でのチリ、アルゼンチンからの引き揚げを報じたことについて、かねて外務省当局者から「当分不掲載方の御希望ありたる事項」を「連絡上の行違い」から掲載してしまったと詫びている。細川が送稿した記事だった。緒方は、これに続けて、細川と娘への乗船許可をあらためて願い、「旅行の途中、特に寄港地等に於て新聞通信を行わざるのみならず、帰朝忽々《そうそう》の執筆講演等を差控える様」本人にも厳重に示達すると述べる（四三年九月一〇日付、緒方から重光へ）。これに対し、重光はこの申し出を「了承」し、帰還途中での記事発信、帰国早々の執筆講演を差控えるという「条件」に、重ねて念を押している（同一一日付、重光から緒方へ）。

『第二次交換船帝亜丸の報告』の著者・青木ヒサは、この年四三歳、おそらく四人の子の母である。一九二四年に日本を離れ、夫、下の娘二人とともに米国で暮らし、上の男の子たちを日本に置いている。日本大学高等師範部卒業後、「婦女新聞」で記者として働いた経歴がある。渡米後は、ロサンゼルスで日本語学校教師、洋裁学校講師などをつとめつつ、地元の日本語新聞「加州毎日新聞」に客員で寄稿を続けた（「山元麻子」の筆名で、東京の明治書院から随筆集『心のかげ』として、それを刊行している）。

前年三月の大統領令で、西海岸の日系人の強制移住を担当する新たな文民機関、戦時転住局が創設された。米国内一〇カ所の転住所（強制移住キャンプ）を所轄することになる機関である。以来、青木ヒサと娘二人は、サンタアニタ仮収容所（アッセンブリ・センター）を経て、アリゾナ州ヒラ・リヴァー転住所で、四二年九月からの一一カ月間を暮らした。四三年八月二八日、彼女らを含む七九人は、交換帰国者に指名され、ヒラ・リヴァー転住所からニューヨークに向けて出発する。三〇日、途中のニューメキシコ州内の駅で、司法省移民局管轄のサンタフェ収容所の入所者たちを乗せた客車が、彼女らの列車に連結された。彼女は、そこに夫の姿を見つけた。前年二月に引き離されて以来、夫は、ニューメキシコ州内の司法省移民局が管轄するローズバーグ収容所、さらにサンタフェ収容所へと移されていたのだった。

グリップスホルム号に乗り込んだのは、九月一日である。さいわい、一家でひとつの船室におさまれた。夜が更けてから、船は桟橋を離れ、沖がかりに移ったが、岸壁にはおよそ一〇〇名の抑留者たちが残された（越智道順編『南加州日本人史』後篇）。第一次交換船実施のおり、米国務省は、出航まぎわの乗船指定者の入れ替えなどによる不手際から、定員いっぱいの帰還者の確保に失敗し、日本側に不満を残した。だから、今回は、帰国者リストにない抑留者までを「補充要員」たる「予備乗客」として、あらかじめニューヨーク港に移送していたのである（村川庸子・粂井輝子『日米戦時交換船・戦後送還船「帰国」者に関する基礎的研究』）。彼ら「補充人員」のほとんどは、結局、サンタフェ収容所、テキサス州のクリスタル・シティ収容所、ワシントン州のツールレーク転住所などへと連れもどされる。

翌二日朝、船は、ニューヨーク港を出た。途中で四度も赤道を越える、二カ月半におよぶ長旅の始まりだった。

第二次日米交換船での帰還者の日記としては、ほかにも、下妻孝悌（一八八五年生まれ）のものが知られている。三七歳で単身渡米後、ロサンゼルスの日本語新聞「羅府新報」で一七年間記者として働き、開戦後は日系人としてカリフォルニア州マンザナ転住所に入れられていた人物である。下妻は、妻と二児を日本に残して米国に渡ったが、帰国するのはこれが初めてのことだった（篠田左多江「下妻孝悌：第2次日米交換船帝亜丸船中日記について」）。

この船内でも、子どもたちの「学校」が開かれた。日本語を知らないおとなのためにも、英語圏の北米組と、スペイン語圏の中南米組とにクラスを分けて、日本語教室が始まった（下妻孝悌「交換船船中日記」）。子どもたちの日本語は、総じて北米の子どもたちより、中南米育ちの子どものほうが上手だった。

一七日、リオ・デ・ジャネイロに寄港した。船は湾内に碇泊したまま、桟橋には横づけされず、荷役も、帰還者たちの乗り込みも、艀をつかってなされた。乗船してきた人たちから、青木ヒサは、最近のニュースを仕入れている。イタリアが無条件降伏した（九月八日）。しかし、逮捕されていたムッソリーニは独軍によって救出されて（同一二日）、独軍の占領下で新たにファシスト共和政府をつくった（同一五日）というのだった。

船のデッキ上では、麻縄で範囲を区切り、三人の精神病者の遊歩場としてあって、男女三人のスウェーデン人の看護師たちが彼らの面倒をみていた。患者のひとりは、留学生だったという三〇歳くらいの朝鮮人の女性で、けらけらと笑い、じっとしていない。飛び上がっては、看護の女性に後ろから抑えられたりする。もうひとりは、一八、九ほどのハワイから帰国する美しい娘で、籐椅子にかけたまま床の一点をずっと見つめて、身じろぎしない。あとひとりは、ペルーからの四〇くらいの男性で、皆と少し離れたところにいて、青い格子縞のシャツを着ている。

二一日、モンテヴィデオの港は、冬で海風が冷たい。湾内は浅く、船が通ると、泥水となって一条の縞を残す。船は、右手に市街地、左手に砲台の築かれた丘を見ながら、湾内に錨を下ろした。一夜明けた昼前、御真影を奉戴する山形チリ公使を先頭に、チリとアルゼンチンからの帰還者たちが船に乗ってくる。キャンプからほとんど無一物のまま船に乗ったニューヨーク乗船組の帰還者たちと違って、彼らはそれぞれ立派なトランクの荷物をもっていた。この船で帰還する日本の官吏は、チリからの外交官一行、家族らを合わせても一九人だけである。これもまた、第一次交換船との大きな違いだった。

一〇月一日、船内では、ヴァンクーヴァーのビネー日本語学校校長・有賀千代吉が「密航カナダ人」の講演をした。青木ヒサが書きとめたところでは、大略は次のようなものだった。

――一八三三年ごろ、英国系の男とアメリカ・インディアンのあいだに生まれたロバート・マクラレンという青年が、捕鯨船に乗って北海道に密航し、捕らわれて長崎の牢獄に護送された。ロバートは、ここで獄吏たちと日本語・英語の交換教授をして、双方がいちじるしく上達した。のちに、英語の教授を受けた役人の一人が、ペリー提督来航のときに通訳の任にあたり、完全なものだった。一方、ロバートは北米に帰され、姪のインディアンの家に同居して六十余歳の生涯を終えたが、臨終にあたって、日本語で「さようなら、さようなら」の二語を残した。その「さようなら」の意味が遺族たちに解せられたのは、ずっとあとになってからのことだった。――

ここで語られた人物の名前は、正しくはラナルド・マクドナルド。父はスコットランド人、母はカナダ原住のチヌーク族長の娘。一八二四年に米国オレゴン州アストリアで生まれた。一八四八年に北海道の沖で捕鯨船から降ろしてもらい、遭難を装って小舟で利尻島の岸にこぎ寄せ、アイヌの人びとに助けられた。長崎に送られ、牢獄で日本語を学び、オランダ通詞の森山栄之助(多吉郎)らに英語を教えて、やがて米国の軍艦で帰された。七〇歳で、米国ワシントン州のカナダ国境に接するトロダの町で没するときに、看病した姪に「サヨナラ、サヨナラ」と言ったと伝えられている。

どこかしら自分たちの境涯と重なるような、この日本語学校校長の話を通して、交換船のなかで、およそ一世紀前の一人の青年の物語が彼女に残った。

寒さの頂点を過ぎて、一〇月四日、南アフリカのポート・エリザベスの港に入るころにはいくぶん暖かくなっていた。明け方、船は桟橋に着いていて、荷役などに働く黒人の労働者の姿が見えた。制服の巡査や憲兵は、みな英国人らしかった。下甲板から、海に釣糸を垂らす人たちがおり、おもしろいほどよく釣れた。

翌日から、毎日の宮城遥拝が始まった。終われば「海行かば」を斉唱する。また赤道のほうへと船は向かい、だんだん暑くなる。

所持している米貨の金額を用紙に書き込み、スペイン政府代表に提出する。米貨はひとまずスペイン代表が受け取って保管し、日本人は領収書を受け取り、下船する。そして、日本船（帝亜丸）に乗り換えてから、領収書を提出し、これに相当する日本円を受け取る仕組みになっている。日本側から帰還してくる米国人らの場合は、反対にグリップスホルム号に乗り換えてから、米貨を受け取ることになる。

一〇月一三日、自殺者があった。

青い格子縞を着て、病者用のデッキでうつむいていた、ペルーから来た中年の男だった。デッキを走って横切り、椅子を足場にして、海のなかに飛び込んだらしかった。海面には、フカがうようよ泳ぐのが見えていた。夕方には、さらにもうひとり、スウェーデン人の若い船員が縊死した。失恋のためらしいという噂が流れた。日暮れどき、インド洋のスコールがやって来た。

一六日、昼過ぎ、ゴアの沖合いにさしかかってから、船が停まった。エンジンに故障が生じたということだった。それでも、しばらくすると船はだんだん動きだし、マルマゴン港の桟橋に、すでに帝亜丸が到着しているのが見えだした。その船尾側、一〇〇メートルほど離れたところに、グリップスホルム号は接岸した。

ゴアでは上陸も許され（一七日）、ニューヨークからの乗船者には四七日ぶりの陸地となった。

日赤から帝亜丸に派遣された救護看護婦八人は、交換に先だって、グリップスホルム号に同胞患者を慰問したいと願い出て、許された。青木ヒサは、彼女たちの姿を船内で見かけ、白衣を着けた「淑やかで優しそうな人達」の姿が印象に残った（『第二次交換船帝亜丸の報告』）。その一人、婦長の桑原かをりが、精神科の患者の特別室に一人きりで入ると、やはり「十七、八才の娘さん」の姿が目にとまった。その少女は「秘密警察〔FBI〕の頭文字をじゅ文のようにとなえては」、ときどきおびえて、泣いた。その隣室にいた、少しおしゃべりな七十代の男性患者とともに、「どちらも戦争で起った分裂病です」と桑原は述べている（桑原かをり「交換船」）。

日米双方の帰還者、およそ一五〇〇名ずつの交換が行なわれたのは、一〇月一九日朝のことである。帝亜丸で入るべき船室の番号を受け取って、手荷物を提げ、一列になってグリップスホルム号から下船する。米国側の人びとも、手荷物を提げて帝亜丸から下りてきて、互いに別べつの通路をたどってすれ違い、長い行列をなしたまま、それぞれ反対の船のほうへと歩いていった。双方、外交官はほとんどおらず、米国側の一行も宣教師や貿易商らが中心なので、緊張した気配がみなぎることもなく、両者の交換はなごやかな空気のうちに行なわれた。

八人の看護婦も、ここゴアで折り返し、ふたたび帝亜丸で日本に向かう。

二一日、出港の朝、帝亜丸が先に動きだすと、むこうのグリップスホルム号の甲板上から、「神とともにいまして」の讃美歌の声がいっせいに起こった。幾百人かの尼僧たちが、教団の制服ごとに整然と並んでいるのが、ひときわ目についた。太陽が正面から照りつけ、その光景に、桑原は胸を打たれた。（「交換船」）

日本に長年暮らしたらしい米国人の老婆が、桟橋に立ち、何度となく、こちらにおじぎするのが見えていた。ハンカチや帽子を振る人もいた。(『第二次交換船帝亜丸の報告』)

だが、出航すると、はっきり声に出して言うことははばかられたが、船内一行の雰囲気が変わった。食事などの待遇が、グリップスホルム号に較べると極度に低下し、ごはんのなかには、ウジやコクゾウムシがまじっていた。

この日のうちに、乗船者一同には「陸海軍に対する報告書用紙」が配られた。昭南において就職、就労したい者は申し出よ、との掲示が出た。

青木ヒサは、借り受けた「婦人公論」を読んでいて、「必勝食坐談会」の記事中に「茶殻を油でいためたり、味噌汁の実にしたりして食え」とあったことに驚いた。また、べつの記事では「卵の殻を粉にして食えというのにもびっくりした」。

日赤派遣の看護婦のなかには、もう一人の婦長として、手記『病院船』(一九三九年)がベストセラーとなり、映画、芝居にもなった大嶽康子がいた。

青木ヒサが夕食後に舳先の甲板に出てみると、左舷に二人の看護婦が立って海原を眺めていた。「このお方ですのよ。大嶽康子さん」前に言葉を交したことがあるほうの看護婦が、急に言った。「今度中等学校の国定教科書にあの中から入れられましたのよ」

自分のことのように、うれしそうだった。

大嶽康子は、にこにこと笑い、まだ少女の面ざしが残るような女性だった。

船は、ゴアを出て以来、インド洋を南東にむかい、三たび赤道をわたってから、二日前にはすでにスンダ海峡を通過していた。いまは、向きを北に転じて、左舷の彼方にスマトラ島の属島らしい影が見えた。そろそろ、四度目の赤道越えにさしかかっているはずだった。

三一日、昭南島の港外で船が錨を下ろすと、現地軍の代表者、行事委員、新聞記者らがモーターボートで乗りつけ、上陸にさいしての注意事項などが配られた。それから連日、陸軍兵事部の係員らが、通訳や現地要員として下船するよう乗船者らに説得を続けた。それは「半ば嘆願、半ば強制的」なものだったが、待遇の条件はわりによく、日本内地に帰っても生活に見通しが立たない帰国者たちには、これに応ずることにした者も多かった。若い人びとにとっては、徴兵が内地でも待ち受けているという事情もあった（『南加州日本人史』後篇）。一一月二日朝、出航前に、一〇七名が下船した。

青木ヒサの夫も、心が動いた。

フィリピンのマニラに向かう船中で、彼は言う。

「お父さんは、インタニーキャンプ〔収容所〕に二年近くも入れられて、とても淋びしかったから一人で下りるのは厭だ。誰かついて下りないか」

次女は、

「私が下りてもいい」

と答えた。

長女は、

「私は日本に行きたい」

と答えた。

青木ヒサ自身は、

「日本に帰って、是非学びたいこともあり、また日本の人達に知って頂きたいこともあるのだから、その願いが遂げられた後なら、再び来てもいいけれど。——それに男の子達にも逢いたいし」

と答えている。すると夫は、

「そうだな。僕も八年も逢わないのだから。それでは南方進出の実現は、一旦帰ってからのことにしようか」

ということになった。

この『第二次交換船帝亜丸の報告』という本が、戦時下の四四年二月に刊行されていることに注意を要する。時節柄、そこには交戦国民としての合言葉のようなもの、また、官憲への遠慮や配慮らしき表現も多く見られるが、なおそれを越え、ほかのかなりの数にのぼる当時の当事者たちの証言と同じく、これだけの真情に触れるものを伝えてくるのである。

昭南島では英語を話せる者を中心に求められたが、一一月六日、マニラに入港すると、ここでは、より多くスペイン語を話せる者たちが求められた。したがって、スペイン語圏の中南米からの帰還者たちに、下船の求めに応じる者がおのずとさらに多かった。八日朝、出航の前に、一一一名が下船した。

入れ替わって、マニラからは相当数の憲兵らも乗船した。帰還者たちから諸外国の情報を聴取すると同時に、各人の思想調査をも兼ねていた。

翌日の昼ごろ、台湾沖で、日本の輸送船に魚雷が命中し、きりきり舞いしながら沈んでいく様子が、左舷前方三千メートルほどのところに見えた。護衛の駆逐艦が一隻、乗員の救助のためか、その周囲を円を描くようにまわっていた。(中山定義『一海軍士官の回想』など)

一一月一三日、横浜入港を翌日に控えて、船は伊豆の下田港沖に碇泊した。検査官や軍人のほか、横浜正金銀行も出張してきて、スペイン公使に預けておいたドルの金額が日本円になおして各人に渡された。

一一月一四日朝九時、船は横浜港に入った。全員が下船する。臨港駅から東京駅への臨時列車が出て、ただちに二重橋での宮城拝礼にむかう手はずができていた。さらには、帰還者中の男七一名、女一三名の計八四名が、そのまま「海外同胞中央錬成所」に入所、「敵国在留同胞第二回交換船帰国者講習」(主催・財団法人海外同胞中央会、敵国在留同胞対策委員会)を全一六日間の日程(解散式が一一月二九日)で受講させられている。「二週間で英米思想を払拭」するというプログラムである。マニラから乗船していた憲兵による尋問などを通して、「錬成」を必要としそうな者が指名されたものと思われる。

講習初日の一五日、敵国在留同胞対策委員会事務総長・丸山鶴吉が挨拶を述べた。警察・特高畑を歩み、このとき大政翼賛会事務総長だった人物である。朝は六時に起床、朝礼、体操のあと朝食。見学、講話、あるいは武道初歩、華道・茶道、朗詠・詩吟といった〝日本文化〟のプログラムがあり、夜一〇時就寝。講習一一日目(二五日)、鶴見祐輔(鶴見和子・俊輔の父)が二時間の講話をした。

なお、朝日新聞主筆の緒方竹虎が「帰朝怱々の執筆講演等」は差控えさせると重光外相に一札入れた、前ニューヨーク支局長・細川隆元は、交換船帰着の翌日(一一月一五日)には早くも顔写真入りで紙面に登場し、同日夕刊から「アメリカの暴虐を衝く」という連載記事を五日間にわたって書いている。交換船内の様子を話題とすることは避けられ、もとより内容も国策に齟齬しないものなので、とくに咎めはなかったようだ。（記事の内容は、見出しが連想させるほど煽情的なものでもなく、交換船内で知りあった人びとに取材した、それぞれの収容所などの〝現地リポート〟風のものである）

## グリップスホルム号、冬のニューヨークに

一方、ゴアのマルマゴン港で乗船者の交換を終えたグリップスホルム号は、レーン夫妻をはじめ、およそ一五〇〇名の米国人らの帰還者を乗せてインド洋を南西にふたたび横切り、アフリカの喜望峰回りで、米大陸にむかう復航の航路をたどった。帝亜丸が横浜に到着するころには、すでに大西洋のなかばを過ぎかけていた。

これより少し前、一一月八日のことである。

日本海軍の潜水艦「伊八」は、喜望峰を西にまわりこんだケープタウンの南西海域にいた。その日、「伊八」の乗員たちは、前方の海上に、大型客船が航行するのを見つけた。獲物に恵まれない彼らは色めき立った。艦長の内野信二大佐も、この敵国船と思われる客船を攻撃することに決め、戦闘態勢に入るように命令を下した。すでに日没が近い。いったん客船から遠ざかり、闇が迫るのを待って追撃することにした。だが、そのとき船橋の見張り員が意外なことを報告した。

「敵は舷側に電灯をつけています」というのだった。「——電灯で舷側に十字を書いています」。

あわてて大型望遠鏡を覗くと、艦長の目にも、たしかに舷側に十字の灯火が見えた。

「あれは中立国の船舶だから、攻撃することはできない」

はやる乗員たちを抑えて、内野艦長は攻撃を中止した。「ケープタウン方面で、スウェーデン国籍の日英居留民交換船が行動中なので注意せよ」——その電報が、在独武官から入ったのは、二日後の一一月一〇日になってのことだった（佐藤和正『艦長たちの太平洋戦争（続篇）』）。日時から見て、その大型客船が実は「日英」でなく、この「第二次日米」交換船グリップスホルム号だったことは間違いない。

グリップスホルム号がニューヨーク港に帰着したときには、もう、冬の初めと言えそうな季節だった。

岸壁では、一行中のレーン夫妻を出迎えに、四女のヴァージニアが待っていた。彼女自身も、かつて日本の小学校を出て女学校に進み、日米開戦直前（四一年）の三年生のとき、すぐ上の姉と二人で米国に帰るまで、家族といっしょに日本で育った。その家で、母と、あるいは姉妹同士で話すときにも、日本語だった。だから、彼女の英語にはいまだに日本訛りが残っていて、排日感情が強まる米国社会の学校で、屈辱的な目に遭うことも免れていなかった。

いよいよグリップスホルム号が着岸し、人びとが桟橋に降りてきた。自分の両親の姿をヴァージニアが認めるまでには、少しの時間があったようである。——痩せこけた母親。二年のあいだに髪が真っ白になった父親。その二人が、迷子になった子どものように手をつなぎ、目の前に立っているのに気づいて、彼女は気絶した。

これは、ヴァージニアののちの夫、アール・マイナー（米国の日本文学研究者）が、自著『日本を映す小さな鏡』に書きとめていることである。レーン夫妻と、その日本の友人たちへの献辞が、本の冒頭に掲げてある。

日本の収容所のなかから

二次にわたった「日米交換船」と、結局一次に終わる「日英交換船」とは、日本において、すべての欧米系「敵性外国人」を乗船の候補としたわけではない。戦争という事態にはつねに例外がつきもので、この場合についてもそうである。

戦前、レーン夫妻の北大での同僚にして親しい友人だったフォスコ・マライーニ（一九一二年生まれ）の一家も、そうした例外のひとつとなった。

写真家、また登山家としても知られるマライーニは、アイヌ研究をこころざす人類学者として、三八年、妻と二歳の娘ダーチャを伴い、札幌にやって来た。やがて北大助手となり、四一年四月まで札幌に住んだ。そのあと京大文学部のイタリア語学科講師に迎えられて、京都で暮らした。

枢軸国のイタリア国籍だったので、日米開戦時には捕らえられずに、そのまま教職にあった。だが、四三年七月のファシスト政権崩壊とバドリオ政府の成立、それに続く九月のイタリア無条件降伏、一〇月のバドリオ政権の対独参戦は、日本におけるマライーニの地位を変えた。東京では、イタリア大使館員をはじめとする市内在住のイタリア人がカトリック教会に集められ、バドリオ政権を支持するか、独軍に救助されたムッソリーニのファシスト共和国（サロ共和国）を支持するかを各自が選ぶ（それによって日本官憲の対応も変わる）宣誓式が行なわれた。しかし、マライーニの場合は、そうした宣誓をまつこともなくバドリオ側につく者とみなされ（実際そうだった）、京都府警の特高課に連行されたのだった。

このようにして「敵性国民」となったイタリア人は、米英と日本との交換船協定による交換の対象としては想定されていない。そして、そもそもマライーニの検挙後は、もはや新たな交換船が出ることさえなかったのである。マライーニとその家族（娘は三人に増えていた）は、この四三年一〇月から、名古屋市天白の丘の上に孤立した収容所（松坂屋百貨店のもと保養所）で、ほか一〇名ほどのイタリア人とともに抑留された。この間に、米軍による名古屋への大空襲があった。そのあと、同じ愛知県下、石野村（いまは豊田市）の寺院に軟禁状態のまま疎開させられ、こうした抑留状態が日本敗戦まで続いた。

のちにマライーニは、こうした戦中戦後の日本での日々の回想を、明朗な筆致で *Ore Giapponesi* という大冊の随筆集にまとめた。さらには、その英訳が *Meeting with Japan* という書名でロンドンの出版社から刊行されて、これが英米を中心に数十万の読者を得た。この本で、抑留中のことを語っているのは全一三章中の一章（"Red Skies Over Nagoya"）に過ぎないが、過酷なひもじさの回想にも、いささかのユーモアを保ち、自分自身を含むイタリア人抑留者、また、その周囲の日本人たちの群像を描いている。

この本は日本では翻訳刊行されず、したがって、日本国内におけるイタリア人捕虜の存在も、今日までほとんど知られてはいない。だが、数十万の日本に関心を寄せる欧米人の読者を通して、日本の外で、彼らの存在はそれよりもいくらか広く知られた。（この本の内容や、レーン夫妻との交際にも触れる、マライーニの伝記的な紹介に石戸谷滋『フォスコの愛した日本』がある）

滝口近く

第一次日米交換船で帰国した都留重人が、三ヵ月間の軍隊生活(二等兵)のあと、除隊して、外務省で勤めはじめたのは四四年末のことである。

年が明け、四五年三月、彼はクーリエ(伝書使)としてソ連出張を命じられた。在外公館などへの安全で確実な通信手段が断たれると、重要な連絡には、こうやって伝書使が送りだされる。モスクワの大使館、そして、ソ連極東ウラジオストークの総領事館まで「クーリエ用」の黒カバンを届け、先方で中身が入れ替えられたカバンを、ふたたび持ち帰ってくるのである。ただそれだけの任務なのだが、その往復には二ヵ月かかる。判任官の小川亮作(オマル・ハイヤーム『ルバイヤート』訳者)が道連れだった。

旅の途中、四月一二日、米国のルーズヴェルト大統領が死去して、ソ連の市民たちが、その死を深く悼んでいる様子が印象に残った(「ソ連の印象」)。五月に入ると、ドイツ軍が連合国への無条件降伏に署名した。

その五月末、あるいは、六月初めごろ。

都留がソ連から戻ったと聞き、鶴見俊輔は、そのころ勤務していた海軍軍令部から許しをもらって、都留の勤める外務省分室まで出かけていった。

もうすぐ戦争は終わる。都留はそう言った。さらに言う。——日本の支配層は、天皇制を残すことで連合国との妥協にむかう。天皇制をどうするかは、生き残った日本人にかかっている。

都留と別れ、鶴見は近くの戸山ヶ原まで一人で歩いた。広い練兵場だが、兵隊はみな戦場に出て、誰もいない。そこにただ一人坐って、軍令部を出るときにもらった三個の大きなおにぎりを食べた。

戦争が終わるにしても、生き残れるかどうか、わからない。生きているうちに一冊、本を書きたいと思った。軍令部に戻って、その日のうちに書きはじめた。『哲学の反省』という題で、それは戦後、鶴見の最初の著書となるものである。

## 6　戦争の終結――さらに、人びとは移動して

一九四五年八月一五日、戦争が終わった。

交換船で日本に帰国することを拒んだ人びとも、このあと日本に戻ってくる。しかし、それよりいっそう早く日本に戻ってきたのは、四二年の第一次日米交換船でカナダ外交官として、ニューヨーク経由でオタワに送還されたハーバート・ノーマンである。

戦争が終わってひと月も経たないうちに、カナダ外務省はノーマンをフィリピンのマニラに派遣する。日本軍によって捕らえられていたカナダの民間人抑留者の帰国を促進することが任務だった。だが、ほどなく彼は、SCAP（連合国軍最高司令官）への出向をカナダ外務省から求められ、九月一五日ごろには日本に着くのである。「軍国主義の根絶」に取り組むことがそこでの職責で、まもなく（一〇月四日）GHQが発する人権指令「政治的・民事的・宗教的自由に対する制限撤廃の覚書」の起草に加わったとされている。その翌日、一〇月五日には、米国務省のジョン・エマソンとともに府中刑務所を訪れ、一八、九年を獄中ですごした共産党指導者・志賀義雄、徳田球一らに面会し、「マッカーサー元帥の命令によって、あなたたちは一週間以内に釈放され

る」と告げている。そして、両人の釈放後には、ただちに彼らの調査尋問を行なった。（中野利子『外交官E・H・ノーマン』）

このジョン・エマソンは、かつての戦時下、米国に滞在する大山郁夫に、延安の野坂参三らと連携して「日本人革命政府」首班となることを求めた人物である。大山はそれを断わった。

しかし、米国の勝利（日本の敗戦）は、勝者としての米国の変質をも伴った。GHQ対敵諜報部（CIS）の上司であるソープ准将が、共産党幹部との面会をノーマンとエマソンに指示したのは、この二人が日本語をよくするという理由からだった。しかし、戦後数年のうちに米国で起こる〝赤狩り〟の風潮のなかで、その事実は大きく歪曲されて、これがノーマンを苦しめ、追いつめる。

湯浅八郎は、四六年一〇月、米国の軍用船でカナダのヴァンクーヴァーを出港し、横浜に上陸、帰国した。そのさい、武田清子に、出発直前にシアトルで買い求めたラインホールド・ニーバーの新著『光の子と闇の子』を土産として渡している。武田は同じ交換船で帰国した鶴見俊輔、鶴見和子、都留重人とともに、この年、雑誌「思想の科学」の創立同人となっていた（ほかの創立同人に丸山真男、武谷三男、渡辺慧）。いち早く、武田はこのニーバーの著作を書評し（「思想の科学」四六年一二月号）、次いでこの本を日本語に訳して刊行した。湯浅八郎は、翌四七年、総長として同志社に戻り、ユネスコの活動を始めた。

南博は、四七年三月、サンフランシスコから米国の軍用船で帰国した。その前月、石垣栄太郎・綾子夫妻に帰国のあいさつに行くと、頼みごとをされた。彼らの友人アグネス・スメドレーから、故・尾崎秀実（ゾルゲ事件で死刑）の夫人・英子へのプレゼントを運んでもらいたいということだった。スメドレーは、「ミセス・オザキによろしくね。日本の冬は寒いでしょうから、気をつけるように伝えてちょうだい」と言って、その包みを渡した。

船底の狭い大部屋に押し込められ、南と、もう一人の若い牧師以外は、強制送還される中国人労働者らしかった。二段のハンモックが並び、船酔いがひどくなると、部屋の中央に置かれたドラム缶に吐く。日本に戻ると、もう春の気配が濃かったが、すぐに尾崎夫人を訪ねた。涙ぐんで礼を言われ、彼女が包みを開くと、あたたかそうなオーヴァーコートが現われた。

南もまもなく「思想の科学」に参加した。最初の寄稿は、同年一一月号の「記号・象徴・言語——動物心理学的考察」というものである。

大山郁夫は、四七年一〇月、サンフランシスコからの客船で柳子夫人とともに横浜に戻った。早稲田の学生を中心とする帰国・帰校の運動を受けてのものだった。数千の学生に迎えられ、翌月、早稲田大学教授に復職した。

石垣栄太郎・綾子夫妻が日本に戻るのは、マッカーシズムの赤狩りが席捲する五一年五月になってのことだった。栄太郎がニューヨークの移民局に拘束され、国外退去が釈放の条件とされた。同月三〇日に客船でサンフランシスコを出港、横浜に帰着したのは六月一五日だった。

一方、戦時下に交換船で日本に帰国した者には、戦後、ふたたび米国などに戻った者も多い。

角谷静夫は、四八年九月、プリンストン高等学術研究所に招かれ、旅客機で米国にむかった。当初は大阪大学から出張のかたちだったが、翌年にはイェール大学から数学科の準教授として招聘され、五二年に教授。のちに「頭脳流出第一号」と言われた。日系二世の夫人とのあいだに生まれた娘ミチコ・カクタニ（五五年生まれ）は、「ニューヨーク・タイムズ」の俊敏な文芸記者として、若くから知られるようになった。角谷静夫自身は、以後、そのままコネティカット州ニューヘヴンに暮らして、二〇〇四年に同地で没するまで、日本の学界に戻ることはついになかった。

竹久千恵子は、米軍の情報将校として来日した夫、クラーク河上との再会後、二児をなした（のちに、もう一人）。五〇年、夫の転勤にともない、ワシントンに戻った。舅の河上清はすでに没していた。その後は、おのずと女優業からは遠のいた。

天野芳太郎は、五一年二月、ペルーをめざして、カナダ行きのスウェーデンの貨物船に横浜から乗った。しかし、犬吠埼沖で荒天のため船が大破し、遭難、かろうじて救助される。三月、ふたたび貨物船で清水港を出港、ヴァンクーヴァーで正規の旅券がないまま入国に成功する。飛行機でカリブ海のナッソー（バハマ）、キングストン（ジャマイカ）を経て、パナマに入り、ここからペルーに向かった。

大河内光孝・玉代夫妻は、確かな消息がわからない。中川六平氏は八八年春に取材調査を行ない、帰国後の戦時下、大河内がアパート管理人（品川区出石町＝現・西大井三丁目）をつとめていたころを知る人と電話で話すことができたという。その女性によれば、大河内夫妻は六〇年ごろハワイに渡り（ひとり息子は日本に残った）、まもなく没したはずだとのことだった。

さかさまのケースもある。

「レーン夫妻事件」のハロルド・レーンは、終戦から五年後、ふたたび北大から招聘されて、一九五一年、夫妻で札幌に戻った。戦前と同じ北十一条西五丁目の官舎に住まい、その春から夫のハロルドは北大の英語担当の「外国人講師」、のちに妻のポーリンも北海道教育大学で同じく英語を教えた。夫は第一次大戦で兵役を拒み、妻は同じ戦争で先夫を亡くしていた。かつての事件については、二人ともほとんど何も語らず、学生たちとの穏やかな交わりを続けたという。六三年、ハロルドは腸のポリープを取るという簡単な手術から、脂肪が血管に入る事故が起こり、七〇歳の生涯を閉じた。妻のポーリンは、六六年、七三歳で亡くなった。生後まもなくに夭逝した息子、ゴードンの墓と並んで、夫妻は札幌円山墓地に眠る。

また、レーン夫妻の友人フォスコ・マライーニは、終戦によって日本での抑留から解放され、翌四六年二月、家族五人でイタリアへ帰国した。

マライーニの長女ダーチャは、イタリアでの成人後、著名な作家、劇作家、詩人、また、いさか戦闘的にして奥行きのあるフェミニストとなった。だが、それは、さらにしばらくの時が過ぎてからのことである（マライーニ一家の日本からの帰国の日、「レーン夫妻事件」で三年一〇ヵ月にわたって獄につながれた元北大生・宮沢弘幸と九歳のダーチャが並んで撮影された、両家族の記念写真が残っている。獄中で痛めつけられていた宮沢は、このあと間もなく早世する）。

作家アルベルト・モラヴィアは、後年、ダーチャ・マライーニと長きにわたって同伴者として過ごした（彼のほうが二九歳年長だった）。彼は述べている。

「話をダーチャに戻せば、彼女が日本について知っているのは収容所だけだったのだよ。というのは、戦争が終るとすぐ、マライーニ家は日本を去って帰国してしまったのだから。不思議なことに、これは監禁生活による精神外傷《トラウマ》のせいだと思うが、日本語、さらに京都弁さえもちゃんと話していたダーチャが、イタリアへ着いた途端に、それを何もかもすっかり忘れてしまったのだそうだ」（『モラヴィア自伝』）

だが、七歳の少女が空腹のまま二年近くを過ごした収容所での生活は、言語ではなく、彼女のなかに、生身の人間と政治的なるものが織りなす一種の劇として生きつづけた。それは、彼女のなかの尽きせぬ井戸であり、また、母胎にも似た狭い部屋だったろう。

先ごろも、日本で、彼女の「メアリー・ステュアート」が上演された（二〇〇五年一一月、演出・宮本亜門、出演・原田美枝子・南果歩、東京・PARCO劇場）。

英国テューダー朝の絶対君主・女王エリザベスは、政治や宗教の対立のなかに立ち、結婚（男たちの子を産むこと）を自身に禁じて、政治的報復の連鎖を抑えることを願う。そうでありつつ、従妹にして政治的敵手でもあるメアリー・ステュアートを処刑する決断を、最後は自分が担う。彼女たちは、嫉妬に支配されるのではない。それを笑い、それを拒む。そして、いまは（自分たちが生きている世界では）無理かもしれないが、そうではない世界がありうることを夢見ている。悲劇を装うこの世界も、いとしむべき人間のおろかしさ、喜劇に裏打ちされていることを、これら登場人物たちは知っている。これもまた、この世界という閉じられた「収容所」を生き抜く者たちの劇なのである。

作家としての名望を得てから、ダーチャ・マライーニは、日本から母の故郷シチリア島バゲリーアに戻ったときのことを回想する。終戦時九歳だった彼女は、帰国後、父の故郷フィレンツェに滞在した期間もあって、そのとき一一歳になっていた。

シチリア島バゲリーアで、時間の饐《す》えた匂いを放っていた、母の血脈をなす貴族たちの朽ちかけた屋敷。また思いだす。日本の収容所で、飢えながら両親たちが話していた「喉の勝利」という甘い菓子のこと。――栄養失調で麻痺した脚を引きずり、ひそめた声で母は言っていた。「ピスタッキオのゼリーに砂糖漬けのオレンジと甘いリコッタチーズ、乾葡萄、粒チョコレートを混ぜた、お山のような緑色のお菓子よ」

収容所の寝床の暗闇のなかで、両親が譲らず口論するのを聞いていた。――「政治になんの関係もない幼い娘たち」が巻きぞえになるとは考えもせずに、ファシストたちの傀儡共和国政府（サロ共和国）への忠誠の署名を拒否したが、それは正しかったろうか……。二人とも子どもみたい、と幼い彼女自身は思っていたのだが。（ダーチャ・マライーニ『帰郷　シチーリアへ』）

それでも、この娘は、ハンサムな父親のことが大好きなあまり、事実をちょっぴり劇化しすぎているのかもわからない。当のフォスコ・マライーニ自身は、ただ、いくらか注意深く控えめな声で、こんなふうに当時を思いだす。

「……やはり飢えを知らない者に、飢えがどんなものかはわからない。辞書に載っている言葉にすぎず、自分の内にある苦しみではないのだ」（*Meeting with Japan*）

この父親、フォスコ・マライーニは、戦後もたびたび日本を訪れて滞在し、八七年からの一年間は京都の国際日本文化研究センター客員教授をつとめた。二〇〇四年、九一歳で死去している。

だが、日本にそうやって戻ってきた人ばかりではない。

小樽高商の英語教師をつとめ、開戦時に逮捕されたダニエル・マッキンノンは、第二次日米交換船で米国に帰国した。だが、日本人の妻は、当時すでに病臥していてどうにも動かせず、そのまま小樽で没した。二人の娘は戦前に、また、息子のリチャードは第一次日米交換船で、それぞれ先に帰国しており、身近な家族はそばにいなかった。

第二次日米交換船「帝亜丸」に看護婦長として乗船した桑原かをりは、ゴアまでの船上で、ダニエル・マッキンノンと言葉を交わした人である。

「――夫人が日本人で、娘さんが津田英学塾の卒業生だという大学教授も、親しく話かけて来られ、娘さんたちはもう前の船で帰ったこと、姉の方は女高師を出たので、いまハーバード大学で日本語を教えていること、夫人が病気だったので自分だけが残り、亡くなったのでこの船で帰ることなど、淋しげに語っておられました」（桑原かをり「交換船」）

十数年後の回想である。

細部に記憶の薄らぎもあろう。

一九六五年、戦後二〇年が経ち、小樽高商の教え子たちは「マッキンノン先生」を日本にお招きしようという募金運動を始めたが、ダニエル・マッキンノン自身はなかなか応じなかった。戦前、戦中のさまざまな記憶から、「日本に対する自分の感情をはっきりと形づくることは難しい」と考えてのことだと伝えられた（水口忠「マッキンノン先生の悲劇」）。六七年、ようやくマッキンノンはもと学生たちの勧めを受け入れ、二カ月にわたって日本各地を旅行して、米国に戻った。七六年、八七歳で亡くなった。

第一次交換船で帰国していた息子のリチャード・マッキンノンは、その後、世阿弥の能の研究によってハーヴァード大学で博士号を取り、シアトルのワシントン州立大学で日本文化や文学を講じた。九三年、小樽商大（もと小樽高商）での「日米交流マッキンノン記念講演会」には病をおして来日し、「小樽高商と日米関係」との題で講演した。翌年、七二歳で没して、遺骨は日本に運ばれ、東京・多磨霊園の母の隣に、次姉リンコーナ（戦後、日本に住む）らによって葬られた。旧制四高の寮歌のひとつに、リチャード・マッキンノンが作曲者として名前を連ねるものが残っているという。

# この人の横顔

# ハーバート・ノーマン

鶴見俊輔

ハーバート・ノーマン（一九〇九〜一九五七）は、学生のころ、名前をきいたことがあるだけの人だった。一度会ったことがある。ボストンで日本協会の集まりがあって、私の先生だったエドウィン・ライシャワーが話をしたときだった。会の書記としてノーマンが活動報告をした。その後あったのは、敗戦後かなりたって、彼が駐日カナダ代表部首席となり、そこに私が、上司の桑原武夫にたのまれて、ノーマンが京大図書館から借りたいと言っていた本を届けに行ったときのことだった。そのときも、一言、二言かわしたにすぎない。

彼のことは、都留重人からきいていた。彼がハーヴァード大学に博士論文を提出し、それが、日本学科の主任教授セルゲイ・エリセエフと講師エドウィン・ライシャワーの審査を受けたことなど。エリセエフとライシャワーは博士論文を通しはしたが、筆者より小さな文献知識をもって不適切な批判をしたということだった。それから四十年たって、すでにノーマンがなくなって二十五年後のことだが、カナダのノヴァ・スコシアで、日本の国際交流基金の援助を得て、ハーバート・ノーマン会議がひらかれたとき、基調講演にあたったライシャワーが、ひたすらノーマンの業績賛美をのべたこととそぐわない印象を、私はもった。より若いカナダ人学者たちはそのことを〈へんに感じないようだった。

この記憶の流れの中に交換船が位置を占める。ロレンソ・マルケスで、日本からの乗船者とアメリカからの乗船者がそれぞれ船を乗り換えたとき、日本からの乗船者の中にハーバート・ノーマンがいた。薄暗く、雨が降っていた。グリップスホルム号から降りた私たちがそれぞれ荷物をもって歩いている向こうに、綱が張られ、その綱をへだてて、浅間丸とコンテヴェルデ号から降りた日本からの乗船者が立っていた。千五百人と千五百人の交換だから、時間がかかり、知り合いの者が互いに言葉をかわす時間があった。

これは私の記憶の外にあるが、この前後の時間に都留重人は、旧知のノーマンと言葉をかわした。

急な帰国となったので、アパートを引き払う準備をするのに十分な時間がなく、書物の類はケンブリッジで人に託して預けてある。必要があれば、もっていって使ってほしいと都留はノーマンに伝えた。やがてノーマンは、その委託を実行し、都留の旧居に立ち寄った。彼の行動はFBI（連邦捜査局）に見張られていた。一九五七年三月、都留重人がハーヴァード大学客員教授として、米国上院の公聴会に呼ばれたとき、このことが、両人にとって悪意による解釈を受けることは予知できなかった。

公聴会では、FBIが都留の知人から手に入れていた古い手紙が読まれ、これはあなたのものか、と問われた。これを承認すると、その手紙から、当時の交際相手、さらにその知人の名が読みあげられ、その確認を求められた。

それは、都留重人が米国留学の初期、マルクス主義理論雑誌『サイエンス・アンド・ソサイエティ』の創刊準備に加わっていたころに友人とかわしていた手紙である。その友人の何人かは、戦後も長らくマルクス主義者として活動した。

上院公聴会のニュースは、日本の新聞にすぐさま報道された。私は、日本にいて新聞を読み、衝撃を受けた。

私は十五歳のときに、マサチューセッツ州ケンブリッジで都留重人に会った。そのとき以来、八十三歳の現在に至るまで、私にとって、十歳年長の都留さんは、ただひとりの先生である。このとき、日本で手に入れることのできた公聴会記録をもとに、私は「自由主義者の試金石」(『中央公論』一九五七年六月号)という論文を書いた。

その要旨はくりかえさない。そのあとで理解できたことにふれて書く。都留重人が一九三〇年代ニューディール下の米国で享受していた言論の自由と交際の自由とは、一九五〇年代冷戦下の赤狩りの下にあっては、狭められていた。米国政府が手に入れていた手紙と交際記録とは、別の状況下で、使われることになった。このわなをまぬかれるためには、状況の変わっている米国に入らないというほかには、道を考えにくい。赤狩りの下では、政府機関とスキャンダル・ジャーナリズムは連動していた。

ソヴィエト連邦を敵と見立てる米国の動きは、その影響下にある国々にネットワークをつくり、カナダの外交に高官としてつとめるようになったハーバート・ノーマンをとらえた。

ノーマンは、日本占領に際してマッカーサーの信頼を受け、占領政策の形成に影響をもった。そのことへのしっぺ返しが、おくれて、現れた。カナダの騎馬警察の査問を受け、英国留学時代の共産党との接触を問題にされたが、カナダ外務省入り以後の忠誠を疑われるには至らなかった。しかし、駐日大使、ニュージーランド高等弁務官を経て、エジプト大使となってから、中東を舞台に、米国の政策から独立したカナダ独自の活動の担い手となったことが、米国の警戒心を刺激し、米国内の赤狩りと連動して、ノーマン個人へのいやがらせが進んでいた。この時期に、米国内での一連の査問が、ノーマンを追い込んでゆく。

一九五七年四月四日、エジプト駐在カナダ大使としてノーマンは、自殺した。

日本の新聞の多くは、ノーマンの自殺に、米国上院での都留証言が引き金となったように報じた。米国政府のとった反ソ政策と赤狩りがノーマンを追いつめた中で、カナダの外務大臣ピアソンは、ノーマンを公式に援護し、彼を追いつめた勢力を非難した。

前にふれたノーマン会議に招かれたケンブリッジ大学の教授の証言によると、学生だったノーマンが当時の共産党に属していたことは事実である。それはナチス台頭の時代であり、ナチス・ドイツとファッショ・イタリアがスペイン戦争で人民戦線と戦った時代である。ナチスに対抗するソヴィエト・ロシアに学生が賭けた。ノーマンは、詩人W・H・オーデン、スティーヴン・スペンダーと同時代の学生だった。

その後、ノーマンには日本研究の時代があり、カナダ外務省入りがあり、このころにはすでに共産党から離れていたが、全体主義に対する強い危機感が残っていた。やがて米国の中に起こるファシズムのわなにとらえられて、死んだ。

その間のノーマンの仕事は、『日本における近代国家の成立』、『日本の兵士と農民』、『安藤昌益』など、近代日本の歴史を、世界史の中で見る研究として、世界の歴史家の眼をひらき、日本の歴史家の眼をひらいた。

ノーマンに私が会ったのは、わずか二度ほどにすぎないが、交換船で行きかった向こう側の人として、この人がいることを忘れない。


ハーバート・ノーマンの全集が出版されているのは、日本だけである。カナダとアメリカ合衆国では出ていない。これから後、どんなに困ったことが起こるとしても、このことを戦後の日本はなしとげた。

二〇〇五年現在、日本人は、朝鮮併合、日中戦争、大東亜戦争を忘れようとしている。敗戦後に日本政府のかかげた平和立国、文化立国の理想は、見捨てられた。その陰にあって、『ハーバート・ノーマン全集』全四巻が日本語版で日本社会に送られたことを喜ぶ。それは、敗戦後、ノーマンと近づきを得て、カナダ大使館に入り、彼の著作の日本語訳を続けた大窪愿二《げんじ》による。彼は、一九八六年三月、暴走してきた車にひかれ、五月十八日になくなった。

ノーマン全集の増補版は大窪愿二によってなされる予定だったが、その仕事は磯野富士子、河合伸に引き継がれた。前の著作に対して前任者が同時代の文献に照らし合わせてなしとげた綿密な訳注は、後続の人びとによってもなされた。たとえば、「日本の将来――カナダ側の見解」(一九四四年三月)への訳注(4)は、ノーマンの思いちがいを次のように正している。
(4)朝香宮鳩彦王中将は軍司令官であったが、天皇の弟ではない。その前後に中支戦跡を視察した秩父宮との混同があるようである。

第一巻増補版に収録された「日本の将来」、「天皇制について」、「朝鮮戦争とカナダの立場」の三論文を読んで、アメリカ合衆国がノーマンへの見張りを解かず、彼を自殺に追いこむまで、監視網によって彼を苦しめつづけた根拠を理解した。

彼の遺書には次のように書かれていた。

「しかし私は私自身の忠誠の誓いをけっして破ったことはありません。しかし交際によって覆いかぶせられる罪という形が、いまや私を押しつぶしてしまいました」

逆に考えれば、戦中（「日本の将来」は第二次大戦中の一九四四年に書かれている）、アメリカ合衆国がやがて全体主義の流れに巻きこまれて、マッカーシズムの赤狩りにさらされることをノーマンが予期していなかったことをも推定させる。これは米国の対日政策批判の論文であるだけでなく、筆者ノーマン自身への危険を招く文書だった。

バジル・ホール・チェンバレンは、一九一二年版英文原本の『日本事物誌』の中の「新宗教の発明」で、天皇制は「無知蒙昧な人々をコントロールするための政治的方便として保持されている、敬虔な詐欺である」と大胆に述べた。日本語訳では削除されたこの箇所を、ノーマンは自分の論文で引用し、（以下ノーマン）「それに続く年月の間にこの砦はさらに堅固にかためられ、ついには自国の基本的政策を批判することは、日本人にとって事実上大逆罪となっているのである」と述べた。

明治末の大逆事件を越え、大正時代の関東大震災直後の大杉栄殺害にふれて、歴史家らしく、これをイタリアの「マテオッティ事件の日本版」と呼ぶ。統一社会党の指導者だったマテオッティは一九二四年に暗殺されたが、この事件によって、盛りあがる途上にあったイタリア・ファシズムは、しばらく人気を落とした。これに反して一九二三年の社会主義指導者大杉栄の殺害は、広く大衆のあいだに殺害への同情を呼び起こし、大杉とその妻伊藤野枝、甥の橘宗一を絞殺した大尉甘粕正彦は、しばらくの刑期を終えてから満州に渡り、満州経営に大きな影響を残した。敗戦を迎えて自殺。ノーマンによるイタリア・ファシズムと日本の天皇制の比較は鋭い。

日本の敗戦を間近にひかえた一九四四年三月、ノーマンは、敗戦後の日本について、連合軍が天皇制に対してどのような方針をもつべきかを述べる。

「日本の複雑極まる社会的発展のなかで、天皇制は反動の側に方向づける一種の偏向性を日本の国家機構に与えずには置かなかった。これはあまりにも自明なことで、この点をさらに敷衍するまでもないようだ。それであるのに、日本の天皇制がそのまま平和とデモクラシーの手段になる、と心から信じている善意の西欧人は少くない。しかしながら、近代日本の歴史のなかで天皇制が進歩的な役割を果たしたことを示す説得的な証拠を挙げた者は、これまで一人もないといってよいだろう」

「天皇制の維持は、日本の優越性と帝国主義のシンボルがそのまま残された以上日本は本当に敗北したのではない、という証拠として日本国民の前に掲げられるだろう。要するに、日本を非武装化しても天皇制が残されているかぎり、日本は世界全体にとって解決されない危険な難題として残ることだろう。

一九四四年三月

カナダ」

# 大河内光孝

鶴見俊輔

この人についてのうわさは、本人に会う一月前からきいていた。

一九四二年三月、私は米国マサチューセッツ州東ボストン移民局の留置場にいて、毎日午後、運動のために、屋上の綱を張りめぐらされた遊歩道に出されていた。歩いているうちに、新入りの日本人に出会った。毎日、会って話すうちに、彼は、仲間にミッチャンというおもしろい人物がいると言う。

日露戦争で日本の名が広く知られるようになったころ、常陸山にひきいられた大相撲がはじめて北米を訪れて興行をした。その一行からはずれてニューヨークに残り、当時世界一のサーカス、リングリング・ブラザーズ・アンド・バーナム・アンド・ベイリーに入って、柔道芝居を組んで都会をまわった相撲とりオオタガワ某の仲間になり、そのオオタガワが悪漢となって、向こうから傘をさして歩いてくる芸者（実は自分の女房）におそいかかるところを、どこからともなく現れた小兵の男（これが大河内光孝）が、悪漢を投げ飛ばして美女を救う。これは、サーカスの幕間劇としての人気を得たという。

その大河内光孝、通称ミッチャンは、きっぷのいい男としてニューヨーク近郊の日本人のあいだで広く知られ、心細さをかかえる日本人在住者（政府や三井三菱などのような組織の後ろ盾のない日本人）のあいだで、たよりにされていた。

かれは、大河内子爵の妾腹の息子で、跡継ぎをめぐって正系の子とのあいだの対立を避けて、若い頃単身アメリカに渡って来たということだった。幼い頃、学習院初等科に通っていた。新入りの下級生に皇太子（昭和天皇）がいて、かわいらしかったので、大河内が買ってもらっていた飴玉をやった。それが、おつきの者にばれて、光孝の親は教員に呼び出されて注意された。当時の学習院院長は乃木希典大将で、厳格をもって知られていた。光孝の両親は、おそれおいと言って光孝を学習院から退学させて、私立の小学校に転校させた。それがぐれるはじまりで、やがて光孝は、単身アメリカにゆくことになる。このところは私と似ている。

やがて私が、東ボストンからニューヨークのエリス島の移民局収容所へ、さらにそこからメリーランド州フォート・ミード収容所に移されると、そこでうわさの主、大河内光孝に出会った。つたえられる通り、彼はきっぷのいい男だった。アメリカの大都会にきた、たよるもののない日本人に、夢をあたえる人だったのだろう。収容所の演芸大会などで、彼は現れて、ひそかに練習をかさねていたトランプ奇術をやった。彼によると、種も仕掛けもない見せ物で、そういえば数日前から、彼はコンクリートの床でときどき、親指と人さし指の腹をこすっていた。こうして敏感になった指の腹で、カードにインキの盛りあがった数字のところを眼をつぶったままさがして当てるのである。

集まった人びとに任意のカードを抜かせ、その表をみんなに見せながら、「スペードの九」とか「ダイヤのキング」とか、当てる。

この術は、サーカスでおぼえた初歩的なものだそうだ。

収容所の中で、彼と二人で話す機会があったが、今上天皇に飴玉をやった話は彼からきいたことではない。大河内子爵の家系の話もしなかった。しかし、こんな話をした。

もし、自分が山の中で迷ってしまって、このままではいくら歩いても人家まで生きて行きつくことはないということになったら、残っているパンを分けないで、全部若い相棒にやる。おまえがこれだけもってゆけば、生きるチャンスはある。

自分の覚悟というのはそれだけだよ。

突拍子もないことだが、彼の口から自然にそういうことが出てきた。

もうひとつ。昔彼がニューヨークの郊外に釣りに行ったとき、川の流れを見ていたら、溜まりのところからぶくぶく泡が出ていた。そこに入って、下積みの石ころをひろって、もう一度水の中に入れてみると、ぶくぶくと泡が出てくる。その石をひろいあつめて自動車で（彼は運転手もしていた）ニューヨークの下町に行き、熱帯魚の店に入って、

「この熱帯魚の寿命はどのくらいですか」

「これこれ」

「みじかいですね」

「それで困っているんだ」

「私は、いいものを知っていますよ。石です。それを入れておくと、ぶくぶくと泡が吹き出して、寿命が延びます」

「それはいいことをきいた。どうしたら、手に入れることができるか」

「そのうちに、ありかをさがしあてて、もってきてあげますよ」

数日のうちに、その石を少しもってきて売り、二度とおなじ店には顔を出さない。

これは詐欺だが、その彼の話術、つたない英語のやりとりには、真剣味があった。

彼はどのようにでも生きてゆける男だった。

サーカスのつきあいについて、彼は語った。気にくわないやつがいても、サーカスの外の者とのけんかになると、サーカス側の仲間は団結して相手とたたかう。サーカスの者とけんかをしてはいけない。

こういう人が、戦時日本の社会に移されるとどうなるか。


軽井沢の雲場の池ロッジのうしろに、その小ホテルの管理する掘っ立て小屋が何軒か建っていて、その一つから出てきた女性に声をかけられた。それは、交換船で二ヶ月半を共にした大河内光孝夫人だった。この人は米国生まれの日本人二世で、それほど日本語がたくみではない。彼女は道々、

「それは、ひどい目にあいました。今も、跡が残っています。とにかく、主人に会ってください」

小屋につくと、傷跡の残った大河内光孝がいた。交換船の日本到着から二年半たっていた。

どうしてだかわからないが警察につれてゆかれて、ひどい目にあった、と言っていた。

今は、軽井沢に小屋を借りて、こどもをここの小学校にやっているが、こどもは日本語がうま

くないし、いじめられている。戦争に負けても、日本はよくならない。

彼は決してめげてはいない。小屋の裏で自分で薪を割ったりして、元気ではあった。

それが私の中に残る彼の最後の面影である。そのときから六十年たった。

敗戦後、私は、若い人たちと、思想の科学研究会編『共同研究・転向』（平凡社、一九五九～六二年）という本を書いた。この本を書く動機には、交換船の記憶がある。交換船がニューヨークからロレンソ・マルケスまでと、ロレンソ・マルケスから横浜までとでは、同じ乗客の日本人千五百人が、がらりとかわっていたという印象である。

この共同研究では、大正から昭和にかけての日本史と取り組んだので、その中の一つの出来事として、戦中の「横浜事件」を取り上げた。私たちの仕事が公刊されたあと、中村智子の『横浜事件の人びと』が出たので、それを読むと、大河内光孝夫妻への警察の暴行虐待は目にあまるものだったという、慶応大学教授川田寿による特高告訴の口述書に出会った。

横浜事件は、日米戦争中に細川嘉六が『改造』に書いた論文について、筆者細川が雑誌記者を泊温泉に招いた感謝の小旅行から発した検挙事件である。このときに撮った写真を、共産党再建の謀議があった物証として、招かれた者を検挙し、さらにそれとつながりのあるものとして、多くの学者・評論家・編集者を留置場につなぐ裁判となった。関係者の数人は獄死した。

大河内光孝夫妻はそのつながりで留置場に入れられたが、私のつきあいのあるこの夫妻は、『改造』を読む人ではない。

中川六平が調べたところでは、大河内家は江戸時代に高崎藩主をつとめ、明治からは大河内子爵家となった家系に属する。中川は、このことを大河内家に取材して確かめた。

大河内光孝は、自分の息子に、先代輝耕ゆかりの名、輝孝をつけている。

大河内光孝一家が交換船から降りてから住んでいた家の近隣に中川が取材したとき、光孝夫妻とつきあいのある人は、自分もアメリカ帰りだから、こんなバケツリレーをして火を消そうとしても、B29の焼夷弾は消せるものではないと思っていたが、大河内光孝は、それをはっきり人前で言ったのが仇になったと言ったそうだ。それがやがて『改造』の細川嘉六論文と結びつけられて、横浜事件の連累ということになったのである。「日本は負ける。バケツとか竹槍で勝てるわけがない。俺は日本がきらいじゃないんだよ、だけど、こんなバカらしいことしないよ」と言って彼は防空演習に出てこなかった。（歯科医・久光健一の思い出）

敗戦直前に再会したとき、大河内光孝は、自分が何のためにつかまったのかわかっていなかった。はっきりものを言うことが、戦争下の日本で、どのような結果をまねくかの、ひとつの例である。こういう例があるということを敗戦後の民主主義と自由の日本は自覚していない。「横浜事件」についての謝罪は、敗戦後、なされていない。

天皇にあめ玉をやった人が、天皇の名で拷問をうけるという現代の寓話である。

# 竹久千恵子

加藤典洋

日米交換船の乗客の一人、竹久千恵子について、私の知っているのは少しのことだ。一九四七年の、思想の科学研究会のメンバーによるインタビューでのやりとり。彼女の一九四一年の渡米と、そこでの結婚生活、そして真珠湾攻撃となってからの彼女、その夫クラーク・河上、義父河上清の三者三様の対応の妙、そこでの輝き。香取俊介の本の聞き書きによる、生い立ちのエピソード。知りえたことは多くないが、それらに私は立ちどまらされた。

インタビューは、一九四七年の十二月に行なわれている。このとき、彼女は、武谷三男、鶴見俊輔といった戦争直後の当代を代表する知性から、いろいろなことを聞かれながら、彼らを前に一歩も引いていない。相手が誰でもその応対は変わらない、というような地についた鷹揚さで、一人、戦争直後の「ただの人」ぶりを発揮している。この記録を読んで私は、この人は面白いな、と思った。

竹久千恵子の生い立ちについては、香取俊介の『モダンガール——竹久千恵子という女優がいた』（一九九六年）が詳しい。これによると、彼女は、一九一二年、秋田県に生まれた。父母が駆け落ちで一緒になり、その後、男前の父が別の女性の籍に入ったため、その名前は、伯父の三女として出生時に入籍されたときの名前「大越谷」千恵から、実父が婿養子になった先の「能登谷」千恵へと変わる。竹久を産んだとき、母の加賀谷徳は十七歳。子供の出産後、実家に身を寄せるが、四歳のとき、弟を産み、その弟が生後半年で死ぬと、その翌日、自分も二十一歳という若さで死んでいる。若い母の葬式は忘れられない印象を四歳の竹久に残した。

「一番怖かったのは、布団に横たえられた母が着物を脱がされ裸にされ、さらに床屋が母の頭を剃りはじめたとき」でした。

「すっかり坊主頭になった母は、白い経帷子を着せられ、丸い棺桶にあぐらをかく姿勢ですわらされ」ました。

「そんな母に、水をかけろっていわれたとき、もうゾーッとして、震えてました」

彼女は、「千恵をあんまりいじめると、オレ、化けてやるから」という、四歳のおりに聞いた母の言葉を、一九九三年、ハワイの家を訪れた香取に、語っている。

その後、九歳で、母の異父姉にあたる「煤賀」の家にもらわれて別世界のような東京に移る。十二歳で小松川高女に進学、ひょんな偶然から、友人の手引きで、十五歳のとき、当時の新方式の舞台、映画の大部屋女優となる。養母の煤賀貴恵の夫、つまり養父の煤賀儀八郎は師範学校出で、当時、小学校の教師だった。一度は激怒して勘当までするが、その後は折れて最後には竹久のマネージャーとなる。とはいえ、このときもまだ彼女の名前は「能登谷千恵」。養父母は、いつか自分たちの子供ができるかもしれないと思い、なかなか養女を籍に入れなかった。

「養父母が、わたしを煤賀の籍にいれてくれたのは、わたしが映画女優になって、お金を稼げるようになってからです。打算があったんでしょうね。わたしは、ちっとも気にしなかったけどね」

台風の翌朝、私たちは爽快な気分を味わう。そうした、嵐のような「生い立ち」から、一夜あけた朝の、一種「爽快な気分」。これが、この後、「モダンガール」の時代も、軍国主義下の時代も、アメリカ渡航時も、戦後の日本の新生期も、この人のなかで変わらない。あっけらかんとした、根こそぎの君。これが私の印象である。『君の名は』で名高い劇作家の菊田一夫が書いているこんなエピソードにも、いかにもこの根こそぎの君が面目躍如としている。

菊田と竹久は、その出発時、同じ一座の大部屋女優と文芸部見習いだった。その彼らの一座が地方巡業先の九州で、にっちもさっちもいかなくなり、神戸に行く沖縄からの貨物船に同乗させてもらったときのこと。神戸までの一昼夜半、座席は貨物の脇にゴザを敷いただけで、何も食べるものがない。乗船時に食べ物を用意できた者だけが船室で何かを食べている。そこにすきっ腹を抱えた人間が居合わせるのも気がきかないと、菊田が上甲板にあがると、マストの陰で、大部屋女優の「チイ坊」が、恋人で同棲中の男優と延岡特産の焼き竹輪を食べていた。偶然、彼女と目があうと、「菊田さん……」。そのまま動かないでいると、後ろで声がする。

「一本なんて多いよ……半分にしろよ……半分でたくさんだよ」「いいよ、あんな奴……彼奴、文芸部の見習いのくせに、普段から生意気な野郎だ。やることはねえんだよ」

「大丈夫よ……」

もう一度、「菊田さん……」、呼ばれて振り返ると、

「あんたお腹空いてんでしょう」

「いや、そうでもないんだけど、エッヘッ」

「これあげる」

一九四二年八月、日米交換船で帰国後、竹久が憲兵隊の妨害で仕事につけなくて困っていると、すでに劇作家として一家をなしていた菊田が、救いの手をさしのべ、彼女を古川ロッパ一座に紹介する。菊田の手で「日米交換船」という出し物の台本が用意され、竹久はそれに出演する。これはこのときの「焼き竹輪」のお礼だったと、菊田は書いている。「私はその焼竹輪をガツガツ食べながら、チイ坊の顔をちらちらと見たが、このときの彼女の顔は、その後に大スターとなった彼女のどの役のときよりも美しかった」(『芝居つくり四十年』)

たぶん、この人のこういうところが、彼女を押しも押されもしない、新時代の、代表的な女優の座に、押しあげている。一九三〇年、十八歳で、エノケン一座のカジノ・フォーリーに参加。この頃のようすは、当時新興芸術派の川端康成が『浅草紅団』に描いている。ついで一九三三年には、P・C・L(後の東宝)のトーキー第二作目『純情の都』に主演し、人気を得る。歌も歌えないうえに、ダミ声じみた台詞回しには出身地である秋田の東北なまりが消えなかったが、これまで映画女優といえば花柳界などの出身者がほとんどだったなかで、高女中退の彼女の「知的な美貌」は、いかにも目新しく、いかにも異質だった。奔放自在な演技、物怖じしない人柄。彼女は、都市のインテリ階級、特に学生の圧倒的な支持を受け、文壇の大御所菊池寛が絶大な支援者となったこともあり、時の「モダンガール」らしさを体現する女優として、徐々に特異な地歩を占めるようになる。これは、後のことになるが、戦前の傑作として名高い木村荘十二《そとじ》監督の『兄いもうと』（一九三六年）での彼女の演技は、多くの人に強い印象を与えた。太宰治は、この映画の竹久千恵子の「泣きながらの抗議」の場面に、たまらなくなって映画館の便所に駆け込み、「大きな声を挙げて泣いた」と記している（「弱者の糧」）。

その後、彼女は、関西の実業家（佐伯市太郎）をパトロンにもち、渋谷松濤に大邸宅と運転手付きの外車をプレゼントされる。そこに養父母を呼び、撮影所に大きなハドソンで乗りつける。といって、そのことを自慢するというのでもなく、世間体を気にするというのでもない。一九三五年、二十三歳でパトロンと数ヶ月間にわたり世界一周旅行。その後、既婚者の日系米人のジャーナリスト（これがクラーク・河上）との新しい恋愛がもとで、一九三七年、このパトロンと別れ、松濤の邸宅を出て、世田谷太子堂に一軒家を構える。このあたり、「佐伯さんには、お世話になってるし、わたしも悪いなとは思ったんですけど、仕方ないですね」。新しい恋人、クラーク・河上にふれ、「わたしだって、相手に奥さんがいるのわかってるし、それに、こっちにはパトロンがいるわけでしょ。そう簡単に、深い関係になるようなことはなかったんですよ」。

しかし、クラーク・河上と彼のドイツ人の妻との間で離婚が成立すると、結婚が真剣に考えられる。クラーク・河上は、日本語をほとんど話さないが、当時、日本の同盟通信社の記者。ハンフリー・ボガート顔負けともいわれたほどの美男子で、ハーバード大出。アメリカの第一線のメディアで英語を駆使して活躍した異色の在米日本人ジャーナリスト、K・K・河上（河上清）の長男だった。東京で竹久と親しくなった後、ヨーロッパで第二次世界大戦の戦端が開かれてからはロンドンに転勤。それがその頃、再びワシントンに帰任していた。その彼のもとに、彼女は、一九四一年三月、山本嘉次郎監督、黒沢明助監督の名作として名高い『馬』での主人公の少女（高峰秀子）の母役を最後に、一人周囲の反対を押し切って渡米。八月、彼と結婚する。しかし、その後、十二月に勃発する真珠湾攻撃が、彼らの運命を大きく動かす。

渡米後、竹久は、クラークの家族に歓迎され、義父の屋敷の一角に建つ別宅にクラークと住んだ。河上家には他にユリーとマーシャの二人の姉妹がいた。姉のユリーは結婚していたが、妹のマーシャには障害があり、母のミルドレッドが細やかに面倒を見ていた。ロンドンでクラークとつきあいが生じ、彼をワシントンまで追ってきたスウェーデン女性が家に泊った際、その女性がマーシャを変な目で見てとっても不親切だったとき、ミルドレッドはクラークに、あんな人は私は嫌いよ、と告げている。一方竹久は義母のミルドレッドと良好な関係を築く。

しかし、時間がたつと英語力不足から、一人でいる時間がふえる。唯一家で日本語での会話のできる義父の河上清との間に、交流が深まる。河上清も同じ東北の生まれ。苦学の末に、アメリカに来ていた。「こんな会話したの覚えてます。〝お父さん、この家、縁起がいいですね〟〝どうして〟〝だって、この家の番地、3729で、ミナフクでしょ〟〝おう、そうか、はじめて知ったよ〟なんてね」

十二月七日午後、真珠湾攻撃の知らせが入ってから数時間後、FBIの係官が家を訪れ、歴代の駐米日本大使の親しい友人兼アドヴァイザーだったところからかねてブラックリストの最上位にあげられていた河上清は、そのままニュージャージー州の移民留置場に護送される。

その後、抑留所に移され、独房めいた部屋にとめおかれた。審問が行われたのは、翌年二月。

古森義久の評伝『嵐に書く――日米の半世紀を生きたジャーナリストの記録』（一九八七年）に引かれた米国政府所轄の審問の記録を写すと、そこで彼は、こう答えている。

問い「この戦争をどう考えるか」

答え「アジアでのいまの戦争は単なる武力衝突ではなく、思想的な革命だと考えます。何世紀かに一度、全世界をゆるがすような革命です。その思想とは、簡単にいえば『アジア人のアジア』であり、私自身も青年時代から信じてきました。かつてナポレオン戦争が旧時代の絶対帝政の神権を否定したように、この戦争も根底にはアジア人を支配し搾取する白色人種の〝神権〟に対する挑戦があります」

「アメリカに対する日本の攻撃も、歴史を展望すればアメリカそのものよりも、欧米によるアジアの領土や資源の独占に対して向けられた面さえ強いのです。日本の軍閥がこの『アジア人のアジア』という思想を口実にみずからの過度の野心を満たそうとしていることは非難されるべきでしょう。だが思想そのものは正当だと考えています」

「この戦争に日本は勝てないでしょう。だがたとえ日本が滅びても『アジア人のアジア』という思想や主義は厳然と残るでしょう。そして戦後、オランダ領のインドネシアも、イギリス領のインドもビルマも、フランス領のインドシナも必ずみな独立するでしょう」

問い「だがあなた個人はできるなら日本がこの戦争に勝つことを望むのではないか」

答え「私は『アジア人のアジア』主義を実現するためには日本が負けなければならないと信じます。日本は貧乏国であるため、占領したアジアの国々に対しどうしても搾取政策をとることになり、諸国の真の独立自立を助けることにはならないからです」
「ナポレオンは帝王神権説をくつがえし、各国人民を圧制から解いて当初は大歓迎されたが、フランス国内の窮乏のために近隣諸国を搾取するにいたり、激しく反発されました。日本も同じように必ずアジア諸国の反感をかうようになるでしょう。そしてなによりも日本は結局はアメリカに惨敗する以外ないのです」

河上はこの審問の後釈放される。当時六十八歳。帰ってきた彼は「疲労が濃く」、竹久の目に「何歳も年取ってしまった」ように見えた。彼はその後、それまでの日本擁護から一転して日本批判を行なう。皇居を爆撃すべきだとも書く。そして米国の心ある言論人に「誠実さの欠如」を疑われ、戦争が終わると、祖国を裏切ったオポチュニストと目され、英語で書く言論人としては復権することなく、一九四九年、ガンで死去する。

でも、少なくともこういうことはいえるのではないか。この時の審問における河上の答えにはその後疑われたように、それ以前の言動からの、変節はない。なるほど彼はこれまでの日本擁護から転じて日本の敗北が必要だという。しかしその意味は、日本は日本の目指すものを実現するのに、戦争を行ない、さらにこれに負けなければならない、ということである。彼は、いまのままの日本には日本のいう大義をささえる実質はないが、その大義——植民地主義からのアジア各国の独立という希望——には根拠があり、それへの歴史の一歩をこの戦争が印す、という考えを、ナポレオンのフランスが近隣諸国を「解放」し、さらに「搾取」して「激しく反発され」たことに重ねて、語っている。それは私の知見の範囲でいうと、竹内好の考えに相当近い。

　さて、息子のクラーク・河上は、真珠湾からほどなく、アメリカ市民としての自分の立場と意思を表明する公開書簡を書き、国務省の記者室に張り出す。この意思表明は全米各地の新聞で報道され、ニュース映画にも取り上げられた。

「日本軍の奇襲は恥ずべきであり、ヒトラーの方法にさえ似ている。和平交渉を進める背後で開戦をひそかに決意し、準備をしていたのだから、だまし討ちだ。この攻撃は日本自らの歴史に、もっともおぞましい一ページを記すだろう」

「私の日本のよき友人たちも日本政府の行動をきっと恥じていることだろう。そういう友人たちが戦争を望まないままに、これからの戦争で苦しみ、死ななければならないのは、なんとも悲しいことだ」

　クラークは、その後、軍隊に入り、情報将校としてアジア、インド・ビルマ戦線に赴く。

　一方、竹久千恵子には、取調べに出頭したクラークを通じ、アメリカの対日宣伝放送に協力してもらえないかという打診がＦＢＩから届いた。このとき彼女は、

「あなたは、なんと答えたの」

とクラークに尋ねている。クラークの答えは、「本人の気持ち次第ですと答えておいた」というものだった。答えを聞き、彼女は、

「いや」

　と答えている。やがて、「太平洋岸に住む日系人は、強制的に立ち退かされる」という噂が流れる。

そのとき、やっぱり、わたしは、日本人だって、あらためて思いました。日本人の血が騒ぐといったらいいのか、とにかく日本に帰りたいと思ってたところ、両国にいる外交官とか民間人を交換する船が出るという話を聞いたんです。そうしたら、もういてもたってもいられなくなって。クラークはこのままアメリカにいてくれと何度もいったけど、わたしは、日本に帰るってきっぱりいったんです。

彼女は、自分のわがままで帰るのだから、離婚扱いされてもかまわないとクラークにいう。しかしクラークは離婚には応じないと述べる。その代わり、彼は彼女の帰国の手はずを整えるため奔走し、竹久にはグリップスホルム号の一等船室があてがわれる。もっともそれは、出航後、ある外交官夫人からの、「わたしたちは公務でアメリカまできたのに、個人で勝手に帰る女がなんであんな部屋に……」という苦情で、四等船室に変更となる。

十九歳の鶴見俊輔が、このとき、竹久千恵子を目撃している。鶴見もＦＢＩに連行され、抑留施設をへてこの船に乗っていた。彼は体操の時間、彼女の後ろに立ち、身体を動かしつつ、同じように動く、かつて何本もその映画を見た大女優の後ろ姿を、観察した。

竹久千恵子は、これまでの彼女のまま、日本の地を踏む。帰ってきた日本では、スパイに来たのではないかなどとも疑われ、さんざん憲兵隊にいやがらせを受けるが、地方への慰問などにも「革のオーバーなどを着ていき、いかにも女優といった華やかさを周囲から絶やさ」ず、戦時下もしっかりと、周囲の顰蹙を買い続ける。

私は冷淡なのかもしれない、ともらす彼女にはクラークはもう過去の人間だった。たとえ生きていても、自分への関心は消えているだろうと思っていた。しかし、戦争が終わると、その年のうちに、クラークが世田谷の家に姿を現す。上陸後、関係先にあたり、ようやくのことで彼女の家にいきついたのだった。劇的な再会。二人は結婚生活をやり直す。竹久は一躍人もうらやむ占領軍情報将校の妻になる。

その後、クラークは、GHQのウィロビー少将のもとで太平洋戦史をまとめている。日本側の協力者は、関東軍参謀時代に軍中央の辻政信とともにソ連との軍事衝突（ノモンハン事件）を画策し、その後責任をとることのなかった、服部卓四郎である。

竹久も、この時期、ラジオ番組「二十の扉」のレギュラー回答者となっている。しかし、一九五〇年に家族とともにアメリカに渡り、その後は芸能界を離れた。クラークのほうは帰米後、陸軍を除隊。ワシントンの海外情報文化局（USIS）に移り、東アジア担当の広報局長を勤めあげた後、引退している。竹久は、アメリカで三人の息子を育てあげ、引退後テニス三昧の生活を送った夫のクラークが一九八五年に死ぬと、ワシントンの家を処分。ハワイに広大な土地を購入し、そこに長男のクリスに家を建てさせ、一人で住む。もう十年も以上前、香取俊介はそこに呼ばれ、竹久に話を聞いて、彼女についての懇切な本を書いた。

最初に述べた思想の科学研究会の聞き書きは、一九四七年十二月、「思想の科学」誌上での特集「ひとびとの哲学」（四八年四月号、五月号）の一こまとして、行われている。竹久に聞き書きを行なったのは、武谷三男、南博、鶴見和子、鶴見俊輔の四人。戦後の思想界の最良のメンバーを含む顔ぶれといってよい。「思想の科学」は、その創立同人七名中、鶴見俊輔、鶴見和子、武田清子、都留重人と四人までが、第一次の日米交換船で帰国している（他の三人の創立同人は、武谷三男、丸山真男、渡辺慧）。この聞き書きは、期せずして、日米交換船での帰国組同士による戦後初の顔合わせの一つとなった。

聞き書きは、のちに思想の科学研究会編『私の哲学（続）』（一九五〇年）に収録されたが、そのときのタイトルは、「すべて分相応に」。あなたの哲学は、何なのかと聞かれ、竹久は答えている。両者のやりとりはこんなふうに続いている。

○武谷　幸福ということはどういうことだとお考えになりますか。

○竹久　それはね、もう総てが幸福なんですけれど、さてそれを人によってどういう風に感じるか、感じ方ですわね。

○鶴見（俊）　総てが「幸福」ということはどこにも幸福はあるという意味ですか。

○竹久　そう。

○鶴見（俊）　考え方でどこにも幸福が求められるというわけですね。

○鶴見（和）　自分の望んでいたことが達せられるのが幸福であって、その望んでいることは人によって違うということね。

○竹久　だから、たとえば、思いきり眠ってみたいなと常に考えている女中さんが、よく寝られて私は幸福だとおもえば、それは偉大なる幸福だと思うしね。

○南　あまり望みを高くすると不満足を感ずるから自分の身分に相応する望みを持てば大体満足できることになるし、それが幸福だというんですね。

○竹久　ええ、そう。

○鶴見（和）　今迄もそういうことはいわれて来たわね。身分相応ということ――。

○竹久　極く普通の考え方しか持っていないから私自身そう思うのね。

（「すべて分相応に」『私の哲学（続）』）

竹久が何かをいったところで、南博が、「身分に相応する望みを持てば大体満足できる」と整理する。その整理のズレを竹久が感じていないとは考えにくいのだが、竹久は、「ええ、そう。」と答えている。鶴見和子が「それはいわゆる日本大衆の身分相応で行くという考え方だが……」と念を押すと、そうなのね、私の考えは、「極く普通の考え方」だから、と答えて、その答えに、言いよどみ、訂正、追加の気配は、いっさいない。

私にいわせると、ここで竹久はとても面白いことをいっている。分相応に、と整理してしまえばそうも見えるが、幸福というのは、ゴールに達することではなく、スタートできるということだ、ということとしてこれを受け取ると、ここに、当時三十五歳のモダンガールとしての竹久千恵子の哲学が要約されていることがわかる。竹久は、自分のいうことが学者たちによって、既成のコトバに回収され、紋切り型におさめられていくのを、けっして物欲しそうにではなく、どうでもいいものとして、見送っている。

そこにこの人の輝きがある。

○鶴見（俊）　神社におじぎをされますか。

○竹久　その気持はあります。でも焼けた神社などをみると、わるいけれど、あらこの神様焼けちゃったわ、ここには神様がもともと居なかったんじゃないかしらなんて思うの（笑声）。

また、

○武谷　あなたのお読みになるものはどういう比重ですか。

○竹久　私なんにも読みませんのよ。だから特に読んだといったものはないわね。とにかく勉強家ではないのよ。

その彼女がいう。ここには、同じく東北の貧しい家に生まれ、苦学してアメリカに渡った義父、河上清の残映がある。

私は交換船で帰って来る時に感じたのですが、まあなんという無駄な人間を外国くんだりへやったんだろうと思ったんですよ（笑声）。これはまあ今だからいうのだけれどもね（笑声）。この人たち向うへ行って何をやったんだろう、なんというくだらない個人主義のかたまりみたいな男ばかりだろう、つまらない話だと思ったんですよ（笑声）。ほんとに終いにはそんな風に感じたわ。だからこの人たちの中に、小さいことでも日本に貢献しようという親切とか責任とか、もっと日本を愛する根本的な気持を誰が持っているのかしらと考えて怒って帰って来ました。

しかし、日米交換船は、竹久千恵子を含め、実に多くの積荷を、この時、日本へと届けている。竹久千恵子を含め、そのうちのどれだけが、その後、国内に残り、そのうちのどれだけが、再び国外へと去ったのか。日米交換船をめぐり、帰ってきた人々が、なぜ帰ってきたのか、帰らなかった人々が、なぜ帰らなかったのか、帰ってきて、その後、戦後になり、再び日本を後にした人々が、なぜ日本を離れたのか。そんな問いが、私達の手元に残され、いまも、消えない。

# 天野芳太郎

黒川創

天野芳太郎（一八九八〜一九八二）は、戦前、三一歳で中米のパナマに輸入雑貨店「天野商会（カーサ・ハポネサ）」を開くのを皮切りに、中南米各地で〝一国一業〟の多彩な事業を展開させた人物である。コスタリカでマグロ漁業、エクアドルではマラリア治療薬であるキニーネ精製事業、ペルーで金融業などを営み、成功をおさめていった。

三八歳でチリ中部のコンセプシオン市郊外アンダリエンに広大な農場を買い求め（一九三六年）、家族をここに住まわせた。そのとき、この「アンダリエン」という地名が、当地の先住民アラウカノ族の言葉に由来しており、そこがスペイン軍とアラウカノ族が激戦を交えた古戦場だったと知る。この偶然が、以後、アラウカノ族に天野が関心を寄せるきっかけとなった。

四一年一二月、太平洋戦争が始まると、パナマに滞在していた天野は、ほかの在留日本人たちと一緒にただちに逮捕され、米国へと追放された（妻子は先に日本に引き揚げていた）。パナマは、太平洋と大西洋をつなぐ要衝である運河地帯（パナマ運河をはさむ幅一六キロのエリアで、米国の支配下に置かれた）を抱え、日本人など枢軸国側の〝敵性国民〟に対する警戒が、ことのほか厳しかったからである。

これ以後、米国のフォート・シル収容所などでの監禁生活中や、そのあとに乗る第一次日米交換船グリップスホルム号の船上での「勉強会」で、彼は乞われてたびたび同胞を前に講演をおこなった。そうしたとき、彼が好んで取り上げる演題の一つが、このアラウカノ族をめぐる歴史だった。日本への帰還後、各地を講演にまわったときにも、そうだった（新潟医科大学、東洋文化夏季大学など）。

これらの講演内容をもとにして、四四年六月、天野芳太郎は『南米史話　アラウカノ族の如く』（汎洋社）を出版している。前年に出版した、パナマから日本への帰還手記『我が囚はれの記』（汎洋社）同様、この本の執筆においても、交換船乗船時に知りあった坂西志保（一八九六～一九七六）からの強い慫慂があったという。

天野芳太郎の没後に、大部の伝記、尾塩尚『天界航路　天野芳太郎とその時代』（八四年、筑摩書房）が刊行されている。それによると、天野は生前、日本政府による叙勲と、存生中に自身の伝記が書かれることを、かたく拒んでいたという。

弁舌はいつも爽やかで、彼の語る波瀾万丈の回顧談は誰をも引き込んだ。だが、裏を返せば、それは誰に対しても判を押したような内容で、自身の履歴の襞《ひだ》には他者を近寄せなかったというのである。

皇室を敬った。だが、世の現実に対しては、商才にたけ、意志強靭で、判断力に富んでいた。だから、この戦争に日本が勝つとは考えていなかった。「馬鹿天皇、三千年を棒に振り」――というのが、敗戦を迎えて、彼が漏らした慨嘆だった。

古代アンデス文明の調査を通して親交を深めた人類学者・泉靖一も、戦後、天野の伝記の執筆を望みながら、果たせずに終わった一人である。交渉の仲立ちを引き受けた元ペルー代理大使・川崎栄治は、天野が自身の伝記を拒んだ理由を推測する。

「蔵前高工卒と伝えられている彼の学歴に偽りがあるためなのか。それとも不言実行型だった女性関係が明るみに出るのを厭うているのか。戦時中のスパイ説にいまだにこだわりをみせているのか」（尾塩尚『天界航路』）

だが、戦後ふたたびペルーに渡り、中南米でさらに多大な事業の成功を収めた天野に、少年時代の学歴がいまさら気にかかったとも思えない。最初の渡航のおり、三〇歳でみずから望んでウルグアイの小学校に入学し、そこからスペイン語を身につけようとした人物なのである。

「戦時中の〔パナマでの〕スパイ説」――つまり、日本国家の戦争遂行への協力者、という非難についても同様である。交換船での帰国後、天野は、米国の収容所に残された同胞たちの帰国促進に奔走しつつ、中南米の同胞に呼びかける短波ラジオ放送にもみずから加わった。また、政府・軍関係者から、中南米の事情を訊かれることも多かった。『パナマ及びパナマ運河』（四三年、朝日新聞社）という概説書を出版してもいる。たしかに、中南米現地の人から、そういう自分が、どのように見られてきたかは気にかかろう。だが、少なくともこうした著書では、現地の歴史と現状を客観的に掘り下げることにもっぱら努力が払われており、たとえ日本への愛国心が動機となったとしても、戦後にも意義が残る内容である。これら一連の行動に関して、彼に恥じるところは、さほど多くはなかったろう。

だとすれば、天野が自身の伝記制作を避けようとした理由は、やはり、もっと私的な領分に属する、座り心地の悪さに関わっていたのではないか。勲章や伝記で、自分の人生の汚れを飾るべきではない。――そのように考えるのは、失敗を含むものとして人間を見るなら、まともなことである。

天野芳太郎は、生涯に三度、結婚した。

最初の結婚（入籍はせず）は、二児をもうけたが、心が互いに通わぬところがあったらしく、離別する。横浜で饅頭屋を営んでいた天野の南米への旅立ち（一九二八年、二九歳）が、別れとなった。

二度目の結婚（三三年、三四歳）の相手・藤井志津子（テレサ）は、ペルー育ちでこのとき一九歳、日本人の父とスペイン系の母をもつ混血の二世だった。彼女も二児を産んだが、四四年、戦時下の日本で、結核のため三〇歳で亡くなった。

戦後の米軍占領下の日本から、天野がふたたびペルーへ脱出するのは、それから七年後のことである。志津子とのあいだの子ども二人（長男・直人、三女・まり忞）は、神奈川県藤沢の家に残された。先妻とのあいだの長女・玻満子と次女・諒子は、幼時「ほとんど見ず知らずの人」（直人による）に預けられ、そのあと戦時下は天野の妹・タケらと静岡で暮らし、志津子の没後はこの藤沢の家で一緒にも過ごした。のち、三女のまり忞は、五九年、二一歳で早世する。

天野芳太郎は、単独渡海して徒手空拳で事業の道を切りひらく気概の持ち主だったが、その一方、日本に残した親族、中南米現地の従業員らに対して、家長的な強い責任意識も負っていた。弟の天野八郎によれば、「兄（芳太郎）に養育された親族は十八名、この他に四、五名の他人に生活援助」を続けたという（天野八郎「兄と私」、『南風光砂　天野芳太郎生誕一〇〇周年記念誌』）。日ごと六〇通ほどの手紙を書き、事業相手との交渉や、日本の肉親との連絡をはかった。

三度目の結婚は、五六歳のとき（五四年）、相手は三一歳年下の女性（渡辺美代子）だった。彼女もペルー育ちで、天野がそのころ没頭していた先インカ期のチャンカイ遺跡調査などで助手をつとめた人物だった。遠い古代の誰かがつくった土器に、いま、わが手で触れ、彼らの暮らしに思いを凝らす。シュリーマンによるトロイ発掘の夢は、少年のころから天野のなかにも続いていた。この結婚でも、さらに一子（次男・万里夫）をなしている。

没後の伝記作者・尾塩尚は、生前の天野の伝記拒否について、こう述べる。

「晩年のペルーでの家庭生活が幸せであり、これをこよなくいつくしめばこそ過去の翳にあえて光をあててはならなかったのである」

六四年、天野は事業で築いた資産をなげうって、ペルーの首都リマの自宅近くに「天野博物館（ムセオ・アマノ）」を設立する。入場は無料で、来館者には予約を入れてもらい、天野夫妻がつききりで展示品について解説することとした。「すべてペルーの文化遺産だから、金をとるわけにはいかない」と天野は考えた。

古代アンデスの暮らしに、彼は自身の理想を託していた。ことにインカ帝国の施政上の特徴については、太平洋戦争のもとで、すでに詳しく彼は述べている。

「彼等の土地から上る収穫の三分の一はインカに、三分の一は太陽の寺院に、残りの三分の一は自己の所得となった。（中略）

だが我々の常識から考えて、彼等が重税に悩んだであろうとする想像は当らない。彼等は政府から色々な生活物資を無料で配給されていた。例えば衣服の材料の如きがそれであった。高原の住民はヤマ〔ラマ〕の毛を、低地の住民は綿花を与えられた。彼等はそれを紡いで糸にし共同の染色場でこれを染め、各自の家庭で布に織った。（中略）

貧困窮乏による盗みに対して罰せられるのは犯人でなかった。彼に配給を怠った官吏であった。（中略）

インカの理想は何処迄も人民の平等にあった。（中略）

然もこれはひとりインカの民即ちケチュア族だけの生活ではなかった。タワンテンスーヨ〔インカ帝国の広大な全領土をさし、ケチュア語で「全世界」を意味した〕全土に亘る被征服者も亦同様である事を得た。ケチュア族の同化政策は徹底していた。彼等は降伏した種族に対してもインカの民と同じ待遇、同じ税率を課した。その間に何等の差別を設けなかった」（『南米史話　アラウカノ族の如く』）

それでも、時代が下って一九七五年暮れ、天野はペルーからひっそりと手紙を書いている。相手は、二度目の妻・志津子の妹、日本在住の藤井相子である。

《志津子の三十三回忌が来るとは感慨無量だ。私はいつも八月十一日を待っている。そのくせ、その日が来ないようにと願っている。懐しい思出と悲しい思出が一緒になってやるせない気持になるからだ。今年は三十三回忌だから特にこの感じが強いだろう。（中略）

こちらは幸い皆無事だ。私も直き七十八になる。未だ死なない。生きている。だから新年お目出度う》（『天海航路』より）

志津子の亡きがらを前にして、その日（四四年）、「ウォー、ウォー」と狼のような声を上げて泣いた天野の姿を、藤井相子は覚えているという。

「チリ」という地名は、ペルー南部のアイマラ族の言葉で、「地の涯て」を意味するそうだ。インカ帝国のケチュア族たちも、やはりペルーのほうから、この平原の地に南下してきた。

アラウカノ族は、「地の涯て」の肥沃な中南部で、インカ帝国の進入を拒んだ人びとである。弓矢や投げ縄による狩猟に秀で、ひとたび戦闘に入るとつねに勇敢だった。ふだんは村落のなかでも近隣との交際を求めず、ほとんど独立して暮らした。奴隷をもたず、使用人をつかうこともなかった。

インカのあとには、彼らを滅ぼしたスペイン軍がやってきた。一六世紀なかば近くのことで、アラウカノ族は、彼らの南進もまた拒んだ。長い戦争が始まった。

最初の頂点となる衝突が、一五五〇年、アンダリエンでのものである。のちに天野が農場を営むのにふさわしく、小高い山やまを背後にひかえ、平野と丘陵地の広がりをアンダリエン河がつらぬいていた。

スペイン軍の大砲は、アラウカノの戦士たちの体を砕き飛ばした。それでも、硝煙のなかから屍体を躍り越え、接近戦を挑む彼らの波が続いた。二千の死者と四百の捕虜を残して、やがて彼らは敗走した。スペインの支配地域はさらに南へと広がった。

だが、こうした三年の雌伏のうちにも、アラウカノ族による再戦の準備は続いた。カウポリカンという名の隻眼で大きな体軀の勇士が、ついにアラウカノ族の先頭に立ち、スペイン軍を、今度は逆にアンダリエンの戦場の北へと蹴散らした。カウポリカンは、やがてスペイン軍の策略に命を落すが、双方の軍勢は戦っては和し、和してはまた戦って、およそ三百年にわたってそうした攻防がさらに続いた。

「歴史家はスペインはペルーで得た富の全部を、智利《チリ》で失ったと云っている。彼等がアラウカノ族との戦争に於いて如何に国力を消耗したかを語る言葉である。これによって是を見れば中南米諸国の独立を容易ならしめたのは実にアラウカノ族だと云う事になる」(『南米史話　アラウカノ族の如く』)

だが、それにしても、天野芳太郎は、太平洋戦争での日本の劣勢が誰の目にもあらわになった時期(四四年)に刊行するこの本で、いったい何を語ろうとしたのだろうか。

『天界航路』の著者・尾塩尚は述べている。

「天野が彼ら先住民の文化の高さを訴えることによって、偏った西欧中心主義が世界を席巻している事実を暴こうとしたのは、まさに彼ら被征服者への共感と征服者への敵愾心にかられてのことだった。日本文化と南米古代文化の親近性にかねがね注目していた天野にとっては、現在米英を始めとする欧米列強と戦っている日本の運命が彼らのたどったそれと無縁とは思われなかったこともあろう」

また、天野自身も『南米史話　アラウカノ族の如く』の「序」で、言っている。

「戦局下我等如何に戦うべきかと云う事はもとより絶対の命題である。然し他の民族が如何に長期戦を戦い抜いたかを知る事も亦大きな参考であらねばならぬ」

しかしながら、もし、尾塩が述べるようなことが第一の動機であるのなら、ここで天野は、「彼等の社会には芸術はなかった」と断じる「アラウカノ族」よりも、平等で輝かしき「インカ帝国」の文明のもとにある人びとこそを「被征服者」の主役としたほうが、「大東亜共栄圏」の理想に重ねやすかったはずである。にもかかわらず、彼がそうした論法をとらなかったことには、やはり、それだけの理由を見る必要がある。

インカ帝国は、ピサロ率いるスペイン人たちによって滅ぼされた。それに対して、アラウカノ族は、三百年間、ついにスペイン軍に屈しなかった。インカ帝国をここでの主題に選ばなかったのは、そのためだろうか――。

アラウカノ族について、天野はこう言う。

「彼等は自己の領域を冒すものに対しては死を賭して争うが、こちらから進んで他の領土に侵入する事は絶対にしてはならぬことと考えていた」(『南米史話　アラウカノ族の如く』)

この「考え」は、「大東亜共栄圏」を標榜する戦争とは違っている。日本の領域は、この時点で、いかなる国からも侵攻を受けていなかった(このあとで、沖縄戦がある)。つまり、それは、領域外への「大東亜共栄圏」の自己拡大こそを大義とする戦争なのだ。しかし、アラウカノ族は、自己の版図の拡大はもとより、それを合理化するような〝理想〟さえも掲げない。

インカ帝国による併呑を八〇年にわたって拒み、それに続くスペイン軍の侵入もまた拒む、これは尽きせぬ抵抗の話である。つまり、ここにあるのは、同心円的に拡大していく国家や民族のアイデンティティ(同一性)をめぐる物語ではなくて、そうしたものでは置き換えることができない、一個人、あるいは一部族の、インテグリティ(自分らしさ)についての主張なのである。

このように見るなら、むしろ、この本は、刊行された時代のなかで、べつの不穏ささえ浮かべているのではなかろうか。本の読者とは、一枚岩のような塊としてあるのではなく、本に向きあうあいだは、一人ひとりが、世間とはいくらか離れた少数者である。そういう読者の存在（植民地下の台湾人、朝鮮人を含む）を、いまここでも思いうかべてみるほうがよい。

そういう場所で、この本が喚起したのは、たとえば、一九三〇年、日本国による「理蕃」政策を拒んで台湾の山地先住民タイヤル族が蜂起した、あの「霧社事件」の記憶ではなかっただろうか。その抵抗も、また多大な犠牲者をともなった。抗争の先頭に立ち、やがてひそかに斃れるタイヤル族の指導者モーナ・ルダオは、一九〇センチの長身だったという。こうした報道の記憶は、その本を読むとき、アラウカノ族の英雄カウポリカンの巨軀を、そこに重ねさせもしただろう。天野芳太郎は、商人だった。そして、単身、中南米のいくつもの国境を渡り、そうした遠い視野から、この日本をも見た。

この戦争に、日本の勝利がないのは明瞭だった。戦時下の彼の著作のなかに、日本軍の戦果を喜ぶところはあっても、その大東亜戦争が「勝つ」と述べているくだりはない。彼の言う「長期戦」とは、戦時下の語法に照らせば、そういうことである。負けることを願わず、また、負けると書くことは禁ぜられ、そして勝つという見込みはないのだから、そのように書くほかはない。にもかかわらず、彼にはこの郷土をなお愛する気持ちがあり、おそらくは、その行く末に関して、自分にできると思えることを書こうとしていたはずである。

勝利がないとしても、そこに、何を残せるか。

「アラウカノ族の如く」——とは、考えてみれば、奇妙な題である。いったい何が、アラウカノ族の「如く」あれば、よいのか。日本と日本人、それよりほかに取りようはない。この戦争のありかたについて天野が呼びかけているのは、そのことなのである。

「一八一二年二月、智利の独立は成って彼等は共和国構成の一分子となった」

「そして彼等の聖なる花であったコウピエは改めて智利共和国の国花と定められた」

「けれども未だ十万のアラウカノ族は、昔乍らの風俗習慣を伝え、彼等の言葉をもって英雄の功業を語り、祖先の骨を埋めた古戦場に鍬を揮って生活している」

前にも触れたように、『南米史話　アラウカノ族の如く』執筆を天野に強く勧めたのは、交換船グリップスホルム号以来の友人、坂西志保だった。

尾塩尚によれば、天野と坂西のあいだには恋愛関係があったと見る人もいるのだそうである。とはいえ、数十通が残る、坂西から天野に宛てた手紙類のなかに、それを証しだてるような感情の表白を見つけることは難しいという。

ともあれ、この二人（坂西が二歳年長）が、特別な友愛を互いに通わせていたことは確かである。両者の履歴のなかにも、その一端がうかがえよう。

坂西志保は、一八九六年、北海道・塩谷村（現在の小樽市）の農場で、クリスチャンの両親のもとに生まれた。弟の名は、約翰《よはね》。シホという名も〝地の塩〟から取られたのだろう。

少女時代から、学校というものにはなじまなかった。落第の連続で、上京後には検定試験を受けて、東京女子大に進んだ。その大学も一年半で退いて、また検定試験を受け、英語教師の職を得た。米国に留学するのは二五歳になってから。当初はせいぜい二、三年の予定だったが、日本で関東大震災が起こるという偶然のためにそれが長くなり、米国の大学で博士号を取り、ヴァージニア州の女子大学助教授の職を経て、そのあと米国議会図書館の中国文献部門助手（のち東洋部主任）に就職する。

つまり、彼女も、天野とは経路こそ異なるが、異国で単身、自分を手づくりしてきた人なのである。

敗戦直後は、東京で、SCAP（連合国軍最高司令官）総司令部に短期間だが勤務した（四五年九月〜一一月）。E・H・ノーマンが、同じくSCAPの対敵諜報部（CIS）調査分析課長に着任する時期である。両者は協力関係にあり、坂西も徹夜で条文を英訳しながら、治安維持法以下の思想弾圧法の撤廃と、思想犯釈放に努力した。（杉村武「考える葦」、『坂西志保さん』）

振り返って、第一次交換船で戦時下の日本に帰還したころのことを、のちに坂西は書いている。

「報道は完全に軍部に握られていた日本では〝連戦連勝〟の夢に酔い、物資が窮屈になりかけていることなど、まだ意に解《ママ》せぬようであった。敵国から帰ってきたというので、多少の好奇心をもっている人はあったが、謙虚にアメリカの実情をきき、参考にするという気持ちなど持ち合わせなかった。といって必勝の信念をもっているとも思われず、口には〝一億一心〟を叫びながら、内心は一億一億心という印象を強くあたえた。それが異民族からなる敵国アメリカが開戦後、完全に一致団結して戦っているのを実際に見てきた私たちにはさびしいというよりひどく心細かった。だが『良かろうと悪かろうと自分の国だ』といったアメリカの独立戦争の立役者のことばが頭のなかを往来したのをいまでもはっきりとおぼえている」（坂西志保『地の塩』ポプラ社版の「あとがき」、七〇年）

坂西志保も、アラウカノ族の如く――そこに通じる心情を、当時の日本人に対して、持ちあわせた一人なのである。

坂西は、それからも終生結婚せずに、戦後は「猫に仕え」ながら独行の暮らしを守った。

一九四四年一一月二三日付、坂西から天野への絵葉書。

《お出下さいましてほんとうに有難う御ざいました。おかげ様にて見違える程元気になりました。天下をのっとる勇気が其中に出るかも知れません。あれから反射炉を見て、焼イモを食べ、ミルクを二合飲んで、蛭ヶ小島を訪ね、韮山から電車で帰りました。炉の側に牛が一疋、おいしいミルクを差上られなかったのは残念でした。草は食うべきもの。生れ変ったら牛になります。然し、其頃には状勢が更って人間の方が便利かとも思われます。御礼まで》(『天界航路』より)

発信地は、伊豆長岡・古奈ホテル。これより半年ほど前の四月下旬、天野も、胸を患っていた妻・志津子を留守宅に残して、単身、保養のために逗留していたことのある温泉地である。

この一一月のときには、そこに滞在している坂西のもとを、天野のほうから訪ねたらしい。妻の志津子は、夏のあいだに(同年八月一一日)、すでに世を去っていた。

『南米史話　アラウカノ族の如く』は、これと同じ年、一九四四年六月に刊行されたものである。この本の末尾で、天野は、チリ中南部インペリアル郊外に、はじめてアラウカノ族の集落を訪ねたときのことを回想している。

南半球では初秋にあたる三九年三月のことで、熟れた麦が畑に揺れていた。アラウカノ族の男はポンチョ、女はエチェーヤというマントをまとい、田舎道をむこうからぞろぞろと歩いてくる。

背は高くないが、みな、広い肩幅、厚い胸をもち、がっちりした体格だった。誰も天野のことになど注意を払わず、昂然とした態度で、とくに道を譲るような様子もなかった。

インペリアルの町では、一人の盛装したアラウカノの婦人を見かける。

「私は十ペソ上げるから写真を撮らして呉れと頼んだ。彼女は二つ返事で承諾すると思ったら、言下に

『百ペソでも嫌だ』

と答えてさっさと行って終った」

この偶然のすれ違いが、一冊の本の始まりではなかったか。

# 三つの会見記——松村たね、武田清子、鶴見和子に聞く

鶴見俊輔

交換船への乗船当時、私は一九歳の終わり近くだった。おなじく学生扱いとなっていた何人かについての見聞を残そうと思いたち、資料を見ると、男のおおかたは、なくなっている。女は残っている。その何人かに、じかに会って、話をきき、記録をつくった。

## 松村たね　ほとんど初対面

二〇〇五年五月二九日、六三年ぶりで、松村（旧姓・高橋）たねさんに会った。交換船で、二ヶ月半、おなじ船ですごし、ほとんど毎日顔をあわせていたのだが、当時、たねさんは二四歳。一九歳の私にとっては年長の女性なので、話しかけることもなく、今回が、生涯で最初の会見だった。

はじめて話したこの人は、聡明な女性だった。

開戦当時、身を置いていたクエーカーの学校の校長は、たねさんに、あなたの暮らしの世話はするから、戦中も米国にとどまるように、と言ったそうだ。彼女もそうしようと思ったが、校長夫人は、あなたのお母さんのことを考えなさい、どんなに淋しい思いをなさるでしょう、と言う。その言葉で、日本に戻ることに決めた。

以下、たねさんへの聞き書きから。

——交換船に乗る前夜、ペンシルヴェニア・ホテルで部屋をあてがわれ、その立派さにおどろいた。おわかれを言えなかった友達と話そうと電話をとると、監視の係官に「何をしようとしているのか」と制止され、外部と連絡してはいけないことがわかった。

グリップスホルム号に乗ると、スウェーデン人の船員たちは立派な体格だった。ロレンソ・マルケスで浅間丸に乗り換えると、日本人の船員たちはみな顔色が青白く、戦時の栄養不足がうかがえた。

ロレンソ・マルケスで上陸したとき、日本から米国に戻る、知りあいの米国人宣教師が声をかけてきた。こたえていると、米国人の役人が寄ってきて、話をしてはいけないと注意した。私の隣にいた田島信之（ユニオン神学校学生、牧師）は、この役人に「黙れ」（シャット・アプ）といった。役人がおこって田島をなぐろうとしたが、彼は走ってグリップスホルム号に逃げかえった。

船を交換するとき、手荷物のスーツケースが重すぎて、手で提げられない。このときはじめて、スーツケースを蹴飛ばして動かすことをおぼえた。この習慣は、のちのち役立った。

浅間丸には日本の軍人が乗ってきて、時局講演をした。内容は何もおぼえていない。ただ、英語を使わないようにと注意されたので、それからは食堂でも「そこにある黄色いものをこちらにわたしてくださいませんか」などと冗談に言っていた。バターのことだ。

日本に戻って、空襲の下での暮らしとなった。それでも、こういう暮らしの中に戻ってきてよかったと思った。日本に帰る決心をしたことを、後悔したことはありません。

ペンシルヴェニア・ホテルを出るとき、書物と、自分の書いたものが、検査官に取り上げられて、「これは、あなたが日本にもって帰ると困ることになるから、預かっておく、後で返します」と言われた。戦争が終わって、しばらくしてから、それらはほんとうに返されてきた。

一方、浅間丸に乗ってから書いていた日記は、どこでとられたのか、なくなっている。日本は、戦争が終わっても、それを返さなかった。

戦後、たねさんは、皇太子（現天皇）の英語教師として招かれたヴァイニング夫人（クエーカー）の通訳をつとめ、何度も私は新聞でお目にかかっていたが、ゆっくり、といっても一時間ほど、こうして話したのは、はじめてである。満八七歳。今年（二〇〇五年）九月に米寿を迎えた。現在も、聖路加病院で、外国人患者が入院登録をするとき、奉仕として英語の通訳をする。ほかに自宅で、英語を教えているそうだ。

## 武田清子　交換船の時間

——一九四〇年夏、ニューヨークの日本文化会館の人から「ここの図書館に鶴見という人がいるから、行ってごらんなさい」と言われ、出むいて行った。女性と思っていたのに、そこにいたのは鶴見俊輔さんだったので、驚いてすぐに帰った。当時、「鶴見さん」には姉（和子）と弟（俊輔）がいることを私は知らなかった。

後日、和子さんと知り合った。町で下宿しておられるのが心配で、おすすめし、私が泊まっていた国際文化会館に部屋を確保してもらい、こちらに移ってこられて、安心した。つぎに会ったのは、日米開戦後、交換船の船上である。

交換船に乗る人はまずニューヨークのペンシルヴェニア・ホテルに集められた。ホテルのエスカレーターで私がのぼってゆくのを、湯浅八郎先生が見送って下さった。湯浅先生は、アメリカに残ると決断していた。

交換船に乗る前、帰国するかどうかを考えた。日本が負けるということに疑いはなかった。日本が灰になるとき、それを遠くから傍観していることはできないと思った。愛国心というのではなく、はらからとの一体感、日本人としてのアイデンティティだったと思う。

昼も夜も、甲板をよく歩いた。南半球の星空、特に南十字星がきれいだった。船が北上すると、それにつれて遠ざかり、消えてゆくのがなごり惜しかった。何のさまたげもなく海の彼方まで水脈がつづき、地球の遥けさを思う。また、船で亡くなった人の水葬がいたましかった。船で赤ちゃんが生まれるということもあった。不思議な船の旅の中に人間の生と死があった。
交換船では、いろいろのサークルがあって、職業や社会的背景のちがう人たちとのつきあいができた。私は、短歌をつくる人たちのグループに加わった。

大いなる歴史のうごきにささやかなひとつの生命従はんとす

ロレンソ・マルケスの光景を歌った短歌には、次のものなどがある。

赭土かわく南阿の野にて青き実を割ればミルクの流れやまざる
水運ぶ樽転がしつつ土人の子らハイビスカスの径下り来も
（五島茂・美代子の歌誌『立春』五三号、一九四二年一二月）

昭南島（シンガポールに戦時中日本のつけた名前）についてから、船で知り合った人の友人である日本人将校が、日本支配下にあるマレー半島ジョホール・バールの皇太子夫妻邸に案内して下さった。皇太子夫妻の静かで毅然とした態度が印象的だった。その時の短歌の中に、次の数首がある。

弾痕のしげき鎧戸は閉ざされて広間うそ寒く絨毯を踏む

マレー服のうす紫が両肩にしなやにかかる妃に従ひてゆく
国滅ぶそのたまゆらのおごそかさこの王宮にゐて経まししか妃は
触れがたく面澄めり弾痕のしげき窓辺を離れ来ます妃は
国滅ぶその日は真赤な花の咲く庭を弾丸とびやまざりしと

(『立春』五五号、一九四三年二月)

昭南島についてから船内の空気が変わってきた。それまで髪を長くしていた陸軍武官、海軍武官が丸坊主になった。私たち留学生は、英語を使ってはいけないと注意された。ところが、避難訓練の説明中、武官自身が「ライフボート(救命艇)」と思わず英語を使って、あわてて自らの口を手でおさえたのがこっけいであった。

昭南島でマレー人の編集している英字新聞から取材を受けて、アメリカにも平和を祈っている人がいると言ったことが英字新聞に出たものだから、その新聞記事が武官の間で問題になり、私をなぐってやれと言っているとのこと。なだめているけれども注意するようにと、言ってくれる人がいた。

横浜につくと、私にゆかりのある神戸からもたくさんの人たちが迎えにきていた。その中に湯浅八郎夫人もおられ、「八郎は帰ってこなかったのですか」と言って、涙をこぼされた。学生だった私はどこにも就職するあてがなかったが、横浜まで迎えにきて下さった日本YWCA(キリスト教女子青年会)の指導者の光静枝先生が「日本YWCAに来て下さいね」といわれた。当時の日本では、救世軍がスパイの容疑で警察の捜査を受け、山室軍平の名著『平民の福音』

の紙型まで没収されるなど、キリスト教会もキリスト教団体もきびしい状態にあった。YWCAに入るのは危険だと忠告してくれる先輩もいた。しかし、私はYWCAの幹事になる道を選んだ。学生部幹事となった私は、諸活動の一つとして、日本に残っていた中国人学生の世話をした。そのことで警視庁に呼び出されたことがある。入獄の覚悟で行った。YWCAの人びとは、これを契機にYWCA弾圧がはじまるのではないかと心配した。

私は、警視庁の取調べ官に、これはYWCAとは関係なく、私個人の関心でやったことだと熱心に説明した。検事はたまたま良心的で温厚な人だったようで、「あなたが純情な気持ちでされたことはよくわかりました。あなたをおとしいれて自分の手柄にしようと、これを事件として持ってきた特高は叱っておきます。しかし、むつかしい社会状況だから、言動には充分に気をつけて下さい。さあ、お帰りなさい」と言って下さった。

戦後、お礼を言いたいと思ってこの検事をさがしたが、見つけられなかった。

YWCAでは、その後、女子学生たちが挺身隊として工場で働いているのだから、自分たち幹事も工場に入って女子学生たちの福祉のために働くべきだということになった。東京YWCA総幹事だった渡辺松子さんの友人に、日本女子大学での同級生・谷野せつさんがいた。彼女は労働省の女子労働者係（女工係）だったので、相談すると、私どものようなYWCA幹事を受け入れて働かせてくれる労務担当者のいる工場をいくつか選び、交渉して下さって、それぞれどこかの工場に派遣されることとなった。私は静岡県清水の工場で働くこととなった。女子学生たちと共に生活しながら、彼女らの労働条件、健康状態などについて労務課にいろいろ提言した。彼女らの体重が下がってゆくのを表にして工場に張り出し、労働時間の短縮を訴えたりしたこともある。

彼女らとは今日も交わりがつづいている。

交換船二ヶ月半をふりかえって、戦争の現実から引き離された場にあって、世界、歴史について考える時を与えられたことは、稀有の経験だったと思う。

## 鶴見和子　抵抗の三つの形

――グリップスホルム号では、いばる人がいなかった。

浅間丸に乗ると、雰囲気はがらりとかわった。軍人の管理下に置かれ、階級別になった。グリップスホルム号ではみんな平等にいい食事が与えられていたが、浅間丸では部屋の等級によって差がつけられた。

東条英機の演説のニュース映画などを見せられ、日本はいたるところで勝って、国民の提灯行列で沸きかえっているという場面が流れた。この上映に竹久千恵子が欠席したことを軍人は厳しく叱責した。彼女が演芸大会などで舞台に出なかったことも、あとで軍人に追及された。

その演芸大会で、私は藤代綏子さん（ボストンの歯科矯正医・藤代真次夫人）から和服を借りて、日本舞踊「都鳥」をおどった。すると、船に芸者が乗っているという噂が流れ、芸者をさがした人もあったらしい。

プリンストン大学高等学術研究所所員の角谷静夫さんは、グリップスホルム号では位階勲等なしの学生扱いで、船底同然の部屋に押しこまれていた。けれど、浅間丸では大阪帝国大学助教授という身分による扱いとなって、食事もちがい、デザートがついたので、「お供え」と称して私たちのところにお菓子をもってきてくれたりした。

シンガポールにつくと、マラッカ州知事をしていた叔父の鶴見憲が、もうひとりの叔父・鶴見貞雄とともに迎えに出てきてくれて、憲の官邸に他の学生仲間と招かれて食事をした。軍政顧問だった永田秀次郎にも招かれてしばらく話をしたが、そのとき、「人間は馬鹿がええ、おとうさん（鶴見祐輔）はりこうすぎた」と言ったのが記憶に残っている。シンガポール攻略後、日本軍が中国系市民を多数虐殺したことが彼の心にあったに違いない。

永田秀次郎は、東京市助役、東京市長、拓務大臣、鉄道大臣を経て、戦時下に陸軍軍政顧問となった人だが、青嵐という号を持つ俳人でもあった。シンガポールにきてから、人はその土地その土地の歳時記を新しく編んで俳句をつくるのがよいと考えて、「ホトトギス」の頭領・高浜虚子と論争した。六十年後の今日、世界の人びとのたのしむ文学形式となった俳諧への予言と言ってよいが、当時の日本の政局に引き寄せて考えてみると、華僑虐殺に対して異議申し立てをすることのできなかった自分を見つめる心から発した文学への表現であろう。「人間は馬鹿がええ」という私たちに向けての表現も、おなじ源から発したものだろう。

甲板ですごした毎日の話に、戦争に話題を求めることなく、数学（群論）についての講義をうむことなく続けた角谷静夫を、竹久千恵子、永田秀次郎とともに思い浮かべるとき、日米戦争に対する三つの抵抗の形と私は考える。

永田秀次郎は、故郷の淡路島に墓碑をたてたという。俳人・青嵐にふさわしい。

# 封印された記憶——あとがきにかえて

鶴見俊輔

経験には封印された部分がある。私にとって日米交換船の記憶はそうである。

近ごろになって、それは、もっと広く当事者にとってそうだったということがわかった。日米交換船という主題と取り組んだ本はすくない。

加賀乙彦の小説『錨のない船』上下（講談社、一九八二年。リービ英雄による英訳あり）は、その数少ない一つである。それは、大使の息子の恋愛と日米混血児であるゆえの戦時日本における死を中心として、交換船が戦中に残した澪《みお》をうつしている。

交換船の乗船者の中で若いほうだった私が八十三歳である。同船の留学生の会見記を思い立ち、松村たね、武田清子、鶴見和子のお三方に話をうかがった。都留重人氏からは、著作集の中の記録から引用してよいという答えがあった。おなじ留学生でも、男性は多くが亡くなっている。

同船した中で、雨宮健氏（スタンフォード大学教授）は、当時七歳で、何度か話した。その長姉雨宮弘子氏（故人）の日記があるということで、一部をコピーしていただき、読むことができた。貴重な記録なので、私たちのこの本が刊行されるのを機会に、全文記録として刊行してほしい。

交換船の記録をつくる計画は、加藤典洋、黒川創、私の三人の話からはじまった。私はすでに十二年前から「もうろく帖」というメモをつくって自分の記憶のたよりなさを自戒しているくらいである。私にとって六十四年前のことになった交換船についても、考えちがい、ゆがめ、憶えちがいがまざっていることだろう。それらを、公文書館に残っている資料とつきあわせて、いくらか直してゆく機会を今回もつことができた。

同船者約千五百人にとっての記憶の封印は、公文書館に記録として存在した資料とは別に、船中二カ月半の旅が、その後の戦時日本国民としての生活から切り離されたという理由からおこった。日本に着いたとき、政府は、日本の暮らしに黙って入り込むように私たちに命じた。私たちはそのおどしを受け入れたということになる。それなら敗戦後には封印を解くということがあってもよかったのだが、その機会を逃した。それは、私をふくめた千五百人について言えることで、第二次交換船で日本に戻った次の千五百人についても言えることだろう。

ここでの三人の女性の会見記に現れていることだが、グリップスホルム号から浅間丸とコンテ・ヴェルデ号に乗り換えるときに変化が起こった。私にとってはこの変化が、日本社会についての自分なりの洞察の糸口であり、『共同研究・転向』の試案を自分の内部であたためる動機となった。

この本は長い年月がたってからの回想だから、それがどれほど正確かという保留はつけなくてはならないながら、戦時体験の中に封印されたものの意味を、取り返す試みである。

座談をおこし、広く資料を参照し、記録をつくる仕事を受けもたれた若い（私から見て）協力者、加藤典洋、黒川創両氏、瀧口夕美氏、北澤街子氏、横山貞子氏に感謝する。資料を寄せていただいた桝居孝氏、米国在住の藤本和子氏、出版社の側からこの記録に形を与える仕事にあたられた須貝利恵子氏に御礼を申しあげる。

二〇〇六年二月三日

都留重人氏は二〇〇六年二月五日に亡くなられた。この本をお見せできなかったことは残念である。

二月二十三日記　鶴見俊輔

# 日米交換船関係年表

**一九三八**

**八・二六**　日本〜ヨーロッパ航路の靖国丸が、ドイツのハンブルクで引揚船になる。出航後、ベルゲン港（ノルウェイ）、ニューヨークを経由して、一〇・一八、横浜に帰着。湯川秀樹、朝永振一郎が乗船していた。

**一九三九**

**九・一**　ドイツ、ポーランドに侵攻。**第二次世界大戦始まる。**

**一九四一**

**七・二五**　米政府、**在米日本資産を凍結。**

**八・四**　日米間で戦前最後の定期船・龍田丸、サンフランシスコ港から出航（八・一六、横浜港に帰着）。

**一一・二**　米国からの引揚船として、龍田丸、サンフランシスコ港から出航（一一・一四、横浜港に帰着）。

**一一・二六**　「**ハル・ノート**」が、米国務長官コーデル・ハルから野村・来栖両大使に手渡される。

**一二・七**　日本軍、**ハワイ真珠湾を奇襲攻撃**（現地時間）。**日米開戦。**在米日本人の逮捕・拘束、外交官らの軟禁が米各地ではじまる。日本各地では在日外国人の一斉検挙がはじまる。

**一二・八**　［第一次日米交換船］米国務長官ハル、スイス政府に日米外交官・居留民の交換交渉の仲介を依頼。

**在米中とその後の鶴見俊輔**

**九月**　鶴見俊輔、前年に渡米し、この年三月に日本へ引き返したのち、留学生として再渡米。マサチューセッツ州コンコードのミドルセックス・スクールに在籍する。一六歳。翌三九年、ハーヴァード大学哲学科に入学。

**七月**　ケンブリッジ市内アーヴィング街四三番地の下宿に引っ越す。外国人登録と聴取を受ける。

**一一月末**　若杉要駐米公使から「最後の引き揚げ船に乗って帰国せよ」という直筆の書簡をうけとる。（運航されず）

**一二・七**　日米開戦をうけ、ハーヴァード大学の日本人学生として、地元の新聞社から取材をうける。西堀正弘、本城文彦とともに。

（**一二・八**　レーン夫妻、札幌、北大構内の官舎で逮捕。）

一九四二

**二・一五**　日本軍、**シンガポールを陥落させる。**二・一七、シンガポールを「昭南島」と改称。

**五・七**　米・独伊交換船ドロトニングホルム号、リスボンにむけてニューヨーク港ホボケンから出航。

**六・五〜七**　**ミッドウェー海戦。**日本海軍、空母四隻を失い、これ以後、戦争の主導権は米側に移る。

**六・一八**　［第一次日米交換船］グリップスホルム号、ニューヨーク港からポルトガル領東アフリカ、ロレンソ・マルケスにむけ出航。

**六・二五**　［第一次日米交換船］浅間丸、横浜港外からロレンソ・マルケスにむけ出航。

**六・二九**　［第一次日米交換船］コンテ・ヴェルデ号、上海か

**三・二四**　夕方、アパートに来た三人のFBIの警官に身柄を拘束され、東ボストン移民局の留置場に拘留される。

**四月末**　審問で「戦争期間中の抑留者」とする判決が下る。

**五・一三**　ニューヨークのエリス島連邦移民収容所へ移送される。

**五・一五**　メリーランド州フォート・ミード収容所へ移送される。

**五月末〜六月初**　フォート・ミード収容所内で、交換船での帰国の意志を問われる。「乗る」と答える。

**六・一〇**　フォート・ジョージ・G・ミード駅を出発。ニューヨークのマンハッタンに到着し、集合地と指定されたペンシルヴェニア・ホテルに入る。

**六・一一**　グリップスホルム号に乗船。ハーヴァード大学卒業式（出席できず）。

らロレンソ・マルケスにむけ出航。七・六、昭南島沖のリンガ泊地で、横浜からの浅間丸と合流。

**七・二〇** ［第一次日米交換船］グリップスホルム号、ロレンソ・マルケス港に到着。

**七・二二** ［第一次日米交換船］浅間丸とコンテ・ヴェルデ号、ロレンソ・マルケス港に到着。

**七・二三** ［第一次日米交換船］グリップスホルム号と、浅間丸およびコンテ・ヴェルデ号のあいだで、日米双方の帰還者が交換される。

**七・二六** ［第一次日米交換船］浅間丸とコンテ・ヴェルデ号、ロレンソ・マルケスを出港。

**七・二八** ［第一次日米交換船］グリップスホルム号、ロレンソ・マルケスを出港（八・二五、ニューヨークに帰着）。

**七・二九** ［日英交換船・第一系統］エル・ニル号、英国リバプール港からロレンソ・マルケスにむけ出航。

**七・三〇** ［日英交換船・第一系統］龍田丸、横浜港からロレンソ・マルケスにむけ出航。

**八・一三** ［日英交換船・第一系統］シティ・オブ・パリス号、インドのボンベイからロレンソ・マルケスにむけ出航。

**八・一六** ［日英交換船・第二系統］シティ・オブ・カンタベリー号、オーストラリアのメルボルン港からロレンソ・マルケスにむけ出航。

**八・一七** ［日英交換船・第二系統］鎌倉丸、上海からロレンソ・マルケスにむけ出航。

**八・一九** ［第一次日米交換船］浅間丸とコンテ・ヴェルデ号、

（**七・二二** 都留重人、ロレンソ・マルケスでE・H・ノーマンと再会。）

**八・一〇** 交換船・浅間丸で、昭南島に寄港。永田秀次郎の官舎に招かれる。前田多門、鶴見和子、ほかの留学生一〇名ほどとともに。

館山沖に碇泊。警官、憲兵、税関吏、銀行員らが乗り込み、帰還者のうち一〇一名の取調べを行なう。

**八・二〇**　〔第一次日米交換船〕浅間丸とコンテ・ヴェルデ号、横浜港に帰着。

**八・二七**　〔日英交換船・第一系統〕龍田丸、ロレンソ・マルケス港に到着。

**八・二八**　〔日英交換船・第一系統〕シティ・オブ・パリス号、ロレンソ・マルケス港に到着。

**八・三一**　〔日英交換船・第一系統〕エル・ニル号、ロレンソ・マルケス港に到着。

**九・一**　〔日英交換船・第一系統〕龍田丸と、シティ・オブ・パリス号およびエル・ニル号などの間で、日英双方の帰還者が交換される。

**九・二**　〔日英交換船・第一系統〕龍田丸、ロレンソ・マルケスを出港（九・二七、横浜港に帰着）。

**九・六**　〔日英交換船・第二系統〕鎌倉丸、ロレンソ・マルケス港に到着。

**九・八**　〔日英交換船・第一系統〕エル・ニル号、ロレンソ・マルケスを出港（一〇・九、英国に帰着）。

**九・九**　〔日英交換船・第二系統〕シティ・オブ・カンタベリー号、ロレンソ・マルケス港に到着。

**九・一〇**　〔日英交換船・第二系統〕鎌倉丸とシティ・オブ・カンタベリー号のあいだで、日英双方の帰還者が交換される。

**九・一一**　〔日英交換船・第二系統〕鎌倉丸、ロレンソ・マルケスを出港（一〇・八、横浜港に帰着）。

---

**八・二一**　麻布区役所に出向き、その年最後の徴兵検査に間に合う、と知らされる。四日後、徴兵検査を受け、第二乙種合格。

（**九・一一**　川田寿・定子夫妻逮捕。のちに言う「横浜事件」の発端となる。）

**一九四三**

**九・二**　［第二次日米交換船］グリップスホルム号、ニューヨーク港から、インドのポルトガル領ゴア、マルマゴン港にむけ出航。
**九・一四**　［第二次日米交換船］帝亜丸、横浜港から、ポルトガル領ゴアにむけ出航。
**一〇・一五**　［第二次日米交換船］帝亜丸、ゴアに到着。
**一〇・一六**　［第二次日米交換船］グリップスホルム号、ゴアに到着。
**一〇・一九**　［第二次日米交換船］帝亜丸とグリップスホルム号のあいだで、日米双方の帰還者が交換される。
**一〇・二一**　［第二次日米交換船］帝亜丸、ゴアを出港（一一・一四、横浜港に帰着）。

**二月**　海軍軍属として、神戸からドイツの封鎖突破船に乗り込み、ジャワ島へ。ジャカルタ在勤海軍武官府につとめる。

**一九四四**

**一二月初**　練習巡洋艦「香椎」に乗って、昭南島から門司に帰着。

**一九四五**

**八・六**　米、**広島に原子爆弾投下**。
**八・八**　ソ連、日ソ中立条約を破棄し、対日参戦。
**八・九**　米、**長崎に原子爆弾投下**。
**八・一五**　**敗戦**。

**春**　大河内光孝夫妻と軽井沢で再会。
**四月**　横浜市の海軍軍令部で、翻訳などをして働く。五月まで。
**八・一五**　熱海の借家にて、一人で、敗戦の「玉音放送」を聴く。

# おもな参考資料

## 1　非刊行の原資料

・「大東亜戦争関係一件／交戦国外交官其他ノ交換関係／日米交換船関係」、「同／日英交換船関係」ほか、外務省外交史料館
・内務省警保局外事課「交換船コンテベルデ号帰来者ノ手記」（天野芳太郎、一九四二年八月筆記）、国立公文書館
・内務省警保局「昭和十六年中に於ける外事警察概況」、「昭和十七年中に於ける外事警察概況」〔復刻版は、内務省警保局編『極秘　外事警察概況　7』昭和十六年、『極秘　外事警察概況　8』昭和十七年、龍渓書舎、一九八〇年七月として公刊〕
・T.M.S. "Gripsholm," *General Arrangement*, November 4, 1925, 全三枚、海事博物館（イェーテボリ）、スウェーデン
・「浅間丸一般配置図」全三枚、三菱重工業（株）長崎造船所、一九二九年一〇月一日〔三菱重工業株式会社船舶技術部編『豪華客船インテリア画集』、アテネ書房、一九八六年四月の付録として復刻〕
・第一次日米交換船浅間丸「御乗船記念芳名録」（ロレンソ・マルケスより、一九四二年七月二六日〜、日本郵船株式会社）、日本郵船歴史博物館
・「雨宮弘子日記」、個人蔵

## 2　書籍

・久米邦武『久米博士九十年回顧録』上・下巻、早稲田大学出版部、一九三四年七月、同年一〇月
・天野芳太郎『中南米随筆　あちら・こちら物語』、誠文堂新光社、一九三六年九月
・大嶽康子『病院船』、文苑社、一九三九年一〇月
・天野芳太郎『中南米の横顔』、朝日新聞社、一九四〇年一二月
・加藤萬寿男編『敵国アメリカ　米国特派員帰朝報告』、同盟通信社、一九四二年一一月
・Max Hill, *Exchange Ship*, New York; Toronto: Farrar & Rinehart, 1942.
・田口修治『戦時下アメリカに呼吸する』、昭和図書、

一九四二年一二月
• 星野治五郎『アメリカ生還記』、皇国青年教育協会、一九四三年一月か（奥付には「昭和十七年一月十五日初版印刷／昭和十七年一月二十日初版発行」とあるが、年記はいずれも誤記あるいは誤植と思われる）
• 天野芳太郎『パナマ及びパナマ運河』、朝日新聞社、一九四三年一月
• 中野五郎『祖国に還へる』、新紀元社、一九四三年二月
• 中澤健『アメリカ獄中より同胞に告ぐ』、鱒書房、一九四三年四月
• 天野芳太郎『我が囚はれの記』、汎洋社、一九四三年六月（表題を『わが囚われの記　第二次大戦と中南米移民』と改め、中公文庫、一九八三年一〇月）
• 赤坂正策『アメリカ監禁生活記』、日本出版社、一九四三年七月
• 大石千代子『交換船』、金星堂、一九四三年七月
• 青木ヒサ『第二次交換船帝亜丸の報告』、前田書房、一九四四年二月
• 天野芳太郎『南米史話　アラウカノ族の如く』、汎洋社、一九四四年六月
• 伊藤道郎『アメリカと日本』、八雲書店、一九四六年九月
• 宮本百合子『二つの庭』、中央公論社、一九四八年三月
• ジョセフ・C・グルー『滞日十年　日記・公文書・私文書に基く記録』（石川欣一訳）上・下巻、毎日新聞社、一九四八年一一月、同年一二月
• 来栖三郎『泡沫の三十五年　外交秘史』、文化書院、一九四九年三月
• エリザベス・G・ヴァイニング『日本での四ヶ年　皇太子と私』（高橋たね訳）、文藝春秋新社、一九五一年二月
• 坂西志保『私の眼』、読売新聞社、一九五三年八月
• 天野芳太郎『沙漠』（歌集）、をだまき社、一九五五年一月
• 『七十年史』、日本郵船、一九五六年七月
• 伊藤整『若い詩人の肖像』、新潮社、一九五六年八月
• 越智道順編『南加州日本人史』後篇、南加日系人商業会議所、一九五七年一一月
• 石本泰雄『中立制度の史的研究』、有斐閣、一九五八年四月
• 思想の科学研究会編『共同研究・転向』全三巻、平凡社、一九五九年一月〜一九六二年四月
• Fosco Maraini, *Meeting with Japan*, Translated from Italian by Eric Mosbacher, London: Hutchinson, September

1959.
・アール・マイナー『日本を映す小さな鏡』（吉田健一訳）、筑摩書房、一九六二年六月
・西春彦『回想の日本外交』、岩波新書、一九六五年二月
・島津忠承『人道の旗のもとに　日赤とともに三十五年』、講談社、一九六五年九月
・上村伸一『破滅への道　私の昭和史』、鹿島研究所出版会、一九六六年七月
・星新一『人民は弱し 官吏は強し』、文藝春秋、一九六七年三月
・菊田一夫『芝居つくり四十年』、オリオン出版社、一九六八年三月
・リチャード・マッキンノン／中村保雄『能　日本の伝統2』、淡交新社、一九六七年一一月
・外務省百年史編纂委員会編『外務省の百年』上・下巻、原書房、一九六九年七月
・坂西志保『地の塩』、ポプラ社、一九七〇年一二月〔原著『地の塩』は、高桐書院、一九四七年一〇月〕
・大杉栄『自叙伝・日本脱出記』、岩波文庫、一九七一年一月
・伊藤憲三編『米国抑留記』、鹿島研究所出版会、一九七一年四月
・『日本郵船戦時船史　太平洋戦争下の社船挽歌』上・下巻、日本郵船、一九七一年五月
・石射猪太郎『外交官の一生　対中国外交の回想』、太平出版社、一九七二年七月〔原著『外交官の一生』は、読売新聞社、一九五〇年一一月〕
・鶴見俊輔『北米体験再考』、岩波新書、一九七一年八月（『鶴見俊輔集　1』、筑摩書房、一九九一年一二月）
・庄野英二『木曜島』、理論社、一九七二年一一月
・吉川猛夫監修『真珠湾のスパイ　太平洋戦争陰の死闘』、協同出版、一九七三年一一月
・小澤善雄『評伝　国吉康雄』、新潮社、一九七四年一一月
・小川平『アラフラ海の真珠』、あゆみ出版、一九七六年八月
・和田洋一『私の昭和史　「世界文化」のころ』、小学館、一九七六年八月
・司馬遼太郎『木曜島の夜会』、文藝春秋、一九七七年四月
・同志社大学アメリカ研究所編『あるリベラリストの回想　湯浅八郎の日本とアメリカ』、日本ＹＭＣＡ同盟出版部、一九七七年六月
・丸木俊『女絵かきの誕生』、朝日新聞社、一九七七年八月
・『坂西志保さん』（『坂西志保さん』編集世話人会

編)、国際文化会館、一九七七年一一月
・尾崎秀実『愛情はふる星のごとく(全)』(『尾崎秀実著作集』第四巻)、勁草書房、一九七八年八月
・『長谷川才次』(『長谷川才次』刊行会編著)、『長谷川才次』刊行会、一九七九年三月
・中村智子『横浜事件の人びと』、田畑書店、一九七九年四月
・ラナルド・マクドナルド『日本回想記 インディアンの見た幕末の日本』(ウィリアム・ルイス、村上直次郎編/富田虎男訳)、刀水書房、一九七九年一一月
・『ハーバート・ノーマン全集』全四巻(大窪愿二編訳)、岩波書店、一九七七年四月~七八年二月(増補版第一巻(増補部分・磯野富士子訳)、一九八九年三月。増補版第二巻(増補部分・河合伸訳)、一九八九年三月)
・柳田邦男『マリコ MARIKO』、新潮社、一九八〇年七月
・丸山真男他『大山郁夫〔評伝・回想〕』、新評論、一九八〇年九月
・黒柳徹子『窓ぎわのトットちゃん』、講談社、一九八一年三月
・中山定義『一海軍士官の回想 開戦前夜から終戦まで』、毎日新聞社、一九八一年九月
・加賀乙彦『錨のない船』上・下巻、講談社、一九八二年四月(英訳書は"Riding the East Wind"(リービ英雄・英訳)、講談社インターナショナル、二〇〇二年二月)
・田村秀治『アラブ外交55年 友好ひとすじに』上・下巻、勁草書房、一九八三年三月、同年七月
・大蔵雄之助『こちらロンドンBBC BBC日本語部の歩み』、サイマル出版会、一九八三年六月
・野田岩次郎『財閥解体私記 私の履歴書』、日本経済新聞社、一九八三年八月
・天野芳太郎・義井豊『ペルーの天野博物館 古代アンデス文化案内』、岩波書店、一九八三年八月
・内藤初穂『狂気の海 太平洋の女王浅間丸の生涯』、中央公論社、一九八三年一〇月
・加藤平治『メキシカン・ラプソディー 中南米貿易に賭けた男の炎熱人生』、総合労働研究所、一九八四年一月
・佐藤和正『艦長たちの太平洋戦争(続篇) 17人の艦長が語った勝者の条件』、光人社、一九八四年四月
・尾塩尚『天界航路 天野芳太郎とその時代』、筑摩書房、一九八四年九月
・南博『学者渡世 心理学とわたくし』、文藝春秋、一九八五年四月

・丸山静雄『インド国民軍　もう一つの太平洋戦争』、岩波新書、一九八五年九月
・小野寺百合子『バルト海のほとりにて　武官の妻の大東亜戦争』、共同通信社、一九八五年一二月
・『重光葵手記』（伊藤隆・渡邊行男編）、中央公論社、一九八六年一一月
・古森義久『嵐に書く　日米の半世紀を生きたジャーナリストの記録』、毎日新聞社、一九八七年三月
・上田誠吉『ある北大生の受難　国家秘密法の爪痕』、朝日新聞社、一九八七年九月
・『古川ロッパ昭和日記・戦中篇』（監修・滝大作）、晶文社、一九八七年一二月
・P.Scott Corbett, *Quiet Passages: The Exchange of Civilians between the United States and Japan during the Second World War*, Kent, Ohio: The Kent State University Press, 1987.
・山本厚子『メキシコに生きる日系移民たち』、河出書房新社、一九八八年五月
・上田誠吉『人間の絆を求めて　国家秘密法の周辺』、共栄書房、一九八八年七月
・石垣綾子『海を渡った愛の画家　石垣栄太郎の生涯』、御茶の水書房、一九八八年七月
・藤山楢一『一青年外交官の太平洋戦争　日米開戦のワシントン→ベルリン陥落』、新潮社、一九八九年四月
・石戸谷滋『フォスコの愛した日本　受難のなかで結ぶ友情』、風媒社、一九八九年六月
・ミチコ・カクタニ『仕事場の芸術家たち』（古賀林幸訳）、中央公論社、一九九〇年一二月
・東郷いせ『色無花火　東郷茂徳の娘が語る「昭和」の記憶』、六興出版、一九九一年七月
・岸本羊一『スキャンダラスな人びと　レーン夫妻スパイ事件と私たち』、新教出版社、一九九一年七月
・アルベルト・モラヴィア／アラン・エルカン『モラヴィア自伝』（大久保昭男訳）、河出書房新社、一九九二年一月
・村川庸子・粂井輝子『日米戦時交換船・戦後送還船「帰国」者に関する基礎的研究　日系アメリカ人の歴史の視点から』、トヨタ財団助成研究報告書、一九九二年六月
・上坂冬子『硫黄島いまだ玉砕せず』、文藝春秋、一九九三年二月
・『石射猪太郎日記』（伊藤隆・劉傑編）、中央公論社、一九九三年七月
・桝居孝『太平洋戦争中の国際人道活動の記録』改訂版、日本赤十字社、一九九四年四月
・松井覺進『阿波丸はなぜ沈んだか　昭和20年春、台湾海峡の悲劇』、朝日新聞社、一九九四年五月
・ジョージ・オーウェル『戦争とラジオ　BBC時

代』（W・J・ウェスト編、甲斐弦・三澤佳子・奥山康治訳）、晶文社、一九九四年六月

・闕禮雄『日本占領下の香港』（林道生訳）、御茶の水書房、一九九五年一月

・峰敏朗『インドの酷熱砂漠に日本人収容所があった』、朝日ソノラマ、一九九五年七月

・島田法子『日系アメリカ人の太平洋戦争』、リーベル出版、一九九五年八月

・ダーチャ・マライーニ『帰郷　シチーリアへ』、晶文社、一九九五年一一月

・『大東亜戦争俘虜関係外交文書集成』（茶園義男編）第三巻、不二出版、一九九六年一月

・香取俊介『モダンガール　竹久千恵子という女優がいた』、筑摩書房、一九九六年九月

・ローレンス・オルソン『アンビヴァレント・モダーンズ　江藤淳・竹内好・吉本隆明・鶴見俊輔』（黒川創・北沢恒彦・中尾ハジメ訳）、新宿書房、一九九七年九月

・鶴見和子『里の春』、私家本（『コレクション鶴見和子曼荼羅Ⅷ　歌の巻』、藤原書店、一九九七年一〇月）

・ロジャー・ダニエルズ『罪なき囚人たち　第二次大戦下の日系アメリカ人』（川口博久訳）、南雲堂、一九九七年一一月

・黒川創『国境』、メタローグ、一九九八年二月

・『南風光砂　天野芳太郎生誕一〇〇周年記念誌』、天野博物館友の会、一九九八年一〇月

・桝居孝『世界と日本の赤十字』、タイムス、一九九九年一〇月

・ドウス昌代『イサム・ノグチ　宿命の越境者』上・下巻、講談社、二〇〇〇年四月

・藤田久一『国際人道法』新版・増補、有信堂高文社、二〇〇〇年五月

・中野利子『外交官E・H・ノーマン　その栄光と屈辱の日々1909-1957』、新潮文庫、二〇〇一年一一月（原著『H・ノーマン　あるデモクラットのたどった運命』は、リブロポート、一九九〇年五月）

・都留重人『いくつもの岐路を回顧して　都留重人自伝』、岩波書店、二〇〇一年一一月

・岩熊萬藏『米国抑留体験記　日米開戦時と交換船で帰国するまで』（岩熊昭三編）、私家版、二〇〇二年一月

・永田由利子『オーストラリア日系人強制収容の記録』、高文研、二〇〇二年一二月

・御厨貴編『時代の先覚者・後藤新平　1857-1929』、藤原書店、二〇〇四年一〇月

・内藤陽介『切手と戦争　もうひとつの昭和戦史』、新潮新書、二〇〇四年一一月

・武田清子『湯浅八郎と二十世紀』、教文館、二〇〇五年四月
・泉孝英『日本・欧米間、戦時下の旅　第二次世界大戦下、日本人往来の記録』、淡交社、二〇〇五年八月
・『欧米人捕虜と赤十字活動　パラヴィチーニ博士の復権』（大川四郎編訳）、論創社、二〇〇六年一月

### 3　単独の論文、記事、作品、定期刊行物など

・湯川秀樹「欧米紀行　一九三九年」、初出不明〔一九四一年一一月付で追記〕（『湯川秀樹自選集』第五巻、朝日新聞社、一九七一年六月）
・大鹿卓「驢馬」、初出不明、一九四一年一〇月（大鹿卓『かしはらをとめ』、愛宕書房、一九四二年九月所収）
・大田洋子「真昼」全一二回、「新女苑」一九四二年一月号～一二月号
・"Three Good Hates," *Time: the Weekly Newsmagazine*, April 20, 1942
・「朝日新聞」一九四二年六月～一〇月、一九四三年九月～一一月
・"List of Candidates for Harvard Degrees Today," *Boston Daily Globe*, June 11, 1942
・情報局編集「写真週報」第二三六号、内閣印刷局、一九四二年九月二日
・田中米「交換船」、「栄養と料理」一九四二年一〇月号
・飼手誉四「印度抑留戦記」、「同盟グラフ」一九四三年新年号
・富枡周太郎「米国の実相」、「新指導者」一九四三年二月号
・都留重人「ソ連の印象」、「東洋経済新報」一九四五年八月四日号（『都留重人著作集』第一一巻、講談社、一九七六年四月）
・丸山真男「福沢諭吉の哲学　とくにその時事批判との関連」、「国家学会雑誌」第六一巻三号、一九四七年九月（『丸山眞男集』第三巻、岩波書店、一九九五年九月）
・鶴見俊輔「佐々木邦の小説にあらわれた哲学思想」、「思想の科学」一九四八年二月号
・「竹久千恵子氏に哲学をきく」（聞き手・武谷三男、鶴見和子、南博、鶴見俊輔）、「思想の科学」一九四八年五月号〔竹久千恵子「すべて分相応に」と改題して、思想の科学研究会編『私の哲学（続）』、中央公論社、一九五〇年四月に収録〕
・湯川秀樹「アメリカ日記」、『原子と人間』、甲文社、一九四八年一二月（『湯川秀樹著作集　7』、岩波書店、一九八九年一〇月）

・都留重人「開戦の前後」、「世界週報」一九四九年八月三一日号（『都留重人著作集』第一二巻、講談社、一九七六年五月）
・都留重人「アメリカ上院での喚問」（初出は、〝凡都人〟の筆名で「米上院喚問覚書」上・下」、「フェビアン研究」一九五七年四月号、同年七月号（『都留重人著作集』第一二巻）
・鶴見俊輔「自由主義者の試金石」、「中央公論」一九五七年六月号（『鶴見俊輔集　9』、筑摩書房、一九九一年八月）
・桑原かをり「交換船」、『日本赤十字社八十年小史』（日本赤十字社）、一九五七年一一月
・鶴見俊輔「字引きについて」、「国語通信」一九六五年二月号（『鶴見俊輔集　3』、筑摩書房、一九九二年一月）
・南博「社会心理学の眼」（聞き手・鶴見俊輔）、「思想の科学」一九六七年四月号（鶴見俊輔編『語りつぐ戦後史　I』、思想の科学社、一九六九年五月）
・都留重人「引揚日記」、「フェビアン研究」一九六七年一二月号～六九年三月号に七回にわけて、〝凡都人〟の筆名で断続的に発表されたものに、著作集収録にあたって未発表分が加えられた（『都留重人著作集』第一二巻）
・都留重人「ルーズヴェルトの言葉」（聞き手・鶴見俊輔）、「思想の科学」一九六八年一月号（鶴見俊輔編『語りつぐ戦後史　II』、思想の科学社、一九六九年一二月）
・「毎日新聞『検閲週報』（昭和十七～十八年）の証言」（解説・注／田中菊次郎）全三回、「新聞研究」一九七五年一月号～三月号
・鶴見俊輔「佐野碩のこと」、『グアダルーペの聖母メキシコ・ノート』、筑摩書房、一九七六年七月（『鶴見俊輔集　11』、筑摩書房、一九九一年九月）
・鶴見良行「アジア史の落穂ひろい」（初出タイトルは「マレーシアのカリスマ的二人」）、「毎日新聞」一九八〇年五月九日夕刊（『鶴見良行著作集6　バナナ』、みすず書房、一九九八年一一月）
・内田ヒデ「バビロン女囚の記」、ホーリネス・バンド昭和キリスト教弾圧史刊行会編『ホーリネス・バンドの軌跡　リバイバルとキリスト教弾圧』、ホーリネス・バンド昭和キリスト教弾圧史刊行会、一九八三年九月
・鶴見俊輔「牢獄から見たアメリカ合州国」「交換船の地球半周　アフリカ」「手帖の中のドイツとジャワ」、『絵葉書の余白に　文化のすきまを旅する』、東京書籍、一九八四年四月（『鶴見俊輔集　11』）
・篠田左多江「下妻孝悌：第2次日米交換船帝亜丸船中日記について」（付・下妻孝悌「交換船船中日

記」)、「移住研究」第二二号、一九八五年三月
• 粂井輝子・村川庸子「収容所から日本へ　日米戦時交換船帰国者の再定住」、「汎」第一五号、一九九〇年一月
• 「思想の科学」一九九〇年三月号、特集〈都留重人を読む〉
• 高井義昌「或る戦死者の日記」正、続1～続4（文責・伊藤範子）、「帝塚山論集」第七二号～第七六号、一九九一年三月～九二年三月
• 「思想の科学」一九九五年一二月号、特集〈武田清子研究〉
• 水口忠「マッキンノン先生の悲劇」、「北海道新聞」一九九九年一二月八日夕刊
• 「思想の科学」一九九六年二月号、特集〈鶴見和子研究〉
• 林博史「インドに抑留された日本人民間抑留者」、「自然・人間・社会：関東学院大学経済学部総合学術論叢」第二五号、一九九八年七月
• 田島信之「真珠湾攻撃の前後　ニューヨークにて留学生としての経験を中心として」、青山学院大学プロジェクト95・編『青山学院と平和へのメッセージ』一九九八年八月
• 「元ICU図書館長　松村たねさんに聞く／ヴァイニング夫人との思い出」、「鳥のうた」父母号二八、二〇〇〇年三月一五日
http://subsite.icu.ac.jp/prc/bird/bird-song/72.html
• Ken Gewertz, "History of the Japanese at Harvard," *Harvard University Gazette*, February 26, 2004.
http://www.hno.harvard.edu/gazette/2004/02.26/11-japan.html
• 川野蓼艸「R・N・マッキンノンさんの事」全五回、連句誌「れぎおん」などに掲載されたのち、加筆してホームページ「雲の中の散歩～marcher dans les nuages」に転載（二〇〇五年八月一三日～九月一〇日）
http://marcher-en-nuage.cocolog-nifty.com/keiten/cat3268054/index.html
• SO生「戦時日欧横断記」、ホームページ「日瑞関係のページ」
http://www.saturn.dti.ne.jp/~ohori/
• "The Repatriation Voyages During WW2," A Tribute to the SWEDISH AMERICAN LINE (Svenska Amerika Linien) Homepage
http://www.salship.se/mercy.asp

## 4　映像資料

• 「遣米第一船龍田丸帰る（横浜）」、日本ニュース第七六号、一九四一年一一月一八日

・「日英交換船出発（横浜・上海）」、日本ニュース第一一四号、一九四二年八月一一日
・「日米交換船帰る（南阿・横浜）」、日本ニュース第一一六号、一九四二年八月二五日
・「第二次日米交換船出発（横浜）」、日本ニュース第一七二号、一九四三年九月二二日
（以上のニュース映画のヴィデオは、いずれも川崎市市民ミュージアムで観ることができる）

作成・黒川創

# 人名索引

## か　行

### な　行



### は　行

### ま　行

## や 行



## ら 行

### わ　行



＊７ページの引用は King Crimson の *I Talk to the Wind* より。

# 交換船タイムテーブル

**第一次日米交換船　1942年6〜8月　交換地　ロレンソ・マルケス港　7月23日**

| | | |
|---|---|---|
| 浅間丸 | 6.25 | 横浜出港（往航寄港地：香港、サイゴン、昭南島） |
| | 7.22 | ポルトガル領東アフリカのロレンソ・マルケス到着 |
| | 7.26 | ロレンソ・マルケス出港（復航寄港地：昭南島） |
| | 8.20 | 横浜帰港 |
| コンテ・ヴェルデ号 | 6.29 | 上海出港（昭南島沖で浅間丸と合流） |
| | 7.22 | ロレンソ・マルケス到着 |
| | 7.26 | ロレンソ・マルケス出港（復航寄港地：昭南島） |
| | 8.20 | 横浜帰港 |
| グリップスホルム号 | 6.18 | ニューヨーク出港（往航寄港地：リオ・デ・ジャネイロ） |
| | 7.20 | ロレンソ・マルケス到着 |
| | 7.28 | ロレンソ・マルケス出港（復航寄港地：リオ・デ・ジャネイロ） |
| | 8.25 | ニューヨーク帰港 |

**日英交換船(第1系統)　1942年7〜9月　交換地　ロレンソ・マルケス港　9月1日**

| | | |
|---|---|---|
| 龍田丸 | 7.30 | 横浜出港（往航寄港地：上海、サイゴン、昭南島） |
| | 8.27 | ロレンソ・マルケス到着 |
| | 9.2 | ロレンソ・マルケス出港（復航寄港地：昭南島） |
| | 9.27 | 横浜帰港 |
| エル・ニル号 | 7.29 | 英国、リバプール出港（往航寄港地：リスボンなど） |
| | 8.31 | ロレンソ・マルケス到着 |
| | 9.8 | ロレンソ・マルケス出港 |
| | 10.9 | 英国に帰着<br>（英国船ナークンダ号とともに） |

シティ・オブ・パリス号　8.13　インド、ボンベイ出港
8.28　ロレンソ・マルケス到着
9.12　ロレンソ・マルケス出港（復航：南アフリカ連邦ダーバンを経て、ボンベイ方面へ）

**日英交換船(第2系統)　1942年8〜10月　交換地　ロレンソ・マルケス港　9月10日**

鎌倉丸　8.17　上海出港（往航寄港地：昭南島）
9.6　ロレンソ・マルケス到着
9.11　ロレンソ・マルケス出港（復航寄港地：昭南島、香港）
10.8　横浜帰港

シティ・オブ・カンタベリー号　8.16　オーストラリア、メルボルン出港
9.9　ロレンソ・マルケス到着（復航メルボルン方面へ）

**第二次日米交換船　1943年9〜11月　交換地　ゴア　マルマゴン港　10月19日**

帝亜丸　9.14　横浜出港（往航寄港地：大阪、上海、香港、サンフェルナンド、サイゴン、昭南島）
10.15　インドのポルトガル領ゴア（マルマゴン）到着
10.21　ゴア出港（復航寄港地：昭南島、マニラ）
11.14　横浜帰港

グリップスホルム号　9.2　ニューヨーク出港（往航寄港地：リオ・デ・ジャネイロ、モンテヴィデオ、ポート・エリザベス）
10.16　ゴア到着（復航ニューヨーク方面へ）

# 日米交換船《にちべいこうかんせん》

著　者　鶴見《つるみ》俊輔《しゅんすけ》・加藤典洋《かとうのりひろ》・黒川創《くろかわそう》
発　行　二〇〇六年三月三〇日
五　刷　二〇二五年六月二〇日
発行者　佐藤隆信
発行所　株式会社新潮社
〒一六二―八七一一　東京都新宿区矢来町七一
電話　編集部(〇三)三二六六―五四一一
読者係(〇三)三二六六―五一一一
http://www.shinchosha.co.jp
印刷所　株式会社光邦
製本所　加藤製本株式会社
乱丁・落丁本は、ご面倒ですが小社読者係宛お送り下さい。
送料小社負担にてお取替えいたします。
価格はカバーに表示してあります。

ISBN978-4-10-301851-3　C0095